国家社会科学基金资助项目

国家治理体系现代化目标理念的博弈论研究

蔡　芸　杨冠琼　柴　莹　著

北京交通大学出版社
·北京·

内 容 简 介

本书将国家治理视为个体（包括政府组织或机构、企业、社会组织、地方政府以及其行为主体如个人、特定社会群体与区域性群体等）互动的结果，以个体间的互动为研究对象，运用博弈论进行理论分析并探究互动如何生成不同的国家治理理念，根据分析性治理理念，研究治理理念生成的机制、过程及其演化，探索不同文化传统、交往水平、社会经济发展水平以及人们认知结构对治理理念的影响及其反馈关系，在分析与综合各种规范性治理理念的基础上，探索国家治理体系与能力现代化的理念结构以及各种不同的理念是如何可自我实施的。

本书适合经济学相关专业的研究生，以及相关专业人员阅读。

图书在版编目（CIP）数据

国家治理体系现代化目标理念的博弈论研究 / 蔡芸，杨冠琼，柴莹著. —北京：北京交通大学出版社，2024.5

ISBN 978-7-5121-5200-7

Ⅰ. ① 国… Ⅱ. ① 蔡… ② 杨… ③ 柴… Ⅲ. ① 国家-行政管理-现代化管理-研究-中国 Ⅳ. ① D630.1

中国国家版本馆 CIP 数据核字（2024）第 072394 号

国家治理体系现代化目标理念的博弈论研究
GUOJIA ZHILI TIXI XIANDAIHUA MUBIAO LINIAN DE BOYILUN YANJIU

责任编辑：田秀青
出版发行：北京交通大学出版社　　电话：010-51686414　　http://www.bjtup.com.cn
地　　址：北京市海淀区高梁桥斜街 44 号　　邮编：100044
印 刷 者：北京虎彩文化传播有限公司
经　　销：全国新华书店
开　　本：170 mm×235 mm　　印张：18　　字数：373 千字
版 印 次：2024 年 5 月第 1 版　　2024 年 5 月第 1 次印刷
定　　价：69.00 元

本书如有质量问题，请向北京交通大学出版社质监组反映。
投诉电话：010-51686043，51686008；传真：010-62225406；E-mail：press@bjtu.edu.cn。

前　言

国家治理体系现代化是一个复杂、宏大的问题，也是一个可以从不同角度、途径加以研究的问题。本书只选择其中的一项内容，即国家治理体系现代化的目标理念问题，进行深入探讨。所谓国家治理体系现代化的目标理念，是指国家治理体系现代化的理念追求，是现代化国家治理体系应具有的性质，即从理念或性质上说，国家治理体系现代化要达到什么状态，或者从某种规范性的角度上说，国家治理体系现代化在理念上应该达到什么状态，应该具有什么样的性质。对于研究国家治理体系现代化目标理念问题，存在多种视角与途径，本书主要采取博弈论研究途径。

《中共中央关于全面深化改革若干重大问题的决定》指出："全面深化改革的总目标是完善和发展中国特色社会主义制度，推进国家治理体系和治理能力现代化。必须更加注重改革的系统性、整体性、协同性，加快发展社会主义市场经济、民主政治、先进文化、和谐社会、生态文明，让一切劳动、知识、技术、管理、资本的活力竞相迸发，让一切创造社会财富的源泉充分涌流，让发展成果更多更公平惠及全体人民。"

综上可以看出，《中共中央关于全面深化改革若干重大问题的决定》提出了国家治理体系现代化的目标，即"让一切劳动、知识、技术、管理、资本的活力竞相迸发，让一切创造社会财富的源泉充分涌流，让发展成果更多更公平惠及全体人民"；提出了国家治理体系现代化要解决的关键问题，即"破除各方面体制机制弊端""冲破思想观念的束缚、突破利益固化的藩篱"；提出了国家治理体系现代化的内在要求，即"系统性、整体性、协同性"。那么，什么样的现代化国家治理体系能够实现上述目标，能够有效解决上述核心或关键问题，什么样的国家治理体系具备"系统性、整体性、协同性"，是一个理论上需要研究的问题。探索国家治理体系现代化的目标理念，正是解决这个问题的核心或关键。

本书将国家治理视为个体（包括政府组织或机构、企业、社会组织、地方政府以及其行为主体如个人、特定社会群体与区域性群体等）互动的结果，将个体间的互动作为研究对象，从多个体互动的途径或角度进行抽象与研究，以微观个体及其互动为基础，而不是仅仅从宏观到宏观的研究，运用博弈论进行理论分析并探究互动如何生成不同的国家治理理念，研究治理理念生成的机制、过程及其演化，探索不同文化传统、交往水平、社会经济发展水平以及人们认知结构对治理理念的影响及其反馈关系，在分析与综合各种规范性治理理念的基础上，探索国家治理体系与能力现代化的理念结构以及各种不同的理念是如何可自我实施的，以期构建国家治理体系现代化目标理念的微观基础，深入理解国家治理体系现代化理念形成的过程与机制。

笔　者

2023 年 12 月

目　　录

第一章 绪 论

第一节 问题的提出

国家治理体系现代化是一个复杂、宏大的问题，也是一个可以从不同角度、途径加以研究的问题。本书只选择其中的一个内容，即国家治理体系现代化的目标理念问题进行研究。所谓国家治理体系现代化的目标理念，是指国家治理体系现代化的理念追求，以及现代化国家治理体系应具有的性质。对于研究国家治理体系现代化目标理念问题上，存在多种视角与途径，本书主要采取博弈论研究途径。

《中共中央关于全面深化改革若干重大问题的决定》指出："全面深化改革的总目标是完善和发展中国特色社会主义制度，推进国家治理体系和治理能力现代化。必须更加注重改革的系统性、整体性、协同性，加快发展社会主义市场经济、民主政治、先进文化、和谐社会、生态文明，让一切劳动、知识、技术、管理、资本的活力竞相迸发，让一切创造社会财富的源泉充分涌流，让发展成果更多更公平惠及全体人民。"

综上可以看出，《中共中央关于全面深化改革若干重大问题的决定》提出了国家治理体系现代化的目的，即"让一切劳动、知识、技术、管理、资本的活力竞相迸发，让一切创造社会财富的源泉充分涌流，让发展成果更多更公平惠及全体人民"；提出了国家治理体系现代化要解决的关键问题，即"破除各方面体制机制弊端""冲破思想观念的束缚、突破利益固化的藩篱"；提出了国家治理体系现代化的内在要求，即"系统性、整体性、协同性"。那么，什么样的现代化国家治理体系，能够实现上述目的，能够有效解决上述核心或关键问题，什么样的国家治理体系具备"系统性、整体性、协同性"，是一个理论上需要研究的问题。探索国家治理体系现代化的目标理念，正是解决这个问题的核心或关键。

一、国内外相关研究的学术史梳理与研究动态

有关国家治理体系现代化一般问题的研究，目前已有众多文献。依据问题的相关性，本部分仅就国家治理体系现代化理念问题的研究进行了学术史梳理，揭示其研究动态，并没有涉及更为广泛的问题。

依据阿什比必要多样性定律，构建能够有效治理当代社会面临各种复杂问题的治理体系，关键在于确定国家治理体系现代化的理念结构。寻求与当代社会治理面

临问题性质与特征相契合的理念，成为20世纪80年代以来各种规范性治理理论的基础与前提。

（一）国家治理理念及其性质

所谓治理理念，是指关于治理体系与治理对象间互动关系以及这种互动关系更新的性质、过程、机制、动力来源等一系列问题的一种反身折射性的理性认识或理性洞见。这是一种分析性意义的治理理念，构成了国家治理体系与能力现代化理念的分析视角与途径。与这种分析性治理理念稍有不同的是，国家治理体系与能力现代化的理念，是一个具有规范性意味的概念，具有更为具体的、规定性的性质、特征与结构等。

治理理念本身作为个体间互动的产物，作为对博弈参与人行为的一种预期，相当于博弈论中的信念，因而源自于互动过程中涉及的各个方面，包括各种远景、知识、事实、主观判断、理论预断、假设、信念、目标与目的等。同时，这些不同方面又是治理理念作用的产物。因而治理理念及其来源之间仍然存在互动关系。这是除个别文献外，其他文献都忽略的一个事实。

（二）现有文献治理理念研究状况与评析

国家治理理念是国家治理体系构建的核心与灵魂。虽然治理理念源自现实、理论以及未来设想，但由于人们在观察现实时，不同的人仅仅观察到了某些方面而忽略了其他方面，因而导致有偏性观察与归纳。这种有偏性观察及其导致的有偏性归纳，使公共或国家治理领域的理论如万花筒般的分布状态。到目前为止，治理理念的形成缺乏系统理论的指导，从而导致分散的理论（变迁）格局，出现了所谓的“治理丛林”乱象。

基于上述理论背景、实践背景与社会现实状态，20世纪80年代以来陆续出现了整体性治理、协同治理或联合治理、混合治理、新公共治理、互动治理、善治、网络治理、伙伴关系、民主治理、新公共管理、新公共服务等各种各样的治理范式。每种理论主张事实上都是基于某种理念提出的应对当代社会问题的策略性行动理论。由于人们关注的问题重点不同，因而选择了其认为最能够表达其核心理念的那些概念来表达自己的理论主张。

（三）公共价值与生产性价值：国家治理理念的新动向

随着实践探索与理论研究的深入，新公共管理的各种弊端日益显现，人们开始探索思考公共治理与指导公共治理实践的新的思维方式。为此人们开始重新思考何为公共治理及其目的，什么是公共治理的规范性功能、运转方式及管理方式等问题。随着哈佛大学肯尼迪政府学院Moore教授的《创造公共价值：政府的战略管理》的问世，公共治理目标追求的钟摆开始重新回归正轨。

Moore教授的“公共价值创造”理论为学术界、公共部门管理者以及公众提供了一种重新思考公共治理的概念框架。他的著作迅速引爆了公共治理目标追求及其有效实现方式的古老话题。作为理解与重新评估政府活动、政策决定、公共部门创新、公共服务及其提供方式完善的准则性理念与思考框架，公共价值理论成为政治学、公共行政理论与实践等领域无所不在的叙事方式与推断逻辑，并引发了公共价值概念的结构化研究浪潮，公共价值这一术语也因此几乎遍布公共行政研究的所有研究文献。Williams 和 Shearer 收集整理了 1995—2011 年有关公共价值研究的所有重要文献，并对其进行了系统性的评述。

（四）现有国家治理理念研究存在的不足

国家治理理念现代化是国家治理体系与能力现代化的核心与灵魂。然而，理念并不仅仅是一个抽象的概念，而是实践过程的抽象与总结，是实践过程展现出来的总体。理念通过行为表现出来，行为是内在理念的外显或外露。揭示理念不能够完全依赖理论说明，也不能完全依赖分类与列举，更不能依赖说教或宣誓，而必须从微观治理行为、机制制约与操作制约或操控反射与理念之间互动关系的角度来加以说明。

二、本研究的学术价值和应用价值

本研究主要从多个个体互动的途径或角度进行抽象与研究，以微观个体及其互动为基础，而不是仅仅从宏观到宏观的研究，有助于构建国家治理体系现代化目标理念的微观基础，有助于理解国家治理体系现代化理念形成的过程与机制。

第二节 研究对象、总体框架、重点难点与主要目标

一、研究对象与总体框架

本书的研究对象是个体间的互动，研究内容则为互动如何生成了不同的国家治理理念，研究目的是探索国家治理体系现代化的目标理念。

本书的研究内容如下：第一，国家治理理念生成的互动框架；第二，国家治理理念结构与性质的决定；第三，作为国家治理理念的公共价值与生产性价值的决定机制与演化；第四，不同空间结构中生产性或合作性理念的生成与演化。

二、重点难点与主要目标

本书的重点内容是国家治理体系现代化的理念结构，难点内容如何有效研究不同空间结构或背景中不同治理理念形成的机制、过程以及相关影响因素。

本书将根据分析性治理理念，研究治理理念生成的机制、过程及其演化；探索不同文化传统、交往水平、社会经济发展水平以及人们认知结构对于治理理念的影

响及其反馈关系；在分析与综合各种规范性治理理念的基础上，探索国家治理体系与能力现代化的理念结构以及各种不同的理念是如何可自我实施的。

第三节　研究方法与研究思路

本书的研究方法是运用博弈论进行理论分析，并运用演化博弈进行模拟研究。本书将国家治理体系与能力现代化视为国家治理体系与能力对其处环境变迁的一种复杂适应性调整过程，将这种调整过程视为具有不同特质（文化、行为、心理认知等）的微观个体在特定互动环境下互动的结果。这一研究思路，是现代复杂性科学典型的研究思路。

第四节　创新和特色

本书的创新之处如下：（1）通过将国家治理体系与能力现代化视为具有不同特质（文化、行为、心理认知等）的微观个体在特定互动环境下互动的结果，构建具有微观基础、可自我实施或具有自我维持和强化性质，能够形成强大协同效应并具有自我完善功能的国家治理体系与能力现代化的理论框架；（2）博弈论研究的引入；（3）计算机模拟技术的引入；（4）研究视角的创新与推进。本书将国家治理体系与能力视为其所处环境的一个开放的、复杂适应性系统，将国家治理体系与能力现代化视为适应环境变迁过程中各社会行为个体互动的结果或产物。这与将国家治理体系与能力现代化视为一个完全可以依赖权威人物或机构或法律设计并可凭主观意志加之于社会之上的观点完全不同。

第二章 理念诠释

第一节 问题的提出

恰如苏格拉底所说，为了避免无知，为了能够理解，任何一个人都必须首先坚守一个原则：“我唯一知道的，就是我什么都不知道”，然后再追问“你说的……是什么意思”。只有知道自己说的那个东西是什么意思，一个人才知道自己真正在说什么。本研究探讨国家治理理念现代化问题，因此，首先需要知道“理念”是什么意思。如果不知道理念是什么意思，那么，我们就会陷入不知道自己在说什么的令人尴尬的境地。

理念作为行动或行为的先导，是否具有恒定性?为理解这个问题，需要研究理念的性质、特征、理念形成的过程及其性质，即基于什么而形成的理念具有合理性，基于不同的来源而形成的理念的差异是什么等；具有什么性质的理念作为行为或行动的先导，将产生什么不同的结果；什么因素决定理念基于什么而生成，如何看待其差异；作为行动先导的理念，其结构性特征在决定行动或行为选择时的时空效应特征如何，等等，均需要进行详细说明与讨论。

顾名思义，理念一词可以指：（1）（一种构想、规划、制订出来的）思想、意见、观点。（2）关于某事已知的或设定、设想的一切。（3）特定行为或情景的核心意义或最终目的。（4）行动的计划：设计；完备或完善的标准：理想；一种超越性的实体，现存事物或现象均为此真实样式的不完备的表象。（5）实际或潜在地呈现给意识的一种实体（如思想、概念、感觉或影像）；一种没有界定的或未形成的设想、构思、构想或理解；（过时语）回忆而生成的影像。（6）心中的影像。（7）（古代的）设想、构想、理解或构思的一种可视性再现：一种样式的复制。

这种生活中理念的意义，与学术研究中对理念的特定界定，通常存在较大的差异。由于理念是哲学特别关注的一个概念，因此学术研究中的理念，与通常意义上的理念的含义，更是存在重大差异。为了全面理解学术界，特别是哲学界关于理念的特殊界定与赋予其的含义，以及为了理解本研究中理念的真实含义，有必要对理念一词在哲学上的特殊界定，特别是对其相关性质进行较为系统的梳理，以便理解国家治理理念现代化为何要运用博弈论的方法进行研究，其合理性何在，其优势何在。

第二节　柏拉图理念研究的开端——流行观点的挑战

将理念作为一个学术性论题即作为哲学概念进行系统的探索与研究，源自古希腊哲学家柏拉图。在其《对话集》中不同的对话中，均涉及理念。可以说，理念问题是柏拉图思考的一个核心问题。特别地，在思考与探索何为理想的城邦或城邦治理时，柏拉图从城邦治理的目的与原则出发，提出城邦应该以正义为原则进行治理。

柏拉图有关理念问题的讨论，打开了形而上学的大门，为人们进行形而上学思考以及研究形而上学问题开辟出一片新天地。作为其学生，亚里士多德最早对柏拉图的理念论题进行了研究，虽然存在一些误解，但整体来说，对于理念问题研究的探讨做出了巨大贡献。黑格尔将理念作为哲学、精神、心灵研究的对象，系统化了理念研究的方法论，即辩证法，并对相关理念问题，提出了新见解。本章以柏拉图的理念理论为核心，较为细致地讨论了柏拉图的理念理论的基本问题，作为研究国家治理理念现代化的理论基础与出发点。

柏拉图从城邦治理绩效或结果的角度，提出作为人的城邦而不是动物的城邦，理想的城邦治理应该使人具有良好的或健全的灵魂，因为正是人的灵魂的存在，才使人基于但又高于动物或野兽。人的灵魂由不同（如节制、勇敢与智慧）品质共同构成，而且这些品质具有结构性特征。为了能够形成塑造具有优良或健全的人（注意，这里说的是人），城邦治理应该实现以正义为理念；通过正义的治理，或实施以正义为理念的治理，才能够实现塑造具有健全灵魂的个体或公民的治理目的或愿望。

然而，为了论证城邦应该而且能够以正义为原则进行治理，柏拉图面临的第一个挑战，是彻底探讨与清算或批判各种流行的柏拉图认为不正确或错误的观点。其中之一是在《理想国》中借助色拉叙马霍斯之口所表达的观点：正义只不过是强者的利益。每一个统治者都制定对自己有利的法律，平民政府制定民主法律，独裁政府制定独裁法律，以此类推。他们制定了法律明告大家：凡是对政府有利的对百姓就是正义的；谁不遵守，他就有违法之罪，又有不正义之名。政府当然有权，所以唯一合理的结论应该说：不管在什么地方，正义就是强者的利益。

柏拉图面临的第二个挑战，是在《理想国》中借助格劳孔之口表达的观点，认为正义不过是强者获得各种私人利益、满足各种私欲的一种装饰品。作不正义事是利，遭受不正义是害。遭受不正义所得的害超过了干不正义所得的利。……两种味道都尝到了之后，那些不能专尝甜头不吃苦头的人，觉得最好大家成立契约：既不要得不正义之惠，也不要吃不正义之亏。打这时候起，他们中间才开始订法律立契约。他们把守法践约叫合法的、正义的。正义的本质就是最好的与最坏的折中，它之所以为大家所接受和赞成，就不是因为它本身真正善，而是因为这些人没有力量去干不正义之事，任何一个真正有力量作恶的人绝不会愿意和别人订什么契约，答应既不害人也不受害——除非他疯了。人们为获得行不正义之事之利，总是劝说别人做正义之事，而自己行不正义之事，进而能够只获得行不正义之事之利而不会受到行不正义之事之惩罚。

正义是强者或统治者迷惑民众使其相信其统治的正义性与合乎义理性，进而使民众心甘情愿接受其不正义统治的鸦片。Callicles 认为，正义不过是弱者用来削弱强者力量的一种发明。由于在任何时候任何社会中，弱者都是绝大多数，他们总是试图隐藏其自己所不耻的无能，并称无节制为无耻、卑鄙，鄙视高贵、富有，因而仅仅因为其自己无能而称颂正义。然而，这种作为源自弱者对抗强者的武器的正义，反过来成为约束与迷惑弱者的鸦片。正如阿得曼托斯所说，一切负有教育责任的人们都谆谆告诫为人必须正义。但是他们的谆谆告诫也并不颂扬正义本身，而只是颂扬来自正义的好名声。一个人一旦获得了正义的好名声，如果其具有足够力量（进入超人行列），其必然摆脱与突破所有这正义的约束，必然将所有那些因违反自然之罪而可能招到的惩罚的所有习俗性规定、咒语与魔法、法律踏之脚下，享受不正义的所有之利与之福。

柏拉图运用一种思维转换的方式来回应上述这些挑战，认为正义是个体间的一种关系，依赖于社会组织，因此，将其视为共同体或群体结构的一个部分，而不是将其视为个人行为的品质，能够更好地研究或理解正义问题。柏拉图认为，如果设想存在一个正义的城邦，那么人们就会更容易描述与理解正义的个体。因此，他认为在更大规模或更高层次上分析、研究正义要较在较小或较低的个体行为层面理解与分析正义，更为容易，因部分生成于整体，整体不仅大于部分，更大于部分之和。这种多出来的部分正是整体的本质，这种整体的本质是不可分的，因而必然大于个体物质的部分之和。整体的本质是所有个体共同特征纯粹的凝结或凝炼，是所有个体共性的最为纯粹的抽象，因而只是一种理念或只存在理念之中，唯有认识了整体的性质及其来源，才能够理解个体特质的差异及其来源。

既然理解正义以及任何现象，都必须在更高层次或更大范围内去考察与研究，那么，最高层次是什么？最高层次与最大规模就是宇宙。正是在探索与思考宇宙的构成、性质与特征的过程中，柏拉图生成了其理念论或形态论理论。

事实上，这种从更高层次与更大范围探讨问题的思维样式，在柏拉图之前的古希腊哲学中已经存在，人们普遍关注作为自然界整体的宇宙秩序问题。智者学派中的怀疑论，曾提出人们认识支配或规定自然秩序的任何事情的真实性或规律的可能性问题。道德秩序的概念，城邦适当秩序、正义以及个体生活的道德秩序，道德知识，人们是否能够真的知道伦理问题是否存在客观真实性，或者，人们只能陷于伦理知识主张与观点或观念之间的竞争之中；是否存在普遍的伦理准则，需要研究宇宙秩序，科学的宇宙秩序研究途径或视角，道德途径或视角，涉及知识与怀疑论途径或视角的发展问题。在这方面，智者学派的怀疑论者与苏格拉底的观点相悖。柏拉图继承怀疑论者与苏格拉底间的争论，不过柏拉图更关注美德与灵魂问题，更关注如何完善人们的美德与灵魂，更关注如何完善城邦美德秩序；然而，这些问题同样离不开宇宙秩序问题，离不开自然秩序问题。不过，在所有这些存在争论的领域中，都出现了同一个必须首先回答的问题：人们怎样才能够确切地知道真实的宇宙秩序，如何能够确切地知道在真实宇宙秩序中的真实的道德秩序，真实的正义本质，如何才能够超越相对的、不断变化的观点或观念。

第三节　知识与观念或观点

如同任何生物，人类通过其自身感官感知世界：感知其周围的一切、感知不可触及以及没有触及到的宇宙，感知幸福、快乐、痛苦、欲望等。人们通过其自身的感官感知世界时，柏拉图认为，人们主要生成两种东西：知识与观点或观念。

观点或观念基于经验或来自经验；经验基本上是直觉感官的感受而获得到的东西，是对其周围或世界中的特定事物的感受。柏拉图认为，人们对特定事物的感官性感受具有相对性，这种相对性源自直接感官的感受性秩序；源自物体或现象的位置、情景与环境。不同的个体对于相同或不同的物体或现象会形成的不同的感受，因而形成不同的观点或观念。观点或观念随着感受者、物体的位置、情景与环境的不同而不断地发生变化。因此，由此种感官而形成的观点或观念，并没有为人们提供一种不变的真实性，只为人们提供了不断变化的、完全不同的以及视情景而定的特定的观念。人类不断积累的各种观点或观念，仅仅是特定时空、特定环境、特定感受者的创造物或生成物，观点或观念无法获得普遍性或一致性，无法实现最终的收敛，关于任何事物或现象，有多少人可以有多少观念或观点，因而没有一种是真实的或具有实在性。

与观点或观念不同，知识是人们对事物、现象、关系以及过程等的本质性认识，因而知识是一般性的或普遍性的、恒定不变的、不受任何主观影响的规律性的东西。知识不仅仅是真实的观点或观念，而且必须辅之以其为什么为真实的苏格拉底式的论证。因此，知识是基于苏格拉底方法或辩证与逻辑推理过程的产物，即基于人的灵魂的反复追问与自我质疑，直至剔除所有自相矛盾或自相冲突的过程而获得的结果。苏格拉底方法也被其自己或柏拉图称为 dialectics（目前中文翻译为辩证法，但作者认为这种译法不恰当，因此后面称之为苏格拉底方法或 dialectics）。简单地说，苏格拉底方法就是通过彻底地、深入地思考得出在任何时空下均为正确的结论，超越了所有的特定时空、特定个体的相对性，这种结论具有时空与个体的不变性，具体如图 2-1 所示。

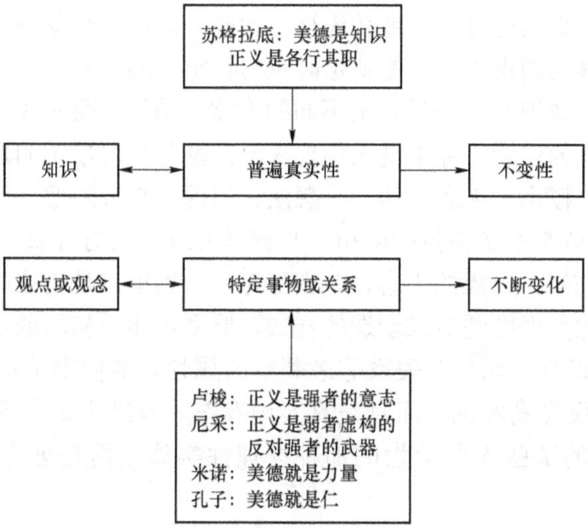

图 2-1　知识与观念或观点概念辨析

苏格拉底方法也被苏格拉底称为回忆或招回方法，因为在对任何判断、观点或概念提出任何质疑时，都是回忆起不同情景的不同事情或关系，要将人们忘记的所有的情形全部回忆出来，重新招回并展现于灵魂之中。人们形成的观点或观念，之所有具有特定性、相对性，是因为人们在谈论一件事或一种关系时忘记了其他事物或关系，因而孤立、扭曲性分割了问题，因而不能获得事物或关系的本质。特别地，苏格拉底方法强调这种回忆必须是全面的、完整的，包括回忆起思考者存在之前的特殊性、相对性与普遍性，因为人生来具有某种内在知识，生来具有某种潜在的理念，只有苏格拉底方法才能够唤醒这种潜在知识与理念。

苏格拉底方法与招回或回忆仍然存在一定的区别。苏格拉底方法是促进、激发回忆或招回人的与生俱来的理念的途径与方法；回忆与招回则主要是通过心灵之眼进行心智性察看；苏格拉底方法使人的心灵处于能够进行察看的状态或过程，聚集于心灵察看与审视的激发或激活。事实上，苏格拉底方法招回或回忆与内生性或与生俱来的理念之间构成了一个特定的活动闭环：为了唤醒隐藏在灵魂中的与生俱来的理念或自然界理性塑造的理念，必须首先激活灵魂或使灵魂受到刺激，并通过反复的、复杂的、全景式的回忆的方式生成能够察看与审视那个共性之眼，直到在自然界与灵魂中发现那个共性之象。而这个共性之象，灵魂可见性的真正来源，超越了感官的直观，正是理念自身。

第四节　作为知识对象的理念

苏格拉底方法涉及纯粹的或完全抽象的思考或思维，摆脱了所有具体的、特定的或个别的东西，直接追寻本质或普遍性。因此，知识的对象不同于观念或观点的对象，不是特定事物的世界，不是特定时空与特定物的世界；知识的对象必然是另外一种类型的实在或现实，一种完全不同的实体。柏拉图将知识的对象称为理念。然而，柏拉图这里的理念，并不是人们现在已经熟悉与习惯了的理念（与真实事物相反的心智状态、概念、观念、信念、想法、闪现、心智映像、思维中出现的某种东西等）。所有这些都不是柏拉图所指的心智思考或知识的对象。

作为柏拉图的知识对象的理念，是指形态，特别地，是指原型，最初的或最基本的样式，是自然界理性塑造或创造的样式。原型也即最初的或最基本的样式，为人们提供了某类事物、现象、关系等最基本的属性，类似韦伯的理想类型。因此柏拉图的理念不仅是真实的，而且是真实地存在。但绝不是灵魂幼稚，或没有灵魂，或精神贫乏的那些人所认为的那种物理性实体，而是理念性实体，具体如图 2–2 所示。

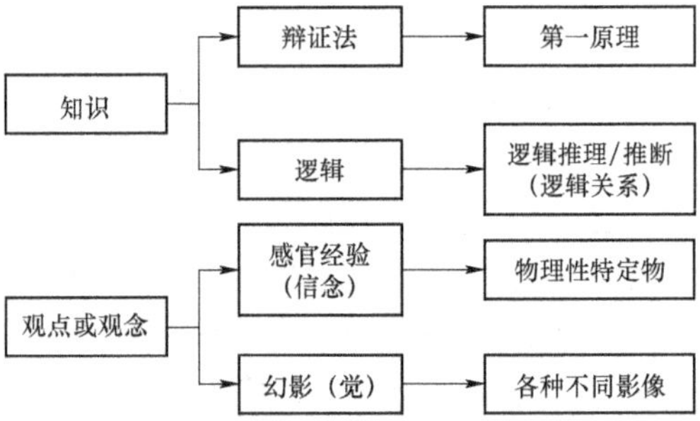

图 2–2　知识、观点或观念的特征

例如，欧几里德几何学中的点、线、面，是一种实在，但却只是理念中的实在，谁能够在特定性的、个体的世界中找到或发现点、线、面？完全不可能。因此，如果因为柏拉图的理念只存在理念当中而不存在个体性的现实之中，就认为柏拉图是唯心主义，那么，所有数学家可能都是唯心主义者了。

苏格拉底经常用的词是 eidos。与 idea 类似，eidos 这个词源自“看”这一词的一种特定的含义，意指已经完成的“看”的动作。eidos 最基本的含义是指视力、视觉、层面、样子，是指以一种极其怪异的方式进行观察，即具有各种样子的事物或者是一种视觉的事物呈现于人们的视觉与观察之中，因此为人们提供了此类事物的最忠实的或最基本的理念。

苏格拉底理念的高明之处在于，将实体性事物、现象以及关系等升华为不是通常意义上的实体，即理念。知识是关于理念的思考，以理念为对象，而观点或观念则以作为升华物的具体的、特定的实体为对象。由于理念是不变的，而特定的实体对象是不断变化的，因此，知识以及作为知识对象的理念，具有永恒的不变性，因而具有真实性与实在性，构成了规定宇宙或世界秩序的根本性存在。

事实上，苏格拉底的理念思想，在中国文化中也曾存在过，只是由于人们太过于鲁莽、太过于相信特定经验，太缺乏形而上学的思维，或由于语言中不存在总体性的、抽象概念与个体性的、特定概念之分而被人们，特别是被学者或思想家忽略了，因而没有形成具有科学基因的文化。

理念作为实在的标识，是人们探究世界的基础。离开理念，人们无法观察、认识、理解与探究世界与人类社会。人们观察、认识、理解与探究世界，是通过与相关理念的对照与比较进行的。人们看到的每样东西，以任何方式呈现出来的任何事物，都看上去（或听起来或味道）类似某种理念上的东西，如优良或卓越、构成元素、动物、工具甚至泥土、灰尘等。每一种东西都分有或具有作为某个类（理念）的某个方面。对于任何事物、现象以及关系等，除非其类似某种东西，否则人们根本看不到它，即不认识它，因为其没有某种一致性的形状等（理念）吸引人们，人们无法标示它或命名它，因而其根本不存在；因为看到某物意味着认出其为某物，如果看到一种东西但不知道是什么，那么等于其什么也没有看到，或什么都不存在。无以名状意味着没有形成关于此物、此现象以及此关系等的相关理念，因而在理念世界中其还不存在，直到人们对其命名，规定其性质并形成此物的一般性的、抽象的理念，人们才认识它。

第五节　作为具有层级结构与相互关联的理念

由于人类的灵魂或其超智能性囿于人的血肉之躯，使得灵魂以一种特定的结构方式认识世界，即层级结构而并不是并行结构。虽然人的灵魂或超智能性本质上具有无限性，但肉体的有限性却决定了其无法如灵魂那样自由地行动。柏拉图认为，灵魂在感知、认识与理解世界时，按照一定的层级结构进行。至少到目前为止，最大的结构就是宇宙或世界，其由作为理念的星系构成，如银河系等；而银河系又由小一些的星系理念构成，如太阳系；太阳系由作为理念的星球构成，如太阳、地球、月球、土星、火星、冥王星等构成；地球由作为理念的太空、大气层、空间、云雾以及地球上的一切构成，如作为理念的山、石、草、木、植物等。如同在任何空间一样，地球上的某些东西，可以以不同的理念进行划分，如无机物与有机物等。

作为哺乳动物中人科人属的人类（如图 2-3 所示），作为一个理念，是一种真实的存在；作为理念的人类又可以分为作为理念的各不同民族，也可以分为作为理念的不同国家。作为理念的人类、作为理念的不同民族以及作为理念的不同国家，是真实存在的，但仅仅作为理念而存在，而不是作为一个真实的完整的实体而存在。

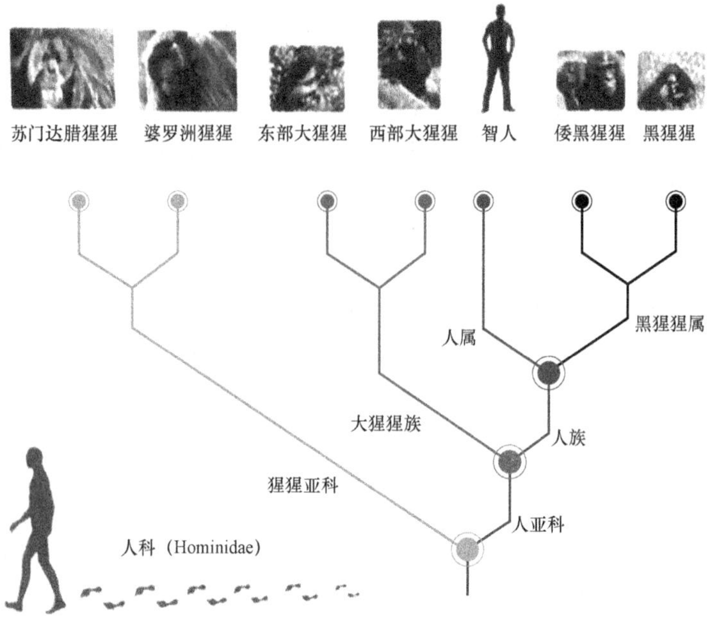

图 2-3　人科分类概念图

理念所具有的这种层级结构，既决定了不同层级理念的本质性质，也决定了不同层级间、理念间的相互联系与关系，更为人们提供了理解理念的一种不可回避的途径。理念的层级结构表明，上一层级的理念决定下一层级理念的性质、本质与命运，然而这种决定并不是由上一层级的理念所直接执行的，而是由下一层级中平行层级中的不同理念所决定的。上一层级的理念决定了下一层级中的并行理念之间的关系，而并行同级中的不同理念间的关系则从理念上决定了特定理念的性质、本质与命运。

不同理念层级以及平行理念层级间的这种关系，是任何理念层级间关系的共同性质，因而这种性质本身，就成为一种关系性理念，因而具有普遍性、不变性与永恒性。任何一种理念，如果不能够结构化出理念的较为复杂的层级关系以及其之间的复杂相互联系，人们便没有理解这种理念的性质、本质以及其决定关系，因而也无法正确认识、理解与探究这种理念。因为任何理念都是另外一个较大的与较高层次的整体的一部分，而且各部分的性质、本质及特征都必然带有整体性的影响效应。

事实上，正如狄尔泰所说，所有的问题与现象，都是处于更加复杂的情景中的复杂的实体。任何孤立的现象、无联系的事实，或者遗世独立的精神行为，都只是臆想的虚构，因为人们在经验中所遭遇的东西，始终只是无比错综缠结的链条上的环节。因此，任何一项研究，都必须根据这些由个人所构成的各部分，并且根据由这些部分的更大社会情景来考虑这个问题或人们的行动。因为，只有根据部分在更大整体中的位置，才有可能理解部分，而整体也只有根据它的各组成部分，才是可以被理解的。

虽然理念具有层级结构以及不同层级结构间复杂的相互连接关系，但任何一种理念，都具有一个共同性质，即理念的统一性与不可分割性。理念自身构成了一个严密的有机体，缺少任何要素或环节都不再是其原来的理念而是变了形的理念。理念自身的这种不可分割性与作为理念构成要素的个体的特定性，不仅不存在矛盾而且正是形成理念的意义所在。因为理念的不可分割性表明，理念的存在并不依赖于其构成要素的存在，即使其构成要素不存在了，那么理念本身依然作为非物理性实体而存在。如图 2–4 所示，作为理念的恐龙，是一个不可分割的整体，然而，作为理念的恐龙的所有下一级理念，即不同类别的同样作为理念的恐龙，已经不存在了，而且作为理念的恐龙的任何一个层级上的构成要素，都不存在了，但任何层级的作为理念的恐龙，或者说，作为不同类别的恐龙的理念，却依然存在，而且会永远存在，永远不会消失。不仅如此，作为不同类别的恐龙的理念之间的关系，也依然存在而且将会永远存在。只要人类存在，作为理念的存在对于人类来说，就永远不会消失，因而理念相对于人的存在来说，具有永恒性。

图 2–4　作为理念的恐龙

第六节　作为秩序性的理念的世界

理念的层级结构以及不同层级间的关系表明，充满世界的理念之间具有优美的秩序性。虽然这种优美的秩序性，是人的灵魂或超智能性构建的结果，可能人们会认为是人为的结果，然而，理念的层级结构以及不同层级间的关系表明，人的灵魂或心灵或超智能性本身，就是这种关系的结果。如果人类生来不具有如此的灵魂或超智能性，那么，人类可能只能构建出猪所构建的世界秩序与理念。显然，人类的灵魂超智能性是一个更大的、更高层次的理念造就的结果，不论这种理念在造就人类特质时是有意还是无意，但结果都是一样：人的灵魂或超智能性是一个层次更高的、范围更为广大的理念的产物。

正是由个这个原因，柏拉图认为，世界是一个由理念构成并且由理念支配的有秩序的实体：nous（理性）统治这世界；世界按照某种理性有秩序地组织起来，严格地遵循理性所规定的运转规则；世界的一切，不仅必须遵循世界的理性，而且经常面临世界理性的审判以及奖励与惩罚。支配世界的理性具有金钢石般不可突破的规则或法律，并且一视同仁，因此谢林说，自然是一种顽冥化的理智；也正因为如此，老子说，“天地之间，其犹橐龠乎？虚而不屈，动而愈出”，而且“天地不仁，以万物为刍狗”。理性统治世界，意味着“理性是世界的灵魂，理性居住在世界中，理性构成世界内在的、固有的、深邃的本性，或者说，理性是世界的共性”。

遵循世界理性，是人类理性的根本来源，也是人类理性的使命所在。虽然世界貌似或仿佛是一个具有理性与理性运转规则的生命体，仅仅是貌似或仿佛是而已，但却是一个被动的理性生命体，即其自己通常不会主动地将其理性昭示于世人面前，犹如一个只让其固有的理性规则自我运转并作用于万物的冷静的旁观者，“顺之者倡，逆之者亡”。虽然“自然界不能使它所含蕴的理性得到意识”，但是世界或自然界理性在创造人类时，赋予了人类“双重的性能”，既能够理念性地认识世界，也能够意识到自然界的理性，或者说，人类的“思想不但构成外界事物的实体，而且构成精神性的东西的普遍实体”，因而人“是一个能意识到普遍性的普遍者”。人的这种性能，源自人具有“苏格拉底式的思维”，这种思维能够认识一切自然和精神事物的真实共性，因而能够“统摄这一切而成为这一切的基础”。因此，从这个角度说，人类理性的使命就是认识、理解与把握世界理性，并且按照世界理性进行公共治理。

世界作为理性的理念的世界，事实上将一切都创造了出来。然而，世界或自然界不仅不主动将此昭示于人，而且通常将其隐藏至深，因此，没有符合理性的思维是绝不可能发现自然界的种种安排的。发现自然界的各种理性的理念性安排，也就是形成或积累了知识。因此，苏格拉底认为，人类不是发明知识的，而是发现知识的，静静地倾听、读取甚至整合自然界的知识；自然界创造出了无数的知识，而且随时准备为任何有能力、有准备获得的人所自由地获得与索取。自然界在为人类提供其理性创造知识方面极为大方、慷慨，毫不吝啬。

自然界理性或自然理性创造或塑造世间一切事物、现象以及关系等的理念以及理念间的复杂的相互连接关系。自然理性所塑造的种类无数的众多理念，不仅具有世人无法超越的精良的形性，而且塑造了各种理念的内在性质、本质以及各种理念间无限复杂的相互关联、相互制约以及相互促进、相互替代等的最终边界及其无限微妙的连续性关系。正如托马斯所说："宇宙是一个系列，最高处是上帝下到最低级的生物。每一种生物都按照它自己本性的内在冲动行事，追求它的类别所固有的状况或完美的形式并按它的完美程度在上升的序列中找到自己的位置。在所有的情况下，高级的生物统治和利用低级的生物，有如上帝统治世界或灵魂统治肉体。不管一种生物多么低级，任何生物都有它的价值，因为它有自己的位置、义务和权利，通过这些以促成整体的完美。这种构想的本质是目的，即从属于一个目标。"自然理性所塑造的这些理念，构成了人类活动的所有可达到的本质性界限、样式、可能性等的最初的原型，是人类知识发现的唯一的最终来源，唯一的最终的模板与仿制原型，唯一的最终的没有边界的无限可能性。

自然理性塑造的所有理念，当然均以理念的形式存在。因此，柏拉图认为，认识、理解与把握自然理性塑造的任何理念，必然以认识、理解与把握理念为对象的东西，才能够做到这一点或达到这一目的。人类灵魂或心智，或超智能性，以认识、理解与把握理念为对象的，不是直观，不是粗糙的感官的直接感受，而只能是由灵魂或心智或超智能性。唯有能思的心灵，确切地说，唯有能够进行苏格拉底式思维的灵魂，才能够真正以自然界的理性以及由自然理性所创造或塑造的理念为认识、理解与把握的对象。

具有内在本质性的、不可更改的秩序的自然界，既如一个充满幽默并且非常爱开玩笑的理性实体，又如一个带着面纱的含苞待放的美丽少女。她从理念上塑造了整个秩序优美的世界结构，却又带着一层难以揭开的、被其施加了魔咒的神秘面纱。唯有有能力揭开这一被其施加了魔咒的神秘面纱的人，才能够见到其美丽的真实的面容。苏格拉底将揭开这一面纱的魔力或咒语，称为知识：即追寻、挖掘与发现理念以及理念间关系的结果，而且唯有通过苏格拉底思维或方法才能够实现这一目的。由于理念及其关系的永恒性，因此，知识是确定性、不依时空而变的、基于理性的实在，是自然界理性创造或塑造的理念及其关系在人类中的再现，从而使人类能够进入自然理性为其建构的天堂乐园。谁掌握了知识，谁就找到了打开自然理性为其建构的天堂乐园的大门的钥匙，谁就掌握了世界。正因为如此，培根说，"知识就是力量"。

然而，自然理性似乎更乐于沉溺游戏之中。自然理性设定的理念秩序使得在任何时空下能够具有苏格拉底思维的个体，少之又少，而且在各不同民族之中的分布亦存在巨大差异，从而使得人类能够寻求到其设定的理念及其关系的天才，成为人类最为稀缺的品类。更为严重的是，知识缺乏人情味或根本没有人情味，完全以理性为基础，而人又是一种受情感支配的动物，人的心灵更是变化莫测的精怪，更愿意相信一些观念，更愿意相信那种直接的天籁的和谐。虽然通过苏格拉底思维以把握真理的方式，容易被看成是人类一种骄傲，一种全凭自己固有的力量以认识真理的骄傲，但由于人们受到情感，特别是受到权力与利益的左右，通常认为探索真理是一切罪恶的根源，或原始的犯罪，因此要想返回本真，达到和解，似乎非放弃思想，摒绝知识不可。为了维护封建统治者的利益与统治的稳定性，老子就主张绝学弃知、弃智、弃技，使民无知，使民无智。自古以来，各民族的先哲，早已意识到这种精神上的奇异的分裂。在大自然里，这样的内心分裂没有出来，自然事物也不知道作恶，因此，探索自然理性的努力亦常常受到情感的左右，受到由情感支配的观念的压制与迫害，严重影响了本来就稀缺的具有苏格拉底思维的人，能够有条件探索到自然理性所确定的理念及其关系，因而人们长期生活在由观念统治的世界之中。

第七节　真实性、影像及其博弈

虽然人类作为一个整体，作为一种理念，在追寻、探索自然理性所塑造的各种理念及其复杂相互作用关系方面，面临刚刚提到的上述各种阻碍与干扰，但从整体上说，自从公元前 700 年左右至今，已经获得了巨大的进步。首先是公元前 650 年开始的自然哲学关于自然本质的追问；公元前 470?—前 325?年，古希腊哲学家开始的关于人类美德以及城邦治理问题的探索；经过几次文艺复兴的洗礼，西方终于自 16 世纪开始逐渐地，虽然较为缓慢，拨动了笼罩在自然理性所塑造的各种理念及其复杂关系上面的被施加了密封性咒语的神秘面纱，自然理性所塑造的各种理念及其复杂关系，开始展现出基本的但仍然相当模糊的轮廓。

自然理性所塑造的各种理念及其复杂相互作用关系，作为世界本体，是这个世界真实的存在，是人类建构或规定各种理念的原型。人们所谓认识、理解与把握世界，认识、理解与把握自然界与人类社会发展规律，按照自然规律与人类社会发展规律行为，就是以这种作为自在存在的原型为对象，通过模仿这种自在存在的原型，建构人类社会的各个方面，即建构人类社会内在结构与整个人类社会以及与其他理念之间关系在整个宇宙中的存在样式。

虽然自然理性塑造了各种理念及其复杂相互作用关系，但自然理性并没有对其塑造的各种理念以及同样作为理念的这些理念间复杂关系本身进行命名。对于人们来说，它们是自在存在或自在自为地存在。人们对于自然界与社会的认识，首先形成表象并对表象进行命名，即形成概念。如黑格尔所说，“按照时间的次序，人的意识，对于对象总是先形成表象，后才形成概念，而且唯有通过表象，依靠表象，人的能思的心灵才进而达到对于事物的思维的认识与把握”。但是，人们对于自然理性塑造的各种理念以及同样作为理念的这些理念间复杂关系本身的命名，并没有任何实际意义，真正具有意义的，是对这种命名本身的性质、本质与特征的规定，是对这种命名本身的共性或普遍性的规定。

例如，牛、马、羊、鸡、猫、虎、狮、豹、狗、树、石、土、水、火等，虽然作为理念以及同样作为理念的它们之间错综复杂的关系，已经被自然理性塑造或创造出来，但自然理性并没有对其命名，或者，猜测地说，自然理性在其自己的理性中，已经有了命名，但从来没有昭示给人类，因此，对于人类来说，它们是自在存在。人类将其称为什么无所谓，例如完全可以将牛、马、羊、鸡、猫、虎、狮、豹、狗、树、石、土、水、火等打乱，重新命名，或将其进行任意的交换或交叉的命名，这都无所谓，只要其性质、本质与特征等作为类或作为理念的普遍性或共性的规定不变，那么仅仅是标签不同而本身内容却完全相同。例如，一个人今天叫张二，明天叫李十，后天叫石头，都没有任何意义，只要被指称的那个人本身没有变，被指称的内容的性质、本质与特征等就没有变化。

人类对于自然理性所确定的理念及其与其他理念间关系的认识，最初总是通过个体以及不同类个体间关系进行的，也就是通过定性来进行的。正如黑格尔所说，“自然所表现给我们的是个别形态和个别现象的无限量的杂多体，我们有在此杂多中寻求统一的要求。因此，我们加以比较，力求认识每一事物的普遍。个体生死无常，而类则是其中持续存在的东西，而且重现在每一个体中”。人类对于自然理性所确定的理念及其与其他理念间关系的认识与规定，是一个逐渐完成与完善的过程。因为“个体生死无常，而类则是其中持续存在的东西，而且重现在每一个体中，类的存在只有反思才能认识”，也就是唯有通过苏格拉底思维才能够认识，并据此对类或理念的性质、本质、特征等共性或普遍性加以规定。

这里所谓的逐渐完成与完善，是指人类不断修正其对某种类或理念的共性或普遍性规定的完善，即逐渐接近自然理性所确定的理念直至与自然理性所确定的理念完全相同，包括同样作为理念的此理念与其他理念之间的关系，即类与类之间的关系。也就是黑格尔所说的，“从哲学的意义来看，概括地抽象地讲来，真理就是思想的内容与其自身的符合”。这里“思想的内容”就是对于特定理念的共性或普遍性的规定，而“其自身”则是指特定理念的自在存在，即自然理性所设定的特定理念的共性或普遍性。因此黑格尔说，“一个不好的政府即是不真的政府，一般来说，不好与不真皆由于一个对象的规定或概念与其实际存在之间发生了矛盾”。

由于自然理性所确定的理念以及同样作为理念的各种不同理念之间关系是一种自存在，人们通过知识认识、理解与把握这种自在存在。因此，人们所发现与拥有的知识多少的不同，决定了不同的人们以自在或自然理念为原型建构的社会的各种样式之间存在的差异的不同。人们建构的这些存在众多差异甚至大相径庭的社会样式，本质上是自在或自然理念的不同程度的反映或影像。不同的样式或影像在多大程度上分有理念的共性，决定这些不同样式接近自然或自在理念的程度，即与自然或自在理念的相似度。作为自在理念反映或影像的人们建构的各种样式，越在更大程度上接近自在理念，那么这种样式越具有自然的性质，因而越适应自然规律，因而越能够显现出其适应自然的能力与更强大的生存能力，越能够获得强大的生命力。

人们以自在理念为原型建构的各种社会不同的社会样式，越是以观念而不是以知识为基础，或者受观念的影响越是超越受知识的影响，含有自在理念的程度越低，因而越是更为严重地偏离自在理念，越是自然理念的更为严重的扭曲的反映或影像，甚至完全偏离了自在理念。正如黑格尔所说，“我们近代的人，通过我们整个文化教养，已经被许多具有丰富深邃内容的观念所熏陶，要想超出其笼罩，是极其困难的”。更为重要的是，在观念统治的世界中，如西方的中世纪，每一个流行观念的倡导者几乎狂妄到了甚至发疯的程度，以空疏的口号与矫揉造作的夸大虚骄，陶醉于观念的美妙，以极其严肃的态度重复着自欺欺人的宗教信条，并借此掩盖其理智上的软弱与无能和知识的贫乏，并努力以一种极其严肃的，自欺欺人的，压倒千古大哲的虚骄之气来掩盖其真实的虚伪。因此，在这类虚幻社会中，观念会得到不断地自我强化；社会越来越为观念所控制，直至最终被自然演化过程消灭或淘汰。事实上，人类的文明过程是观念逐渐失去光辉而知识日益兴起的过程，因而人类社会的文明过程本质上也是日益完善其建构的社会样式从而接近自然理念的过程。人类文明的每一次进步，都是人们建构的社会样式更接近自然理念的一步。

任何时空下的人类社会，在完全认识、理解与把握自在理念之前，一直存在知识与观念以及各种不同观念间的冲突或博弈。虽然每个人通常都承认知识，承认知识在引导人们行为方面的重要性，承认知识的财富创造功能与幸福改善功能，但在知识应用领域，当知识成为人们实际生活领域相关样式变更的基础与合理性来源时，知识面临来自观念的强烈挑战、抵制与抗争。知识与观念历史存在激烈的博弈。

任何一种实际生活领域的特定存在（如制度安排、文化以及意识形态等），都具有特定的既得利益群体，而且在某些时空下，这些既得利益群体的势力相当强大。当人们发现某种知识后，如果这种知识对这些既得利益群体获得利益的合乎义理性提出挑战时，这些既得利益群体就会拼命反对、否定、压制知识，甚至不惜迫害知识分子。而且这种情形是经常出现的，因为知识不仅以理性为基础，更具有唤醒人们理性、知性与智力的作用，而“知性是心灵的批判性、创造性和沉思性的部分或一面。智力寻求掌握、运用、排序和调整；知性则从事检验、思考、怀疑、理论化、批判和想象”，因此，知识能够有力地冲击既得利益群体获得利益的合理性的基础，具有挑战其获得既得利益合理性与唤醒民众剥夺其既得利益的强大力量，因而理性、知性与智力是观念的一类强劲的天敌。苏格拉底因为通过苏格拉底方法或辩证法挑战雅典秩序的合理性而损害了既得利益群体的利益，被雅典政府判了死刑，令其喝下毒药；哥白尼因为挑战“地心说”而损害了宗教学说的正统性，进而损害宗教统治者的利益而被绞死；孟德斯鸠为了逃避当局的迫害，匿名发表《波斯人信札》。

在任何时空下，既然存在不同社会格局下的不同的既得利益群体，那么也就必然存在为既得利益群体的利益合理性进行摇旗呐喊的吹鼓手与歌唱家。这些人自欺欺人地、将脖子拉长到极限地步地、用尽其几乎完全嘶哑了的喉咙嚎叫、呐喊；放弃所有动物性的尊严、倾其所有努力所掌握的江湖法术、像宠物狗一样不惜摇断其尾，以便获得既得利益群体的残羹剩饭。有关这方面的说明与叙述，就作者所阅读范围而言，叔本华可能是其中一个出类拔萃的佼佼者，其对充斥着资本主义社会的“马屁精”、江湖术士、活在当下的戈奇亚斯与希比阿斯的相关现象与原因，进行了天才般地描述，因而将其原话摘录于下：

“我不断看到那些虚伪的、恶劣的东西，还有荒唐的以及无意义的东西反而受到普遍地被赞赏，被崇拜……在此期间，假东西就大放光芒了。因为要把一件事情和它的假象统一起来，纵非不可能，也是很困难的。这正是这个贫困、匮乏的世界的灾难，一切都必须为这些贫困、匮乏作打算而为之奴役。因此，这世界并不是这样生就的，说什么任何一种高尚的、卓绝的努力，如指向光明和真理的努力，可以在这世上无阻碍地兴盛起来，可以只为本身的目的而存在。并且，即便有那么回事，这样的努力真能显出自己的分量了，从而也把有关这种努力的观念带到人间来了，可是那些物质利益，那些个人目的立即就会把这种努力控制起来，以便使它成为这些利益和目的的工具或面具。准此，在康德重振哲学的威望之后，哲学必须又立即成为某些目的的工具；在上，是国家目的的工具；在下，是个人目的的工具。……这也并不应使我们感到诧异，因为人间有难以相信的多数，由于他们的本性，除了物质目的外，就根本不能有其他目的；甚至不能理解其他目的。如此看来，这追求真理的努力就太曲高和寡了，以致不能期待一切人，很多人，甚至少数人诚恳的来参加。尽管人们又一次，如在目前的德国看到哲学方面显著的活跃情况，看到普遍地在干着，写着，谈着哲学上的事物，人们却可满有信心地假定这些活动的真正‘第一动机’，那掩藏着的动机，尽管人们道貌岸然，庄严保证，却只是现实的非理想的目的，也即是个人的、官方的、教会的、国家的目的；一句话，他们心目中所有的只是物质利益。

“政府既拿哲学当作达到国家目的的手段，那么，在另一方面，学者们就视哲学讲座为一种职业，和任何能养活人身的职业一般无二了。他们竞奔那些讲座，保证自己有善良的意愿，也就是保证其意图是为那些目的服务。他们也果然遵守诺言。所以，给他们指示方向的北斗星，不是真理，不是明澈，不是柏拉图，不是亚里士多德；而是雇佣他们来服务的那些目的。……人们只要看看他们反对泛神论的那种一口同声的热烈劲儿，能有一个白痴相信这股劲儿是从信服真理而来的吗？……正因为这是势所必至的，而‘端谁的碗，唱谁的歌’又自来便是有支配力的规律……

“从这方面看来，好像真有什么选择的亲和性在起作用似的；由于这种作用，庸俗的性格便物以类聚了，从而，即令是伟大哲人所说的东西，他们也宁愿从自己的同类人物那儿去听取。这也许是和相互教学法同一原理，根据这种教学法，孩子们只有从自己的同伴那儿才学习得最好。”

上述叔本华的描述，不仅表明知识与观念之间的博弈存在着深刻的多方面的社会原因而普遍地存在，也表明不同观念之间的博弈亦存在多方面的社会原因而亦普遍地存在。正如狄尔泰所说：“在人类世界中，心灵彼此相通。认知的心灵非常熟悉心灵的活动和心灵的产物。这就产生了自然科学感到陌生的问题。我们不会去轻视或指责自然物体，即使是植物或低等动物，而且我们能够不怀偏见地对它们分别加以研究。相反，人类世界却非常可能充满着相互的指责和偏见。保守分子和激进分子、信教者和不信教者、酒徒和戒酒者，所有这些人都从各自的观点来看待事物。”事实上，众多伟人的论述与说明中，毛泽东的话可能是最为直白、最为有力且直入骨髓：“凡是有人群的地方，就会有斗争。”这种斗争当然既涉及物质利益而且大多数时空下涉及物质利益，也涉及观念、态度、价值以及信念、信仰等，即因为这些方面的差异而引发人们之间的冲突与博弈，是必然的。

研究知识与观念间的博弈以及不同观念间博弈，最有效的手段或途径当然是博弈论，因为博弈论就是专门为研究不同参与者间策略选择的冲突而生的。同时，由于博弈论与社会学中的互动理论不同，互动论在得出互动结果方面存在极大的不确定性或任意性，而博弈论则主要研究博弈生成的结果，即博弈均衡。不同的博弈均衡表明知识与观念、观念与观念间博弈的最终结果，以及这种结果的转换机制与条件等，因而更便于理解知识如何能够成为支配社会运转的基础，从而使社会更为理性化地运转，更有效地发挥理念现代化的途径与条件等，进而更有效地促进社会治理理念的现代化。

第三章　国家治理体系现代化博弈论研究的基本理论框架

本章的主要目的是梳理与归纳国家治理体系与能力现代化研究的一种较为独特的视角与基本研究框架，即博弈论的研究视角与基本研究框架：从博弈论角度探索国家治理体系与能力现代化的洞见与逻辑，进而拓展、丰富国家治理体系与能力现代化的研究视野与途径，为推动国家治理体系与能力现代化问题研究的学术发展，提供一种新的分析工具与理解逻辑。

相对于宏观模式变量理论，博弈论洞见的国家治理体系现代化具有其特有的逻辑：将国家治理体系视为微观行为个体互动形成的结果，或涌现出的宏观结构，因而这种宏观结构与微观个体互动间形成一种相互影响关系；研究途径遵循个体互动视角而与宏观到微观的理解形成鲜明对照；任何一种治理体系都是个体间互动形成的博弈均衡（纳什均衡或演化均衡），而且由于全局博弈与局部博弈的存在重大差异，因而会形成大量不同于全局均衡的局部均衡；国家治理体系现代化是个体间互动形成的博弈均衡的飘移，即间断性均衡的转换。如果这种转换提高了国家治理能力，则是国家治理体系的优化；如果这种转换降低了国家治理能力，则是治理体系的退化。实现国家治理体系现代化或优化，必须改变微观个体间的博弈结构，或在现有的博弈结构中改变微观行为个体的行为选择，从而形成不同于原有状态的新的博弈结构与新的博弈均衡。

第一节　宏观模式变量理论及其局限

所谓治理理念，既是关于何为合理、合乎人类社会发展规律的或优良的社会秩序的一种反身折射性的理性认识或理性洞见，也是关于治理体系与治理对象间互动关系以及这种互动关系更新的性质、过程、机制、动力来源等一系列问题的一种反身折射性的理性认识或理性洞见。这是一种分析性意义的治理理念的概念，构成了国家治理体系与能力现代化理念的分析视角与途径。与这种分析性治理理念稍有不同的是，国家治理体系与能力现代化的理念，是一个具有规范性意味的概念，具有更为具体的、规定性的时空性质、特征与结构等。

治理理念本身作为个体间互动的产物，是博弈参与人间进行博弈时对其他参与人行为选择的一种预期，是对其他参与人关于何为合乎人性的社会状态认知的一种推断，相当于博弈论中信念的概念，因而源自互动过程中涉及的各个方面，包括各种远景、知识、事实、主观判断、理论预断、假设、信念、目标与目的等。同时，这些不同方面又是治理理念作用的产物。因而治理理念及其来源之间仍然存在互动关系。

国家治理体系与能力现代化，本质上是运用现代国家治理理念、技术、工具，改革、完善、创新国家治理体系与治理能力的过程；是重新思考、评估与确立政府与社会或作为整体的公民（包括各种社会组织、经济组织以及各种行为个体）之间的关系；重新思考、评估与确立政府、社会资本或生产性社会规范在治理社会过程中的作用以及这种作用的发挥机制；重新思考、评估与确立政府行为与社会生产性规范在市场机制、社会机制实现资源优化配置过程中的基础性作用；重新思考、评估与确立不同微观行为者（人们）在国家治理理念、结构、过程与机制等创新方面获得新的社会化模式、行为模式的过程与途径。

作为因变量或被解释变量的国家治理体系与能力，是国家治理理念、结构、机制与过程复杂互动决定的。因此，可以将理念、结构、过程、组织与机制视为国家治理体系的解释变量或自变量，国家治理体系与能力（视为一级变量）是国家治理理念、结构、过程与机制的函数，即国家治理理念、结构、过程与机制等构成了国家治理体系与能力的二级解释变量，可以表示为：

国家治理体系与能力=F(理念，结构，过程，机制，组织)

上述函数关系只是一种中介性的函数关系，即理念、结构、过程与机制虽然构成了国家治理体系与能力的解释变量，但由于博弈论采用多个体互动分析与研究途径，因而这些二级解释变量并非外生变量，并非可以视为天然生成的变量。博弈论关于国家治理体系的研究，一个突出特征是将这些变量作为其他解释变量或自变量的函数，而不是最终的解释变量。在博弈论关于治理的研究中，最终的解释变量是个体（包括政府组织或机构、企业、社会组织、地方政府、职业性社会群体、区域性群体以及个人等）在社会互动过程中的行为选择，而行为选择与互动过程、个体的特征之间的关系具有不可还原性。因此，国家治理的博弈论途径将个体特征、互动过程与个体行为选择视为观察性解释变量。这种关系可以表述为：

（理念，结构，过程，机制，组织）=G(互动过程，个体特征，个体行为选择)

即国家治理体系的理念、结构、过程、机制组织是社会个体互动过程、个体特征、个体行为选择的函数。因而，作为国家治理参与者的个体间互动过程、个体特征、个体行为选择构成了国家治理体系与能力的终极解释变量。从这个意义上说，国家治理体系与能力现代化本质上是治理参与者的互动过程、个体特征与个体行为选择的现代化问题。

从上述角度说，虽然国家治理体系与能力现代化是一种新表述或概括，但从“国家组织活动”的角度来说，国家治理体系与能力现代化，是公共行政与管理或政府领域理论与实践现代化或演化的一种扩展或延续，与国外或发达国家学术界所称的“公共部门”或政府领域治理的持续变迁或现代化的相关研究具有相似甚至相同的含义。

事实上，20 世纪八九十年代美国及欧洲国家先后发起的政府现代化运动（HM Government 1999），可以视为中国今日提出的国家治理体系与能力现代化的雏形或先例。因为正是这场现代化运动催生了一系列与治理相关的概念或话语。如现代治理、地方政府现代化、治理现代化或现代化治理、行政管理现代化、国家现代化以及与政策体系现代化等。1993 年，Mayntz 在“现代化与组织间网络的逻辑”一文中，事实上已经将现代化与国家治理联系在一起。1998 年，Jessop 经典论文也是在国家层面上讨论治理问题，并明确提出国家在网络治理与元治理中的作用以及发挥作用的方式等问题。

国家治理问题研究的著名专家 Peters 在 2009 年指出，不论人们冠之以“改革”“现代化”“重塑”或其他什么名称，大部分国家的公共部门与政府即使仅仅与几年前相比，都发生了深刻、广泛与重大的变迁。公共部门或政府管理领域的这种变迁至少可视为国家治理现代化的主要构成部分。从这个角度说，国家治理体系与能力现代化问题又是一个拥有 30 多年学术研究历史的理论与现实问题。

我国学术界关于“国家治理体系和治理能力现代化”问题的相关解说与研究，表现出强烈的中国本土化特征。笔者将这种本土化特征概括为“宏观模式变量理论”，因为它与上述西方国家有关政府现代化问题的研究相比较，不论是在逻辑分类、概念界定还是在命题探索、话语体系方面都存在较大的差异。

我国学术界围绕国家治理体系与能力现代化研究而形成的“宏观模式变量理论”，从实践的角度推动了国家治理体系与能力现代化，提供了理论解说与指导，但如任何问题都存在两面性一样，这种理论也必然存在一定的不足。具体而言，笔者认为，这种不足或局限性主要体现在以下几个方面。

（1）宏观模式变量理论的主要特征是按照某种模式变量将国家治理体系视为各种子体系或子系统之总体。如有些学者将其即视为诸如政治、行政、经济、社会、文化、教育、科技以及生态等子系统的总和，也有学者将其者视为政府治理、市场治理与社会治理的总和。在此基础上，进一步从各种宏观模式变量出发，依据各自领域的特点论述国家治理体系与能力存在的问题，问题存在或产生的原因以及改进或现代化的方式或途径等。

（2）这种论述虽然直观上易于理解，但将国家治理体系分为不同的构成部分，似乎各子体系或系统间存在着某种无机关系因而具有划分的可能性，可以各自独立地发挥作用与功能。这种理论化的结果是将国家治理体系碎片化、领地（域）化、独立化，进而强化了原本就是国家治理体系现代化主要障碍之一的各功能性领域间的相互掣肘、相互推诿、各行其是、互挑奶皮（争夺具有较大利益的控制领域）以及各领域均“自以为是，而以人为非也”。

（3）宏观模式变量理论关于社会子系统的划分通常采取列举方式。这种列举方式既可按某种方式将子系统几乎可以无限制地划分下去，也可以寻求到无数种不同的但并不相互排斥的划分方式。无论是无限制地划分还是不同划分方式，都是一种最为原始、简单和朴素的以及最为容易犯错误的有限归纳思维的简单运用，都必然是不完备的，因而必然完全地或在相当严重的程度上忽视了社会或国家构成要素间的相互嵌入性关系。国家功能领域划分的这种有限归纳法将随着各领域边界的日益交叉与日益模糊，灰色领域必将日益广泛，因而至少在探讨国家治理体系现代化这一特定问题中，必然存在一系列无法整合的理论问题与实践问题。

（4）舍掉了宏观变量间的相互嵌入性关系以及宏观变量与微观行为个体间互动关系，宏观模式变量理论认为，相关规则或制度安排是一种自足的现象，是一种自我生成的现象，具有自足的或自我决定的性质，只要相关方愿意，就可以凭其意愿或愿望任意地确定或实施，相关规则或制度安排的可实施性似乎并不受社会微观行为个体间互动的影响。因此，这类理论家们经常以一种祈祷的心情或态度，建议政策决策集团采取某种政策或制度安排。然而，类似建议一旦进入公共政策的决策过程，各不同决策方则显示出明显而且巨大的意见分歧，每一方似乎都具有无可辩驳的强大理由支持其自己的主张、否定其反对方的主张。公共政策决策因而经常在这种强烈的意见分歧中选择各种各样毫无新意的折中方案，或长期议而不决，最终争议的问题如水银落地，随着政策争论窗口的关闭而消失得无影无踪。

（5）宏观模式变量理论面临的另外一个持久性的难题是监督、检查、考核力量的无限循环。虽然在某些情形下，公共政策决策机构具有强大的决策能力，因而可以按其良好意愿制定某种强制性规则或确定某种制度安排，并配以强大的规则或制度安排实施的监督、检查、考核力量。然而，这些规则或制度安排实际运行结果却往往与政策制定者公开声称或陈述的、合法的或合乎义理的欲达目的背道而驰。其中一个重要原因是在这些规则或制度安排调节的问题领域中，形成了两套运行规则：潜规则与显规则。决策机构确定的规则或制度安排成为调节这些问题领域的显规则，而这些领域实际运行的却是另外一套规则，即潜规则。为避免潜规则与显规则的日益分裂，决策机构不得不不断追加监督、检查、考核力量，不得不运动式强化要求显规则的实施，甚至不惜运用暗访、暗中监视与暗中核查的方式，监控显规则的实施状况。这种治理方式在短期或许能够见到某些局部性成效，但长期来看，必然面临监督力量的无限循环并最终耗尽所有社会资源的难题。

（6）宏观模式变量理论关于国家面临的问题领域的范畴划分亦存在逻辑混乱问题。例如，市场治理既有治理市场问题也有运用市场机制治理其他领域的社会问题的含义。然而，在现代社会或国家中，不论是市场治理还是社会治理，都以政府治理为基础与前提，是政府治理方式选择之后的治理，没有政府治理便没有市场治理和社会治理[①]。因而，从这个角度上说，政府治理与市场治理和社会治理并不属于并列或对等的概念范畴。将市场治理、社会治理与政府治理并列为国家治理体系的子系统，由于政府治理涵盖了社会治理与市场治理，这三者在逻辑上是一种包含关系并不是并列关系，在时空上是顺序关系而不是并列关系，因而必然造成逻辑上的混乱与错误。毋庸置疑，这种功能领域的列举性划分至少并不是探讨国家治理体系与能力现代化这一特定问题时一种有效的理论化或抽象化途径。

第二节　多个体复杂互动的国家治理体系现代化研究途径及其局限

博弈论关于国家治理体系现代化的研究，采用的是一种以多个体复杂互动为基础的分析性途径，因此有必要说明多个体互动的国家治理的研究视角与途径及其面临的问题。与规范性途径不同，分析性途径将历史上出现的与现存的任何一种特定的政府都视为一种特定的国家治理样式；它与非互动论的其他分析途径也不同，这种途径认为，国家治理是多个体复杂互动涌现出的一组协调机制。这正是国家治理体系研究的博弈论途径与其他分析性治理途径间的最重要的差别。这种分析途径也导致其在国家治理问题的研究时采用了一套与其他途径不同的概念体系。

本节主要说明以下五个紧密关联的问题：分析性途径关于治理的界定，多个体复杂互动如何生成了治理体系，从其历史发展过程说明以多个体互动作为研究国家治理体系问题的考察对象的合理性，韦伯关于多个体复杂互动生成治理的过程与机制的基本框架，多个体互动途径的局限性。

20 世纪八九十年代美国及欧洲国家先后发起的政府管理现代化运动，催生了一系列与治理相关的概念或话语。从分析性途径说，在公共领域问题研究中出现的治理理论或途径，事实上都是国家治理问题研究的一个有机部分，因而与国家治理、公共治理的含义基本相同，如现代治理、治理现代化或现代化治理、协同治理等中的治理，事实上均指国家治理，而行政管理现代化、国家现代化与政策体系现代化等更是属于国家治理现代化研究的范畴。1993 年，Mayntz 在“现代化与组织间网络的逻辑”一文中，事实上已经将现代化与国家治理联系在一起。1998 年，著名治

① 不论是直接干预还是间接干预，政府干预与不干预、政府行为与不行为，均属于政府治理的范畴。在特定国家或社会内的任何一个领域，政府行为是一种政府治理方式，政府不行为，也是一种政府治理方式。例如，政府规定某些领域的从事者需要通过考试获得从事相关活动的资格是政府的一种治理行为，而取消通过这种考试任何人都可从事相关职业，也是政府对这一领域的一种治理方式或行为。从这个意义上说，不存在没有政府治理的市场治理和社会治理；任何市场治理和社会治理都是在特定政府治理之下的市场治理与社会治理。此外，不论市场治理还是社会治理，都是政府治理框架下的治理，都受政府治理的约束与规范，都以政府治理或政府管制为基础和前提。

理理论学者 Jessop 的经典论文也是在国家层面上讨论治理问题，并明确提出政府在网络治理与元治理中的作用以及发挥作用的方式等问题。

目前，国外学术界基本认同的一致观点是，包括上述在内的公共管理领域中那些被标识为不同名称的治理理论基本上可以归为两大类：规范性的治理理论或途径和分析性治理理论或途径。多个体复杂互动属于分析性途径范畴，而且有学者认为，多个体复杂“互动”是一种较单独考察单一行为者的“非互动”途径更为有效的途径。事实上，网络治理与协同治理理论就是以多个体复杂互动为基础与途径的理论。博弈论在研究国家治理问题时采用的正是这种多个体复杂互动的途径。

从多个体复杂互动的角度说，公共治理或国家治理就是指对社会中各种相互依赖关系的协调，是指关于相互依赖活动的任何协调模式；主要分析与研究多层级的协调问题，探索公共行动的新形式或新样式；是分析、研究、概括政治结构或形式乃至国家组织活动或社会行为协调机制变迁的途径，是对这种结构、活动或变迁途径的一种分析性或叙述性的概括、分析与诊断。

上述这种分析性的治理概念，为治理与多个体复杂互动之间建立起一个自然的纽带。既然治理就是协调，就是围绕协调所进行的概括、分析与诊断，那么，只要能够合理地说明，任何协调机制都是多个体复杂互动的结果，也就说明了任何治理都是多个体复杂互动的结果。因此，研究治理问题，本质上也就成为研究多个体复杂互动如何形成不同的协调机制的问题；探讨治理机制生成、维持与变迁问题也就成为了研究多个体复杂互动如何生成、维持与变迁协调机制的问题。事实上，多个体复杂互动的社会问题研究途径持有的正是这种观点与逻辑。

多个体复杂互动途径的国家治理观点，认为任何国家以及同一国家任何时期的治理，都源自多个体复杂互动过程，现在的制度结构或国家治理只不过是过去的多个体复杂互动生成的结果。当这种结果与当下社会互动生成的博弈均衡偏离时，社会中便出现了形式化规则与事实规则并存现象。如果事实规则与人们期望的规则相冲突，就应该寻求新的互动关系（包括互动参与者、互动方式与过程等）从而内在地生成新的协调机制进而使事实规则符合人们的期望。正因为如此，2003 年，Kooiman 将国家治理活动视为公共与私人行为者共同参与的互动的总体，这种互动旨在解决社会问题或创造社会机会；致力于构建作为治理互动的背景的制度；建构所有这些活动的规范性基础。因此，国家治理可以被视为关于治理活动的理论抽象的总体。在国家治理领域一直很活跃而且近年来影响日益扩大的“互动治理”理论，亦是以多个体复杂互动为基础的理论。因此，多个体复杂互动途径，以多个体复杂互动作为基本研究单位，从多个体互动过程研究国家治理的生成与变迁问题。从这个意义上说，国家治理问题的研究，本质上就是研究“治理多个体复杂互动的机制”，或者等价地研究多个体复杂互动的协调机制。这里的互动显然既包括多个体间的互动，也包括个体与自然界间的互动。

多个体复杂互动的途径认为，任何社会中的任何一种协调机制都生成于社会个体间的互动，并反过来通过这种互动获得维持、强化或变迁的动力，例如，各种社会习俗、产权制度、行为准则、尊严、诚信、互惠、礼仪、仪式等都是多个体复杂互动的结果。因此人们将由互动生成的这些协调机制称为多个体复杂互动的宏观涌现，或涌现出的一种宏观样式，既包括正式的也包括非正式的制度与规则。

那么，任何协调机制都生成于多个体复杂互动是否具有合理性、符合逻辑与社会实践？这是理解本书关于多个体互动如何生成国家治理联结在一起的一个关键问题。事实上，不论从理论还是从实践角度说，任何协调机制都生成于多个体复杂互动这种观点与途径，已经成为包括管理科学在内的社会科学研究的一个传统。虽然人们对这一途径的更为细致的方面存在争议，但寻求制度形成、维持与变迁解释的微观行为基础，已经获得了学术界的普遍认同，目前正在向社会科学各个领域扩散。近年来 Foucault 在公共治理理论中的影响逐渐上升，正是源自其“倡导自下而上的社会权力途径”。相反，孤立地分析、设定缺乏微观行为基础的宏观模式变量的研究方法，却日益遭到抛弃。事实上，凯恩斯主义早在 20 世纪 80 年代就被西方国家的学者抛弃的原因之一，就是其缺乏宏观现象的微观行为基础的解释。取而代之的是以微观个体行为途径为基础的新古典经济、新制度经济史与历史制度分析。

研究制度、规则或协调机制等形成与变迁的这种多个体复杂互动途径，不仅不能称为是新的研究途径，而且具有悠久的历史。这一途径至少可以追溯到亚当·斯密与休莫，并自此之后一直是社会科学研究的一种标准范式。

事实上，马克思主义理论本质上是一种基于多个体复杂互动的研究途径。马克思曾说，社会——不管其形式如何——是人们交互活动的产物，是个体间互动的产物。在社会生活中，个人被卷入一个巨大的复杂互动过程中，在这里必须对不断变化的行动进行相互调试，这一互动过程既要向他人展示自己的所作所为，又要对他人的行为进行解释；人们以相互的或交换的方式对别人采取行动，或者对别人的行动做出回应；个体常常意识到别人对其行为的期待以及个体对他人思想、情感和行动的期待，人们不断地根据自己身处何地以及与谁交往而调整自己的行为。马克思因而从一种特定的多个体互动——个体间的商品交换与个体间的利益冲突进而形成不同的阶级——开始建构其宏大理论。奥地利经济学派代表性人物之一的米塞斯的《人类行为论》，同样是以多个体复杂互动为基础的理论巨著。涂尔干的《社会分工论》以及社会有机论均以多个体复杂互动作为其基本理论的出发点。马克斯·韦伯亦是一个持有多个体复杂互动生成社会宏观样式观点的经典理论家。

多个体复杂互动途径，以互动作为基本研究单位，其目的是通过研究个体特征以及个体在互动过程中的不同策略选择，来探讨作为互动涌现出的宏观现象的制度、规则等的性质，即具有不同特征的个体及其在复杂互动过程中的不同策略选择如何影响、决定了制度、规则的特征与性质。因此，以多个体互动作为研究途径的制度理论，关注的核心问题是制度、规则等是如何在互动过程中生成与变迁的，并通过研究互动过程，分析与理解制度、规则的变迁过程。

为了说明多个体复杂互动过程与作为协调的治理之间的关系，以马克斯·韦伯的分析为例，如图 3-1 所示。

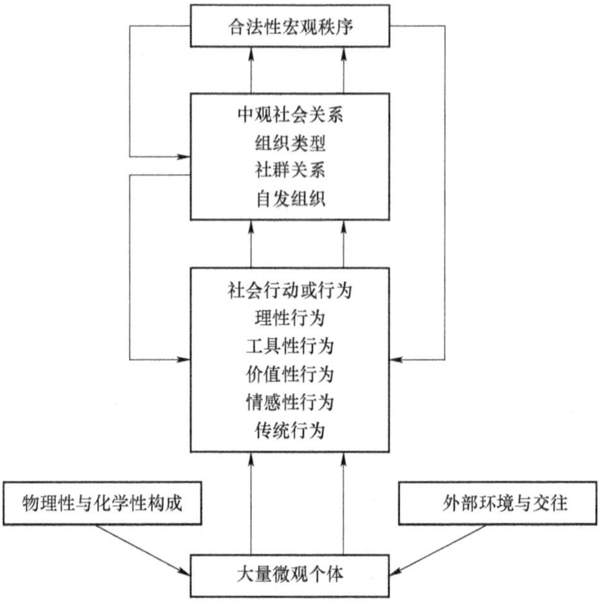

图 3-1　马克斯·韦伯的社会互动模型

马克斯·韦伯认为发展关于制度现象的知识必须遵循各种理性程序。这些理性程序涉及社会行为的解释性理解，涉及行为与结果间的因果性解释，生成具体情景下的制度现象的知识性命题，从而揭示或凸显制度、规则的历史嵌入性与经验或现实嵌入性。为此，韦伯从社会个体行为及其动机开始，构建其社会学与治理理论。

遵循其理想型的分类论证逻辑，马克斯·韦伯认为，微观行为个体以不同的行为取向或动机进入个体间互动过程。这些行为取向或动机主要可以分为三种：(1) 理性动机，分为工具理性（运用最有效率的方式或措施实现目的）与价值理性（运用相关的方式或手段实现某种道德标准或状态）；(2) 偏好性或情感性动机，或由各种感觉与情绪决定的动机；(3) 传统性动机，或由各种习俗与习惯决定的动机。

由这三个方面动机所决定的个体间的复杂互动，形成了诸如社群（区）性、结社性与经济性等个体间初级组织或社会关系。个体间的互动、个体与这些初级组织间的互动以及这些初级组织间的互动，经过不同的复杂性整合与分化，最终生成了层次上更高一级的社会组合，形成了整体社会秩序，即所谓的合法性秩序。从其形成过程来看，这些合法性秩序至少可分为不同的具体制度与不同的分层化系统或嵌入性系统两个部分，构成了一定时空范围内的社会的宏观样式或社会的治理体系。分层化系统反映了治理体系的复杂嵌入性关系，主要包括处于不同时空、领域中不同行为个体的利益诉求复杂相互作用关系，由这些不同利益诉求所形成的不同制度间的复杂相互作用关系，以及这些不同制度在不同层级间的复杂相互作用关系。

如果说上述这些从多个体复杂互动角度理解社会宏观样式的经典理论家，是互动论主张的第一代理论家的话，那么，20 世纪 30 年代以后的众多理论家，如米德、舒茨、特纳、加芬克尔、考夫曼、吉登斯等人，可以称为互动论主张的第二代理论家。这两个群体间最大的区别是，前者虽然认为社会的本质是多个体复杂互动，因而应该从多个体复杂互动角度理解社会宏观现象与结构，但他们并没有始终遵循这种研究思路，而是在通过互动过程的考察获得社会宏观样式后，便开始直接分析宏观样式，因而可以说是不彻底的多个体互动理论家；后者则不同，他们始终将多个体间互动作为基本研究对象，并从互动所涉及的各个方面细化、完善与发展社会互动理论，因而使多个体复杂互动成为理解与研究当代社会变迁、制度变迁乃至文化变迁的最为基础的或本原性的概念。

社会微观互动论虽然描述了多个体复杂互动生成社会宏观样式的各种动机、行为与过程的各种模式，但是，多个体互动论的第二代理论家们并没有说明多个体复杂互动生成宏观样式的具体机制，以及个体的不同特征如何影响与塑造了不同的治理样式或协调机制。具体地说，微观互动论的第二代理论家们并没有解释为什么不同国家生成了不同的治理样式，不同治理样式的社会性质是什么，不同治理样式由什么因素与机制决定，以及不同社会治理样式是如何演化的，不同社会治理样式的未来结果如何，等等。依据这种社会互动理论，任何一个特定的社会，似乎都是可以随意选择与安排其治理样式，似乎社会能够按照这种设计的治理样式良好地运转，因而用尽各种努力论证其天然合理性。这种想法本质上与宏观模式变量的观点并无差别。

第三节 国家治理体系现代化的博弈论想象

虽然博弈论同样运用多个体复杂互动途径研究国家治理问题，但博弈论优于上述互动论的主要方面在于其对于多个体复杂互动界定了不同类型的结果。这些不同类型的结果有效解释与回答了互动论面临的下面关于公共治理博弈结局的种种问题。如前所述，分析性途径的治理本质就是协调，从这个意义上，研究作为协调也即治理的互动的不同类型的结果，是理解治理形成与现代化的基础与关键。

20 世纪五六十年代发展起来的博弈论，将互动过程模型化，即通过界定不同的互动情景以及在此种情景中个体行为或策略选择的互动，描述了不同的宏观样式的内在影响因素、生成机制与过程，从而为人们理解社会宏观样式的形成与变迁，即为人们理解国家治理体系现代化的过程，提供了一个特殊的整体分析框架。因此博弈论亦可称为第三代个体互动理论。

国家治理体系及其现代化的博弈论逻辑与宏观模式变量理论的视角形成巨大的反差。博弈论认为，社会的本质既是微观行为个体间的复杂互动，也是这种复杂互动形成的自然结果，因而生成于社会之中的任何规范、规则、制度、习俗以及伦理、道德等，都是微观个体间复杂互动形成的自然结果，是微观行为个体间复杂互动而形成的一种宏观涌现；与此同时，这种宏观样式一旦形成，由于其对个体行为的策略选择产生激励与约束作用，因而塑造了个体对其他个体策略选择或行为选择的预期，便对个体行为或策略选择产生重大影响，进而影响整个社会的行为样式。吉登斯较为细致地描述了个体行为与社会治理机制或社会制度安排变迁之间的这种相互关系。吉登斯认为，行动者或行为个体与社会结构之间具有某种“共同决定的不可通约性”，“社会系统的结构性特征对于它们反复组织起来的实践来说，既是后者的中介，又是它的结果。相对个人而言，结构并不是什么‘外在之物’。从某种特定的意义上来说，结构作为记忆痕迹，具体体现在各种社会实践中，内在于人的活动”。因此，结构对于个体来说，最初是同一的。但随着个体的更新，过去的结构在其记忆痕迹中日益生疏，个体与结构间的矛盾日益加深，最终个体将摒弃结构。国家治理体系既是个体间策略性互动而生成的这种宏观涌现的一个自然结果，也必然在一定范围内成为影响个体行为或策略选择的重大影响因素。

任何社会的治理，套用马克思的话，都是具体社会的治理，都是由这个社会固有因素决定的具体的治理，既没有治理的一般，也没有一般的治理。那么，任何一个社会的治理，究竟是什么因素与机制决定的呢？显然，是由这个社会所面临的问题的性质以及人们在理解、解释与化解这些问题时策略性互动所决定的。

所谓策略性互动，是指由策略性思维能力所决定的互动。所谓策略性思维能力就是在思维中对各种可能出现的不同情景进行想象、模拟或演练，并在不同情景中确定最佳行动方案从而最大化其效用的能力。这里的效用包括众多方面，如获得生存机会、捕猎食物、改变或选择生存环境以及满足其他各种生物需求、社会需求与精神需求等。策略性思维所确定的策略性行动方案是在权衡了各种不同行动方案后而做出的选择，因而摆脱了本能的或直觉的“刺激—反应”的简单行为模式，从而使策略性行动成为一种基于策略性思维推演的合乎有限理性或局部逻辑的结果。

人类具有远远优超于现在发现的其他生物或动物的更为高级或发达的策略性思维能力，使人类成为地球上万物之主宰。这既是造物主对人类的恩赐，也是对人类的诅咒。虽然作为一个类来说，人类具有远远优超于其他动物的策略性思维能力，但这种策略性思维能力从人类演化历史的某个时期开始，更多地被运用于人类不同族群间的相互作用。从演化的角度说，那些具有更高级策略性思维能力或更善于运用策略性思维能力的族群，在人类不同族群间的相互交往或相互作用过程中，获得了生存机会因而存在至今；而那些不善于运用策略性思维能力的族群则在长达数万年的“物竞天择”中被淘汰出局，早已消失得无影无踪，甚至对于今天那些不专门研究族群历史演变的绝大多数人来说，似乎他们在历史上根本就没有出现或存在过。人类文明发展史，就是那些更善于运用策略性思维能力的群体不断地淘汰那些不善于运用策略性思维能力群体过程的历史。这一历史不论用多么美好的词汇和修辞来描述，都难以遮盖其所布满和渗透于其中的血腥与残酷，都难以掩盖种族灭绝的历史事实。奴隶制度的出现在人类文明史上第一次最大限度地减轻了这一过程的血腥与残酷，最大限度地减轻了人类族群灭绝的速度；以地域而不是族群作为划分准则的国家概念的形成是人类文明的第二次重大进步，开辟了局部不同族群间和平共处的新纪元；现代民主制度的生成则是人类文明的第三次重大进步，人类开始踏上在全球范围内保护濒临灭绝少数族群的文明新时代。而人类文明的这种演进本身也正是人类策略性思维能力水平整体提高的结果。

如今分布于地球上不同区域的人们，生存于不同的社会治理框架下，面临着不同的制度性约束、激励与发展机遇，无时无刻不受着各种不同政策的影响，分享着该治理框架的社会、经济、科学知识与文化等绩效。不论是治理框架、制度安排还是公共政策，都是这一区域人们运用策略性思维进行选择的结果，都是这一区域人们策略性思维能力的自然反映。虽然这种选择可能发生在几代或几十代人之前，但这种选择本身同样是其历史的产物，而人们今天面临的同样是自己祖先遗留下来的策略性思维生成的选择的遗产。这正是人类策略性思维本身所具有的“路径依赖性”的体现与内在反映。

策略性思维能力，一直与人类社会的演化相伴相生，虽然至少从中国战国时期的孔子以及古希腊时期的苏格拉底、柏拉图、亚里士多德等智者以来，人类就认识到理解与研究这种能力在社会治理中的重要性或重大意义，但从科学的角度研究这种能力的社会治理意义却开始于20世纪50年代。第二次世界大战后，随着人们互动范围的扩大与互动程度的加强，特别是人们生存的相互依赖程度的迅速提高，由人们的策略性行动而生成的社会问题逐渐引起人们的广泛关注。有效提高人们的策略性思维能力，理解不同策略性行动间的关系以及理解和解决由策略性思维和行动引发的社会性问题，再次向人类理性提出了挑战。为了满足人们提高策略性思维能力以及理解和解决策略性行动引发的问题的现实需要，专门探索策略性思维和确定策略性行动方案的理论博弈论应运而生。

博弈论是研究策略性思维的科学，是研究在人们的行动结果与人们的策略性行动相互作用或相互依赖情景下，分析和确定人们的策略性行动互动或相互作用可能出现的各种不同结果的系统化理论。海萨尼1994年获得诺贝尔经济学奖的获奖致辞中指出，“博弈论是关于策略相互作用的理论，就是说，它是关于社会形势中理性行为的理论，其中每个参与人对自己行动的选择必须以他对其他参与人将如何反应的判断为基础。”

博弈论研究策略性情景下人们合作与冲突及其演化问题。在人类的任何一个社会中，人们总是连续不断地相互作用，每个人的行为都对其他人的行为结果产生影响。人们的互动有时是合作性的，如不同企业间共同合作开发某个项目，或不同个体间联合进行公共物品的供给，或不同国家间结成同盟共同保卫其主权和领土完整与不受侵犯等；人们的互动有时是竞争性的，如不同企业争夺某种产品的市场份额，或几个乃至几十个、几百个人同时竞争同一个工作职位，或为数众多的不同国家间争夺某一区域的某种自然资源。不论是竞争性情形还是合作性情形，其中一个共同的特点是行动选择或结果的相互依赖性，即某一行为主体的行为影响其他个体行动的效用或利益。每一个行为主体都被锁定在以下情景中并思考这样的问题：如何行动才能使自己的效用或利益最大化？而为了使自己行动的效用或利益最大化，又必须考虑其他行为主体将会如何行动以及不同行动对自己不同行动效用或利益的影响。这种相互依赖的情景被称为策略性情景。在这种情景中，合作伙伴为了成功获得某个标的，他们必须协调他们的努力或行动；一个国家为了最大可能地获得某种自然资源，他必须正确地估量与权衡其对手的竞争能力或优势；一个人为了能够成功地获取某个职位，他必须考虑对手可能采取的策略及其对自己的竞争优势可能产生的影响。博弈论就是研究策略性情景下合作与冲突是如何可能的与如何避免的，不同参与人在什么情景下会采取何种策略因而分析策略性情景可能出现几种什么样的结果，以及这种结果的稳定性与演化问题等。

从博弈论（包括演化博弈论）角度研究社会治理或国家治理问题，为理解国家治理问题提供了重要的研究工具与途径，并在众多治理问题的研究（包括一系列制度安排与行为规范）中获得了突破性进展。其经典性研究成果至少包括托马斯·谢林的《冲突的策略》，大卫·刘易斯的两个版本的《惯例》，Ullmann-Margalit 的《社会规范的涌现》，肯·宾默尔两卷本的《博弈论与社会契约》，布莱恩·史克姆斯的《社会契约的演化》以及培顿·扬的《个体策略与社会结构》，等等。

生成于作为微观行为个体间复杂互动而生成的动态、开放系统的社会之中，国家治理体系，本质上必然是一个开放的、复杂的适应性系统。从横截面或共时性的角度上说，由于微观个体的特质不同，微观个体的行为选择因而微观个体间互动受到多重因素的影响与约束。一般而言，微观个体的行为选择与微观个体间的互动总是受到一些关键社会参数的影响与约束。这些关键社会参数决定了微观个体间互动的空间范围、互动频率、互动中对其他微观个体行为选择的影响力、微观个体行为选择时视为外生的（或在特定时空范围内给定的或自认为其对这些无可奈何、只能接受的）条件或环境的区域或空间以及在某些限制性条件下的因果推断，因而导致微观个体间的互动结果在一定时空内呈现出复杂程度不同的聚集性、结构多样性与多重嵌套性特征。

同样，决定微观个体间在一定时空中互动结果的这种聚集性、结构多样性与多重嵌套性受关键社会参数的影响，这些关键社会参数又是微观个体复杂互动的结果，受微观个体复杂互动的影响与决定。因而，微观个体间互动所形成的这种聚集性、结构多样性与多重嵌套性本质上是一个开放的、复杂适应系统。由微观个体间复杂互动所形成的这种开放的、复杂适应系统，从其对微观个体行为选择、互动方式决定以及激励与约束的角度上看，就是国家治理体系。因而，国家治理体系本质上是一个开放的、复杂的适应性系统，随着参与互动的个体的特质、互动范围与途径、互动频率、互动过程中信息对称性程度、集体行动性质与能力等的变化而变化。

博弈论关于国家治理体系形成过程的社会现实想象，与经典马克思主义关于国家治理体系或国家组织活动的形成过程，基本或完全一致。恩格斯曾鲜明地指出："历史是这样创造的：最终的结果总是从许多单个的意志的相互冲突中产生出来的。而其中每一个意志，又是由于许多特殊的生活条件，才成为它所成为的那样。这样就有无数互相交错的力量，有无数个力的平行四边形，而由此就产生出一个总的结果，即历史事变，这个结果又可以看作一个作为整体地、不自觉地和不自主地起着作用的力量的产物，因为任何一个人的愿望都会受到任何一个人的妨碍，而最后出现的结果就是谁都没有希望过的事物。所以以往的历史总是像一种自然过程一样地进行，而且实质上也是服从于同一运动规律的。但是，各个人的意志——其中的每一个都希望得到他的体质和外部的、终归是经济的情况（或是他个人的，或是一般社会的）使他向往的东西——虽然都达不到自己的愿望，而是融合为一个总的平均数，一个总的合力，然而从这一事实中绝不应做出结论说，这些意志等于零。相反地，每个意志都对合力有所贡献，因而是包括在这个合力里面的。"

显然，虽然恩格斯在这里并没有运用博弈论的语言，但其思想和逻辑都属于博弈论的范畴。恩格斯在这里所指的，"最终的结果总是从许多单个的意志的相互冲突中产生出来的"，即具有不同偏好和利益诉求的参与人进行博弈，形成一种作为博弈结果的涌现，也即在一定时空中的博弈的聚集性现象；"而其中每一个意志，又是由于许多特殊的生活条件，才成为它所成为的那样"，即每个参与人都是特定自然历史、文化、经济、社会等的产物，具有特定偏好、价值和心智，这正是现代博弈论研究中日益关注的焦点形成的因素，即在不同文化下同一博弈形成不同的聚集性现象或涌现的原因；"因为任何一个人的愿望都会受到任何一个人的妨碍，而最后出现的结果就是谁都没有希望过的事物"，即每个参与人的最优策略都依赖于其他参与人的策略选择，给定其他参与人的不同的策略选择，参与人的最优策略或最优反应策略通常并不相同。这正是博弈论方法论的优点所在，在一个相互作用与策略选择相互依赖的体系中，在一个动态的体系中寻求结构不同的聚集性现象或涌现。

"这样就有无数互相交错的力量，有无数个力的平行四边形，而由此就产生出一个总的结果，即历史事变，这个结果又可以看作一个作为整体地、不自觉地和不自主地起着作用的力量的产物”，即在不同社会关键参数下形成某种局部的聚集性（作为第一互动或博弈的结果）。这种聚集性或涌现一经出现，便成为其中参与人策略选择的总背景，被视为其中的参与人不可更改的外生性变量，因而必然“又可以看作一个作为整体地、不自觉地和不自主地起着作用的力量的产物”。在每一组社会关键因素组合约束下形成的每种局部聚集性或个体间互动的涌现，作为一种相对独立的力量（每个四边形的边或小的四边形），与其他相对独立的力量（四边形的其他边或其他小的四边形）进行第二阶的互动，并形成嵌套层次更高的聚集性现象或涌现，并同样“可以看作一个作为整体地、不自觉地和不自主地起着作用的力量的产物”。同样，这些在第二阶互动中形成的更大的四边形的边或四边形，与其他的更大的四边形的边或四边形进行第三阶互动。这个过程持续进行，每个过程中，博弈参与人都以其他参与人可供选择的策略空间作为其策略选择的参考集合，因而每个参与者的策略选择都以其他参与者可供选择的策略为参考前提，受到其他参与者可供选择的策略的约束。这个过程一直持续到这类互动，其互动过程直接形成不同领域与不同影响范围的公共政策或相关制度或规则，“由此就产生出一个总的结果，即历史事变，这个结果又可以看作一个作为整体地、不自觉地和不自主地起着作用的力量的产物，因为任何一个人的愿望都会受到任何一个人的妨碍，而最后出现的结果就是谁都没有希望过的事物”。

参与人选择不同策略进行博弈的结果形成一种博弈涌现结果，而这一博弈涌现结果并不是任何一个参与人进行博弈之间所预料到的。“所以以往的历史总是像一种自然过程一样地进行，而且实质上也是服从于同一运动规律的。但是，各个人的意志——其中的每一个都希望得到他的体制外部的、终归是经济的情况（或是他个人的，或是一般社会的）使他向往的东西——虽然都达不到自己的愿望，而是融合为一个总的平均数，一个总的合力，然而从这一事实中绝不应作出结论说，这些意志等于零。相反地，每个意志都对合力有所贡献，因而是包括在这个合力里面的”，这里最后形成的“一个总的平均数，一个总的合力”，可以被视为是无数个力的平行四边形的对角线（在有限维空间中的一个对角线），而这正是今天人们所界定的博弈涌现或互动涌现的概念。“然而从这一事实中绝不应作出结论说，这些意志等于零”表明，恩格斯认为，社会发展过程中的这种博弈并非是零和博弈而是一个正和博弈，由此而得到的“一个总的平均数，一个总的合力”正是正和博弈的涌现结果。

虽然马克思恩格斯关于“国家的组织活动”，或用今天的词汇表达，国家治理体系形成与变迁的上述思想与现代博弈论的思想在逻辑上基本完全相同，但在某些关键方面，与现代博弈存在重大差异，即如何界定互动或博弈结果或涌现，如何理解这种博弈或互动涌现的国家治理体系现代化重构的意义。

熟悉博弈论的读者可能已经意识到，本书在运用现代博弈论语言重新解释马克思恩格斯相关论述时，一直避免运用作为表达互动或博弈结果的一个专业性概念，即博弈均衡的概念。虽然任何一个博弈都会呈现出某种或某些结果，但这些结果的性质是什么，是瞬时的、离散的还是聚集或会聚的，是跳跃性的、循环的还是渐近的，是演化性的还是重复性的，是确定性的还是非确定性的，等等，直接关系到博弈结果的稳定性或鲁棒性性质，因而直接关系到对微观行为个体间复杂互动形成的不同的宏观社会状态或样式的性质的认识。事实上，这一问题一旦与国家治理体系现代化问题联系在一起，不论从理解、解释还是从相关制度、规则、机制设计的角度上说，都是一个意义特别重大的理论与实践问题。

如前所述，国家治理体系是由国家治理理念、结构、机制与过程及其间的相互作用所构成的复杂体系，是由微观行为个体（包括各种社会组织、经济组织、政治组织、不同层级的政府以及社会行为个体等）通过复杂性互动而形成的宏观社会结构，是微观行为个体间复杂性互动而生成的一种宏观涌现或涌现出的一种宏观样式。

这种涌现出的宏观样式，作为一种社会实在，成为激励或约束人们思想、行为选择与认知结构的重要力量。因为具有不同特质的微观个体在特定环境中或背景下通过复杂互动所形成的这种均衡宏观样式，本质上是微观个体间复杂互动所形成的某种博弈均衡。作为博弈均衡，其最为显著的性质就是，给定其他参与人的策略选择，任何一个特定博弈参与人只有选择均衡路径上的策略，才是对其他博弈参与人策略选择的最优回应，才能够获得遵循均衡路径策略选择的参与人所获得的博弈支付，任何偏离均衡路径策略选择的参与者必然在社会互动或博弈中处于劣势，即不论如何界定其效用，效用都必然劣于均衡路径上的策略所获得的效用。仅仅由于这种不同策略选择所形成的效用方面的巨大差异的角度上说，作为国家治理体系的博弈均衡，对于每一个行为者都具有强大的吸引力（如图 3–2 所示）。任何出于其他

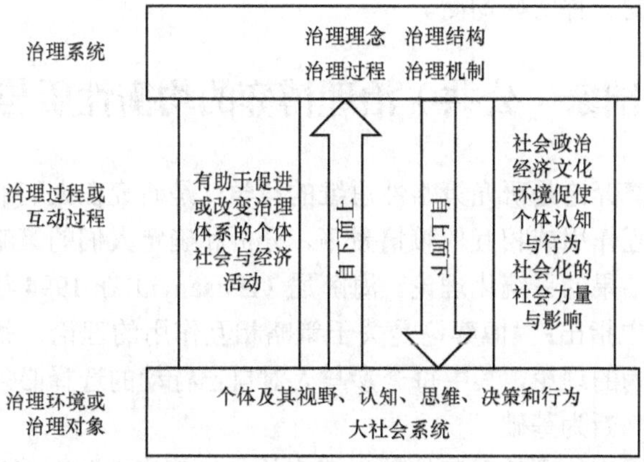

图 3–2 国家治理体系现代化博弈论逻辑的整体框架

目的劝告、建议、劝说参与人选择均衡路径以外策略的行为，都仅仅是一种廉价言说或空谈，只要这种廉价言说或空谈不改变博弈结构，就不会改变博弈均衡，因而在此种情形下，这种廉价言说或空谈造成的唯一的自然社会结果，必然是人们在日常生活中经常遇到的所谓“说一套，做一套”现象的普遍存在与日益流行。

国家治理体系的现代化过程，本质上是微观社会行为个体间互动的一个动态反馈过程或“间断—均衡”过程。社会是一个“由有限理性和具有反思能力的个体”相互作用而形成的复杂动态系统。这个复杂系统是一个不断自我更新、自我扩展、自我适应环境压力的生产和再生产系统，以满足人们的各种不同需要。为了提高人类需求满足所需要的各种物品和服务的生产率，有效提供满足人们各种需求的物品和服务，人们必然形成各种生产性组织和各类服务性组织。同时，“已经得到满足的第一个需要本身、满足需要的活动和已经获得的为满足需要用的工具又引起新的需要。”正是这种“需求—满足需求—新的需求”的内在动态反馈过程，促进社会的不断进步和文明程度的不断提高。然而，由于在这个复杂的“社会历史领域内进行活动的，全是具有意识的、经过思虑或凭激情行动的、追求某种目的的人”，人们出于各自的需求满足程度和需求种类的考虑，必然产生利益、偏好、权威等各方面的冲突与融合。具有相同利益关系的群体，为了在利益、价值、权威等分配与再分配方面获得优势，必然形成各种不同的组织，结成各种各样的利益共同体。组织起来的利益群体，为了获得更大的利益或需求满足，必然不断地扩大其互动范围，不断地与相关利益方进行试探性联合，进行协商和讨价还价，通过向国家治理体系展示出新愿望与新要求而成为影响国家治理体系均衡的一种新生力量。这种新愿景、新愿望、新需求，通过不同行为个体间相互依存关系变化与对比程度提高不断得到加强，在影响个体间社会互动过程同时也在影响、改变国家治理体系的相应规范，创设与重塑国家治理体系相应构成要素及其不同组合，从而使国家治理体系成为新互动背景下的一种博弈均衡。

第四节　国家（公共）治理博弈的均衡性质与结构特征

如前所述，博弈论是研究策略性思维的科学，是研究在人们的行动结果与人们的策略性行动相互作用或相互依赖情景下，分析和确定人们的策略性行为互动可能出现的各种不同结果的系统化理论。海萨尼（Harsanyi）在 1994 年获得诺贝尔经济学奖的获奖致辞中指出：“博弈论是关于策略相互作用的理论，就是说，是关于社会情势中理性行为的理论，其中每个参与人对自己行动的选择必须以他对其他参与人将如何反应的判断为基础。”

博弈论关于国家治理的研究依赖于博弈的具体策略性互动情景的界定，这种界定约束了博弈结构。因此，不同的策略性互动情景的界定决定了不同的具体博弈均衡，也即形成不同的治理机制。从最一般的意义上，任何一个博弈必须具备三个要素：博弈参与人的全体或集合；每个参与人可供选择的全部策略或策略集合；每个参与人在博弈的不同策略组合下不同策略选择所获得的效用。经典博弈论还要求博弈结构对于参与人来说，是共同知识，但演化博弈论并不要求这一点。

公共治理博弈，与一般博弈存在的唯一差别，在于公共治理博弈试图改变公共性及其实现所涉及的所有方面的现存界定（这种界定是过去公共治理博弈的博弈均衡，即过去的一组经验协调机制）所进行的参与人之间的博弈。这是公共治理博弈的基本性质。虽然人们可以说，公共治理博弈不是私人领域的博弈，如关于家庭、朋友、娱乐、私人企业等内部事物的博弈，但这种说法存在片面性，因为如果私人领域的这些博弈均衡涉及社会行为规范、伦理、道德、惯例、价值等的涌现、遵守或违反，那么这些博弈仍然属于公共治理博弈。

具体地说，公共治理博弈是围绕公共问题并为创造公共机会所进行的博弈，既包括围绕作为策略性互动的指导原则与行动导向的公共治理理念与规范所进行的博弈，也包括围绕作为互动过程中个体行为选择的激励与约束的制度、组织、机制、过程等所进行的博弈。公共治理博弈试图改变的不仅包括参与公共治理的利益相关者或参与人范围与数量，也包括该公共治理范围所涉及的治理理念、结构、机制、过程与组织等。这种改变释放了公共价值的社会创造能力与机会，为公共治理及其优化变迁注入了新主体与新动力。这里的公共问题与机会取决于人们面临的具体公共问题以及博弈参与人的社会地位与认知结构等，包括任何涉及具有共同的、社会的以及集体的属性的问题与机会。

公共治理博弈的参与人或行为主体是具有社会行为能力与社会行为权利或权力的任何社会单位，包括不同级的政府、各级政府的各个部门或机构、各种经济性组织、社会组织（如自治性组织、行业性社会群体、区域性群体等）、政治组织（如各政党）、作为公民的个人以及所有公职人员等。围绕具体不同问题，博弈的关键参与人有所不同，但所有公共治理博弈的不或缺的参与人是政府或相关部门与公职人员。

博弈论对多个体复杂互动从而对国家治理的研究，目的是寻求满足上面三个要素的博弈的运行结果，即探讨上述博弈的结局是什么？有多少可能的结局？不同结局的原因与性质是什么？不同情景下的不同博弈参与人在相同或类似博弈中如何影响博弈的结局？什么样的博弈结局是社会期望的或每个参与人都期望的？博弈的最终结局与人们或社会期望的结局是否一致？如果不一致，通过改变什么能够使博弈的结局与社会期望的结局重合？博弈进行的结局显然是微观互动理论所称之的宏观涌现，或涌现出的宏观现象，那么博弈中涌现出的这些不同的宏观现象，是否具有相同的性质？如果不同的宏观涌现具有不同的性质，那么应该如何来刻画这些不同性质？多个体复杂互动涌现出宏观现象都能构成协调机制从而成为治理机制吗？如果不是，那么具备什么性质的宏观涌现才能够成为协调机制或具有协调作用？显然，博弈论对这些问题的探讨回答了传统微观互动论途径所没有提出与回答的那些问题，因而可以有效弥补传统互动论途径的不足。这种情况亦说明，在理解、解释与预测不同的多个体复杂互动问题方面，博弈论具有远超越于微观互动论的优势，当然是远超越于其他研究途径的优势。

博弈论借助博弈均衡概念回答上述问题。一般而言，人们平时见到的博弈均存在均衡，只是不同的博弈结构存在不同的博弈均衡。基本的博弈均衡概念是纳什均衡，所谓纳什均衡，是指如果某一策略组合中的策略是博弈参与人对所有其他参与人策略选择的最优反应，那么这一策略组合就是纳什均衡。换言之，每个参与人对所有其他参与人策略的最优回应所构成的策略组合就是该博弈的纳什均衡。纳什的重要贡献之一便是界定了这一均衡概念，并证明了以下定理：任何有限博弈都存在混合策略的纳什均衡。因此可以说，人们在国家治理领域所面临的博弈均存在纳什均衡。

纳什均衡是“一个博弈的结局将是什么”的以下意义上的一种一致性预测：“如果博弈的所有参与人都预计到一种特定的纳什均衡将出现，那么没有任何一个参与人有激励改变其策略选择。因此，纳什均衡而且只有纳什均衡才具有这样的性质：博弈的所有参与人都能够预计到这一均衡，预计到其他参与人能够预计到这一均衡，如此直到博弈的所有参与人”。换言之，“每个参与人预计到每个参与人预计到……这一纳什均衡”，是参与人间的一种共同知识。纳什均衡的这种性质被称为具有自我实施性或可自我实施的，因为给定其他参与人遵循纳什均衡的策略组合时，任何一个参与人单独选择这一组合之外的任何策略，都不会改善其效用水平。这是博弈论也只有博弈论对于制度性质所贡献出的智慧。

虽然纳什均衡是博弈参与人关于博弈结局的一致性预测，但这并不意味着纳什均衡是博弈的好结局，而且在某些策略性情景下对于博弈结局做出精准的预测是非常困难的事情。这里的某些情形是指，博弈的结局依赖于比博弈自身所需要的更多的信息。例如，博弈参与人在相关或类似博弈中的经验、是否来自相同的文化环境、是否共享 “博弈将如何进行”的某种期望或信念等。

这种策略性情景方面的差异导致人们围绕同一个问题（例如包括猎鹿在内的任何团队生产问题）进行策略性互动或博弈时，在参与人特征不同而且参与人数量较多的情况下，围绕同一问题的博弈可能会生成完全不同的纳什均衡。例如，如果参与人中选择不同策略的比例不同，在某些情况下就会导致博弈均衡的不同（例如猎鹿博弈、规则遵守问题、廉政问题等）。

纳什均衡并不一定是一种好的博弈均衡，即并不一定是所有参与人都期望的博弈结局。当纳什均衡不是博弈的帕累托占优均衡（如果存在）或并不是帕累托占优的策略组合（不是博弈均衡）时，就出现博弈结局并不是所有人都期望的博弈结局，甚至出现了所有人都不希望的博弈结局（如囚徒困境博弈以及所有可以归纳为囚徒困境博弈的问题，包括逆向选择、道德风险以及腐败等）。

博弈均衡是多个体复杂互动涌现出的一种宏观现象或样式，由于其具有自我实施性——给定其他参与人遵循均衡策略组合，没有任何人有任何激励偏离这策略组合——因而具有强大的协调人们行为的功能，是一种通过自组织生成的协调机制。由于协调是治理的内在含义，而博弈均衡又是具有自我生成与自我维持能力或性质的协调机制。因此，有效的国家治理机制必须而且只能是围绕相关问题进行博弈所生成的博弈均衡。正如亚里士多德所说，制度之所以成为制度，在于人们自觉自愿地服从，犹如法律所以能见成效，也全靠民众的服从一样。从这个意义上说，制度的确应具有自我实施性。

如果国家一种治理机制并不是围绕相关公共问题博弈而生成的博弈均衡，那么，偏离或违反这种机制就能够使偏离或违反者获得效用的重大改善，因而偏离或违反这种协调机制对每一个参与人都具有强大的激励。同时由于行为或策略选择的相互依赖性，一个参与人行为选择的偏离必然引发其他博弈参与效用的相对受损，因而这种偏离必然因传染效应而诱发其他人改变行为或策略选择，从而偏离或违反这种协调机制的现象必然如雪崩或瀑布式地发生。

上述分析表明，博弈均衡是多个体复杂互动生成的一种宏观涌现，具有内生性性质，因而具有强大的行为选择的协调作用。由于治理的本质是协调，协调人与人、人与组织、组织与组织以及人、组织与自然界之间的关系，具有不同性质的协调机制，即治理机制，必然具有不同的协调或治理绩效，因而治理问题的研究就是寻求有效协调这些关系的机制。

虽然博弈均衡是一种强有力的协调机制，但由于策略性互动情景不同，不同的博弈将形成不同的博弈均衡。那么，这些作为互动结果的博弈均衡的性质是什么？是瞬时的、不稳定的还是收敛或会聚的，是跳跃性的、循环的还是渐近的，是演化性的还是重复性的，是确定性的还是非确定性的，等等，直接关系到博弈结果的稳定性性质，因而直接关系到对个体间复杂互动形成的不同的宏观社会样式的性质的认识。事实上，博弈均衡的性质不论从理解、解释还是从相关制度、规则、机制设计的角度上说，都是一个意义特别重大的理论与实践问题。进一步地说，博弈均衡并非总是人们期望的结果，因而需要改变策略性互动情景，进而改变博弈结构从而使博弈能够形成人们期望的均衡。

策略性互动情景与博弈结构存在显著差异。博弈结构以一种特定的策略性互动情景及其界定为前提。博弈结构是策略性情景的不同、更为具体的界定，从而使策略性互动情景满足博弈的三个要素。用统计学的语言说，特定的策略性互动情景只是作为总体的策略性互动情景的一种具体的实现（即一个抽样）。赫维茨称其为“一类博弈形式”，本书将借用这一概念，表示策略性互动情景的一种特定实现。特定的博弈情景或任何类别的博弈形式对于任何具体的博弈是一种结构性约束，包括人们的偏好（如价值的差序格局）、可供选择的策略集合、非理性的情感因素以及心智范式所能及的范围等。

策略性互动情景、不同类别的博弈形式、博弈形式直到博弈结构，这是一个约束逐级细化的过程：博弈结构决定于博弈形式、博弈形式决定于不同类别的博弈形式、后者又决定于策略性互动情景的界定。这种现象反映的是以下事实，即公共治理博弈的范围由公共治理的范围所决定。公共治理的范围是一个类似大圆圈套着众多小圆圈而且各圆圈间又相互渗透的多重复杂嵌套结构，因此公共治理博弈可以发生在任何一个特定的公共范围或任何一个圆圈内，但绝不是发生在一个孤立存在的、与其他圆圈无关的范围内。它可能弥漫于公共治理的各个层面乃至作为所有公共治理集合的国家治理体系之中。其他圆圈与更大圆圈渗入到人们正在研究的那个博弈结构的那些影响因素，由于这些影响因素的不同性质决定了博弈结构与均衡，因而被称为博弈参数。从这个意义上说，公共治理博弈较非公共治理博弈具有更为复杂的结构性特征。

虽然人们对于公共的界定并没有形成共识，但人们基本认同关于公共性或公共范围的分析性界定。本恩与高斯认为，公共性的范围由问题涉及的进入性或获得性、行为能力与利益分配三个维度所确定，即由个体获得信息、资源等权力的分配，个体获得并运用这些信息、资源的能力的分配，以及运用信息、资源等时决定其他个体利益受益受损效应权力的分配这三个维度所决定。

进入性可以分为四个方面，进入的空间、进入的活动与互动、进入的信息与进入的资源。进入性问题不仅决定了个体对问题及其本质的认识与理解，也决定了个体对问题解决过程的认识与理解；进入性带来了话语权，因而获得了改变进入性的机会。个体可进入的空间、互动活动、信息与资源范围，决定了个体所处的公共问题或领域的范围以及个体行为可能影响的公共问题或领域的范围。

行为能力涉及具有不同社会资源或地位的行为者的行为对其他行为者在相关方面的影响能力、程度与方向。如乡（镇）、县、市、省（直辖市）直到国家的政府人（官）员各自行为对其他行为者相关方面能够产生的影响存在重大差别，因而影响的公共范围也不同。公职行为者的公共行为的意图、职能范围、职能履行方式等天然地面临社会对其正当性、公平性、合乎义理性、效果、效率等的审察、评估与重构，并为此承担相关责任。公共行为者并不仅仅是公职人员，亦包括任何作为公民的私人或个体，拥有其自己的意识，他们的心智模式构造的何为公职责任或职能的心智映象可能与现存的公共治理行为表现出的伦理、道德规范相冲突。当这种冲突出现时表明人们事实上已经开始围绕何为公职责任展开了博弈。

利益分配涉及影响处于不同社会地位的不同参与人或利益群体在任何情形下的利益受益受损效应的那些集体性行动、原则、制度、规范等。如资源配置、生产场地的空间选择以及所有再分配政策等。前几年中国社会中出现的为抵制具有某种性质的产品的生产场地选择而发生的集体行动，正是这方面博弈的实例。

从横截面或共时性的角度上说，由于个体的特质不同，个体的行为（策略）选择因个体间互动受到多重因素的影响与约束。一般而言，个体的行为选择与个体间的互动总是受到一些关键社会参数的影响与约束（如不同类别的博弈形式所确定的参数等影响博弈结构，后者影响博弈均衡，而博弈均衡构成了个体行为选择的强约束）。这些关键社会参数决定了个体间互动的空间范围，互动频率，互动中对其他个体行为选择的影响力，个体行为选择时视为外生的（或在特定时空范围内给定的或自认为其对这些无可奈何、只能接受的）条件或环境的区域或空间，以及在某些限制性条件下的因果关系推断等，因而导致个体间的互动结果，在一定时空内呈现出复杂程度不同的聚集性（围绕不同问题、不同参与人的不同博弈以及性质不同的博弈均衡与非博弈均衡，如不同空间出现的群体性事件）、结构多样性（不同类型的博弈均衡以及不同层次上的博弈均衡，围绕不同问题进行互动而生成的不同结果）与多重嵌套性（系统层次不同形成的嵌套博弈及其均衡，不同级政府间的复杂互动。如由上访活动所引发与形成的复杂结构）等特征。

同样，决定个体在一定时空中互动结果的这种聚集性、结构多样性与多重嵌套性受更高一层互动结构的关键社会参数（如法律、制度、规则、规定、特定的人际关系、惯例等）的影响，这些关键社会参数又是个体复杂互动的结果，受个体复杂互动的影响与决定。因而，个体间互动所形成的这种聚集性、结构多样性与多重嵌套性本质上是一个开放的、复杂适应系统。由个体间复杂互动所形成的这种开放的、复杂适应系统，从其对个体行为选择、互动方式决定以及激励与约束的角度上看，构成了国家治理体系的一个局部体系。因而，局部治理系本质上是一个开放的、复杂的适应性系统，随着参与互动的个体的特质、数量、互动范围与途径、互动频率、互动过程中信息对称性程度、集体行动性质与能力等的变化而变化。

不同利益群体围绕不同问题参与公共治理博弈的普遍性与策略选择不仅是决定公共治理博弈均衡的一个重要因素，而且也是决定某种治理机制变迁的局部性或全局性范围的重要因素。例如，不同范围内的公民参与某一治理范围内的公共治理以及参与形式、参与程度等，都是围绕进入性、行为能力与利益分配问题在公共治理博弈参与人间进行博弈所达到的博弈均衡。2006 年中国取消了延续两千多年的农业税，正是围绕农业税问题公共治理参与人广泛参与并经过长期的博弈而形成的博弈均衡。这一博弈充分体现了公共治理博弈的性质与特征：即公共治理的范围是一个类似大圆圈套着众多小圆圈而且各圆圈间又相互渗透的复杂嵌套结构；公共治理博弈可以发生在任何一个特定的公共范围或任何一个圆圈内，但绝不是发生在一个孤立存在的、与其他圆圈无关的范围内。它可能弥漫于公共治理的各个层面乃至作为所有公共治理集合的国家治理体系之中。从问题发生的层次来说，作为直接利益相关者自然也是此博弈的关键参与者之一的农民及其自组织群体，其进入性、行为能力与利益分配能力所能及的范围都处于社会最基层，而作为直接利益相关者的另外一方则是国家或各层级政府、政府相关部门与相关公职人员，拥有最广泛的进入性、行为能力与利益分配能力，其他参与者包括研究人员、媒体、新闻工作者以及其他社会行为主体。这种博弈经过长期的复杂互动，最终传递到国家决策的最高层，并最终做出取消农业税的决策。同时，取消农业税这一博弈均衡的形成，显然依赖其他关键参数，其中之一便是农业税占整个国家的财政收入在 2004 年时已经不到 1%。

博弈结构、博弈形式、不同类别的博弈形式到策略性互动情景，以及作为多个体复杂互动生成的结果的聚集性、结构多样性与多重嵌套性，本质上是局部结构逐级被更大的结构嵌套的过程，或者说，是局部秩序嵌入于范围更大的另外一个局部秩序的过程。而任何一个局部的、共时性的秩序，或横截面上的局部治理体系都由一系列要素构成。

第五节 国家（公共）治理博弈的横与纵结构及其交叠作用

一、国家治理博弈的横截面结构

由于治理体系是一个局部被另外一个更大的局部嵌套的体系，因此存在平行的横向结构与层级的纵向结构。治理体系的横截面是指任何一个层级上的平行结构中的一个横向结构。

在互动过程中这些个体的行为都是自觉的、有意识的、有目的的行为。按照韦伯的分析，人们参与互动过程，基于以下动机：（1）理性动机，分为工具理性（运用最有效率的方式或措施实现目的）与价值理性（运用相关的方式或手段实现某种道德标准或状态）；（2）偏好性或情感性动机，或由各种感觉与情绪决定的动机；（3）传统性动机，或由各种习俗与习惯决定的动机。局部治理体系参与个体的这些不同的目的可统称为意图。

作为局部公共治理的个体行为选择并不是发生在真空中的，而是发生在现实的生活情景中的，因而均面临以前的多个体复杂互动生成的先验的结构（治理体系）之中。这些先验结构约束与激励个体的理性与行为选择能力，包括文化、认知结构、法律、制度、规则、行为规范、共识以及物质的与技术的可能性，可统称为结构。同样这些个体也并不是在虚无中进行互动的，而是围绕具体的公共问题进行互动的。不同性质的公共问题将导致不同的互动并生成不同的博弈。依据多个体复杂互动的公共治理理论的逻辑推演，个体围绕相关公共问题互动时既面临这些结构的激励与约束，更试图不断地改变这些结构以便解决其面临的问题、创造新的（互惠互利的、竞争的或垄断的）机会。个体围绕公共问题进行互动而生成的解决问题的方式、途径与创造的新机会等生成了一种新的行动结构，即协调互动的治理框架。这种框架主要包括治理结构、治理机制、治理过程、治理层次与治理规范或元治理规范。图 3–3 显示了它们之间的关系。局部治理体系的横截面构成并不是独立存在的，而是作为一个不可分割的整体存在的，分离出其构成部分，仅仅出于分析与理解的目的。从这个角度上说，博弈论的国家治理逻辑是一种整体性的治理逻辑。

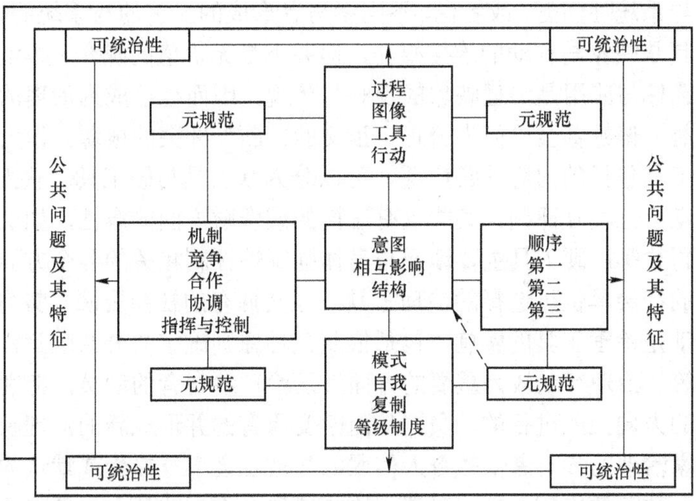

图 3–3　公共治理的横截面构成

治理结构主要包括自组织结构、协作结构与科层结构及其各种组合；治理机制主要包括竞争、合作、协调、命令与控制及其各种不同的组合；治理过程主要包括治理映象、工具选择与行动或工具的实施；治理层次主要包括现象审察或问题识别、（广义的）制度与规范性准则或元治理规范。所有这些构成既源自现存的作为过去互动生成的治理框架，也包括由于治理情景变迁而生成的新的解决问题的方式与创造的机会。因此，所有这些变迁本质上都是规范性准则的变迁。这种在复杂互动过程中生成与变迁的规范性准则也被称为治理理念或元治理规范。多个体复杂互动生成的治理结构、治理机制、治理过程、治理层次与治理规范等，作为国家治理体系的一个部分，均作用于这一横截面所涉及的那些公共问题。因而这些构成及其之间的复杂互动决定了对这一横截面上的公共问题的结构化能力与相应的处置能力。这种能力便构成了国家治理体系能力的一个部分。

本节主要描述国家治理体系的博弈论逻辑，详细说明、论述每种构成超出了本节的范围，但是为了便于对国家治理体系构成部分的横截面结构的理解，本书仅以治理过程为例进行纲要式描述。治理映象构成了如何治理与为什么进行治理的包括各种类型的参照性准则或规范，是治理参与者在对相关问题或领域所进行的现实判断基础上形成的思维图像，是何为真实的治理现实与期望的治理状态的混合体，如愿景、知识、事实、判断、假设、信念、目的与目标等。依据何为真实的社会现实的判断原理，治理映象不仅与面临的具体问题相关，而且也与某些基础性问题的假设相关，如社会与自然的关系、人类及其社会的本质、政府的合法性角色或作用、市民社会与市场机制在国家治理中的功能与适应领域或范围等。这里关注的主要问题不是国家治理的参与者是否拥有某种映象，而是不同映象在不同治理参与者中分布的显著性与系统性问题，或者说，不同参与者形成的显著的与系统的映象的问题。

治理工具是映象与行动的连接媒介，但并不是无价值的媒介。事实上，治理工具的设计、选择与应用是治理映象的反映与体现，因而往往成为治理的不同参与者间价值、利益、偏好甚至“何为公正、正义的判断”冲突的根源。作为治理映象的体现的治理工具包括的内容非常广泛，可以分为软工具与硬工具。软工具如信息、裙带关系、竞争性相互评判，某些具有法律的或资财方面的属性，如法院判决、税收、许可或罚款等；硬工具主要涉及与身体强制性控制相关的各个方面。作为国家治理参与者的社会单位可选择的治理工具，与其拥有的社会资源与势力密切相关。

治理行动是治理工具的实施，包括依照某种原则确定的公共政策，但绝不限于此，如信访等。治理行动较为重要的方面涉及治理参与者的动员，特别是在新的与以前未形成的方向上所进行的动员，从而改变原有的并形成新的治理映象。在这种情形下，国家治理的参与者依赖令人信服的与被社会广泛接受或默认的映象，依赖充分的社会—政治意志或支持，凝聚、协同或整合不同的社会治理映象。这正是治理互动的自然涌现的一种体现，也是多个体复杂互动治理途径的精神本质的一种体现。

二、国家治理博弈的纵向结构

不同水平上的横截面上的治理体系间的关系，即作为国家治理体系构成部分的治理体系间的纵向互动，对于理解一个国家治理体系现代化具有更为重要的意义。任何一个国家的治理体系都存在纵向结构。这种纵向结构天然地或先验地具有上一层级控制下一层级的属性。既然如此，重点关注局部秩序形成的多个体复杂互动的博弈论逻辑，如何认识与解释这种纵向结构间的互动与生成新的纵向关系？

事实上，这种纵向结构间的互动本质上仍然是横截面中元治理规范与治理的现实状态之间的冲突及其化解机制的一种自然延伸。博弈论认为，社会的本质既是行为个体间的复杂互动，也是这种复杂互动形成的自然结果，因而生成于社会之中的任何规范、规则、制度、习俗以及伦理、道德等，都是个体间复杂互动形成的自然结果，是行为个体间复杂互动而形成的作为一种宏观涌现的博弈均衡；与此同时，这种博弈均衡一旦形成，由于其具有自我实施性的特征，其对个体行为的策略选择产生强大的激励与约束作用，因而塑造了个体对其他个体策略选择或行为选择的预期，从而对个体行为或策略选择产生重大影响，进而影响整个社会的行为样式。这一过程贯穿于国家治理体系的各个构成部分，贯穿于各种不同的层级，因为这一过程最终影响与塑造的是国家治理体系中最为根本的要素，即国家治理的参与者，而不论人们谈论治理的哪一层级，这一层级都是由治理的参与者构成。治理的参与者是推动整个治理体系运转的核心力量。

吉登斯较为细致地描述了个体行为与社会治理机制或社会制度安排变迁之间的这种相互关系。吉登斯认为，行动者或行为个体与社会结构之间具有某种“共同决定的不可还原性”，“社会系统的结构性特征对于它们反复组织起来的实践来说，既是后者的中介，又是它的结果。相对个人而言，结构并不是什么‘外在之物’。从某种特定的意义上来说，结构作为记忆痕迹，具体体现在各种社会实践中，内在于人的活动”。因此，结构对于个体来说，最初是统一的。但随着个体的更新，过去的结构在其记忆痕迹中日益生疏，个体与结构间的矛盾日益加深，个体最终将摒弃结构。国家治理体系既是个体间策略性互动而生成的这种宏观涌现的一个自然结果，也必然在一定范围内成为影响个体行为或策略选择的重大影响因素。

如前所述，国家治理体系是由国家治理理念、结构、机制与过程及其间的相互作用所构成的复杂体系，是社会治理行为个体通过复杂性互动而形成的宏观社会结构，或涌现出的一种宏观样式（参见图 3–2）。这种涌现出的宏观样式，如果与中间层互动所出现的宏观样式重合，那么，作为一种社会实在，这种重合的宏观治理样式将成为激励或约束人们思想、行为选择与认知结构的重要力量（如图 3–4 所示）。因为具有不同特质的个体在特定环境中或背景下复杂互动所形成的这种宏观样式，本质上是个体间复杂互动所形成的某种博弈均衡（参见图 3–4）。作为博弈均衡，其最为显著的性质就是，给定其他参与人的策略选择，任何一个特定博弈参与人只有选择均衡路径上的策略，才是对其他博弈参与人策略选择的最优回应，才能够获得遵循均衡路径策略选择的参与人所获得的博弈支付，任何偏离均衡路径策略选择的参与者必然在社会互动或博弈中处于劣势，即不论如何界定其效用，效用都必然劣于均衡路径上的策略所获得的效用（参见图 3–4）。仅仅在由于这种不同策略选择所形成的效用方面的巨大差异的角度上说，作为国家治理体系的博弈均衡，对于每一个个体都具有强大的吸引力。如果作为社会互动形成的均衡与现存权威结构设定的制度或规则间不匹配，即图 3–4 中顶层的自上而下与底层的自下而上形成的均衡与中间层不匹配或不重合，那么，说明互动过程进行得不够充分，此间将出现两种力量的此消彼长的交错性变化，并且在这种交错性变化过程中，中间层将日益被底层自下而上力量的冲击，被这一力量影响与塑造，并最终被这种力量取代，从而出现新的宏观样式。中间层此时出现的这种宏观样式将逐渐与顶层的自上而下和底层的自下而上形成的均衡完全重合，此时便完成了一次治理体系的整体更新。正是从这个最终的意义上，卢梭指出，“最强者并非永远能保持其主人的地位，除非他将力量化为正义，将服从化为责任。”显然，这里的“责任”必须基于人们认可的“正义”的基础之上，没有人们认可的“正义”，“责任”必然是被强大的外部力量施加到个体身上的，因而一有机会人们就会奋力抗争，不再认可这一“责任”。由多个体复杂互动形成的博弈均衡，生成于每一个体对其他参与行为的最优反应，因而也就实现了服从的责任化。在新的均衡实现之前，中间层发出的任何出于其他目的劝告、建议、劝说参与人选择均衡路径以外策略的行为，人们都会认为是外在力量施加的“责任”而不是内化的责任，因而对于参与者来说，都仅仅是一种廉价言说或空谈，只要这种廉价言说或空谈不改变博弈结构，就不会改变博弈均衡，因而在此种情形下，这种廉价言说或空谈造成的唯一的、自然的社会结果，必然是人们在日常生活中经常遇到的所谓“说一套，做一套”现象的普遍存在与日益流行，导致形式治理与事实治理规则并存现象的出现与存在。

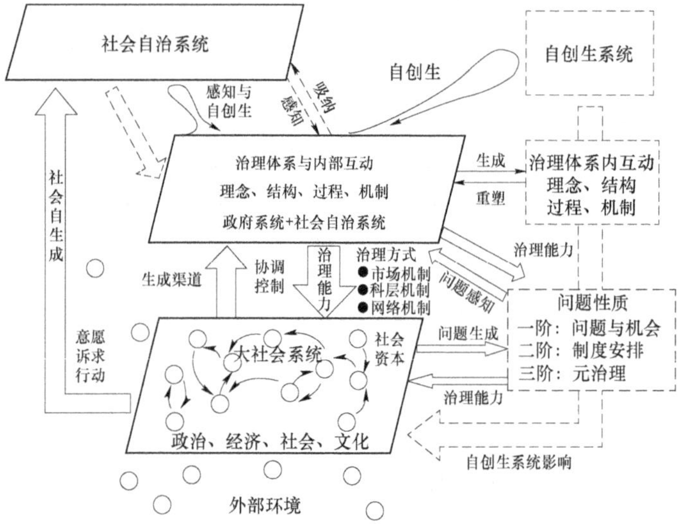

图 3-4　国家治理体系现代化的博弈论逻辑的整体框架

国家治理体系的上述更新过程，即国家治理体系的现代化过程，本质上是微观社会行为个体间互动的一个动态反馈过程或“间断—均衡”过程，即不断从一种均衡变换到另外一种新的均衡的过程，是一个永远没有止境的过程。

社会是一个“由有限理性和具有反思能力的个体”相互作用而形成的复杂动态系统。这个复杂系统是一个不断自我更新、自我扩展、自我适应环境压力的生产和再生产系统，以满足人们的各种不同需要。为了提高人类需求满足所需要的各种物品和服务的生产率，有效提供满足人们各种需求的物品和服务，人们必然形成各种生产性组织和各类服务性组织。同时，“已经得到满足的第一个需要本身、满足需要的活动和已经获得的为满足需要用的工具又引起新的需要。”正是这种“需求—满足需求—新的需求”的内在动态反馈过程，促进社会的不断进步和文明程度的不断提高（参见图 3–4，底层的自下而上与顶层的自上而下的过程）。

需求的满足过程本质上必然是社会分工不断细化的过程。随着社会分工的细化，社会复杂性程度亦随之提高，因而作为协调体系的治理体系，必然随着分工的细化而不断更新。社会分工的细化过程，是不断产生社会增溢价值的过程，由于在这个复杂的“社会历史领域内进行活动的，全是具有意识的、经过思虑或凭激情行动的、追求某种目的的人”，人们出于各自的需求满足程度和需求种类的考虑，必然随着新的社会增溢价值的出现而形成这种价值的分配与再分配问题。同样，社会分工的细化过程也是社会不断分化的过程，而社会分化过程的本质上是社会权力、权威、声誉、影响力等在社会不同群体中的重新分割过程。不论是关于新的社会增溢价值的分配与再分配还是社会影响力、权威的重新分割，由于不同行为主体的利益、偏好、影响力等不同，必然产生围绕经济价值、社会价值与政治价值分割的新的矛盾与冲突。由于社会分工源自知识与科学，而科学与知识生成于人类对未知领域的探索。人们在探索未知领域方面每前进一步，科学知识就发生一次重大变迁，并进而引发社会分工的进一步细化。只要人类面临的未知领域没有达到其不再延伸的边界，分工日益细化的过程就不会停止，新的社会增溢价值就必然随着分工的这种不断细化而不断地生成，分配与再分配这些新的分工所带来的增溢价值的矛盾与冲突也就不会停止。

具有不同利益、偏好与社会影响力的不同群体，为了在利益、价值、权威等分配与再分配方面获得优势，必然形成各种不同的组织，结成各种各样的利益共同体。组织起来的利益共同体，为了获得更大的利益或需求满足，必然不断地扩大其互动范围，不断地与相关利益群体进行协商、讨价还价并进行试探性的联合，并通过向国家治理体系展示其新愿望与新要求而成为影响国家治理体系均衡的一种新生力量。这种新愿景、新愿望、新需求，借助于不同行为个体间相互依存关系的变化，借助于不同群体对利益与价值分割不平衡的敏感程度的提高，必然不断凝聚更多社会力量的支持，因而其力量一直自组织地发展到其自身性质所决定的最大程度或水平。这种不断得到强化的新愿景、新愿望、新需求在影响个体间社会互动的过程的同时，也在影响、改变与重塑国家治理体系的相应规范，创设与重塑国家治理体系的相应构成要素及其不同组合，从而将原有的作为博弈均衡的国家治理体系驱动到不均衡的状态，并进入形成新的作为博弈均衡的国家治理体系的新一轮互动过程。

三、纵横交叠作用

从横截面或共时性的角度上说，由于个体的特征不同，个体的行为（策略）选择因个体间互动受到多重因素的影响与约束。一般而言，个体的行为选择与个体间的互动总是受到一些关键社会参数的影响与约束（如不同类别的博弈形式所确定的参数等影响博弈结构，后者影响博弈均衡，而博弈均衡构成了个体行为选择的强约束）。这些关键社会参数决定了个体间互动的空间范围、互动频率、互动中对其他个体行为选择的影响力，个体行为选择时视为外生的（或在特定时空范围内给定的，或自认为其对这些无可奈何只能接受的）条件或环境的区域或空间，以及在某些限制性条件下的因果关系推断等，因而导致个体间的互动结果，在一定时空内呈现出复杂程度不同的聚集性（围绕不同问题、不同参与人的不同博弈以及性质不同的博弈均衡与非博弈均衡，如不同空间出现的群体性事件）、结构多样性（不同类型的博弈均衡以及不同层次上的博弈均衡，围绕不同问题进行互动而生成的不同结果）与多重嵌套性（系统层次不同形成的嵌套博弈及其均衡，不同级政府间的复杂互动。如由上访活动所引发与形成的复杂结构）等特征。

从层级的纵向角度，决定个体在一定时空中互动结果的这种聚集性、结构多样性与多重嵌套性受更高一层互动结构的关键社会参数（如法律、制度、规则、规定、特定的人际关系、惯例等）的影响，这些关键社会参数又是个体复杂互动的结果，受个体复杂互动的影响与决定。因而，个体间互动所形成的这种聚集性、结构多样性与多重嵌套性本质上是一个开放的、复杂适应系统。由个体间复杂互动所形成的这种开放的、复杂适应系统，从其对个体行为选择、互动方式决定以及激励与约束的角度上看，构成了国家治理体系的一个局部体系。因而，局部治理系本质上是一个开放的、复杂的适应性系统，随着参与互动的个体的特质、数量、互动范围与途径、互动频率、互动过程中信息对称性程度、集体行动性质与能力等的变化而变化。

第四章　文化、文化体系及文化的国家治理理念的塑造性效应

第一节　文化、文化体系及其特征

一、文化与文化体系

凡是经历了2019年新冠病毒这个百年难见的威胁人类生存安全的非传统事件的人，如果具有成年人健全的记忆、回忆、反思与理性思维的能力，至少对不同意见与观点具有较为敏锐的感知能力，都是来到这个世界上的作为人类之个体的非常幸运的人，因为经历了这次疫情并且听闻到来自不同文化背景的人围绕疫情而生成的各种不同声音与不同行为，才能够再一次真正体会到恐怕只有第二次世界大战时才能够体会到的某种无形力量，这种无形力量如此强大，以至于人们受之驱动、鼓舞与支配而却几乎始终不自知，最为重要也是最值得思考的是，这种无形力量不仅给人类不同族群间的相互理解、沟通与认识造成巨大的困惑与障碍，甚至更可能带来重大灾难。

这种无形的力量，就是文化。说起文化，似乎每个心智健全的成年人，都有其自己的看法、观点与态度。对于大部分人来说，文化似乎是无须解释的、完全自明的概念，而且每个人似乎都会非常坚定或肯定地认为：我知道什么是文化，我也知道当我说文化时我的所指。

为了便于理解与避免造成混乱与误解，需要明确界定我们这里所说的文化的基本含义或本质。文化的本质是规定与描述特定存在物存在方式及其转化的一套体系。人的文化，从本质上说，是人创造或建构出来的控制与激励人的行为的一套体系，也是规定与描述人的生存方式与行为及其转化的一套完整的程序。因此，这里的文化，不是指文化的表象，如习俗、习惯等，也不是指文化的产品，如音乐、绘画、建筑等，而是指文化的功能，即文化作为一种认知结构，以及这种认知结构的结果，如各种计划、选项清单、处事原则等。

上述表明，人类不同族群的文化，构成了人们交流与沟通的共同背景，构成了人们的语言与行为间相互理解的基础性构造，成为人们理解语言、行为、仪式、意义等的无意识的共有结构，是不同个体间的“心有灵犀”之源，进而升华为特定族

群的特定精神或天性。

特定族群的文化相对于特定族群以及其特定精神的塑造而言，就像相对独立的特定小生态环境相对于生活并繁殖于这个特定小生态环境中的动植物以及其特征的塑造一样，原理与道理完全相同。举一个大家都明白的例子：假设一种萝卜生长并繁殖于一个相对独立的小生态环境——一个巨大的大缸之中，缸中的水、水的构成、温度及其变化，就是这种萝卜面对的特定生存与生长环境，那么，经过十几代或几十代与外界环境相对隔离的自我繁殖，缸中的每个萝卜几乎都具有相同的颜色、形状、营养以及相同的味道等，各个不同的萝卜虽然存在差别，但通常并不存在根本性的差别，除非出现重大变异。同样，生活与繁殖于相对独立的特定族群文化中的各个不同的个体，虽然在某些方面可能存在某些差别，但基本上可以说，这些个体，由于生物基因与文化基因的同质化，从内到外、从行为到语言、从习惯到习俗、从偏好到判断、从秩序到制度，基本相似或相同，除非出现重大变异。所谓“一方水土养一方人”，正是特定的小生态环境塑造了某个族群的特定的文化。

由于这种特定的文化塑造了一个族群的共有特征而不是个体特征，因而一个族群的特定文化也就构成了这个族群的所谓的民族性格或民族性。一个族群共享的民族性，几乎构成了各个不同具体个体的共有特征，不分阶级、职业、社会地位、男女老幼，不分出身，不分生长的具体家庭与空间背景，亦不分是否意识到这种民族性的不同个体。中国众多知名学者正是从这个角度论述、比较了某个或几个特定族群的民族性，如鲁迅、柏杨、梁漱溟等。然而，虽然他们认识到了这种民族性，并试图系统地论述这种民族性，试图理解其中的奥秘，但在其自己身上所具有的这种民族性，亦不比其他个体少多少，因为都是源自同一个大缸中的具体的“萝卜头”。因而，这些研究都具有总体局限性，既包括时代局限性，也包括理论局限性，更包括方法论上的局限性，即本体论、认识论与实践论上的局限性，如图 4-1 所示。

图 4-1　文化对人们形成理念、观念、行为的影响与塑造途径

特定族群的一种特定的文化一旦生成，只要其处于其中的小生态环境的基础性结构或核心结构没有发生变化，那么这种特定的文化便开始具有自我强化的性质。由此使不同族群相对独立地发展出的特定文化，越来越具有超越其自身的性质与特征。事实上，世间的任何事物，都由其内在驱动力的驱动而变化，直到其不再成为

其自身，直到其超越其自身。这种内在驱动力由事物的内在性质、结构与基因所决定。任何事物既是源自某种物质或原质料生长出来的形式（样式）或现实，又是生长成为超越其自身的物质或原质料。鸡蛋不会生长为更大的鸡蛋，也不会生成出鸭子而是生长出小鸡；橡树的种子不会生长成为更大的橡树的种子，更不会生长成为柳树，而是生长出橡树。某个相对独立的族群的特定文化的性质与特征，由于各种原因的综合作用，日益成为超越此族群的性质，成为这个族群，特别是这个族群中的绝大多数个体的不可更改的超越这个族群之上的超越性建筑，并将这个族群从四周牢牢地控制在这个庞大的建筑之内，成为这个庞大建筑的囚徒，并且无意识地或心甘情愿地受这个牢笼的奴役与摆布；虽然个体自身已经成为这个牢笼的囚徒，却自认为是世间最幸福、掌握了宇宙与人间真理的唯一的主宰者与评判者；认为其自己构建起来的文化世界，是人间唯一既最合天意，又最合人意，更最合公平正义的文化体系。个体成为这个超越性结构的构成部分，也成为这个超越性结构的圣徒，个体与这个超结构完全一体化；个体自己已经分不清自己是这个超结构本身还是这个超结构的结果。

每一个相对独立的族群都建构出自己的这种超越其个体的文化结构或体系。这种文化体系也就成为生长于其中的大多数个体的无意识共同背景与环境，生长于其中的每个个体都是这种文化体系的塑造物，因而这种文化体系对于大多数个体而言不仅是自然合理，不仅是顺理成章，更是其所有生活方式与意义的来源，是实现其总体生活意义与目的最惬意的、不可或缺的所有资源，犹如大海中不同海域里的水对于生活于此海域中的鱼完全一样。因此，生活于特定文化体系中的大多数个体，都自认为这种文化体系是人间唯一既最合天意，又最合人意，更最合公平正义的体系，因而处于世界不同区域的各个相对独立的族群，成为各自体系的代表者、维护者、体现者与实现者。不同族群在世界不同空间位置建构起来的文化体系，犹如由大小不同、形状各异、相互相对独立的文化构成的山峰群，耸立于地球表面。

二、文化的特征

文化实力之所以不仅成为国家治理体系与能力的基础，贯穿于国家治理体系及其功能发挥的全部过程，以及国家综合实力生成与实现的全过程，而且成为构建人类命运共同体的核心实力，关键在于文化的特殊性质，即文化的公共性、文化的渗透性与文化的塑造性。

（一）文化的公共性

任何族群的文化都是这个族群在历史演化过程中形成的，都是从其最早祖先或最早形成文化开始不断累积的结果。因此，任何族群的文化，不仅对于这个族群的所有成员而言，即使是对其他族群而言，都是共享、共有与共用的。虽然人们对于公共性的一般含义并没有明确的界定，但不同学科则从其自身学科性质的角度对公共性进行了界定，而且不论从什么角度说，文化都具有公共性。

从词源学的角度说，任何与公共相关的问题都存在一个无可争辩的起源，即古希腊与古罗马。正是从古希腊与古罗马那里，人们获得了关于公共领域与私人领域的概念。Hannah Arendt 系统分析、总结了希腊人关于公共领域与私人领域的划分问题，并划分出对应的范畴，见表 4-1。

表 4-1　公共领域与私人领域的划分

公共	共同体	自由	雄性	平等	永生	开放
私人	家庭	必然	雌性	不平等	死亡	封闭

萨克逊豪斯认为，古希腊与古罗马关于公共领域与私人领域的划分从今天来看，的确有些过于简单。不论从理论角度还是从实践角度说，这两者间的关系都相当复杂而且存在着内在的相互依赖性。然而，正如萨克逊豪斯论证的，直到现在，这两者之间的关系并不存在统一的概念，古希腊的相关文献分析表明，这两个领域间至少存在上述 7 个方面不同的特征，而且，正是这 7 个方面的差异描述了公共领域与私人领域间的不同属性。事实上，公共领域与私人领域不同特征的划分，源自亚里士多德的相关论述。正是在论述作为人类最高级组（结）合形式的“共同体”的理念时，亚里士多德首先试图寻求这两者间的复杂关系。自此之后，理解与消解公共领域与私人领域间关系与冲突的努力，贯穿于直至今日的政治思想或政治哲学发展、演变的整个历史过程。根据上述 7 个方面关于公共领域与私人领域的划分，文化显然属于公共领域范畴。

经济学中的纯粹公共物品，具有非排他性与非竞争性。显然，文化并不具有任何排他性，任何人或任何族群都可采用任何一种文化，文化并没有所谓的归属权问题，因而任何个体或族群都可以任意使用某种文化。任何个体是否接受或采用某种文化，决定权在于接受者自己而不在于文化形成的那个族群。不仅如此，文化还具有使用上的正的外部效应，即采用某种文化的人越多，这种文化越具有通用性，因而越促进人们运用此种文化。文化当然具有非竞争性，不论多少人或多少个族群采用某种文化，都不会影响其他个体或其他族群采用此种文化。

从分析性角度界定的公共性来看，文化亦具有公共性。从分析性角度，本恩与高斯认为，公共性的范围由问题涉及的进入性或获得性、行为能力与利益分配三个维度所确定，即由个体获得信息、资源等权力的分配，个体获得并运用这些信息、资源的能力的分配，以及运用信息、资源等时决定其他个体利益受益受损效应权力的分配这三个维度所决定。

进入性可以分为四个方面，进入的空间、进入的活动与互动、进入的信息与进入的资源。进入性问题不仅决定了个体对问题及其本质的认识与理解，也决定了个体对问题解决过程的认识与理解；进入性带来了话语权，因而获得了改变进入性的机会。个体可进入的空间、互动活动、信息与资源范围，决定了个体所处的公共问题或领域的范围以及个体行为可能影响的公共问题或领域的范围。

行为能力涉及具有不同社会资源或地位的行为者的行为对其他行为者在相关方面的影响能力、程度与方向，如乡（镇）、县、市、省（直辖市）直到国家的政府人员各自行为对其他行为者相关方面能够产生的影响存在重大差别，因而影响的公共范围也不同。公职行为者的公共行为的意图、职能范围、职能履行方式等天然地面临社会对其正当性、公平性、合乎义理性、效果、效率等的审察、评估与重构，并为此承担相关责任。公共行为者并不仅仅是公职人员，亦包括任何作为公民的私人或个体，拥有其自己的意识，他们的心智模式构造的何为公职责任或职能的心智映象可能与现存的公共治理行为表现出的伦理、道德规范相冲突。当这种冲突出现时表明人们事实上已经开始围绕何为公职责任展开了博弈。

利益分配涉及影响处于不同社会地位的不同参与人或利益群体在任何情形下的利益受益受损效应的那些集体性行动、原则、制度、规范等，如资源配置、生产场地的空间选择以及所有再分配政策等。

更为重要的是，文化的公共性还体现在其自身的特点上，即共享并相互理解一整套具有特定含义的特定符号系统的意义。人是社会性动物，只有在社会中，也就是与其他个体的互动过程中，才能够生存并实现其作为人的生活。亚里士多德说："一个个体若离群索居，独自游荡，其已经不再是人；若非神氏便为野兽。"因为虽然在每个人身上都存在与生俱来的天赋，但几乎所有这些天赋都需要开发。一个一生下来就离开族群的个体，最多由于本能而只会发出除其自己其他人根本无法理解的声音，更不要说形成具有明确逻辑关系的陈述了。文化不仅使每个个体被训练成为符号的运用者甚至是开发者，更使个体共享了一整套具有特定意义的符号系统，因而能够共享各种符号的特定含义。正是从共享与相互理解具有特定意义的一整套符号系统的意义这个角度说，吉尔兹认为，文化具有其自己的独特的公共性，因意义是公共的，这些符号的意义，在同一文化的不同互动者之间不用任何其他特别的暗示或指示便能够心领神会、能够心照不宣地相互理解。

眨眼是人的生理本能，但在不同的特定场景下这种眨眼的含义存在相当大的差别，如自然的眨眼、对相互情感回应的眨眼等，互动双方都能够会意地领悟这种眨眼到底是什么含义。文化是一套固定的或习惯性的密码体系，而生活于其中的每个个体都是破解这种密码的高手，因为共享着这套密码体系的意义。

文化是一种认知现象，一种心智样式，一种认知结构。每个个体都共享这种文化，每个个体也是这种文化的表征与体现，还是这种文化的培育者与强化者。因此，文化具有公共性。

（二）文化的渗透性

文化的公共性，使文化具有广泛的渗透性，即生长于特定族群文化中的大多数个体，在其生命的全部活动过程中，不仅始终受这种文化的影响，而且始终体现着这种文化精神气质。文化的公共性生成的文化的渗透性，使文化弥散于此族群生存的整个时空之中，或者说，此族群生存于其中的整个时空都是由此种文化构成的，这个族群的特定的文化犹如空气一样，充满这个族群生活与生存于其中的世界。思维并不是由“头脑中发生的事情”构成，而是由具有特定意义的符号的流动构成，这些符号主要是语言，但也包括姿态、行为、装饰、广告、标语等任何存在物，它们已经与其实在没有什么关系，而是某种精神意义的体现。对于任何一个特定个体而言，这些符号是外在给定的，自从其出生以来，这些符号大部分已经存在于其族群中，虽然在其生命存活期间可能会发生一些增减或某种特定的改变，而且其可能是也可能不是或多或少地影响或促成了这些增减或改变，但总体来说，这些符号一直存在，直至其死后，这些符号也一直会不断地流动与反复地出现。每个个体通过其生存构建着这些符号的意义，又受这些符号意义的指引，沿着人们经验过的一切或部分的路径行进。

文化的渗透性对一个族群影响最大的是其认知结构与心智样式。任何一种文化的本质都是其特定的看待世界的方式、特定的逻辑与特定的归因。正是这种本质在不同族群中不同归因，才形成了不同族群的不同的控制与激励样式。任何一个族群的文化对其族群中任何一个个体心智样式的影响，对于大部分个体而言，几乎完全通过一种无意识的过程。人们几乎是在不知不觉中形成了其自己的世界观、人生观与价值观。然而，不论同一族群中不同个体的三观如何不同，其本质都是特定文化体现出的心智模式影响的结果。

（三）文化的塑造性

不论人作为社会性动物还是作为政治性动物，都必须生存与生活于群体之中。正如马克思所说：“我们首先应当确定一切人类生存的第一个前提也就是一切历史的第一个前提，这个前提就是：人们为了能够‘创造历史’，必须能够生活。但是为了生活，首先就需要衣、食、住以及其他东西。因此，第一个历史生活就是生产满足这些需要的资料，即生产物质生活本身。”“谁也不能离群索居，谁也不能单靠自己来满足自己的需求。”为了获得满足生存所需要的一切以及为了获得更好地满足生存所需要的一切，任何个体都必须与其他众多个体形成关系。这种形成关系并不是在真空中，而是在一种特定的文化已经构建出来的地方形成关系。必须获得族群其他成员的接受，或在行为、生活习惯、世俗以及道德方面获得认可，必须接受这个族群的文化，才能够与这个族群的其他成员结成某种关系。因此，特定族群的文化的塑造性也就自然地成为这个族群文化的凝聚性。

文化的塑造效应通常并不在于特定文化的表征，而在于这种表征之下的意念或意蕴。事实上，任何一个特定族群的文化都由两个部分构成：成员共享的信念以及这种信念的更为明显的外在表现，如行为样式、沟通方式以及物理对象等。因此，文化或其子文化都由物质性符号与意念系统构成，而且这两者之间存在非常复杂的意义转换方式或逻辑。吉尔兹认为，在暗含的或隐蔽的意义系统与其符号表示之间的关系，从根本上说，是逻辑性的，……而不是情感性的，不是历史性的，不是功能性的。也就是说，可见的符号表示，只有在与其相对应的隐蔽的意义结构相关联的时候，才是能够解释的，即才是有意义的。实际运行的系统与信念系统隐藏于与社会期望相一致或相符的那个可见文化系统的表层之下。因此，只有明白、理解无意识的或不自觉的眨眼（眼皮的闪动）意味着心照不宣的符号或象征性的密码的那些人，才能够将这种眨眼解释为一种特定的眼神或示意，而文化的各种外在表象，如神话、价值与态度、长篇传奇与故事、传说与英雄故事、隐喻与口号、礼节、仪式与客套等，对于那些明白、理解其深层意义的人来说，就是对不明白这种隐藏意蕴的人的一种预谋性的欺骗。

当一个个体被塑造成“特定的文化个体”或“特定的文化人”的时候，其便对具有同样文化的个体具有特别的偏好，因为具有相同文化的个体之间相互都是透明人，很容易相互理解对方之心思，相互满足对方之需要，情投意合，因而互惠互利、各取所需、相得益彰。这正是所谓的“物以类聚，人以群分”的根源。

文化的上述三个方面的性质，不仅使文化具有强大的基础性力量，也具有强大的建构性力量，因而文化构成了任何社会活动的基础性结构，构成了支撑任何社会活动具有特定生命的内在灵魂，因为任何社会活动，如果不成为一个有机体，便可能是无机物。无机物虽然也存在转化的自身性质，但与有机物相比，其生命力的活性程度显然不在同一个类别上或等级上。特别地，人类文明的进步与发展过程，事实上，就是社会的有机性程度，即社会活动的生命力活性程度日益提高的过程。

三、文化体系的特征

文化生成于人类本性，其形式与内容受到人类本性的发展程度的约束与激励。人类本性是由生物性（碳水化合物构成的生命物或动物）、社会性（群居性动物）与超智力性三个基本维度构成的三位一体的综合物。文化的发展或现代化必然遵循生物学原理、神经生物学原理与智能性自然生长原理，因此文化必然具有生物机能与反应过程与认知结构或心智模式的塑造效应。生长于特定文化（生态）体系中的个体，作为这个文化体系的塑造物，其生物机能和反应过程与此种文化体系形成一种均衡关系。当文化生态体系发生变化时，打破了这种均衡，出现了环境刺激与反应之间的均衡性破缺，因而对个体的生物机能与反应过程形成了与原有状态不同的刺激，导致个体荷尔蒙分泌水平出现超越了其平衡阈值的波动，进而引发生物机能剧烈变化。个体生物机能的这种剧烈变化，触动了生物体内防御系统的开关，肾上腺激素突然剧烈上升，引发了生物体内自身的防御性反应、激动、反感、恐惧、攻击等反应或行为。此类实例比比皆是，随手可拾。

著名美国社会学家艾尔·巴比关于人们是否知道自己吃的是裹面干炸蚯蚓前后的感受与反应的描述，应该是一个为很多人知道的例子。大约100年前大多数美国人认为番茄有毒而拒绝食用。世界大部分族群，如古希腊、古罗马、古代中国都曾存在过近亲繁殖的文化，特别是兄妹结婚的习俗，那时的人们认为这种情形是理所当然的。然而，今天的人们，可能一想到兄妹结婚就会产生恶心等各种令人难以接受的感受。同样，不论在西方还是在东方，都曾存在过一夫多妻或一夫多妾的男女关系。虽然现在某些地方仍然保留着这样的习俗或文化，但大部分族群的文化，已经不再流行或允许这种一夫多妻或一夫多妾的男女关系，大多数人，特别是大多数的西方人，在感情上绝对接受不了这种关系，而且一旦出现这种关系，人们（特别是当事人）的肾上腺激素会突然上升，引发身体冲突甚至导致杀人事件的发生。然而，人们却顺理成章地接受了过去不可接受的顺序性的多妻与多夫制，即不同时间段与不同的男人或女人结婚。

文化所具有的生物机能与反应过程以及认知结构或心智模式的塑造效应，必然塑造人们的情感取向或情感偏好。因此，文化的生长过程或现代化过程的本质是一个不断进行选择或重新选择的过程，只有在极其特殊的情况下，这种选择过程是人们有意识而为之的与理性的，大部分是在无意识与非理性情景下形成的。然而，这种选择一旦确立并成为一个族群的文化，便具有了强大的抵制变迁的力量、塑造力量与不断强化的力量。因此，生长于任何特定文化生态体系中的个体，大多数会对其文化产生一种特殊偏好性的情感。情感偏好是人类遗传下来的一种最原始也是最富有力量的偏好。因此，一旦一种文化生态体系受到外来因素的干扰或冲击，如不同文化间的交往、沟通与交流等，就会在不同程度上搅动不同个体的情感神经，导致肾上腺激素发生变化，因而引发不同个体生成不同的冲动与情感变化。

所谓冲动，就是受外界因素刺激导致的情感神经兴奋与紧张，激发情感神经生成了超过正常水平几十倍上百倍的肾上腺激素所催生或引发的人的行为。因此，冲动的强烈程度由肾上腺激素分泌剧烈变动的程度决定。肾上腺激素分泌超过某个阈值引发的最强烈或最严重的身体冲动会导致人的死亡。冲动通常都是在人的理智的自我控制能力弱于肾上腺激素对人的行为控制能力时发出的行为，因此，通常是非理性的，不受或很少受理智控制的行为、言语或声音，因而最接近人性中动物本能的维度或性质。源自冲动的行为，或冲动激发出来的行为或语言或声音，是最激烈、最猛烈、最偏激与最富有力量的，因而也可能是最无耻、最无赖、最无能、最甜蜜、最感人、最高尚的等。既然文化具有生物机能与反应过程以及认知结构或心智模式的塑造效应，文化亦具有个体冲动的塑造效应，即冲动的阈值、冲动的形式、冲动的激烈程度、冲动的激励与约束等。因此，不同文化体系对个体冲动的塑造效应存在重大差异。

由于冲动源自情感神经的受刺激程度而导致的肾上腺激素分泌的剧烈变动，因而冲动的偏好取向绝对地取决于情感的偏好取向，取决于人们的信念取向。正是基于这一生物学原理，罗素认为，“相信不真实的事情，而不相信真实的事情，就是人们冲动的表现——不一定是每一个事件中个人冲动的表现（因为信念是可以传染的），但却是社会一般冲动的表现”。在冲动情形下，人们之所以“相信不真实的事情，而不相信真实的事情”，是因为人们在情感上更偏好于那种不真实的东西。冲动是人的本性中的一个重要部分，人具有冲动的内在欲望。但在通常情况下，人们的理性能够控制冲动。因此，一般而言，没有自我意识与文化意识的儿童，通常任凭本能性冲动发出的行为，远远多于具有自我意识与文化意识的大了一点的小孩。青春期由于是人的荷尔蒙分泌出现剧烈变化，即剧烈增加的时期，因而是凭冲动而行为的最严重时期。成年人在正常情况下，有意识地控制自己的冲动，将冲动隐藏在理性之下，并将冲动转化为计划或规划，或将冲动有意地抵制在外在要求的行为、态度、语言等的状态上。而人一旦开始冲动，如果不是极端情形下的偶发，通常便完全地显露出其长期以来一直真实存在的情感偏好。

冲动总是以获得某种期望的满足或结果为动机。罗素认为，“当一种冲动不能在其发生时得到其欲达到的期望的满足或结果，人们就会产生一种愿望，以期获得冲动时的预期的结果。如果理性地预期到要获得那些期望的结果，必然要付出令人不快的成本或代价，那么这种预见与冲动便产生矛盾。假如冲动较弱，预见就可能战胜冲动，即人们可能按照理性行事；假设冲动较强，那么，人们或者证明预见是错误的或不真实的，并且忘掉那些令人不愉快的结果，或者追随英雄人物的行为模式，不顾一切地接受冲动可能产生的结果”。然而，如果不论采取哪种方式，最终都无法实现其冲动时预期的结果时，那么，这种冲动就受到了抑制，人们“就会感觉到不舒服，甚至感到剧烈的痛苦”。因此，受到抑制的冲动，虽然因各种原因不得不将其暂时搁置下来，但只要引起此类冲动的某种期望的满足或结果没有实现，这种冲动便只是暂时地潜伏了下来，一旦有机会，冲动将再会次出现。

如果每次冲动都没有达到其欲达到的期望的结果，那么，要么人们会永久地放弃此冲动，要么将其长期隐藏起来，并总是寻求机会，伺机而发作。通常情况下，出现后者的可能性更大。人类早期不同族群间的夙怨，或现代社会不同宗族间的夙怨，特别是非洲不同族群间的持续冲突，就是其非常明显的典型例子。虽然因为一方非常强大另外一方一直没有机会或报复或翻盘，但不等于此夙怨的消失，而是长期地将其埋藏心底，伺机以其报复或翻盘成为其自始自终、终生不移的一个愿望，因此，一有机会便行动，以偿夙愿。爱尔兰人反对英国的统治以及试图摆脱其统治的冲动，时常发作就是一个例子。“卧薪尝胆”正是为达到以平夙愿之目的。

不同文化体系间的沟通、交流与交往，常常伴随着不同文化体系中不同子群体的政治动机与目的，因而这些子群体经常利用文化中所蕴藏的人们的情感偏好，伺机制造引起人们抵制、抹黑某种文化的冲动，以达到其政治目的。这是在人类历史上重演了无数次的政治伎俩。从这个意义上说，不同文化体系的交往融合过程，是一个相当漫长且充满矛盾、冲突与经常反复的过程。

不同文化体系间的一切方面，亦存在于特定文化内的不同观点之间的关系上，因而亦适用于同一文化内不同子文化间关系以及不同个体间文化差异的理解。事实上，生活中的每个人都曾经有过这种因文化差异而引发的冲动与情感变化的亲身经历。例如，三观不合的人每次讨论问题都会因为观点与逻辑的不同引发冲动，导致情感剧烈变化，双方都非常气愤或愤怒，并指责对方不可理喻，而后开始争吵甚至发生肢体冲突。某些文化体系不同子文化之间的冲突，事实上一直存在，而且通常引发的情感上的冲动的激烈程度，并不亚于不同文化间因情感冲突而导致的激烈程度。某些国家或地区的议会议员因情感冲动而大打出手的例子，可以说举不胜举。

第二节　文化与人性的共同演化

一、人性与文化是一块硬币的两面

文化生成于人性与人类生存与发展的需要，而其实际的存在是为了更好地发展与发挥人性，日益完善人性。文化是人性发展的自然要求与体现，随着人性的发展与完善而不断地生长与发展。虽然从发生学角度说，人先于文化，或至少人与文化同时诞生，然而，从人类发展的任何一个横截面上来说，作为人的任何个体以及任何一个特定的族群，都是某种文化的产物。“甚至自从人类历史的最早期开始，不同族群就形成了各自不同的语言、习俗、信仰、穿着等，因而也就开始彼此分化”。“人是悬挂于其自己编织的那个网上的动物”，Geertz 认为，这个网就是文化。换言之，人性与文化是一块硬币的两面，相互依存与相互塑造。文化在促进人性日趋发展与完善的同时，也成为人性发展、完善与解放的尺规与结构，因而文化也成为人性发展与完善的约束、规范与选择框架。

上述表明，理解文化及其现代化，关键的、核心的内容是理解什么是人的本性。理解什么是人的本性，关键是界定什么是人，或人区别于其他动物的核心特征或关键特征是什么。事实上，这个问题，自公元前 6 世纪以来，特别是自公元前 4 世纪的古希腊以来一直是人们思考的有关人类社会一切问题的核心概念。

中国传统文化，关于什么是人的论述，笔者只知道孟子提到过，没有见过更多相关的文献。但关于人性，的确有很多论述。

关于什么是人或人区别于其他动物的地方，孟子说：“人之所以异于禽兽者几希，庶民去之，君子存之。舜明于庶物，察于人伦，由仁义行，非行仁义也。”也就是说，人和禽兽的差异就那么一点儿，一般人抛弃它，君子却保存它。舜明白一般事物的道理，了解人类的常情，于是从仁义之路而行，而不是为行仁义而行仁义。至于人与动物所差的那一点点东西究竟是什么，孟子在《滕文公上》中指出，“饱食、暖衣、逸居而有教”，也就是说，人和禽兽的差别就在于有没有教养。“饱食、暖衣、逸居而无教”，自然是“近于禽兽”了。那么，何为有教呢？孟子认为，应该像舜帝那样，“明于庶物，察于人伦，由仁义行”，就是说，应该从一般事物的道理和人类的常情出发，行仁义之道，而不是为行仁义而行仁义，不顾人之常情。

孟子的这一段论述，相信众多读者必无反对之意，而且大多数读者认为孟子的论述很正确，甚至很完美，而且在“饱食、暖衣、逸居”这一点上，与古希腊哲学家柏拉图的观点基本一致。柏拉图认为，如果不能够饱食、暖衣、逸居，如果在生存线上挣扎，那不是人的生活而是猪的生活。而且，孟子提出了一个重要问题，即不存在先验的、一成不变的仁义，仁义随着“人之常情”的变化而变化，“由仁义行”而“非行为仁义也”。但问题是，什么是“一般事物的道理和人类的常情”。如果“一般事物的道理”指的是自然规律，那么，什么是自然规律。同样，什么是人类的常情，由于不同文化有所谓的不同的常情，不同时代同一文化亦有不同常情，那么，应该遵循哪种人类常情呢？如果仅仅遵循自身文化的常情，而完全摒弃、抵制与屏蔽其他文化的常情，那么，如何处理常情变化问题呢？而且只有随着情景的变化人们不再遵循原有的文化常情时，文化才能够进步，那么，遵循人类常情怎么又是合乎情理的呢？此外，如果仅仅从仁义之道出发，界定人与其他动物的区别，是不是存在某些问题或疑问，至少本人并不同意或并不完全同意孟子关于人区别于其他动物的这种界定（例如，动物界并不存在大规模屠杀同类的现象，但却是人类中存在的普遍现象）。

西方文化中关于什么是人的问题，据笔者所知，最早由古希腊哲学家恩培多克勒提出并从演化论的角度给予了界定。恩培多克勒认为，世间的一切事物都由各种不同物质的不同组合和排列构成。当元素在力的作用下分裂并以新的方式重新进行排列组合时，物质就发生了质的变化。这里的物质包括了世间的一切，无机体与有机体。物质的存在与消失，基本都受一个统一的规律支配，即适者生存规律。花鸟鱼虫、草木沙石无不如此，而且世界或宇宙本身亦受这一规律支配，因而一切都存在重新排列、组合那一天，因而一切也就终有结束的那一天。在飞禽走兽的各种生物当中，人能够存在，是因为人拥有了智力性，不过其智力性不是与生俱来的，而是演化的结果，人因为其运用手的操纵能力使其成为具有智力性或成为智力性动物，而不是因为运用手的运动能力而使其具有智力性或成为智力性动物。

恩培多克勒关于什么是人的问题，由苏格拉底继承并再次提出来，作为其道德或伦理哲学的基础或出发点。正是在追问何为人的过程中，苏格拉底提出了有关道德或伦理哲学至今仍关注的几乎所有问题，但苏格拉底并没有给何为人的问题以任何回答。受恩培多克勒、苏格拉底与柏拉图的影响，亚里士多德对这个问题进行了相当深入的思考，并成为其所有社会科学思想的基础性问题。与恩培多克勒的观点正好相反，亚里士多德认为，人天生是具有理性的动物。人之所以能够如此地运用其手，或者说，人之所以能够运用手的操纵能力，是因为其天生就具有智力性。

恩培多克勒与亚里士多德观点间的差异在于，恩培多克勒认为，人的智力性源自人运用手的操作能力，因为运用手的操作能力而获得其智力性，即人的智力性是人的手的运用而获得的结果，智力性是次生的，而手的运用能力是主要的，第一性的或初始性的，是人具有智力性的来源；而亚里士多德则认为，人的智力性先于手的运用，智力性是第一性的或初始性的，手的运用是次生的，第二性的。亚里士多德在很多地方或情形下都指出，"人，当其完备时，是所有动物中最好的动物；然而当其与世隔绝或独处时，是世间最劣等的动物；因为当武装起来时，非正义对于任何生存都是更为危险的威胁，而人类天生具有智力这种武装"。显然，亚里士多德始终认为，人区别于其他动物的，正是人的与生俱来的天赋能力，即智力性或超越了到目前人们所知的存在于这个世界上的所有其他动物的智力性。在论述相关社会问题时，亚里士多德又提出人是社会性与政治性动物。因此，整体来说，亚里士多德认为，人是理性的、社会性的与政治性的动物。

后来的西方学者，要么继承了恩培多克勒的观点，认为人区别于其他动物的特征在于人是能够制造与使用工具的动物，如马克思等；要么继承了亚里士多德的观点，如笛卡儿、培根、休谟、卢梭等。

值得特别注意的，是卢梭的观点。事实上，不论从什么角度说，卢梭都是一位伟大的哲学家，具有自己独立的判断是其伟大之所在。因此，很多人可能对于我的上述这种判断提出质疑，因为很多人认为，卢梭关于人区别于其他动物的观点，与亚里士多德的根本不同。因为卢梭认为，把人和动物区别开的主要特点，与其说是理智，倒不如说是人的"自由主动者的资格"。人不是如其他动物那样被动地接受与适应自然、受自然的支配与摆布，而是积极地认识、理解与把握自然并在一定范围内利用认识到的自然规律①改造自然从而使其更符合与有利于自己的生存。这正是人的本质、尊严和价值之所在："放弃自己的自由，就是放弃做人的资格，就放弃人类的权利，甚至是放弃自己的责任。……这样的一种弃权是不合人性的；而且取消自己意志的一切自由，就是取消自己行为的一切道德性。"人的这种自由本质，或者说意志自由的能力与本质，正是灵魂是否尊贵的唯一来源，是区别人是否作为

① 这一"自然规律"可能是正确的也可能是错误的，因为这种被视为"自然规律"的现象可能只是自然界复杂性变动过程瞬时展现出的对真正自然规律的一种偏离，而自然界变动的瞬时对于人来说可能相当长。如牛顿力学被爱因斯坦相对论取代经历了约300年。

超智能的人存在的根本性标志。

虽然其表面上与亚里士多德的观点不同，然而，笔者认为，卢梭借着亚里士多德的观点的本质，却又否定了其观点，以张扬自己观点的创新与独特，而本质上只不过是亚里士多德观点的重复或从不同方面所进行的表达。

笔者显然更倾向于亚里士多德的观点，认同人区别于任何其他动物的标志是人的智力性，而且人的这种智力性是与生俱来的，是第一性的，不是任何其他方面次生的结果。但是，人的智力性，虽然是与生俱来的，但智力水平是随着学习与训练而不断提高的。没有持续地学习与训练，人的智力水平将长期处于与生俱来的天性水平上。从这个意义说，笔者也认同或赞同恩培多克勒的观点，但不是在于手的任何运用上，而是在于人在创造与运用符号的能力方面。

特别是在古希腊流传甚广的苏格拉底的名句，即“认识你自己”，但古希腊对人自身关切的传统，只是到了 14 世纪文艺复兴运动时，才获得西方社会的重新承继与重视，受到社会的广泛关注，因而开始了一场史无前例的有关人性的大讨论。然而，任何时候讨论人性问题，甚至任何时候讨论与人有关的所有问题，都必然首先考虑什么是人的问题。没有认识人是什么，没有对什么是人的追问，研究与人相关的一切问题，特别是有关人性的一切讨论，都很容易得出极其荒谬的结论。文艺复兴运动以普罗泰戈拉的“人是万物的尺度”与亚里士多德的“人是理性动物”为核心，追求“人的解放”，强调人的价值、人的理性与现世的重要性，倡导知识与科学以便充分发挥与挖掘人的智力潜能。文艺复兴运动为人类继承与再次重新关注开始于古希腊的“什么是人”的问题发挥了巨大作用。恩格斯曾高度评价“文艺复兴”在历史上的进步作用。他写道：“这是一次人类从来没有经历过的最伟大的、进步的变革，是一个需要巨人而且产生了巨人——在思维能力、热情和性格方面，在多才多艺和学识渊博方面的巨人的时代。”

文艺复兴运动，虽然是人类历史上的一次人类解放运动，一场声势浩大、史无前例的人性解放运动，但这一运动的核心人物（如文艺复兴三颗巨星或文坛三杰，但丁、彼特拉克、薄伽丘）主要是文学家与艺术家，核心著作主要为文学、绘画等作品，人类与人性的解放主要体现在“我是人，人所具有的一切我都具有”的直观但却非常具有影响力的主题上面。尽管这种直观的人与人性解放的要求，具有强大的社会影响力，但缺乏理性的反思与科学的、符合逻辑的相关理论方面的探索。17—18 世纪的启蒙运动，作为文艺复兴运动的继续与深化，继续挖掘发源于古希腊的理性精神与科学精神，摆脱了文艺复兴时期的直观、主观判断，转身寻求以理性与科学作为支撑的命题与理论。笛卡尔的怀疑与批判精神、培根与休谟的知识与科学的主张与经验主义哲学等，构成启蒙运动探索相关问题的真伪的评判准则与依据；牛顿与拉普拉斯等的宇宙统一原理与规律，成为人们探索问题的统一追求，即探索一切事物发展、变化的一般的纯粹原理。

正是在这种整体背景下，启蒙运动关于什么是人的问题进行了一次历史性的反思，认为人是理性的、社会性的与政治性的动物，因此，人属于群居性动物范畴，但由于其理性，又不同于其他一般的动物。启蒙运动认为，人就是人，不论其以什么作为外在的掩饰，也不论在什么背景下，都不会使其具有其他动物的习性，都不会成为其他的野兽。人是具有其自然性质的社会存在物，共享自然科学中所发现的一般性的共性，人具有统一、不变、普遍与鲜明的人性。虽然支配人的某些规律不同，但的确存在一些确定不变的规律；或许具有不可更改性的某些规律具有特定族群的局部性质，但这些规律依然具有永恒性。启蒙运动历史学家 Mascou 指出，（不同时空下的）舞台背景或设置的确发生了改变，表演者们的确更换了其衣着与外貌，但他们的内在动机仍然源自人类相同的欲望与情感，并且这些相同的欲望与情感在众多不同的王国与族群中形成了不同的影响，产生了不同的效果，即人性是普遍的，不会因为时空与周围环境的不同而发生变化。

那么，究竟什么是人性？关于这个问题的答案，启蒙运动同样继承了古希腊哲学家的观点，即人性的本质就是追求幸福。人本身就是追求幸福的理性动物。追求幸福是苏格拉底、柏拉图以及亚里士多德等的一贯主张，也成为启蒙运动的核心主张。亚里士多德认为，作为人实现其价值活动的目的的最高的善，就是好的或优良的生活——幸福。所谓最高的善，就是善自身就是目的，除自身之外没有任何其他外在的目的，不是为其他的善而实现此善。正如康德所说，幸福是人类实践理性所必然要期望（欲求）的东西。人类一直在永不停歇、前仆后继、有目的的并且是理性地为增进他们对生活中美好事物的追求而努力与奋斗。为此他们有能力选择和追求适当手段，或者，至少他们这样做足以提供体现人类生活特征的活力。

Lovejoy 认为，启蒙运动关于人性的这种特定性质的概念，具有一些不那么能够令人接受的含义或蕴含，即仅仅局限于任何特定一部分人的关于任何东西的理解、证明或实际的断定，都不具有任何真实性或价值，或者所有事情对于理性人来说都没有任何意义。在任何时空下，人们之间在信念（信仰）与价值、习俗与制度等方面存在的巨大而广泛的差异，从本质上说，对于界定人性没有任何意义。这些差异仅仅构成了人类的真实人性（不变的、一般的、普遍的东西）的增减、扭曲甚至遮掩与骗人的幌子（有目的地制造模糊性）。人类普遍具有的共同的永恒性才是真正的人性。这种不变的、一般的、普遍的人性，终将在理性光芒的普照下，显露出其完整的、真实的头脚与面目。事实上，真实的人性以及人性的永恒不变性，一直就在人们的眼前，一直都非常直观地在展露其自身。这个真实的人性，这个人性的永恒不变性，就是追求人的幸福的存在，然后是不断地追求人的更幸福的存在，不仅要实现其生命全景，而且要更幸福地实现其生命全景。人的幸福的存在，高于其他一切动物的幸福的存在。

启蒙运动关于人以及关于不变的、一般的、普遍的抽象人性的探索，虽然具有思维训练的意义，因而具有认知结构开发的意义，却缺乏实践意义。虽然发现人以追求幸福为目的这一人性的永恒性，不论从理论上还是实践上说，都具有重大意义，但人们同时面临着更为重要的问题，即如何实现人的幸福的问题。当人们从实践或行动的角度思考这一问题时，却发现社会不仅需要人性的普遍性的命题，更需要如何实现人的幸福的相关理论阐释。而一旦从静态的角度探索人性的普遍性转向从行动的角度探索人性的实现性时，人们不仅发现人性的普遍性是一个没有实质内容的、空洞的范畴，更为重要的是，人们发现其面临的问题马上变得相当复杂。

问题的复杂性源自整体的幸福观念，这种整体的幸福观念至少涉及以下几个紧密相关的问题：（1）何为幸福？（2）幸福概念的差异是由什么决定的？（3）实现不同幸福观的活动对于具有相互依赖关系的个体是否具有相互性？（4）什么是实现人的幸福合理的或恰当的方式或途径？（5）不同的实现人的幸福的方式或途径对于不同个体意味着什么？或具有什么样的社会结构性意义？（6）不同的幸福观念与实现方式是如何决定的？（7）不同幸福观念的差异以及对于不同族群和人类意味着什么？等等。

显然，对于上述任何一个问题的探索，都涉及不同族群与人类所处的具体的时空与社会情景问题。与人的幸福相关的一系列追问都与其处境、都与其是谁、都与其相信什么等如此紧密地相关，离开这些人们根本没有办法理解幸福。由于追求幸福是人共享的本性，然而追求不同的整体的幸福观念又使人具有了不同的本性，即不同的人性。因此，探索整体的幸福观念必然涉及不同族群所处的具体时空与情景的描述与划分，而人类用来描述与划分不同族群所处的具体时空与情景的概念是文化，因为正是文化使处于不同时空与情景下的不同个体、族群以及人类具有了不同的整体的幸福观念，因而也就具有了不同的人性，或至少体现出了不同的人性。

二、人性与文化的共同演化

至此，回到了前面提到的命题，即人性与文化是一个整体，是一块硬币的两面，相互依赖、相互决定。当人们将人放入具体时空与情景中进行考察与探索时，人性与人的文化构成了一个不可分割的整体。自人类生成文化以来，人类的发展便以文化的形式体现出来，同时，文化也成为人性塑造的生成性概念，成为人性无法剥离的生成物，最为重要的，正是人的文化的发展使人日益区别于其他动物。

为了便于理解与避免造成混乱与误解，需要重复一下这里所说的文化的基本含义或本质。我们一直强调，文化的本质是规定与描述特定存在物存在方式及其转化的一套体系。人的文化，从本质上说，是人创造或建构出来的控制与激励人的行为的一套体系，也是规定与描述人的生存方式与行为及其转化的一套完整的程序。因此，这里的文化，不是指文化的表象，如习俗、习惯、传统与居住习性等，也不是指文化的产品，如音乐、绘画、瓷器、建筑、服饰、书籍等，而是指文化的功能，即文化作为一种认知结构，以及这种认知结构的结果，如各种计划、选项清单、规则、指引、行为地图、处事原则等。显然，不论文化作为一种认知结构还是作为其结果，本质上都是强调文化构成了一套调整人们行为的控制与激励机制或规则。

从文化的上述概念来看，事实上，整个宇宙就是一个文化整体，其中的任何一个子系统均存在自己的文化，包括无机物系统。任何生命物，作为宇宙的一个子系统，自然都存在其自己的文化，不论其是植物还是动物。狮子存在狮子的文化，不同的飞禽存在其自己的文化，老鼠有其自己的文化，蜜蜂亦有其自己的文化。未经任何正规教育的人可能都知道，人是建立在动物基础上的那么一个存在物。因此，人天生具有生成文化并遵循文化的本能。那么，人作为具有文化的动物，与其他动物的区别在于：其他任何动物形成的文化，都主要由或决定性地由其基因中所蕴藏的密码决定的，虽然有些行为需要短期的、相邻代际间的训练，如狮子围猎、羚羊等识别各种生命威胁、蜜蜂分工与协作等；人创造的文化，虽然部分生成于蕴藏于其基因中的密码，同时也生成于人的独特的天赋能力，是人的独特的天赋能力训练、开发与运用而形成的累积性结果。人类不同族群生成的文化，不仅有相邻代际间的训练与模仿，更重要的是特定族群自生成以来的所有训练与信息的积累性总体，是人作为特定存在物的核心性基础，即人生存的基础性条件。

人所具有的与生俱来的极端强大的对生存环境的反应能力，虽然使人具有了强大的适应能力与复杂性，在很多情形下能够仅仅凭借其这种能力应对众多生存问题，但人们应对各种生存问题的方式的有效性，并没有自然地储存在这种能力中，而是经过无数代的经验累积与探索而形成的结果。从这个角度说，若没有文化作为人的生存方式与行为指导、控制与激励，人们的行为将没有任何规则性，人类的任何一个族群都将成为无意义行为与仅凭情感发泄激发出的行为所构成的没有任何秩序的混沌状态，人们的经验也不会出现任何规则性。正是从这个意义上，吉尔兹指出，从生理上说，人是一种没有发育完全的、未完成其成长过程或未成熟的动物；人与动物的区别，与其说是其强大的学习能力，不如说在其能够有效或完整地发挥其功能前，学习到了多少以及学习了哪些特定的东西。

人类文化是随着人类生存方式与身体构造的演化共同演化出来的，经历了一个相当漫长的演化过程。人类学的研究表明，智人，即现代人，是大约在400万年以前，随着著名的南方古猿，即所谓的南非与东非的猿人的出现而直接从其前智人演化而来的，而智人则是在大约100万年到300万年前才开始出现。因此，文化活动或原始型的文化活动的某些初级形式（简单地制造工具、狩猎等），至少在某些南方古猿中已经出现，因此，文化的起源与现代人的出现，至少有100万年的重合期。大约到了冰川时代，整个人类演化发生了系统性的变化，即演化到了人类文化的初始阶段。

这种情况表明，并不是传统理论认为的那样，文化是外在地添加到已经完成了或最终完成了演化的动物身上的，而是这种动物形成过程中非常关键的构成要素。人类文化经历了缓慢、持续以及几乎整个冰河期的增长，如此地改变了智人演化所面临的选择压力的平衡，以至于在其演化过程中起了重大的指令性作用。随着工具的完善、集体狩猎以及聚集性的实践活动，真正家庭组织的出现、火的发现、图腾的出现、乱伦禁忌、媾合规定（杂婚、外婚、内婚、抢婚）等的出现，最为重要的，是在确定人们的信念、交流或沟通、群体控制与自我约束与控制等活动方面，对于具有特定意义的符号系统（语言、艺术、神话、祭奉仪式等）的日益依赖，不同族群不仅开始创造、发明大量的符号，更创造了一种其中的个体必须适应的新环境。

随着文化极其缓慢的积累与发展，不同族群通过神话、传说、禁忌等将其自己认为的具有选择优势的生存方式传递给其下一代，例如有效的狩猎方式、持续性的聚集、工具制造技艺、能力超凡的领袖等，因而不同族群形成了不同的生存方式、行为方式与特定习惯、传统等。这些所谓有效的生存方式、行为方式以及特定习惯等，本质上是不同族群的不同的归因方式的体现，是对“为什么”进行回答的总体方式。由于具有特定象征性意义的符号系统的不断引进、创造与完善，人们受到符号与归因的训练日益增加与强化，从而不断刺激大脑皮层的活跃，促进大脑皮层的缓慢生长，因而最终使大脑较小的原型始人即南方古猿逐渐演化成大脑较大的现代智人。人类在漫长的演化中，在文化式样、身体以及大脑之间，形成了正向反馈系统，这种正反馈系统使每个方面都在促进其他方面的演化，即一种正向的相互适应性演化，身体不同部分的运用形成一种互动，手的生理结构的变化、拇指对于大脑皮层的扩展性再现效应或影响以及符号运用对于肾上腺激素的刺激，导致手的运用更为灵活等。通过由符号运用构成的指令系统或程序，指导生产人工制品、组织社会生活或表达各种情感，人可能是无意识地使其自己的生理结构达到了其成熟状态。人正是在这种与其文化的共同演化中创造了其自己。不同的族群也创造出了不同的文化。

人在与其自己创造的文化的共同演化时，不断地从总体上塑造其智人的生理结构，以便其能够有效发挥蕴藏于其基因之中的强大的智力潜能。自冰河期以来，伴随着人类演化的系统变迁，智人的整体生理结构亦发生了变化，例如颅骨形状、齿系、拇指大小等，但在这些众多变化中，最为重要的与革命性的变化是人的大脑的中枢神经系统的变化，因为正是在这段时期，人的大脑，特别是前脑，膨胀成现在的上大下小的比例结构。这种变化使人的大脑容量发生了重大变化。虽然南方古猿的身体躯干与两臂结构与现代人没有根本的差异，骨盆与腿的结构、形状与现代人亦无太大的差异，但是他们的脑容量几乎并不比现在的猿的脑容量大多少，也就是说，只相当于智人的脑容量的三分之一到一半。将人类与前智人区别开来的，显然不是整体的身体形态，而是神经组织的复杂性。人类文化与生物生理共同演化的重合期，似乎主要集中于神经系统的发育，这种发育或许与各种运动的精确化，即与恩培多克勒所强调的手的操纵能力而不仅仅是手的动作有关。

人大脑中的中枢神经系统，特别是大脑新皮质，主要的或大部分是在与文化的互动中逐渐生长的。随着中枢神经的不断增长，神经元受到不同刺激而形成的信息传递，在某些特定的神经元间进行，而不同的神经元会激发出不同的信息，因而不仅形成固定的信息传递路径，而且激发出不同的信息。因此，没有具有特定含义的符号系统所提供的相关指引，人们根本无法指引行为与组织化经验。冰河时期人类所发生的系统性演化，迫使人类放弃了详细的基因控制行为的规则性与精确性，演化为由更为一般的但不那么精确或真实的基因控制行为的可变性与适应性。为了获得能够指导行为的必要的额外信息，人类转而越来越依赖文化资源，即累积的蕴藏着特定含义的符号系统。人的生理结构，特别是中枢神经系统的发育与完善，与文化累积和发展的共同演化，使人性与文化成为相互塑造的统一体。正如吉尔兹所说，“没有人，肯定没有文化；同样肯定的，或者更具有意义的是，没有文化，亦没有人”。人在大脑中储藏的信息以及信息传递，构成了一种概念性的结构与认知结构，正是这种结构使人成为了区别于其他动物的动物，使得人性由人的动物性与文化性共同决定，因而不同族群生成了不同的人性与认知结构。

虽然人性与文化的相互塑造使人性与文化成为不可分割的一个整体，成为了一块硬币的两面，在现实中表现出来的人性，此时由人的生物性决定，彼时由人的文化性决定，但人类在人性与文化的共同演化过程中，从长期的趋势的角度说，由生物性质或由经过开发了的生物性本能决定的人性一直处于日益占优或日益彰显的地位。

虽然在现实中什么是由人的与生俱来的天性决定的行为，什么是由文化控制与塑造的行为之间的界限，经常模糊不清，经常不断地变换，但支配人类文化演化的深层次的、长期的与最终的力量，仍然源自与生俱来的生物本性或生物本质所决定。人们不需要太多的文化教育或训练人们如何呼吸空气，犹如鱼不需要外在的信息告诉它如何游泳一样，但一个婴儿降生时如果不哭，则需要拍打其屁股让其哭出声，而后者则既包含着文化，又包含着动物的天性，或者说，包含着对特定动物的天性的认识。人类具有语言本能，有说话的能力，但将语言组合成一套有逻辑的系统，并使得不同个体间能够相互理解各自所表达的东西，却是需要相当长时间的演化过程。对于愉悦的刺激与不愉悦的刺激发笑或皱眉、讽刺性的讥笑或对滑稽动作的皱眉等，这些不同表情是本能决定的，但什么表情代表什么，却是由文化决定的。蕴藏于基因中的或由生物本能决定基本的能力，与其具体的体现，构成了一套复杂的具有特定意义的符号系统，正是在这套符号系统的指引下，人们将人的动物本能转化为文化行为，将人的动物能力转化为具有文化意义的活动。然而，这种对人的动物天性或动物本能的认识，并不是与生俱来的，是需要训练与开发的。同样，人究竟具有哪些天性，本身就是一个需要经过训练才能够认识到的东西。所以，苏格拉底的“认识你自己”，并不仅仅是一句无内容的空洞口号，而是探索文化演化问题面临的永恒性的追问。

三、人性与文化共同演化的意义

人性与文化的共同演化的重大意义在于，这种共同演化使人们终于认识到，人及其文化在演化过程中创造了一个自己面临的世界，或创造了一个自己面临的真实的世界，而这个真实的世界，借用休谟的语言逻辑，不过是特定文化孕育出来的私生子。文化借助一整套符号系统，通过传说、神话、英雄故事、宗教方式以及教育等，不断地将由此文化创造出来的“知识、信念、规则、道德、习俗”传递给下一代。如此连续不断地代代相传，不仅塑造了人的认知结构，进而塑造成人的思维习惯或本能，更塑造了人的生理机能，构建出来一个真实的神经激素的刺激—反应的生理系统或生理模式，因而将这个由文化塑造出来的虚拟世界，变成了这个群体中几乎所有个体都认为是真实的世界。正如涂尔干所说，事情一旦变成一种风尚，就会根据它自己的理由继续存在下去。当产生某种习惯或习性的那个关键事件或信念逐渐消失以后，它们所激起的那种心灵状态却仍然存在。那些被沿袭了千百年的习惯并不会因此而消失，这不仅因为不断地重复已经把它们牢固地树立起来了，而且还因为，在这一过程中，它们不仅已经与其他的习惯纠结在一起，牵一发而动全身了，也就是所有习惯都结成一体了，而且人们的整个生理与神经系统已经被这种一体化的习惯进行了整体性的重新塑造了，构建起了与这种一体化习惯相适应的生理与神经系统。结果是，全部习惯以及全部生活都组织在一起了，要想更改原来的做法，就会把整个生活秩序搅乱，不仅是认知方面的问题，更是因为生理方面的问题。人们会因为这类改变而导致激素分泌失调，肾上腺激素顿时急剧升高，从而产生生理上的剧烈的不良反应甚至导致死亡。每个族群的人们生活在其由自己的文化构建出来的这种虚幻的世界中却不自知，每个个体犹如梦游一般地存在与生活，徜徉于由其文化构建出来的被其当作真实的世界中。

人性与文化的共同演化的另外一个重大意义在于，这种性质与特征充分显现了人与人性的复杂性与可塑造性，因而为人们出于某种需要或目的而有意识地进行文化塑造或重新塑造提供了可能性与可行性，特别是为文化现代化的可能性提供了坚实的理论基础与丰富的实践基础。事实上，霍布斯就是一个坚定的决定论者，认为人具有无限的可塑造性，甚至就是一些木偶，牵引、操纵其各个部位与行为的种种拉线受着世界上种种力的控制，人类的所有信念、感觉、行为与情绪等，无不是这些不同力作用的结果。

第三节　文化的国家治理理念效应

社会活动的生命力活性程度，从直接的因果关系上来说，取决于社会公共治理或国家治理体系与能力，而后者又是由文化所决定的，至少文化对其具有相当大的影响与塑造效应。文化不仅构成了社会公共治理或国家治理体系与能力的生命力活性程度的基础，而且也构成了社会活动的生命力活性程度的基础。正如马克思所说："在一切社会形式中都有一种一定的生产决定着其他一切生产的地位和影响。因而它的关系也决定着其他一切关系的地位和影响。这一种普照的光，一切其他色彩都隐没其中，它使它们的特点变了样。这是一种特殊的以太，它决定着它里面显露出来的一切存在的比重。"从马克思的角度说，如果不去追问文化的来源与生成的基础，那么，一个族群的文化所发挥的作用，就等价于马克思这里所说的以太在宇宙间的作用，而完全可以忽略何为以太（以太自身的含义）与来源或生成基础的问题。

马克思认为，国家治理就是"国家的组织活动"，就是将作为人们交互作用产物的社会，从一种秩序状态转换到另外一种秩序状态的机制。社会秩序涉及人们社会生活的所有方式，而且社会生活遵循从简单有机体到复杂有机体的变迁或转化原理，因而社会秩序日益具有现代复杂性特征。因而社会秩序的转换必然同样具有复杂性的特征，即社会秩序的转换涉及社会不同领域的性质、不同个体相互作用关系以及这些相互作用关系的内在参数的不同范围，因此，这种转换机制亦不相同。由于社会秩序的复杂性特征，这些具有不同性质的所有转换机制构成了一个有机的整体，即国家治理体系。因此，国家治理体系，就是由不同领域、不同个体相互作用关系以及这些相互作用关系的内在参数范围的秩序转换机制构成的一个有机体系。简言之，国家治理体系就是一个由理念、结构、组织或配置与过程构成的社会秩序的结构化协调体系。

任何一个族群或国家的治理体系，都是在历史演化过程中依据其面临的问题逐渐累积、扬弃与更新社会秩序的结构化转换而成的协调体系。它因而既是特定族群或国家的成员间各种互动行为发展出的自然结果，也是由历史、习俗或传统和信念所决定的针对某些特定问题而形成或选择的一种解决方案，这些针对特定问题的解决方案，是由那些相对独立的行动者，利用自己特有的资源和能力而创立、发明并以某种合法的方式确定下来的，用于解决集体行动所产生的问题，尤其用于解决所有这些问题中那些最为根本的问题，为了达成共同的目的与目标时，而形成的一种合作或妥协。因而，从本质上说，任何一个族群或国家的治理体系，都是特定族群的一种人为建构，是人为建构的产物或结果。任何一个国家的治理体系既然必然是特定族群的人为建构，那么，作为特定族群精神气质或灵魂的文化，必然在其中发挥巨大的决定性至少是影响性的作用。

一、文化是秩序、状态与活性等的选择标准的根本来源，因而构成了秩序、状态与活性等的选择标准的基础

文化的基础与核心是其确定的认知结构，而认知结构通常以一整套基本预设为基础。价值、信念与态度是这套基本预设的核心内容。价值、信念与态度先验地决定了什么是好的，特别地，什么是可实现的、可行的好的秩序或优良的秩序；什么是人们期望的，特别地，什么是可实现的、可行的期望的好的状态，什么样的秩序与状态是有活性的或有生命力的或生命力强大的秩序与状态；某种活性水平或生命力水平较低的社会秩序与状态，与特定文化中蕴含的价值、信念与态度相冲突时，人们将做出何种选择，等等。所有这些，显然均由特定文化所决定。

不同文化中的不同的价值、信念与态度，在面临此种选择时，不仅先验地偏好或偏爱与其自身文化相符合或相一致的那种秩序、状态与活性等，而且还自认为自己的选择非常合乎逻辑。某种选择的合乎逻辑的合理性源自其自认为毫无瑕疵、有充分证据的论证。殊不知，这种具有合乎逻辑的合理性来源的论证，不是一个其自己独立的论证，而是文化的内在性质在其认知结构中的反映，借用休谟的话说，是文化孕育出来的“私生子”，却将其当作自己的真实的子嗣，而本质上，是文化孕育出来的价值、信念与态度的偏好的直接结果。此类论证的共同特征是，用尽所有智力与体力寻求支撑自己主张以及自己主张存在优势的充分证据，忽略所有对其主张以及此主张劣势的所有证据；而在反对另外主张时，则刚好相反。最为重要的是，大多数论证者在进行类似论证时并不是有意为之，而是一种无意识的行为，因为正如前面所说，文化作为一种认知结构的一个重要特征或本性，就是屏蔽了不在其认知范围内的所有可能性，而且本能性厌恶其他的可能性。在某个特定时期，当一个族群的所有个体，或大多数个体偏好一种秩序、姿态与活性时，这种状态自然就会从意识中的幻想变为现实中的实践。

不同文化决定的不同的秩序、状态与活性的选择，在论证上出现永无止境的根本原因，在于内嵌于不同文化中的价值、信念与态度具有不可公度性。公度性是科学哲学中的一个概念。如果不同的科学家共享某种术语与逻辑，这种术语与逻辑有助于人们直接比较不同的理论以便决定哪种理论更有效或有用，并运用这种术语与逻辑进行讨论，那么这些理论便具有公度性。如果某些理论被嵌入于彼此存在明显差异的概念框架之中，而且表述这些概念框架的语言或逻辑不具有或存在充分或足够的重叠关系致使科学家们无法直接比较这些理论，或者无法引用经验证据支持某种理论而否定另外一种理论，那么这些理论间便存在不可公度性。不可公度性导致个体相互谈论各自主张而忽略对方的主张，各自主张的前提与逻辑自成体系而且少

有重叠，因而理论比较变成语言或词汇、情景与后果的混乱组合或拼盘式组合。

然而，这种不可公度性并不意味着问题就无法进行探索或研究。虽然从理论上说，内嵌于不同文化中的价值、信念与态度具有不可公度性，即由于预设与偏好不同，没有办法在同一个平台上进行讨论，因而就其自身来说，在某种意义上是没有办法解决的问题。但是，从元秩序、状态与活性的角度上说，存在三种元形式，不论哪种价值、信念与态度，最终必然从这三种形式中作出选择，否则其主张便变成了无法构建的空中楼阁。这三种元形式是：命令或强制性秩序、自然的与自发的秩序或自组织秩序以及此两者的不同程度的组合形成的网络化秩序。由于种种不同秩序涉及协调机制与组织，因而这三种秩序的具体性质属于不同的范畴。

从发生学角度上说，最早探讨秩序、状态与活性问题的，据现有可查资料显示，是中国的以老子为代表的道家思想与以孔子为代表的儒家思想，古希腊以柏拉图为代表的乌托邦思想与以亚里士多德为代表的自然形成思想，而且从纯粹理念的意义上说，即从命令式或强制性与自然性或自发性的意义说，这四者之间存在某种对应关系，老子的道家思想与亚里士多德的自然形成思想、孔子的儒家思想与柏拉图的乌托邦思想之间存在一定的对应性。不过，这只是从纯粹理念的意义上说，如果增加任何细节的话，他们之间又存在重大差异。

价值、信念与态度所决定的秩序、状态与活性的选择差异，不仅发生在不同文化之间，也经常发生在相同文化的不同文化流派或不同子文化之间。春秋战国时期形成的儒家与道家思想就是一个由价值、信念与态度差异而形成的关于秩序、状态与活性选择的非常鲜明的例子。

公元前 770 年到公元前 476 年是东周前半期的历史阶段，正是自周始（约公元前 841 年，即西周元年）之后，经历约 70 多年的发展，而进入的旧秩序的崩塌、新秩序的酝酿时期，因而也正是关于秩序、状态与活性的重新选择时期，自然是相关思想生成与竞争的时期。自公元前 770 年开始，东周秩序受到诸侯的挑战，维持西周以来的礼乐开始崩坏，社会进入了混乱的动荡时期。社会此时形成了有关秩序、状态与活性的各种思想主张，并经过长期演化，先后形成了两大有影响的派别，即以老子为代表的道家思想和以孔子为代表的儒家思想。

道家认为支撑整个世界运转的是道；道有其自己的运行周期，道的运行周期中的不同阶段，具有不同的规律；因而任何时候都应遵循道的规律而为，即所谓的无为而道；而其所生活于其中的时代，正是道的再一次重新轮回的开始，各种势力日益生成直至其完成其生命全景，否则不会停息；道是不可逆转的，因此应顺“道”而为，则无不为；在各种势力竞相争显露其肌肉之时，柔弱、谦卑、无知、无智、无技、无可用方可长久，“曲则全，枉则直”，柔克刚，因此，社会治理应该绝圣弃智、绝仁弃义、绝巧弃利、绝学弃知、绝贵弃欲（秩序、状态与活性）。因为以往的“圣”“仁”“巧”“学”“贵”以及“智”，在新的社会环境与背景下，已经不再圣、仁、巧、学、贵，社会需要在全新的环境下生成新的圣、仁、巧、学与贵。社会需要形成新的秩序，但这种新的秩序是什么，不是人们可以随意想的，随意设定的，是社会自发互动的一种涌现，为此，需要形成此种秩序的新的形成机制，即自发性的协调机制。

儒家认为，自西周以来社会秩序稳定，天下整齐划一，一统江湖，人们生活在和谐、自然、没有纷争的状态，是一个理想的状态。西周以来社会秩序稳定、天下整齐划一、一统江湖的基础是礼的存在及其在规范人们行为时发挥了重大塑造性作用，因而礼是支撑社会有序运转的基础（信念与态度）。维持此种社会秩序的关键是实施仁义礼教，使每个个体都能够做到遵循仁义顺从、尊卑长幼、三纲五常的差序格局。因此，社会治理的总体目标应该是使每个个体都达到“克己复礼”的状态与程度（秩序、状态与活性）；不仅如此，每个个体应该刻苦学习，精通六经（诗、书、礼、易、乐、春秋）六艺（礼、乐、射、御、书、数），达到格物致知的境界，透彻理解差序格局的美妙与多么地合乎人性（价值、信念与态度到秩序、状态与活性的转变）；更为重要的是，要“学而优则仕”，为民众树立榜样，成为民众模仿的对象，以教化民众（秩序、状态与活性）；最终使每个个体达到“非礼勿视，非礼勿听，非礼勿言，非礼勿动”的最高境界，不仅重回西周社会整齐划一的状态，而且在礼的要求与实践上要更高于西周（秩序、状态与活性）。

二、文化构成了协调机制与规则的选择标准的来源与基础

文化是协调机制与规则等的选择标准的根本来源，因而构成了协调机制与规则等的选择标准的基础。任何社会的公共治理都构成一个具有内在逻辑关系的体系。当确定了秩序、状态与活性的选择之后，就是确定秩序、状态与活性实现的直接承担主体或履行、实施主体，也就是需要选择特定的协调机制与规则等组织、制度、程序方面的相关样式。

从元治理的角度来说，与三种元秩序对应的协调机制主要包括三种元机制，命令式或强制性协调机制、运用某种公共符号或信号的自发协调机制与作为此二者不同组合的网络协调机制。与这三种协调机制相对应的是三种元组织方式，层级结构或科层组织、分散化的自组织以及此两种不同组合而形成的组织。

命令式或强制式协调机制是先验地划定社会等级网络及不同结点间的关系，然后规定社会中具有特定属性的个体在这个社会等级网络中的位置、行动规则、功能设定、角色变换规则等。标准的或理想型的强制式协调机制的一个特别典型的例子，就是“中国象棋”，先验地划定网络及结点，然后规定每个棋子的属性、行动规则、功能设定，不过没有角色变换规则，即“车”永远变不成“马”，“卒”永远变不成“车”。规则较“中国象棋”松散一些的是西方的“国际象棋”与所谓的“军棋”，以及其他类似的游戏。

在现代，这种协调机制的例子是军队的协调机制，而且大部分国家的军队仍然实行这种协调机制，不过美国军队的协调机制正日益向网络化协调机制演化。除此之外，现实中较为典型的是印度某些仍然实行严格的种姓制度的偏远地方的协调机制，以及世界上最早实行较为严格的等级制度社会中的协调机制。宗教统治的协调机制以及非洲利用神意进行统治的极权主义协调机制是目前仍然在实施的这种机制。经过几千年的演化，自 15 世纪以来，西方社会逐渐摆脱了宗教在政治上的影响，出现了政教分离，尘世上的事情与精神世界的事情，此岸的事情与彼岸的事情，基本上完全分离了。这一演变导致了民族国家权力的出现，虽然其依然也是必然存在精神即文化方面的影响，但已经不受超自然力的影响。但是，在非洲，宗教的力量与世俗权力混合成一个怪物，宗教的力量继续沉重地影响个人和集体的命运，一个普通的血肉之躯一夜之间便成为神的代言人，具有超自然的神奇力量。这两种权力的结合使非洲社会秩序比金刚石还要稳固，因为非洲的文化早已存在，并且镌刻于所有部落文化的基石之上，极权主义渗透在人们的家族、村庄、学校、宗教。它是我们的一种生活方式。这类秩序的适用条件、环境与活性，估计任何人都能够做出正确的判断。

自然的与自发的协调机制或自组织协调机制，是一种先验的确定某种公共信号或规定生死或存活规则的协调机制，或在这种互动中形成的协调机制，也称为自发协调机制，但不对个体角色、行为、功能等进行任何规定，不过可能对其他方面进行规定。先验地确定某种公共信号的协调机制，个体依据这种信号以及自己的能力、资源以及其他信息，如知识、偏好、生活经历等，进行地位、身份平等地互动。早期不同的原始氏族间或部落间的掠夺与殖民行为，就是最为典型的原始例子，当然，这种协调机制在当今世界的国际关系中依然存在。“中国围棋”也是这种协调机制的一个典型的例子。如果在这种最原始的、仅以自身武力作为互动信号的互动协调机制基础上，加上某些限制性规则，例如承认先到先得、先得先有的规则，即所谓的所有权规则，那么就生成了最早的以物易物的协调机制；以物易物演化为代表一般等价物的出现，即货币的出现后，便生成了原始的市场交易协调机制。在原始的市场交易秩序基础上，再增加上对于交易者的相关限制，如禁止并严厉惩罚隐瞒、欺骗、诈骗、误导等的虚假陈述、信息等，便演化为现代市场交易协调机制；如果以人们的选票代替一般等价物的货币，便形成了政治领域的自发性协调机制，即所谓的民主协调机制。

如同命令式或强制性协调机制，自发性的协调机制也是人类最为原始的一种协调机制，因而在任何一个族群中都具有深厚而强大的文化基础。与命令式或强制性协调机制一样，自发性的协调机制不属于任何一个族群专有、专享与专用。自发性的协调机制是每个族群最为原始的，甚至是较命令式或强制性协调机制更为原始的协调机制，因而是人类各不同族群共有的文明。据人类学的相关研究，人类最早的自发性协调机制就是以图腾为符号的协调机制，通过图腾划分血统，彼此相互区分，同时或之后出现的乱伦禁忌则可能构成了人类第一个命令式或强制性协调机制，因为若违反此禁忌则必然会遭到极其严厉甚至是致命的惩罚。事实上，任何制度上的划分，都不应该依据强调性与自发性协调机制的比例而进行划分，而应该依据制定自发协调机制相关规则与规则实施方式、执行方式以及与此相关的关联性机制的性质与特征进行划分。虽然在人类不同族群间的互动演化过程中，不同族群在不同历史阶段做出了不同的选择，但这种选择并不是一旦形成就不可变化的。随着不同族群间互动频率的不断增强，人们受教育程度的不断提高以及认知结构随着经验累积与理性水平的提高不断更新与完善，自发性协调机制的基础性作用或其积极作用将逐渐显露出来，因而将获得更多族群的采纳与运用。

事实上，纯粹的命令式或强制性协调机制，从社会整体来说，自人类进入文明世界以来，在任何一个族群内出现与发生的频率日益减少。当然这种协调机制在国家间关系或国际关系中依然存在而且有时很普遍，如不同时期出于各种不同目的而发动的各种侵略战争。而纯粹的没有任何附加条件或规则的自发性协调机制，即完全自由进出的协调机制，日益增多，如完全竞争的市场机制、大多数国家的政党内部协调机制及没有规定进出限制性条件的各种国际性组织与合约等。

网络化协调机制，即命令式或强制性协调机制与自发性协调机制的不同构成比例的混合体，是自人类进入文明世界以来各不同族群内普遍选择与实施的一种协调机制。一切处于纯粹的命令式或强制性机制与自发性协调机制之间的混合体，均为网络化协调机制，因而网络化协调机制是一个类似光谱分布的两种不同机制混合的连续体。最接近命令式或强制性的网络协调机制可能是中国秦朝时期实施的“连坐制”，而最接近自发协调机制的网络协调机制可能是古希腊各城邦间的协调机制。最接近最纯粹的网络协调机制可能是欧盟的协调机制。

虽然命令式或强制性与自发性协调机制之间的混合比例影响或决定网络化协调机制的特征，但这只是网络化协调机制的一个方面。显现网络化协调机制特征的另外一个方面，是网络化的类型与网络化联接方式。网络化连接方式是指不同网络间的连接方式，主要有强制性协调机制网络与自发性协调机制网络。虽然通常情况下，人们将强制性协调与政府命令或法令相联系，但这种理解是非常粗糙的或粗放式的理解，因为在这种理解中，仿佛真的存在一个铁板一块式的政府。事实上，铁板一块式的、抽象的政府从来不存在，政府总是以具体的形式存在与发挥作用。恰如统一的、抽象的马根本不存在一样，马总是以具体的形式存在的，因而才有白马非马之说。既然政府以具体的形式存在，必然存在政府的不同机构。因而不同机构间的关系便形成一个网络。同样，没有人看到政府的不同机构，只看到了在不同政府机构中工作的具体个体或具体官员。因而，不同政府机构间的网络，本质上是不同政府机构中的具体工作个体或官员间的网络，既来自不同政府机构中的个体间的网络，又以政府机构的名义出现，因此，这些网络间的连接关系，虽然存在某种正式的法令、法规确定其之间的关系，但通常情况却是非常复杂的，因为任何精细的法令都无法具体到所有的细节。这种复杂关系中的任何一种情形都代表这种网络的一种不同的联接方式。其他网络间连接方式以及命令式或强制性与自发性协调机制亦是如此。

文化对于上述不同协调机制选择的影响，与文化对于不同秩序选择的影响，完全相同，而且，通常情况下，只要选择了秩序类型，必然选择与此类型相对应的协调机制，否则便出现秩序与其实现机制之间的矛盾与错位。由于纯粹的命令式或强制性秩序与协调机制、纯粹的自发性秩序与协调机制，即使曾经存在过，如今也已经非常罕见，因此，我们在此主要关注文化对于网络化秩序与网络化协调机制选择的影响。

不过，仍然存在一个需要说明的问题，即所谓文化对于网络化秩序与网络化协调机制选择的影响，不是指受某种文化传统影响的政府能够任性地、随心所欲地甚至冒天下之大不韪地选择其偏好的样式，而是指政府如此地选择不仅仅出于其偏好，更重要的，是适应人们（社会文化）对此种样式的偏好，甚至是适应人们（社会文化）对此种样式偏好的需要或期望。因为正如卢梭所说，“最强者并非永远能保持其主人的地位，除非他将力量化为正义，将服从化为责任”。显然，这里的“责任”指的是，必须基于人们认可的“正义”的基础之上，没有人们认可的“正义”，“责任”必然是被强大的外部力量施加到个体身上的，因而一有机会人们就会奋力抗争，不再认可这一“责任”，而更为常见的，是采取斯科特在《弱者的武器》中所总结与描述的那些行为。如果没有社会文化的普遍接受与支持，即使是在传统社会，任何组织任性地、随心所欲地选择的秩序与协调机制样式，都不会长久，因为社会讨伐的力量是非常强大的。正如西汉的司马迁在《史记·张仪列传》中所说：“积羽沉舟，群轻折轴，众口铄金，积毁销骨。”

如前所述，命令式或强制性协调理念，至少与自发性的协调理念同样古老，深埋于长期演化的文化基因之中，成为沉淀了几千年的古老记忆中的无意结构。习惯于命令式或强制性协调理念的文化，形成了一种无意识认知结构，构建出了在大脑中运转与操纵的对环境形成特定期望的问题空间的特定模型，并且已经无意识化；而由这种无意识认知系统形成的用来理解与解释问题与环境的内在再现模式，即所谓的心智范式，亦成为一种无意识结构，面临问题与环境时会无意识地选择强制性协调机制。未经改造的此种心智范式，经过长期传递与强化，固化为一种认知系统与心智范式的生物学神经反应系统，即经过长期传递与强化，这种特定的认知系统与心智范式在人们大脑中神经元系统与信号传递渠道系统间都已经固化特定的样式，大脑神经、胶质以及神经元的信息传递素形成一个完整的自然运转系统，与生理的其他结构与激素分泌水平匹配到均衡状态，一旦不按照这种均衡行为样式进行行为，便在生理上形成激素水平的平衡性破缺，导致肾上腺激素分泌异常，因而身体出现极度的不良反应。其原理，犹如人们习惯于用左手或用右手，一旦反过来时，仿佛那个未经长期训练的手不是来自自己，怎么都不那么顺畅、便利与灵巧。习惯于强制性协调理念与机制的族群，总认为强制性协调理念是最佳的理念，强制性协调机制最有效、最便利、最成功。

反过来，受自发性协调理念与协调机制文化训练与熏陶的族群或族群中大多数个体，自发性协调理念亦深埋于其长期演化的文化基因之中，亦成为沉淀了几千年的古老记忆中的无意识结构。受自发性协调理念与协调机制文化训练与熏陶的族群或族群中大多数个体，形成了一种无意识认知结构以及这种认知结构所构建的解释与结构化问题与环境的心智范式，形成了与上述完全相同的神经生物学机制或生理性机制。面临问题时无意识地、非自觉地、优先地选择以自发性协调为基础的协调机制。

马克思主义基本原理表明，任何社会的治理方式都生成于此社会，长成于此社会，是此社会的水、空气、阳光等浇灌、供氧与光合作用的结果，深深地植根于此社会的土壤之中。因此，可以说，自发性协调秩序是控制性协调秩序之母，自发性协调机制是强制性协调机制之母。儒家思想或文化，从起源或发生学角度说，本质上是以孔子等为代表的一批思想家，以西周社会运转的自发协调机制为基础原料，经过其认知系统与心智范式进行加工、抽象而形成的一整套解释、结构化社会秩序及其来源以及应该构建什么样秩序的基本框架；同样，道家思想或道家文化，从起源或发生学角度说，亦是以老子为代表的一批思想家以西周、东周以及春秋时期社会运转的实际过程为基础原料，经过其认知系统与心智范式进行加工、抽象而形成的一整套解释、结构化社会秩序及其来源以及应该构建什么样秩序的基本框架。区别仅仅在于，儒家强调构建性或教化性或塑造性，因而主张命令性或强制性与单一性；道家则强调自发生成性或自然生成性与多样性，因而主张自然演化性或者称为顺其自然，以多样性对冲多样性。事实上，中国文化的本质既不是儒家也不是道家，同时，既是儒家也是道家，因为中国文化从来都不是只有一家，而是儒家、道家、法家以及其他文化的统一体或综合体。这一点从最能够代表一个族群文化的俗语中反映得非常清楚，即任何问题都存在儒家与道家两种或两种以上不同的观点与主张，而且人们总能够在恰当的时候选择恰当的解释方式，不仅从来不争论这是儒家还是道家还是其他什么家的思想或观点，而且大家普遍认为两种或者多种说法或观点都正确。这一特点，即权变性地运用两种以上观点解释世界、环境与事件，正是中国文化具有强大的包容性、同化性与适应性的基本来源之一。

三、文化构成了组织与规则惩罚和激励取向选择的基准及其来源

文化对公共治理影响的第三个方面，是其构成了组织与规则惩罚和激励取向选择的基础性标准及其来源。公共治理的社会协调功能通过公共治理机制的运行而实现，而后者通常通过不同的组织与规则以及通过形成不同的组织与规则获得运行。公共治理机制的运行本身需要一系列组织与规则进行推动与实施，而在形成这一系列组织与规则时，必然形成相应的惩罚与激励取向，以便形成秩序。同时，公共治理机制运行本身，将引发社会形成不同类型的组织与运行规则，而这些不同的组织与运行规则亦形成相应的惩罚与激励取向。不论是公共治理机制运行的推动，还是公共治理机制的运行本身所形成的惩罚与激励取向，都源自文化。因而文化构成了公共治理机制运行过程中的组织与规则惩罚和激励取向选择的基础性标准及其来源。

如前所述，网络化协调机制，由命令性或强制性与自发性协调机制混合组合而成。文化对于网络协调机制中强制性机制与自发协调机制的构成选择的影响，直接影响了不同协调机制的承载形式，即不同的组织结构类型。与上述两种协调机制相对应的组织结构类型分别为等级森严的层级结构与扁平化的或水平关系的自发性组织结构。文化对于此两种组织结构选择的影响，主要源自认知结构与心智样式。

文化是由全部精神生活的元素以及情感、认知、智力、人际关系等集合而成的关于世界应该是什么样子以及应该如何行动的一个完整体系。简单地说，文化就是依据关于终极状态或第一原理的基本信念的设定而确定的规范与激励人们行为的一整套体系。因此，任何一种文化，其最深层的、处于核心位置的，是有关人、社会、自然界及其之间关系的整体秩序的本体论设定，即所谓的世界观、价值观以及人生观的基本设定；而最接近这一核心层的外围则是有关认识论的基本设定，认识者与认识之间的关系的设定，也即关于因果性的设定；次之则为方法论的基本设定，即所谓如何发现知识的基本设定，或者说，关于行动的基本主张的设定。

文化对于承担协调机制实现协调功能的不同结构组织与规则选择的影响，主要体现在文化对于社会规范性秩序、机制与组织结构间的关系的基本假设或信念方面。如果认为社会规范性秩序与机制，来自或主要来自命令性、强制性组织的结果，认为没有命令性、强制性组织的作用，就不可能形成人们期望的规范秩序与机制（即归因方式），那么，为了形成相关的协调机制，就必然建立以命令性、强制性为特征的组织结构；反过来，如果认为社会规范性秩序以及形成此类秩序的机制，源自人们之间的自发性互动，源自互动过程中共识的自发性达成，也即认为相关协调机制是众多自主性个体间互动而形成的演化结果，那么，为了形成相关的协调机制，就必然通过设定引导自主性个体行为的可共同观测到的公共信息符号，人们通过观测并依据这种公共信息符号进行自发地组织，达成相关协调机

制进而实现相关秩序。

人性与文化的共同演化表明，文化的发展具有某种内在的动态规律，而不仅仅存在上述的静态性质。马克思主义主张，不同族群的文化形成、更新与扩展遵循螺旋式上升的发展规律，即遵循自发性组织到强制性组织进而再到更为高级的自发性组织进而再到更高级的强制性组织的螺旋式上升过程。虽然这一过程表现为组织结构类型的变化，但本质上是价值、信念与态度或主张，或者说，是本体论、认识论与方法论的动态变化与演化的外显，因而本质上是文化发展或文化的不断重塑过程的外在体现。人类不同族群在文明初开之时，基本运用公共信息符号进行协调，并且这一开端性的协调本身就是一个自发性的产物。即人类摆脱蒙昧进入文明，是人们关于本体论、认识论与方法论革命性变迁的结果。没有这种革命性变迁，从愚昧到文明的巨大飞跃是不可能完成的。随着人们运用符号的经验的积累，相互间理解某种符号的意图与愿望，人们开始运用更多的公共信息符号进行秩序的协调，并因此而形成相应的组织形式或组织结构。当群体中每个个体都遵循通过这种公共信息符号进行协调时，自发性组织逐渐变成一种习俗或惯例，人们自觉地遵循这种惯例，而且遵循这种惯例与其利益的得失正相关，进而强化了自发性组织的生成与发展。例如，早期人们自发结成狩猎团队、古希腊自发形成的向外殖民的组织或团队、亚里士多德所讲的人们自发地组织成的村落以及由此形成的团队活动或生产，以及马克思恩格斯所研究的氏族自由联合为部落、部落自由联合为部落联盟等。

然而，随着自发性组织的日益扩大与发展，组织性收益出现规模递增效应，于是生成了两种文化结果。一是理性的或精明的个体迅速发现，“搭便车”是一种较参与团队活动更为有利可图的占优或优势行为。正如罗伯特·麦斯威尔所指出的那样，“在一个充满协作精神、规模庞大的群体中，做一个自私自利、不劳而获的搭便车者，是一项明智且能够获得成功的策略”。在任何一种组织中，如果没有办法阻止与避免人们的“搭便车”行为，那么，由于人们行为间影响或感染的相互性，“搭便车”行为将会普遍流行，最终将导致组织的不复存在。原有组织的崩溃生成三种可能的结果：重新形成自发组织或重新组合；通过引入强制性机制阻止与避免搭便车行为，使搭便车成为非理性行为；不再有组织。第三种不合乎人性，因为人是社会性动物，因此人们只有两种选择。而选择哪一种，显然是文化的产物，因为涉及人们对于不同组织的本体论、认识论与方法论的基本信念的预设。对于认为社会秩序的本源，来自外在的强制性，来自施加于其上的规矩，所谓“没有规矩不成方圆”的文化信念而言，为了维持和保持组织的存在以便获得收益的规模递增效应，必然主张将惩罚“搭便车”行为的相关机制引入的组织中，因而出现了组织、控制与惩罚的统一体，使原本自发性组织日益向强制性组织转变。而对于认为社会秩序的本源在于自发性组织，在于人们共享的信念、价值与态度的自愿性结合，而不在于外在的强制性或命令性规则的文化信念，可能会做出与上述不同的选择。二是精明者迅速发现，依赖强制性、命令性形成组织，可以获得更大的收益的规模递增效应，于是直接采取强制性、命令性方式形成组织。这两种结果，既是文化变迁、发展的结果，也是文化自我形成与发展的结果。文化与组织规则、结构与运行机制共同演化。作为文化结果的命令性、强制性组织结构一旦生成，便具有自足性，即构成了人们有关新的本体论、认识论与方法论的基本性信念的设定，进而引导、激励人们选择某种特定结构类型的组织。

设立一系列等级森严的层级组织，通过命令与控制，既是国家形成的过程与方式，也是国家形成之后，国家实施治理社会及实现治理功能的基本途径与措施。马克思认为，早期国家的功能主要是维持统治秩序、征缴税收与防御外敌入侵等，而等级森严的层级组织，则是实现国家治理功能的最有效的工具。等级森严的层级组织通过上级任命下级或统一由最高权力机构，如皇帝任命，并听命于上级官僚或皇帝的命令、指令履行其职能，因而被称为官僚制组织或官僚制。历史上几乎所有的帝国都通过官僚制控制与协调社会的强制性秩序方式、训化性方式与生产性方式实现其对社会的治理。因而官僚制是人类社会，特别是古代大国或帝国普遍采用的履行强制性协调机制的组织形式，如古代中国、古埃及、古罗马、古印加帝国、早期阿拉伯的哈里发帝国以及奥特曼帝国等。

然而，任何一种命令性与强制性结构的组织，甚至任何一种类型的组织，都具有激励的有偏性，即激励人们的特定价值、信念与行为取向。因此，选择了一种结构性组织，也就是选择了不同激励标准与激励取向。由于不同类型组织的选择是文化的结果，因而这种不同激励标准与取向亦是来自文化，是文化在组织选择中偏好的自然结果。

据西方学者的研究，官僚制一词肇始于 1765 年的法语，bureaucratie 一词，意指始终困扰法国政府且无法摆脱的一种致命痼疾，而后迅速演化为专门用于描述无法忍受且效率极端低下的法国政府官员整体（官僚）的一个贬义词。此词于 19 世纪早期传入英国，其确切含义专指官方独裁或专制。在整个 19 世纪，英国作家都以其特指官僚泛滥的欧洲大陆国家。由于其具有多重含义而且是一个贬义词，因此，在相当长时间内人们认为其不适合作为学术词汇。

随着马克斯·韦伯未完成的社会学巨著《经济与社会》的问世，学术界开始接受官僚制这一术语。韦伯试图利用类型学的划分对社会权力进行比较分析，而其中最著名的理想型之一便是官僚制或科层制，并将其运用到合法统治类型学的划分之中。韦伯将合法统治分为传统权威、克里斯马权威与法理权威，并认为理想型的官僚制或科层制体现了法理型权威统治的结构性特征，不同于传统的世袭制统治结构，即不同于古代官僚制。

马克斯·韦伯认为，古代官僚制的特征是按照“人格化的、传统的、无规则的和特殊的”命令与指令行事，以效忠皇帝或国王、大臣、保护人、领导人或集团等某个特定个人为基础。因而官僚们几乎都隶属于帝国权力中心中的某个政治派别与保护集团，受其控制与操纵，同时官僚们也受各种外围统治现实或实力的吸引，因而官僚们经常陷于一种奔命式地应付多方关系的尴尬境地，进而通常是依据人格化关系进行差别性统治。

事实上，传统官僚制的激励取向并没有仅仅停留在官僚制范围内，虽然肇始与兴盛于官僚制，但文化的弥散性、渗透性使这种激励取向迅速遍历于社会各个角落。残酷无情的政治集团间的勾心斗角以及集团内的利益争夺使古代官僚们生存于所谓官方讽刺的困境之中。为了能够保住官位以及获得不断的晋升，官僚们个个都必须拿出“卧薪尝胆”之意志与精神，尽力将自己锤炼得比别人更精明、更狡黠、更险诈，因而更能够获得僭主及其追随者的赏识；个个都挖空心思地试图从诋毁、诬陷他人中，从贿赂、攀缘、谄媚权势者中，从突破各领域的规则中，获取额外利益。受此种行为的激励，社会中每个人都竞相模仿、学习此类官僚中的出类拔萃者，尽其所能地突破规则，突破规则成为社会运行的一种规则或常态。社会成为突破规则的竞技场，处处显现的是突破规则的锦标赛。谁能突破最难突破的规则，谁就成为最有能力、最有本事者。突破规则成为一种荣誉和一种显贵，突破了别人无法突破的规则，成为最大的荣誉获得者，不仅自吹自擂，成为自认为自豪之举，亦为他人赞赏的自豪之举，因而成为最尊贵的人。此类人由此便日益成为那些有意欲突破规则而自己又无门路者趋之若鹜之所。这种“显贵”被社会视为一种“美德”，激励无数人羡慕、追随与模仿（如马基雅维利所告诫的）。于是“二道贩子”“窜匪”、嫖客、娼妓、盗贼、骗子、无赖、恶棍、乞丐成为社会实际的或真正的统治群体的主体。这些无德、无耻、奸诈、贪婪、欺下瞒上、以公肥私之徒横行于社会之中，社会演化为“无德”锦标赛的一个大舞台。所有具有道德德性与理智德性者均被淘汰出局。

马克斯·韦伯认为，公共治理问题本质上是一种动态的问题，是具有动态性的社会分工的自然产物，具有稳定性、连续性、专业化、职业化的特征。治理这类问题，必须遵循社会分工与专业化原理设置相应的治理结构、组织与机制。通过调整或改变行政系统的模式变量，即从无规则的规则向一切以规则为基础的转变，行政系统就会与秩序、效率、普遍或非人格化的公共问题的本体论状态相一致，从而实现从价值嵌入性状态向价值祛除性和工具主义状态转变。在此基础上，韦伯提出了有效治理社会公共问题的官僚制，其规范性要求是“非人格化的、理性的、具体的、成就取向的和普遍的”，并且以效忠于正式制度安排为基础。为此，韦伯提出了以基于法理、规则、水平职能分工及纵向层级结构为核心特征的、由“科层体系六大原理”构成的公共行政基本模式。韦伯通过一系列论证，认为这种理想科层制，在“精确化、速度、清晰性、知识运用、连续性、自由裁量范围、一致性、严格服从、降低摩擦以及人力成本，都达到了最优状态”，因而能够有效解决早期或古代官僚制不可避免的腐败、无效率、人格化、非职业化等内生性问题。

虽然马克斯·韦伯声称其理想型科层制，或现代科层制的成功与不可或缺性，源自其较其他任何类型的组织在统治，特别是在实施强制性协调秩序与机制方面，显现出最为强大的技术优势，在达成目的或目标的工具的精准性方面，达到了满足形式理性或“工具——目的”理性的巅峰，但其理想型科层制的理论上的优越性形象，从未垄断过或超过科层制历史与现实的实践的形象。

不论是古代帝国时的官僚制，还是马克斯·韦伯理想型的科层制，都无法摆脱其内在生成的价值、行为与伦理道德方面激励的有偏性。虽然人们，特别是韦伯，从理论上论述其作为强制性协调机制的功能实现载体，在强制性协调方面是有效的，但这种有效性一直面临来自历史与现实两方面的挑战，因为几乎所有帝国的崩塌最终均由“卡夫卡官僚雕像”所致，均为“卡夫卡官僚雕像”的杰作。

由于文化偏好而选择强制性秩序与机制，不仅必然导致人们选择官僚制或科层制组织承担、履行强制性协调功能，而且如同强制性协调机制必然生成更多的强制性协调机制一样，科层制必然生成更多的科层制。等级森严的层级结构与组织，通过自上而下的命令与控制，不仅具有韦伯所说的，在实施强制性协调秩序与机制方面显现出最为强大的技术优势，在达成目的或目标的精准工具性方面，达到了满足“工具——目的”理性的巅峰，更是人们认知结构与心智模式的一种塑造。通过设立等级森严的层级结构组织，通过自上而下的命令与控制，承担与履行协调功能，相当于训练人们的“问题刺激——应对反应”的自然样式，经过长期的学习与训练，人们逐渐形成了一种确定的认知结构以及在这种认知结构基础上形成的心智样式，相当于生成了一种亚文化。一旦人们面临任何问题，都自然地、无意识地、不加思考地选择层级结构组织并通过强制性命令应对相关问题，因而，层级结构性组织与命令性协调便从此日益获得强化、流行与大量生成。

强制性协调秩序与机制，对于等级森严的层级结构组织，通过自上而下的命令与控制，承担与履行协调功能，实现社会的公共治理，具有特别的偏好。马克思主义的基本原理表明，人具有主观能动性或自觉能动性，即人具有认识世界、改造世界以及在认识与改造世界过程中存在特定的精神状态，如决心或意志等。亚里士多德认为，人不仅是理性动物，不仅是社会性动物，更是政治性动物。因此，人必然具有认识政治性的主观能动性或自觉能动性，因而人也必然具有政治意志，即生来具有生成政治意志与实现政治意志的本能。政治意志的最深层含义则是权力意志，因而才拥有权利意志与自由意志之说。不论这种意志是什么，实现个体权力意志的最有效方式，就是通过命令与控制，形成层级结构的组织。因此，层级结构的组织生成更多的层级结构的组织不仅源自认知结构与心智样式，也源自人的政治意志的本能。而这种本能亦是不同族群文化的内生性结构与成份。因而不同社会对层级结构组织的偏好，具有深厚的文化基础。

源自文化对于强制性秩序的选择，导致对于强制性协调机制的选择，进而导致等级森严的层级结构组织的普遍存在并将以指数级数的方式大量繁殖，最终整个社会秩序的协调即公共治理被各种各样的层级结构性组织与命令性协调机制所浸透与所覆盖。整个社会被强制性协调机制与层级性结构组织控制的结果，是几乎不存在自发协调机制与自发性组织的生存空间，导致自发性协调机制与组织极其匮乏，从而使有机社会生成的资料与形式及其生存的环境空间全部消失，社会最终演化为由等级森严的层级结构组织控制的无机体。

如前所述，如果一种文化从本体论的角度认为社会秩序与协调机制源自自主性个体间的互动，认为自发性社会秩序与协调机制是更为基础的与第一性的，那么，此类文化必然偏好选择自发性组织，因而自发性组织将在此文化中大量存在并不断生成，承担更多的协调机制的协调功能进而实现协调性秩序。事实上，不论一种文化从本体论的角度如何看待自发性秩序与组织，人类的整个历史已经充分证明，自发性组织是一种更为基础与作用更为长久的组织形式。人类不同族群的一切类型的组织，均源自自发性组织。家庭是任何一个族群最为基础性的组织，显然家庭是自发性组织的结果。村落、城市以及更大的地域性族群亦如此，并且地域性族群成为实施强制性协调的国家的基础。从最初的贸易到货币的出现，亦是自发性协调与组织的结果。特别地，人类每个族群的文化自身便是自发性协调机制与组织的结果。正是自发性协调才使不同族群形成不同的惯例、习俗、行为规范以及认知结构与心智模式等。

人性与文化的共同演化促进了自发协调机制与组织的生成与不断发展，自发性协调机制与组织又反过来促进人性与文化的进步，因而导致促进自发机制与组织生成与发展的文化呈现螺旋式上升的发展与扩散态势。事实上，自发性组织本身就是自发协调机制运转的结果。当人们观察到某个公共符号时，此符号的内在含义正是其自己意欲的行为，因而这种符号本质上是向社会发出一种邀请，有相同意向的行为者将被这一公共信号所吸引因而结合在一起。因而这种公共符号是人类需要、欲望、意向、意志、偏好、认知、情感等的一种公开的展示，因而是人性与文化发现、挖掘与显露的最佳途径，因此，自发性组织的形成过程，也就是文化的形成、更新与发展的过程，更为重要的其本身就构成了文化的一个部分。马克思恩格斯曾高度评价过自发性组织的文化进步作用，指出仅仅以价格为协调符号的市场，“把一切生产工具迅速改进，并且使交通工具极其便利，于是就把一切民族甚至最野蛮的都卷入文明的旋涡里了”；“把所有封建的、宗法的和纯朴的关系统统破坏了。它无情地斩断了那些使人附于‘天然的尊长’的形形色色的封建羁绊，它使人和人之间除赤裸裸的利害关系即冷酷无情的‘现金交易’之外，再也找不到任何别的联系了。它把高尚激昂的宗教虔诚、义侠的血性、庸人的温情，一概淹没在利己主义打算的冷水之中”，“一切陈旧生锈的关系以及与之相适应的素被尊崇的见解和观点，都垮了，而一切新产生的关系，也都等不到固定下来就变为陈旧了。一切等级制的和停滞的东西都消散了，一切神圣的东西都被亵渎了……”。自发性组织的除旧破旧与探索和创新社会的能力，具有世间最为强大的魔力，任何人为的与自然的力量都无法将其束缚与阻挡。

自发性组织是社会高效运转的“神经传递素”、黏合剂与润滑剂。它将任何无机的关系变成有机的相互关联体；将一个个犹如钢筋水泥构筑的、条块分割的、密不透风、各自为政式地分立于社会之中的等级森严的层级结构的不同组织，变成了具有千丝万缕关系的、相互依存的整体；将松散的、犹如一个个孤立的土豆的个人，连接成为一个个自愿结合的联合体；将各种分散的力量，聚合成一个个紧密的行动体……。众多取向各异、功能各殊、大小不同的自发性组织，自发地形成一种协同力量，聚力于破解人性与文化之谜，聚力于挖掘人性至今仍然仅仅暂露出其如冰山一角的巨大潜能，聚力于人的幸福与解放的人类最崇高的事业。正是基于此，托克维尔指出，在现代社会，社会结合的科学乃科学之母，其他一切方面的进步均依赖于这门科学的发展；在支配人类社会运转的诸法则中，有一条最为明确清晰：如果人们想保持文明的进步或希望变得更为文明的话，就必须根据身份平等[①]的改善速度，均衡地发展与改善社会结合的艺术。同样基于此，吉布在反思阿拉伯国家兴衰过程时，不无感慨地总结到，“自从古老的社团崩溃以来，由于没有一个社会机构能起到疏导、解释、表达和调动公共意志的作用，阿拉伯国家就日益衰败并最终陷入极度虚弱之中”。著名政治学家派伊，在进行广泛比较研究之后得出了类似结论，“发展和现代化方面的问题，都渊源于能否建立起更有效、更灵活、更复杂和更合理的组织……鉴别发展的最终试金石在于一个民族是否有能力建立和维系庞大、复杂、灵活的组织形式。”

儒家文化，在本质上具有生成与促进自发性组织的基因，可惜这一基因长期被旧中国封建统治者压抑与迫害，以至于几乎完全被忽略了。以孔子为代表的儒家文化，据有关专家论断，其道德主张的最高境界为“圣”。“圣”的目标是“博施于民而能济众”，“修己以安百姓”，而且孔子认为，这个目标连尧、舜都未必能达到。其次则是“仁”。关于“仁”，论语中有多种说法，如“克己复礼为仁”，“仁者先难后获”，“能行五者（恭、宽、信、敏、惠）于天下为仁”。有学者认为，孔子真正的所谓“仁”就是“忠恕”，其理由为，孔子曾对曾参说，“吾道一以贯之”。而曾参对孔子的其他学生说，“夫子之道，忠恕而已矣”，而且孔子自己将“忠恕”概括为

---

① 这里的“身份平等”（the equality of conditions）完全等价于“机会平等”，不仅因为这两者互为条件，还因为托克维尔的原意事实上就是“机会平等”。因为在草稿中存在这样一句话：A surprising equality reigns there among fortunes.

“仁”。而孔子的所谓“仁”，就是“己欲立而立人，己欲达而达人”，其底线为“己所不欲，勿施于人”（杨伯峻）。若如此，那么，一个治理良好的社会，一定是促进自发性组织生成与发展的社会，因为自发性组织建立在自愿结合的基础上，是自愿结合的产物，而且是一个自由进出性的组织，因而绝不会存在“己所不欲，施于人”的可能性与情形；同样，基于“仁”的概念，一个治理良好的社会，绝不应该存在过多的等级森严的层级组织，因为此类组织的特点就是下级绝对地服从上级，而在任何此类组织内部，亦遵循此样规则。显然，此类组织一旦流行，必然生成大量违反“己所不欲，勿施于人”原则的情形，即生成大量“己所不欲，施于人”的情形，而且此类组织越多，生成这种情形的可能性必然越大。此原理可谓尽人皆知。

选择了自发性协调机制与自发性组织，也就选择了公共治理的惩罚与激励取向。自发性组织，激励合作与协同，因为其本身就是合作与协同的产物。合作与协同，以人们的行为选择为基础。人们是否相信其他人会选择合作性行为，例如，囚徒困境中的合作性行为，依赖于人们之间的信任关系。在一个信任度较高的社会，人们对于其他行为者采取合作性行为的期望的信念就较高，因而依据对其他行为者行为选择的信念，选择自己的合作行为，那么当两者都选择合作性行为时，便生成了合作性的互动结果。由于合作性结果生成一个整体大于部分之和的额外收益。因此，人们行为选择造成的合作性结果越多，越激发人们生成合作性结果的欲望，因而合作性结果呈现出自我强化的效应。然而，如果在一信任度较低的文化之中，如果一个个体在互动过程中选择合作性行为，而另外或其他行为者选择背叛性行为，那么，选择合作性选择的个体受到此类行为选择的惩罚，因而会逐渐地或迅速地降低其他行为者会选择合作性行为预期的可能性，因而在决定行为选择时，越来越多地选择背叛性行为。由此使背叛性行为选择在群体中的比例上升，导致任何一个行为者选择合作性行为都会受惩罚，因而激励其选择背叛行为。结果是社会中的几乎所有个体都选择背叛性行为。事实上，前面提及的“卡夫卡官僚雕像”就是此类行为选择演化的一个自然结果，即每个个体选择背叛行为是其最优的策略选择。

合作性行为的选择依赖于行为个体对其他个体不同行为选择的预期，也就是对其他个体选择合作性行为的信任程度。因而理解这里的信任的含义非常重要。这里的信任，包含着值得信任性的含义，即具有值得信任的能力与性情。例如，两个人商量好一起出去捕猎一只怪兽。两个人从不同方向出发，如果两个人都能够准时到达捕猎地点，那么两个人可以成功地捕捉到这只怪兽，否则先到达捕猎地点的那个人将被怪兽吃掉。两个人相互信任对方，意味着每个人都有足够的能力同时到达捕猎地点，而不仅仅是到达捕猎地点的愿望。如果一个人具有强烈的愿望，发誓一定能够准时到达，然而在通往捕猎地点的中间地带有一条较深的河，而此人又不会游泳，那么，不论其意志、愿望多么强烈，都是不值得信任的。因此，可信任性除了人们常说的诚实、守信外，更重要的是其包含能力、知识、技能等方面在内的涉及值得信任性的内容。

由此可知，合作性结果生成的前提条件，一是人们对于其他行为者合作性行为选择的预期或信念；二是人们对于其他行为者合作性行为的值得信任性的预期或信念。在自发性组织高度发展的文化中，人们主要强调知识、能力、理解力等的不断学习、积累与训练，而不仅仅是避免如等级森严的层级结构组织中流行的那种说空话、大话、假话、套话的习气，不仅仅在于避免巧言令色，而是凭实力说话，凭被认可的真实能力作为其他人对其合作性的值得信任性的信念。

由于合作性结果以上述两者为条件，因而注重自发性组织的文化中的个体，如果具备上述条件，那么能够获得其他行为者发出合作性行为的邀请，进而获得到合作性的收益即“溢出价值”；而且不同个体获得的不同大小的这种合作性生成的“溢出价值”，与其所具备的上述两个条件的水平程度成正比。为了在社会互动中获得更多的合作性“溢出价值”，人们将自己的主要精力用于能力的学习与训练，显示出对能力、知识的强大需求；这种对知识、能力的需求自然刺激相关的供给，因而社会便形成更多知识、能力的自发性而不是官僚控制的教育与培训组织，自发性教育进而得到不断的发展；自发性教育的发展普遍提出了人们的值得信任性，因而值得信任性的竞争而不是如等级森严的层级结构组织中的关系性竞争因此而出现，更进一步地激发人们对知识、能力的学习与锤炼的新的更高的要求，社会因此进入良性的“合作行为选择—可信任性—知识与能力—可信任性竞争—知识与能力”相互强化的循环状态而不是“关系—关系—关系”的恶性循环状态。

第四节　文化影响与塑造公共治理样式的一个实例①

非洲是一个极其神秘的人类空间。在人类进入 21 世纪之时，非洲众多部落仍然处于非常原始的状态。从主观上说，人们很不愿意将非洲的现状归因于其文化，但人们实在找不到其他的解释。非洲作为一个整体，虽然具有众多的子文化，但这些子文化均可归属于一个基本相同的古老文化框架之中。非洲人认为，茫茫宇宙中的万物都是上天安排的，上天自有其自己的永恒的逻辑，除了天神没有人能够改变这个永恒的世界逻辑。世界以及我们的制度、结构与行为都是天意的安排，这种天意早在神秘的过去就传授给了我们的开山祖宗，他们的智慧至今照亮着我们的人生准则（信念）。因此，非洲人非常崇尚与自豪于自己的祖先，并生活在享受于崇拜、赞颂祖先的光荣的幻想之中，徜徉于祖先的伟大故事与英雄奇迹的传颂的梦境之中（价值）。非洲人扎根于祖先传下来的文化之中，深信过去必然会自我重复，现在唯

① 本部分有关非洲实例的内容主要取材于埃通加・曼格尔的著作《文化的重要作用——价值观如何影响人类进步》第六章。

一需要做的，就是耐心地等待，没有必要为未来做准备，因而一切涉及未来的事情都马马虎虎，从不上心，对于今天也只是重复着祖先的生活态度与方式（态度与状态）。

非洲人喜乐欢乐、融洽、和谐的气氛，并尽可能地回避公开的冲突（秩序、状态与活性）。那里的人们普遍地爱好彼此宴请，大家在一起吃吃喝喝，以显示社会融洽、和谐、幸福与安怡的欢乐气氛。家里有婴儿出生、给孩子洗礼、结婚、过生日、晋升、当选公职、长短途旅行归来，办丧事、议会开会与休会、传统节日、宗教节日以及诸如此类的每件事，都要举行欢宴。不论自己收入是多是少，不论家里粮仓是满是空，宴席都要办得漂漂亮亮，客人越多越好，而且宴席好的程度，也开始轮番竞争（秩序、状态与活性）。

这种轮番竞争表面上是好客，可能也的确如此，但更重要的是，宴席越好，被请的客人出的份子钱就越多；表面上是出了与宴席质量相一致的份子钱，客人才能踏踏实实地分享主人的快乐或悲伤，而实际上是一种不得已的回报与赠送。特别是有权有势的家庭，更是通过此方式大肆搜刮民财与讨要贿赂，也为那些具有特定利益要求者提供了趋炎附势、夤缘攀附提供了机会。因为在非洲，友谊重于公务，因此在任何与公共部门打交道时，人们只有通过直接与有关的负责官员当面接触，并且并不是以办事为由而是以友谊为由进行宴请，酒肉财色欢乐之中提出事项，而且还冠以友谊的花环，本质上就是赤裸裸的利益交换。

通常情况下，如果不是发生基因变异或通过基因技术改造，狗身上是不会长出猴肉的。这是一个自然原理。社会作为有机体，当然一定会遵循这一自然原理，既任何族群或社会的文化，都是这个族群的统治集团文化的衍生物，又是这个族群的统治集团文化之母体。正如埃通加·曼格尔所说，有什么样的民众，就有什么样的领导者、统治者及其集团。权钱交易、权色交易因此遍及非洲各个领域：请医生为病人治病，要请客送钱；学者申报任何科研项目，要请主官部门领导及官员吃饭喝酒送钱，因为主管部门可以因此告诉你谁是评审人，或者如果钱送的足够多，直接让科研究项目申请者自己指定评审人，并依此将项目发送给相关评审人，申请者再打电话相关评审人或直接给评审人送钱。在此类社会中，已经没有任何一个地方存在净土。

受到宴请与接受了贿赂的官员很讲情意与信义，一定会通过某种运作，突破规则，将事情办成。政府的一切正式规则在酒肉财色的狂欢中成为一纸空文，而交易双方或多方均在交易中获利，均从突破规则中获利，更为经常的是从地方财政或国库中获得大量金钱。有权有势者不仅获得大量金钱，其大把花钱的习惯不仅让亲戚朋友情妇得到巨大实惠，还让瑞士、卢森堡和巴哈马的银行获得好处。

在非洲，衡量一个人的尺度，不是看他“有什么能力”，而是看他“是什么”。在非洲，你必须一出生就是统治者，否则你就没有当权的权利，除非你搞政变。整个社会承认或认同向当权的强者俯首听命、唯命是从、摇尾乞怜、阿谀奉承、低三下四、溜须拍马、曲意逢迎、卑躬屈膝是天经地义的。人们对权力有一种本能性的恐惧、敬畏与崇拜，这或许与非洲人畏惧穿长袍的神有关。假如一位国王或总统遭遇袭击（即使是一次模拟的袭击）而安然脱险，全体国民就会推断说他有神力，因而是不可战胜的。这种将权力与神力等同起来的习性，不仅适用于国父式的人物，而且适用于一般的人——即使是最普遍的人——一旦他手里有点权，就会如此。随便找一个非洲人，给他一点权力，他就会立即变得自以为了不起，傲慢专横、不可一世、刚愎自用，而且几乎总是一人得道，鸡犬升天，唯恐失去他的特权。他时时刻刻提防别人，嫉贤妒能，残酷无情，直至有一天一道讨厌的命令任命了别的人来接替他为止。而一旦他结束自己的仕途生涯，便会完全遵奉平庸做人的哲理。

人类社会面临的本质问题不是和谐而是矛盾、分歧与冲突，并且是在解决矛盾、分歧与冲突的过程中，文化获得了发展进而社会获得进步。然而，在非洲，从上到下总是渲染一派祥和、平安无事、天下太平的景象。人们不愿意面对分歧，不愿意承认矛盾与冲突，因而表面上总是回避分歧、矛盾与冲突，以维持表面上的社会团结。非洲人总想在脆弱的意见一致的基础上寻求社会和谐与和平，因而总是设法将分歧、矛盾与冲突埋藏在和谐祥和的地毯之下，将其掩盖起来，而且有时做得十分成功（价值、信念与态度）。在非洲的某些地方，为了避免冲突，公安部门和司法部门的官员与工作人员白天都躲藏起来，根本不上班。在喀麦隆西部的一些巴米累克人村落，正式的公安和司法单位都是秘密的，只在夜间开会与工作，而且它们的工作人员总是戴着面具，以防止别人认出他们是谁（秩序、状态与活性）。

一个众所周知的事实是，在非洲的一些共和国里，只要你指出某一位政客或技术官僚如何卓尔不群，如何公正廉洁，而且永远不会欺下瞒上、趋炎附势，那么，你不是赞扬他，不是称赞他，而是故意要断送其仕途。

作为非洲人信念的现实反映，魔术与巫术在非洲非常盛行。人们的一切心智，一切归因，一切事情的成功与失败，幸福与苦难，健康与死亡，皆由天意决定。为了转换命运，人们只能求救于魔术与巫术。魔术与巫术控制了这里的人的心灵，或者说，这里的人的心灵，已经与魔术和巫术合二而一，构成了一个整体。整个社会，即几乎所有人，或大部分人，为紧张、恐惧与神秘的天意，也即魔术与巫术所笼罩、所控制，魔术与巫术因而成为天意、道义、恐惧的混合体。魔术与巫术构成了人们心理的庇护所，种种无知都从这里找到答案，借助魔术与巫术，人们可以将最离奇的幻想变为现实。非洲文化的重要内容是讲究调整冲突，化解冲突，维持现状。人们对天意、魔术与巫术的恐惧与顺从，使魔术与巫术成为调整矛盾、分歧与冲突的一个强有力的工具，成为实行社会强制与政治控制的强有力的工具，并且可以借用天意、魔术与巫术非常方便地消灭任何可能出现的不满、不敬与反抗。

如前所述，通常情况下，如果不是发生基因变异或通过基因技术改造，狗身上是不会长出猴肉的。正如丹尼尔·埃通加-曼格尔所说，有什么样的民众，就有什么样的领导者、统治者及其集团。非洲人对天意、魔术与巫术的恐惧，必然反映到统治者集团身上，而统治者集团对天意、魔术与巫术的信念、恐惧与顺从，必然再回过头来影响民众的信念。社会文化与作为其子文化的统治文化或治理文化永远是相互影响，相互促进，相得益章的正反馈关系，抑或是恶性循环关系（行动者与系统）。

非洲人将政治上的出人头地，经济上的发财致富，身体上的健康长寿以及一切摆脱了一般人所受的苦难以及获得了其他很少一部人才能够获得到的特殊权力、荣耀、状态，都归结于天意。为了让天神永远保持并不断促进其拥有的以及不断扩大其所没有的一切东西，人们不仅感恩天神，敬奉天神，启示天神，而且还要借助天神的使者，魔术与巫术术士，为其消灾避难，祈福求助，使其更为荣耀（价值、信念与态度）。因此，非洲的总统们身边经常伴有一大群巫师。不论什么事情，总统都会向负责各路的神的使者咨询，并听从巫师的劝告与指引。人类自古以来都存在上行下效的社会定律，正所谓“楚王好细腰，宫中多饿死”“宋帝爱小脚，裹脚遂成娇”。新总统遵循老总统的行为，各路高官竟相追随总统的行为，如此一级一级地传递，最后民众追求统治集团的行为（秩序、状态与活性）。

总统的行为引发各级大小官员的效仿。要确保当局及自身的平安，各级大小官员自然均聘请一群神秘的巫师作为其高参，并依据巫师的天意，及时发现和消灭一切可能出现的竞争对手或挑战者。任何一类人，一旦成为各级大小官员不可或缺的“军师”，这些人便具有了优越于其他人的特殊力量，因而也就开始拥有了权力资源。非洲的巫师的权力之大，连最有影响力的西方政府顾问也会自叹不如。一旦拥有了权力资源，就不会满足永远停留在资源层面上，而一定要将这种资源转换为实际的权力，因而非洲大量巫师直接出任官职，行使权力。

突破规则，进行权钱交易、权色交易，在非洲已经成为权势者们的日常生活。那些无良之辈与跳梁小丑们，迅速发现了充分发挥其自然禀赋的契机，他们中的每个人都自认为并且拿出“卧薪尝胆”之精神，尽力将自己锤炼得比别人更精明、更狡黠、更险诈，因而更能够获得僭主及其追随者的赏识；每个人都挖空心思地试图从诋毁、诬陷他人者中，从贿赂、攀缘、谄媚权势者中，从突破各领域的规则中，获取额外利益。社会中每个人都竞相突破规则，突破规则成为社会运行的一种规则或常态。社会就成为突破规则的竞赛场，处处显现的是突破规则的锦标赛。谁能突破最难突破的规则，谁就成为最有能力、最有本事者。突破规则成为一种荣誉和一种显贵，突破了别人无法突破的规则，成为最大的荣誉，成为自认为自豪同时别人也认为值得自豪之举，因而成为最尊贵的人。此人由此便日益成为那些有意欲突破规则而自己又无门路者趋之若鹜之所。这种“显贵”被社会视为一种“美德”，激励无数人羡慕、追随与模仿（如马基雅维利所告诫的）。于是“二道贩子”“窜匪”、嫖客、娼妓、盗贼、骗子、无赖、恶棍成为社会实际的或真正的统治群体的主体。这些无德、无耻、奸诈、贪婪、欺下瞒上之徒横行于社会之中，社会演化为“无德”锦标赛的一个大舞台。所有具有道德德性与理智德性者均被淘汰出局。

不仅如此，这种“无德”行为的锦标赛并没有产生出胜利者与赢家，所有参与者最终都是失败者与输家。因为任何一个如此之人在某时的得势都是一时的，必然有其同类或后来的同类者运用其害人的相近手法将其“淘汰”出局；而这一后来者亦终将被其后来者淘汰出局，如此不断地迭代下去。最终所有的参与者均为输家。正所谓“方今之时，仅免刑焉”（《庄子·养生主》）。所以，非洲的有钱人都争先恐后地把钱存到瑞士、法国、比利时和英国的银行，而且相继移民，给人的印象就是他们对自己、对自己的国家、对自己的新产品毫无信心。他们的表现就是用自己的手拆毁自己所建设的东西。

那么特定社会中人的这种行为的持续演化的结局是什么？当一个社会到处都显现出孟德斯鸠所揭露和抨击的形形色色的丧失道德底线的人物时，这个社会必然演化成霍布斯的社会，或者成为某个文化的奴役对象。

非洲社会的演化经历了这两种景象的全景。非洲在19世纪之后相继沦为西方列强的殖民，成为西方列强的奴役对象。第二次世界大战之后，相继获得独立，而且有些国家已经独立了100多年。人们通常的理解是，将非洲如今面临的苦难与不幸归因于西方列强的疯狂掠夺。几乎不可否认，这是非洲如今面临的苦难与不幸的一个来源。但如果还原回去，假设没有西方列强的奴役，是不是今日的非洲就不是今日的非洲的样子了呢？

埃通加·曼格尔引用了一位曾为非洲政府部长在回顾非洲历史发展时一句不无感慨的评论，“当我们获得政权的时候，国家已处在地狱的边缘，自那时以来，我们已经前进了一大步”。埃通加·曼格尔说，“我引述这番话，原因之一是我们再也没有理由把我们的现状归咎于殖民列强。我们实际上掌握自己的命运已经有几十年之了。然而今天的非洲却比以往任何时候都更加依赖于富国”。

事实上，埃通加·曼格尔的归因不无道理。非洲从西方列强的殖民状态获得解放以后，非洲实际上就进入了霍布斯的世界。“非洲人彼此之间干了些什么，简直令人难以置信。种族灭绝、血腥内战以及暴力犯罪泛滥，表明非洲社会从各个社会层面来看，都是程度不等的食人社会。制定法律的人和负责执行法律的人，恰恰是践踏法律的人。”

第五章 人本理念

以人为本，是自文艺复兴以来几乎世界各国治理现代化的基本理念或核心理念。国家治理现代化的其他理念，可以说均生成于这一核心理念，引导与指导着世界各国的治理现代化。然而，虽然以人为本成为自文艺复兴以来世界各国治理现代化的核心理念，但世界各国的治理现代化及其过程，却显现出万花筒般的纷繁，甚至大相径庭。

第一节 人与兽

作为人学研究鼻祖的苏格拉底，其关于人的一系列追问，例如：什么是人？人能够变成什么样？什么是属于人性的恰当的行为与情感？属于人性的恰当的行为与情感与所有其他存在物有什么区别？人生活的目的是什么？什么是幸福？什么是最好的城邦？什么是美德？什么是正义？等等，至今仍然困扰着大部分人类族群以及在部分族群中的众多个体、众多族群以及众多族群中的绝大部分个体，或者由于疯狂地沉溺于某种观念之中而不能自拔，或由于缺乏思考这些问题的能力与心智，或者由于心满意足于自己的浅薄、愚昧、无知，或者持有“像我这种尘世的可怜虫，为何要付出精力思考这些呢，简直是浪费时间与精力，耽误功夫”的态度，或者持有“活着是我的一切，怎么会有闲功夫思考这类无聊又无用的问题呢，思考这些问题能给我带来多少金银”的态度，或者持有“想不想这些问题与我活着有关系吗”的态度。总之，由于各种各样的原因，缺乏对上述这些所谓的“苏格拉底之问”的思考，一直生活在苏格拉底所说的非人的生活状态之中。因为如果不思考这些问题，怎么知道什么样的生活是人的生活呢？如果不知道什么是人的生活，怎么知道自己生活在人的生活之中呢？如果不知道什么是人的生活，如何想象与构建一种其生活更接近人的生活或不断向人的生活方面迈进的社会？不过，需要注意的是，这里说的是人的更好的生活，或更好的人的生活，而不是苏格拉底所说的猪的更好的生活，或更好的猪的生活。

对于某些族群以及某些族群中的大多数人来说，这种状态自古至今从来也没有改变过，他们一直生活在一种自己虚构的、虚幻的人的生活之中却还以为自己一直生活在人的生活之中。对于众多个体来说，或许真的如上述人们经常持有的各种观点那样，是否思考“苏格拉底之问”无关紧要，是否去探索那些问题以及这种探索的意义对其当时的生活可能真的没有任何影响。然而，这可能只是从当下凝固的时间点而言是如此，仅仅就停止不前的目前而言是如此。如果人们从这种静止的没有时间变化的状态，转向时间变化的动态，特别地，将时间尺度向后与向前稍作延伸或拉长：向前回溯一下历史事实或事件，向后考虑一下自己的子孙后代的命运，或许人们的想法会发生一些变化，或许可能认为思考“苏格拉底之问”不仅有意义，而且意义重大；特别是那些具有族群历史使命感、族群责任感与族群命运感的人，可能会认为这些思考意义极其重大；而对于那些具有人类整合使命感、责任感的人来说，思考这些问题是其自然的与必然的宿命，因为人的能思的心灵的使命之一就是探索必然性。

事实上，在日常生活中，大多数人可能根本没有对此有任何的思考意识，甚至这些问题从来没有闪现在其心灵之中。这是非常正常的事情。因为人们总是生活于一个特定的文化之中，这个文化规定了他生活的一切，规定了他的一切生活，自然也就规定了他的心灵所能思的范围与边界；他是这种文化的塑造物或制成品，也是这种文化的构成要素与彰显的贡献者。然而，人的能思的灵魂的核心是反思或后思，这种反思从理念上来说具有无限性，因而不应该受到任何约束，因为从理念上说它不仅是自由自在的，而且不会“停留在它的自在存在阶段”，它的本性是“力求达到自为存在”，犹如欲破土而出的春笋，没有任何阻碍力量能够使其不突破约束与压制。

狄尔泰曾经指出，只有基本思想是正确的，才能够获得对于特殊问题的正确答案；对于认识人类有一明晰的概念，才能真正了解某一个别的违背自然规律者是什么样的，否则，就会混淆世界上存在的一切。例如，在某种特定的文化下，人们在日常生活中，将某个（些）人施加于其他人或动物身上的某种极其残忍的行为称之为“太没有人性”，或将此类人称之为“禽兽不如”。此类言说前后隐藏着未言明的是，言说者心里知道什么是“人性”，言说者知道人异于“禽兽”。然而，如果不像尼采说的那样，不带着锤子思考“苏格拉底之问”，言说者如何知道自己说的“人性”以及“人异于禽兽”是什么意思？言说者如何知道自己所理解的“人性”以及“人异禽兽”之处是正确的？究竟什么是“人性”以及究竟如何异于禽兽？

或许上述言说者的判断基于历史上某个言说者，但如果不对这些所谓经典的言说者所说的东西，用锤子去砸“苏格拉底之问”，那么这种所谓经典的言说可能完全扭曲其言说对象的本质或理念，因而这种言说可能就欺骗与愚弄了相信其的后人。

中国传统文化，虽然关于人性的论述的文献很多，但关于什么是人的论述，由于自己为井底之蛙，读书太少，没有见过更大的世面，因而，至今不知中国传统文化如何界定人的。因为在中国传统文化中，关于什么是人的问题，笔者只知道孟子提到过，没有见过更多相关的文献。

关于孟子对什么是人或人区别于其他动物的地方的论述，在本书第四章已经提到，但问题是，什么是“一般事物的道理和人类的常情”。如果“一般事物的道理”指的是自然规律，那么，什么是自然规律。同样，什么是人类的常情，由于不同文化有所谓的不同的常情，不同时代同一文化亦有不同常情，那么，应该遵循哪种人类常情呢？如果仅仅遵循自身文化的常情，而完全摒弃、抵制与屏蔽其他文化的常情，那么，如何处理常情变化问题呢？而且只有随着情景的变化人们不再遵循原有的文化常情时，文化才能够进步，那么，遵循人类常情怎么又是合乎情理的呢？

更为重要的是，如果仅仅从具有道德（如仁义之道）出发，界定人与其他动物的区别，是不是存在某些问题或疑问，至少本人并不同意孟子关于人区别于其他动物的这种界定。事实上，从道德（作为行为准则或规范）角度说，人的道德水准从来就没有比禽兽（的行为准则或规范）优越什么东西，或者说，从来就没有任何方面优越于禽兽。人的忠诚度不如狗。这是非常明显的事实，因为几乎很少发现狗背叛主人的情形，除非狗疯了。人对于规则的遵守不如狮子。狮群具有众多规则，几乎在任何情形下，狮子都遵循那些规则。例如，捕杀到猎物后，狮子间的进食顺序是公狮子、小狮子最后是母狮子；一个外来的公狮子若将原来狮群的公狮子打败，所有母狮子都归顺打败了原来公狮子的公狮子，战胜了的公狮子成为这个狮群的首领。在同类关系方面，各种禽兽同类间的争斗，不论为了抢夺食物、母禽兽还是领地（地盘），只要一方认输，胜利的一方就会放过战败的一方，而不会将战败的一方杀死，更不会出现如同人类那样的同类间的大规模屠杀；在养护幼崽（禽或子嗣）方面，所有禽兽都不会如人曾经那样主动弃婴（包括著名哲学家卢梭；此类现象在人类中现在亦偶尔存在）；在分工合作、各司其职方面，人不如海豚、蜜蜂与蚂蚁；在男女关系的忠诚方面，人远不如鹦鹉与长颈鹿，等等。

孟子以及受此类说教或文化影响的关于人与禽兽的分别，显然存在逻辑上的错误。按照孟子的说法，由于“庶民去之”，既然“庶民”将仅存的那一点点作为人所具有的与禽兽的差异已经去掉了，那么“庶民”就都是禽兽了，只有那么几个类似舜的才可称为人。如果如此，怎么又存在“禽兽不如”之说呢？因为本来就是禽兽，还有什么如与不如之说？将禽兽说成不如禽兽，那么它如什么呢？显然，这种逻辑上的错误根本来源在于，在区别人与禽兽的差异或不同之方面，找错了方向或标准。人区别于禽兽的本质不是仁义，不是伦理或道德。说人区别于禽兽在于道德或行为或仁义，如同说“狗区别于猫在于狗腿比猫腿长”一样荒谬。

事实上，从生物学分类角度上说，人是动物界的一个分支，即人是以禽兽为基础的，因为，人是动物界所包含的不同的门、纲、目、科、属、种中的某一个，即人属于灵长目人科人属人种。由于上一类是下一类的基础，下一类生成于或长成于上一类，人是禽兽中的一个分支，故禽兽所具有的所有特征，人都具有；禽兽所具有的所有欲望，人都具有；禽兽所具有的所有需要，人都具有。不仅如此，人所具有的所有其他禽兽所具有的那些欲望、特征（如领域意识、同类个体间关系、等级性等）与需要的强烈程度，要远远超越所有其他动物或禽兽的程度。事实上，孟德斯鸠与卡夫卡等描述的人们为了满足各种欲望而采取的行为，如源自骨髓又渗透于骨髓的左右逢源、厚颜无耻、妒贤忌能、阿谀奉承、低三下四、溜须拍马、曲意逢迎、卑躬屈膝、欺下瞒上、趋炎附势、指鹿为马、夤缘攀附、虚伪狡诈、口是心非、摇尾乞怜、蓄意歪曲、卑鄙无耻、心狠手辣、人面兽心、助纣为虐、两面三刀、朋比为奸、阳奉阴违、奴颜婢膝、挑拨离间、言而无信、尖酸刻薄、见风使舵、搬弄是非、城狐社鼠、鸱鸮弄舌、结党营私、奴颜媚骨、相互推诿、邀功请赏、好大喜功、巧言令色、以公肥私等，无不超越所有其他类别的禽兽在处理同类个体关系方面所可能采取的行为。人作为动物类或禽兽类，应该按照禽兽的分类标准进行划分其与其他禽兽的区别，也即应该按照一种禽兽所特有的本质为标准来将其与其他禽兽区别开来。道德或仁义绝非划分任何动物或进行动物分类的依据。

前述表明，人类在道德方面远不及其他禽兽，因此将道德作为区分人与其他禽兽的标准，基本思想与基本方向都错了，因而也就不能够对人（类）有一个明晰的概念。由于没有正确地确立人异于其他禽兽的标准，因此，没有将人与其他禽兽区别开来，混淆了人与其他禽兽之间的本质差异。因此，基于此类道德作为人与其他禽兽的区别所构建起来的人的社会，本质上已经不是人的社会，而是某种特定的禽兽的社会。在这类社会中，社会不是将人作为人来塑造，而是将人作为一种特定的禽兽来塑造，或者将人作为众多特定禽兽的混合体来塑造，或者将人作为一种非人亦非其他禽兽的、不食禽兽世界烟火的、没有禽兽欲望的但又是仅具有血肉之躯、具有新陈代谢功能、具有哺乳动物的一切自然特征、呼吸于这个世界上的却并非由自然理性所创造出来的一种精怪来塑造。

作为同类相处的行为准则或行为规范的道德，虽然前面指出了人的道德的许多方面不如禽兽或动物，但或许还存在更深层次的原因，说明不能用道德作为区分人与禽兽的标准的恰当性或合理性，那就是人对于作为行为准则或规范的道德的遵守，依赖其所处的情景。事实上，如果行为准则或规范，真的能够作为区分人与其他禽兽的标准，这个标准必须是永恒的，不依赖时空的变化而变化的，否则这个标准就没有任何意义。

那么，以道德作为区别人与其他禽兽的标准是否是永恒的，即是否是依赖环境与条件依时空的变化而变化的？显然，不论作为人的什么种类的道德，均依赖情景与环境而变化。在饿殍满地时，人们会遵循其倡导的道德吗？人们会遵守其道德所确定的行为准则或规范吗？在不同族群进行生死斗争或战争的过程中，人们会遵循被人称为道德的那些东西吗？在种族大屠杀的过程中，人们会遵循其所谓的道德吗？事实上，人们在无数场合都不会遵循其所谓的道德。例如，最近美国退群退约就是一个非常有力的明证，但谁能说美国政府的决定不是人的决定而是禽兽的决定呢？任何动物类或禽兽类之间的分类，绝不能使得这种分类标准存在对于时空与特定存在的依赖。又如，如果人们对于猫与狗、马与牛以及鸡与鸭的分类，分类标准在A情形下（白天），是X；在B种情形下（晚上），是Y，那么，这两个不同的品种还有真正的类的分别或差异吗？同样，对于任何两个品种划分的标准，也不能依两个品种中的任何一个品种的变化而变化，划分猫与狗的标准，对于猫的一个特定子品种（白猫）区别于狗的标准是X，而对于猫的另外一个特定子品种（黑猫）区别于狗的标准是Y。任何依赖情景而变化的分类标准，都不是任何一个种类品种与另外一个种类品种相互区别的标准，真正使它们相互区别的标准，一定是不依任何时空与特定存在变化而改变的标准，至少从现在科学意义上来说是如此。

事实上，以道德作为区别人与其他禽兽的标准，不论将人当作什么来塑造，只要不是当作人来塑造，那么，这种塑造的自然结果，或者必然使这个族群走向自我毁灭，或者必然使这个族群被其他将人作为人来塑造的族群所消灭。

从道德角度区分人与其他禽兽，并依据所确立的那种区别于禽兽的道德来构建人的特定族群的社会，来塑造此特定族群的人的行为与思想，对这个特定族群的损害远远超过卢梭的思想与主张对特定族群所造成的损害，因为卢梭的思想与主张，即试图将当时人的社会引回到其认为更为美好的人的社会——原始的、初级的、没有阶级、没有特权、没有贫富差异的野蛮社会——的思想与主张。虽然其对这种社会的美妙性描绘得如此的有力与迷人，以至于伏尔泰做出以下评论，“从没有人用过这么大的智慧企图把我们变成畜牲。读了你的书，真的令人渴慕用四只脚走路了”，但只要是心智健全的人，都知道卢梭的思想与主张仅仅是梦想，仅仅是乌托邦而已。虽然卢梭极度痛恨财富与富人，极度痛恨上层社会的人，但即使是生活在3 000年前的社会中的乞丐与流浪者，也不会相信卢梭的思想与主张，也不会真的希望回到人类最原始的状态。然而，如果以道德作为区别人与其他禽兽的标准，进而主张用其所倡导的那种道德来塑造社会与人，即使在现在，都有可能吸引无数人相信，更不要说几千年之前了。因为人类整体的智能性水平相对于人类作为理念的智能性水平来说，直到公元前1000年左右，才进入孕育期，而且某些人类族群的智能性水平那时可能还没有进入这种孕育期，因而非常容易接受以道德作为区别人与其他禽兽标准的主张，再加上经历过去几百年甚至上千年的教化与熏陶，因而特定族群的人们更容易信奉这种主张。从文化的定义来说，对这种主张的信奉必然构成特定族群的特定文化的一部分，或信奉这种主张成为其文化的主要特征之一。一个族群一旦信奉这类主张，信奉这种主张一旦成为特定族群的文化，由于文化与生理机能的相互作用关系，文化因而具有强大的黏滞性与连续性，文化更新的速度非常缓慢。因此，一旦一个族群信奉了某种类似的主张并成为其文化的一个部分甚至是主要部分，那么对这种主张的信奉是非常难以改变的，除非实际社会结构与社会环境发生了重大变迁。

不论以以往的何种道德作为区分人与其他禽兽的标准，不论以何种方式“证明人是无毛的类人猿，或论证人的行为在何种程度上类似于鸽子和老鼠的行为”，不论以何种方式论证其他禽兽没有道德，也不论以何种方式论证其他禽兽的行为准则或规范不是道德，只有作为一种特殊的禽兽，人（注意，所有思想家都将人界定为具有某种性质的动物或禽兽）的行为准则或规范，才可以称为道德。虽然“可以很巧妙地使人们受到启发，然而我们需要常识来坚持这样的观点：人既不是类人猿，也不是鸽子”，既不是摆脱了禽兽生理机能的独立存在物，也绝不是非群居性的、不具有新陈代谢功能、没有七情六欲的精怪，“我们必须把人看作是人”（狄尔泰语），把人当作人来看待。

第二节　作为“三位一体”的人

“把人看作是人”，关键在于探索与思考“什么是人？”古希腊哲学家恩培多克勒最早提出上述问题并从演化论的角度给予了界定。恩培多克勒认为，世间的一切事物都由各种不同物质的不同组合和排列构成。当元素在力的作用下分裂并以新的方式重新进行排列组合时，物质就发生了质的变化。这里的物质包括了世间的一切，无机体与有机体。物质的存在与消失，基本都受一个统一的规律支配，即适者生存规律。花鸟鱼虫、草木沙石无不如此，而且世界或宇宙本身亦受这一规律支配，因而一切都存在重新排列、组合的那一天，因而一切也就终有结束的那一天。在飞禽走兽的各种生物当中，人能够存在，是因为人拥有了智力性，不过其智力性不是与生俱来的，而是演化的结果，人因为其运用手的操纵能力使其成为具有智力性或成为智力性动物，而不是因为运用手的运动能力而使其具有智力性或成为智力性动物。

“与恩培多克勒的观点相反，亚里士多德认为，人是天生是具有理性的动物。”恩培多克勒认为，人的智力性是人的手的运用而获得的结果，智力性是次生的，而手的运用能力是人具有智力性的来源；亚里士多德则认为，人的智力性先于手的运用，智力性是第一性的或初始性的，手的运用是次生的，第二性的。整体来说，亚里士多德认为，人是理性的、社会性的与政治性的动物。

上述各种说法，仅仅反映了不同学者、思想家关于人的一个不完全或不完整的描述。为了整体地、全面地认识“什么是人”的问题，本书综合以往伟大智者的论述，将人视为一个由动物性、超智能性与社会性三个维度构成的一个“三位一体”的统一体或统一物。意在强调，任何一个人都是这三个维度的一个不可分割的整体，因而人作为“三位一体”的综合体亦是不可分割的；缺少任何一个方面，人都不再成为其被称为人的人；将人视为人，也就是将人视为“三位一体”的整体。

一、人的构成的第一个维度是动物性

动物性是人成为生命体的来源与载体，因而是人的生理性构成与生理性过程的最基本的属性。基于此，众多思想家，从恩培多克勒到亚里士多德、笛卡尔、培根、休谟、卢梭再到黑格尔、马克思等，无不将人界定为或视为具有某种特定属性的动物。虽然不同思想家对人的属性的界定不同，即所添加的限定词不同，但最后都归结为动物，因此动物性是人的一个基础性本质或理念。从生物学分类角度说，人类是动物界中的一个分支，属于灵长目人科人属的物种。线粒体 DNA 与化石证明人类大约于 500 万年前起源于东非，与黑猩猩、大猩猩、猩猩、长臂猿、合趾猿同属人科的灵长目动物，而人属于人科人属人种。仅仅从生物学或动物本身特性这一点来说，人类与任何其他动物没有本质区别：任何其他动物所具有的属性，人类都具有；人像其他物体一样由血肉构成并占有空间；像其他动物一样呼吸、进食与新陈代谢；像其他动物一样繁衍后代；像其他动物一样，具有各种生物或动物欲望。事实上，亚里士多德已经从生物学理论上说明了这一点，他认为，每一种更高级的生命物的生活都包含了较其低级的生命物的生活，人的生活包含植物的生活与动物的生活。自然界没有断裂，不包含植物与动物生活或本性的人，迄今为止的确还没有被发现（如图 5–1）所示。

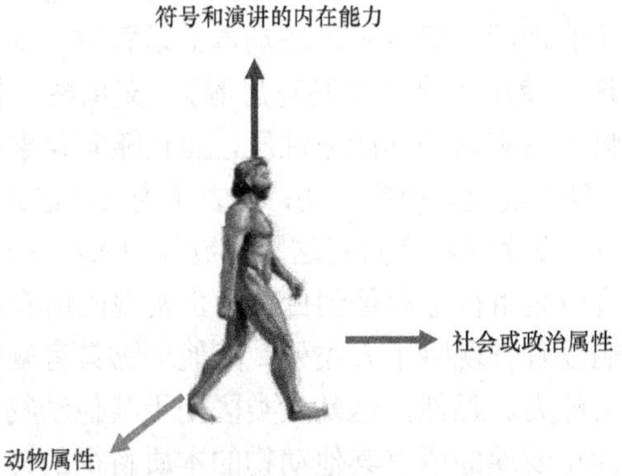

图 5–1　人的构成

二、人的构成的第二个维度是超智能性

所谓超智能性，是指高于目前发现的所有动物（此处排除任何没有发现的、智能性可能高于人的生物体，包括所谓的外星人，但除非外星人是血肉之躯、具有新陈代谢功能，否则也不在动物或禽兽范围之内）一般智能水平的智能性。人的超智能性主要表现在语言表达、创造与使用符号方面。语言表达、创造与使用符号是人

类的一项特有的本能。人类语言表达、创造与运用符合的能力，本质上揭示了人类较目前发现的其他类别的动物具有在类别上而不是数量上更高的智能性，可以称为“超智能类动物”，以区别于一般智能类动物。人类语言表达、创造与运用符号，是人类的超智能性本能的外在显现与表象性标志，是人类区别于到目前为止所发现的所有其他类动物的本能性智能方面的类差异。

虽然众多社会性动物亦具有用声音、行为进行沟通的能力，但这些声音与行为都相对简单，人类的声音与行为沟通能力是最为复杂的，而且是人类共享的能力。到目前为止，人们发现的任何一个人类族群均具有自己的语言系统，语言是人类共同具有的本能性特征（语言本能）。同样，虽然人类的某些原始部落没有创造出表情达意的文字性符号，但创造与使用符号，至少到目前为止，是人类独具的一种本能性的能力。

各种不同的动物，均具有一定的智能性，有些动物的智力水平还相当高，并且具有人类所不具有的某些特殊功能（如蝙蝠、海豚、鲨鱼等），均具有一定的沟通信息的声音系统，但并没有人类本能所具有的那种复杂、丰富的能够表达各种情感与事物的复杂时空关系的语言系统。人类本能所具有的语言表达、创造与运用几乎无限的符号系统、标识事物、事件与过程的复杂时空关系的能力，是到目前为止所发现的所有其他类动物均不具备的本能。

自从亚里士多德以来，众多学者尝试从各个角度界定人与其他动物的区别，以图获得关于人的本质的理解，但各种说法基本上是猜测，如意识、理性、意志、心（如黑格尔等）、制造与使用工具（如马克思等）、文化性、社会关系性等，但都没有办法证明其他动物不具有这些本能或性质，而且随着科学各门类学术研究的深入与研究工具的创新，科学发现与研究证明，过去认为人类区别于动物的那些本能，并不只存在于人类之中，众多动物亦具有这些曾被称为人类区别于其他类动物的本能。

语言表达、创造与运用符号却是到目前为止发现的所有动物中只有人类才具有的本能性功能。人们没有发现除了人类外，其他动物具有复杂的语言表达能力，特别是符号创造与运用能力。显然，这是人类区别于其他动物的真正标志，或者说，人类区别于到目前为止发现的所有其他动物的本质特征的外在显现，是人类超智能性的外在显现。语言不仅能够标识与描述事物、事件与完整的活动情景，更能够表达复杂、丰富的情感以及道德要求。早在公元前400年亚里士多德就指出，“作为动物而论，人类为什么比蜂类或其他群居动物所结合的团体达到更高的政治组织，原因也是明显的……在各种动物中，独有人类具备言语的机能。声音可以表白悲欢，一般动物都具有发声机能：它们凭这种机能可将各自的哀乐互相传达。至于一事物的是否有利或有害，以及事物的是否合乎正义或不全正义，这就得凭借言语来为之说明。人类所有不同于其他动物的特性就在他对善恶和是否合乎正义以及其他类似观念的辨认（这些都由言语为之互动传达），而家庭和城邦的结合正是这类辨认的结合”。正如美国加州大学伯克利分校语言博士王士元教授所言，“语言是人类极为独特和珍贵的工具，可以说是我们人类起源、发展和进化的看家宝。虽然所有的动物都有各自的传达讯息方法，可是这些方法跟人类语言比起来，实在是差得太远。因为有了语言，人类就能把他们进化过程的知识一代一代传下来；因为有了语言，人类的智慧就能通过信息的广泛交流不断发展；因为有了语言，文字的发明便成为人类智慧发展的突破”。

三、人的构成的第三个维度是社会性与政治性

与其他高等灵长目动物一样，人是群居性动物，是社会性动物。柏拉图认为，人的社会性是由于人没有单独生存能力所致，单独一个人无法自足地生存；人只有组成群体，才能够相互提供各自所需要的生存资料、繁衍需要、性需要与安全需要。亚里士多德认为，人类天性乐于群居，孤独不合于自然；自然赋予了人类结合成为群体的最初的原始原则。这种最初的原始原则就是两性间的自然欲望。“最初，互相依存的两个生物必须结合，雌雄（男女）不能单独延续其种类，这就得先成为配偶，……人类和一般动物以及植物相同，都要使自己遗留形性相当的后嗣，所以配偶出于生理的自然，并不由于意志（思虑）的结合”。正是这种自然欲望把两性结合起来，并维系他们的结合：雄性与雌性的结合繁殖其子代。这种繁殖本能决定了人类最初的社会生活形态，因为这种繁殖本性已经涉及三个个体：雄性、雌性及其子代，因而已经构成了一个潜在的群。“在栖息于地球上的一切动物中，初看起来，最被自然所虐待的似乎是无过于人类”。人类的繁殖周期在各种动物中是比较长的，而自然在对待人类生存方面，“却给了他以薄弱的手段”。生存竞争演化出来的动物本能使人类终于形成了一种习性：雄性必须保护怀孕状态的雌性，直到其子代成熟，即所谓的“长大成人”。然而成为“成人”的子代由于自然欲望的需要，必然要求两性结合而进入新一轮的繁殖状态，如此不断延续；同时，出于“对他们子女的共同关切，又发生了一种新的联系。这种新的关切又变成子女之间的联系原则，并形成了一个人数较多的社会”，即一种类似氏族的组织或人类群体便自然而然地出现了。“家庭就成为人类满足日常生活需要而建立的社会基本形式；因此嘉隆·达达斯对组成一个家庭的人们，称之为‘食厨伴侣’，克里特的厄庇米尼特则又称之为‘刍槽伴侣’”。

虽然自然赋予人类的生物本性使其必然成为一种群居性动物，但这种源自繁殖的群体规模并不足以使人类能够应付生存的自然竞争，即与自然界的竞争。相对于其他动物，单就个体而然，人类的生存面临着更多的挑战与威胁：没有“狮子的身体结构、性情、敏捷、勇武、雄壮的肢体、猛力等”，“没有雄壮的肢体，也没有猛力，也没有其他自然的才能”，没有鹿一样敏捷、轻盈的奔跑能力，没有飞禽强大的空中飞行能力，没有老鼠迅速打洞的能力，没有鱼在水中自由穿梭的能力等，因

而作为人类个体的个人，其生存的自然竞争的能力非常低下。人类即使结合成由10～30个个体组成的氏族性群体，一旦遭遇成群的大型野兽、铺天盖地而来的凶猛的飞禽等，也难以应付，因此难以逃脱灭顶之灾。只有通过氏族与氏族的融合，组成更大的人类群体，才能弥补人的缺陷，才可以和其他动物势均力敌，甚至对其他动物取得优势。社会使个人的这些弱点都得到了补偿；在社会状态中，他的欲望虽然时刻在增多，可是他的才能却也更加增长，使他在各个方面都比他在野蛮和孤立状态中所能达到的境地更加满意、更加幸福。

人类不仅在本性上是社会性的，而且与其他任何社会性动物（如蚂蚁、蜜蜂、狮子等）一样，具有自我意识、家族意识、领地意识、社会分工、层级化的组织、调整个体间关系的行为规范、惩罚与奖励机制以及与人类相应的交流、沟通途径、结成群体关系、制造与运用生产工具、进行策略性博弈等。

人的政治性是人区别于其他大多数群居性或社会性动物的一个重要方面，因而构成了人的另外一个基本性本质或理念。正如著名的意大利政治哲学家加特诺·莫斯卡所说，人类有着一种“聚在一起与其他人群对抗的本能”，而亚里士多德所说的，人本质上是一种政治动物时，亦指人具有组织成群体或团队与其他群体或团队对抗以便获得更多利益的本能。构建自己进攻他人或其他朋比体系（乡党、宗教、政党、自治性群体、城邦以及国家等）与防卫其他朋比体系攻击的朋比体系，是人的政治性动物的突出体现与自然结果。

人的政治性源自人类固有的强于大多数动物的占有欲、竞争欲、权势欲与虚荣欲。为了满足这些欲望，人们通常通过构建朋比体系以便获得更多资源。然而，一方拉帮结伙、培植与笼络势力，处于相同水平上的另外一方不可能对此无动于衷而不采取针锋相对的策略。任何个体都无法与即使最松散的团体相对抗，无动于衷等于承认失败，等于退出博弈舞台。这种情况既不符合情景理性，也不符合人生来就作为政治动物的本能，更不符合历史经验。因此，针锋相对策略必然导致以不同个体为中心的不同的朋比体系。特别地，朋比体系导致官僚体系中出现利益相互冲突与相互倾轧的权势集团。不同势力集团间的相互斗争最终瓦解任何名义上的或合乎义理性的规则都因此而荡然无存，公平正义由此消失，最终导致社会崩塌，即原有秩序解体，社会再次进入动荡纷争、群雄逐鹿的状态，进入霍布斯的每个人对每个人战争的原始状态。

权势是一种病毒，长期拥有权势就是长期受这种病毒的侵蚀，最终会损坏大脑部分神经，因而长期拥有权势者具有比一般人要强大或强烈得多的超强的占有欲、竞争欲、权势欲与虚荣欲，最终达到丧心病狂与肆无忌惮地为实现和满足自己的占有欲、竞争欲、权势欲与虚荣欲而培植势力、笼络势力与运用势力，一切有碍其欲望满足的惯例、规则、制度与相关行为者统统被其视为无物，统统被其欲望摧毁为尘埃，最有效地满足其欲望成为其行为的惯例、规则与制度，可谓“顺我者昌，逆我者亡”，直到其被另外政治势力消灭。

上述三个维度的整体构成了人这一存在物，也构成了人的类本质或本性。任何时空下的任何一个被称为人的那个生命体或生物体，缺少这三个维度中的任何一个，不是神仙便是非人类的兽类或动物，但绝对不会是属于人类中的一个个体。

第三节 人的类本质

人的三个构成维度确定了人是这三个构成维度所构成的不可分割的统一体，任何一个属于人的特定个体，均由这三个维度构成，而且缺一不可。而人作为禽兽类或范围更为狭窄的动物类中的一个类别，作为人科人属人种的类，其动物性构成了人的一阶基本理念。所谓一阶基本理念，是指离开这一理念，后续的理念将不存在。如果说一阶基本理念是皮，其他理念是毛，则一阶理念与其他理念的关系正是所谓的“皮之不存，毛将焉附”的关系。一阶理念所揭示的本质是，人永远属于动物或禽兽。其意义是，永远不要认为除了另外两种理念外人不同于禽兽或动物。构成人的二阶理念的是其以语言表达、创造与运用各种抽象符号作为其外显标志的超智能性动物。作为类的本质的这种超智能性，是所有被称为属于人的那些特定的、具体的特定存在（任何特定时空下的一个特定的人）所具有的共性，是所有那些特定个体的普遍性、一般性或本质。按照柏拉图的定义，人作为类，作为理念就是超智能性。作为人的理念的这种本质上的规定性表明，任何一个可以称为属于人的正常的、生物学上成年（9～12 岁）的个体，其智能性都高于其他动物。构成人的三阶理念的则是其政治性或高级政治性，人是高级政治性的超智能性动物。所谓高级政治性，是指高于其他群居性动物的政治性，如猴群、蜂群、蚁群以及其他灵长类群体等。显然高级政治性基于前两个理念或以前两个理念为基础。

作为类的人，正是由这三种理念构成的统一体，是作为这三种理念的理念，是这三种理念的不可分割的整体。因此，什么是人，可以说，人就是人，人是由构成其为人的三种（分）理念所构成的整体或统一体；忽略或割裂这三种分理念中的任何理念的程度，人都不再属于作为理念的人，都是忽略或割裂者创造或臆造的另外种类别的精怪。人的超智能性以人的动物性为基础与载体，离开了动物性，就没有了人的超智能性。人的动物性是生成人的超智能性的母体：人的超智能性生成于人的动物性。同时，人的超智能性，决定了人的高级政治性，或使人成为高级政治性的动物，即不同于猴子、猿等其他灵长类动物的政治性。因此，人的超智能性是人的高级政治性的来源：人的高级政治性生成于人的超智能性。

人区别于到目前为止发现的所有其他动物的本质特征，就是人的超智能性。虽然超智能性以人类语言与创造和运用符号为标识，但其本质的东西，内在的东西，是人具有形而上的思维能力。“人之所以异于禽兽在于他能思维”，这里的思维指的不是通常与动物性思维类似的思维而是指形而上的思维，即形成抽象概念，并以抽象概念，以理念、以思想作为思维的内容，形成不同理念间的关系，即探索自然理念间的关系，形成知识，探索真理。黑格尔认为，动物也是具有潜在的普遍性的东西，但动物并不能意识到它自身的普遍性，而总是只感觉到它的个别性。动物看见一个别的东西，例如它的食物或一个人，这一切在它看来，都是个别的东西。虽然到现在为止，人们还无法以科学的方式证明黑格尔这种判断的真实性，但由于其他动物没有创造出抽象符号，并运用抽象符号来表示这些关系，而抽象概念以及理念间的关系，只有用抽象符号表示出来，才能形成知识，即普遍性的认识以及这些认识间的关系。虽然自然界或自然理性创造或设定了一切理念以及理念间的关系，但自然界不能使它所含蕴的理性得到意识，只有人才具有双重的性能，是一个能意识到普遍性的普遍者。构成人的本质的这种超智能性，是人作为类区别于其他禽兽的根本所在，而且这一标准完全符合我们前面所说的，不依任何时空与特定存在的变化而变化，是一个具有普遍性的尺度。

人作为上述三种理念的统一体或综合体，这三种理念的各自水平不仅决定了不同族群的人性的性格，即文化，也决定了作为特定族群的人，即实际存在的特定的那伙人，与自然理性所确定的作为人的理念或作为理念的人之间的差异。

不同族群作为实际存在的特定的、具体、实在的那伙人或那群人，与作为人的理念或作为理念的人之间的差异，即日益趋向还是背离作为人的理念或作为理念的人，由构成人的上述三个子理念间关系决定。如果人的动物性、超智能性与高级政治性之间形成相互强化的良性互动的循环关系或正反馈关系，那么此特定族群的人就会不断趋向自然理性所确定的作为理念的人或作为人的理念；反之，如果人的动物性、超智能性与高级政治性之间形成相互抑制、相互耗损的恶性互动的循环关系或负反馈关系，那么此特定族群的人就会不断背离自然理性所确定的作为理念的人或作为人的理念，最终被自然理性的演化力量所吞食与淘汰（如图 5–2 所示）。

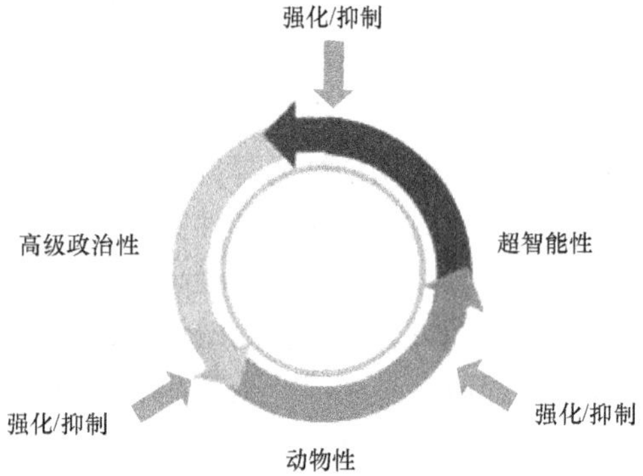

图 5–2　动物性、超智能性与高级政治性的良性循环与恶性循环

人作为类的本质或本质特征的人的超智能性，作为一种自在存在，深藏于人的大脑神经之中，需要经历一个生长过程逐渐达到成熟状态，即自然理性所规定的超智能性的真实状态或理念。人的超智能性达到成熟状态，可能是一个非常缓慢的过程，需要非常长的时间，即需要以至少千年为单位而计的时间。不过，这个过程可能非常类似作为个体的人的智能性的发育、生长与成熟过程。心理学以及神经生物学的研究表明，作为个体的人，其超智能性从 2.5 或 3 岁开始孕育与发育，生长到 4～7 岁，即皮亚杰所说的“前运演阶段”；8～12 岁为生长的第二期，即皮亚杰所说的“具体运演阶段”；12～15 岁为生长的第三期，即皮亚杰所说的“形式运演阶段”；16～20 岁为生物学意义上的超智能性的成熟期，20 岁以后则进入超智能性的潜能开发期。

唐纳德认为，到目前为止，人类文化经历了四个阶段的演化。最早的阶段是偶发式文化，人们与所有高等哺乳动物相处在一起，跟他们学习理解周围环境并对其作出恰当反应；大约 200 万年以前，人类进入了模仿文化阶段，即前语言文化阶段，运用身体的各种表达姿式指定或规定事件和与其他同伴交流或沟通；大约在 10 多万年之前，随着类似今天语言的发展，人类进入了神秘文化阶段，几乎每一个群体都发展出“其特有的、为该群体成员共享的解释性与规范性隐喻体系。人们的心灵突破了偶发式认识事件的范围，突破了偶发事件的模仿性重构的范围，实现了整个人类普遍性的理解性模型化或样式化建构。在神秘文化阶段，生活的每一个方面渗透着神秘性。尽管神秘性提供了人们认识生活的理解方式，但完全以隐喻与叙事的方式呈现。直到其发展的晚期，除了各种不同的绘画，神秘文化统统为口头传递文化。

经过漫长的演化，理论文化在公元前 800 年到公元前 200 年（所谓的人类理性文化生成的轴心时代）出现并逐渐扩散。理论文化旨在构建能够对其进行逻辑与经验批判或检验的理论，而不是在逻辑与经验方面无法进行检验的神秘的或宏大的理论。由于强调理论文化的逻辑与经验的可验证性，理论文化显然是对将“整个人类普遍性的理解性模型化或样式化建构”作为核心内容或途径的神秘文化一个重大突破，人类超智能性的生长进入了其孕育与发育期。

作为对神秘文化的一种超越，理论文化本质上是人类认知样式的一种突破或进步，因为，从神秘文化到理论文化的转变，首先需要具有这种转变的意识，需要具有这种转变的理念与强烈的愿望或动机。而且，这种愿望、动机或冲动，一定发生在神秘文化仍然处于占主导地位的时期，那么，这种愿望、动机或冲动怎么会生成呢？事实上，虽然此时人们的认识仍然是偶发性的、模仿性的与神秘性的，但当人的大脑中储存到相关方面的足够信息时，某种新的认知结构将自然涌现。这是人的大脑运转的自然方式。因此，随着一种新的文化认知样式的闪现，经过一定的强化，人的大脑最终会重新组织早期获得的认知样式而形成新的认知样式。

理论文化的形成是其核心要素累积的结果，而在能够形成理论文化之前，其核心要素必然要经历一个缓慢的逐渐发展过程。这些核心要素主要涉及图形发明、外部记忆以及理念建构。人类的图形发明相对较早，包括身体绘画、沙画、旧石器时代洞穴绘画（画在洞穴的墙壁和天花板，最早可以追溯到奥瑞纳时期，大约 40000 年前，在坎塔布里亚、西班牙萨尔瓦多卡斯蒂略洞穴中均有发现）等，这些形象性绘画为人们提供外部记忆储存，即提供了外在于人们大脑中的记忆。这些外部记忆储存激发人们对于众多生活片段及其间关系的想象，扩展了思维的材料与对象，进而对于促进理论文化的出现做出了贡献。

唐纳德在谈到外部记忆对于认知发展的重要性时指出，如果要建构一座人的自新石器时代认知能力到现代认知能力的演化桥梁，或者建构一座从神秘文化到理论文化的结构性桥梁，那么，外部记忆都是现代人认知的关键特征。或许人类的大脑近期并没有发生基因组成或构成的变化，但与不断累积的外部记忆网络的接触赋予其具有了较在完全孤立状态更为强大的认知能力。这并不仅仅是隐喻或猜测：人类大脑每次与外部符号储存系统接触，都与外部符号储存系统发生协同性相互作用，并将外部符号系统变为大脑中一种网络的部分。大脑记忆结构发生暂时性变化的同时，认知控制区域亦发生着改变。

外部记忆不仅强化了叙事性思维，更能够激发与促进分析性或理论性思维，而分析性思维一旦形成，不仅具有了一种自我强化性，而且与叙事性思维形成相互促进的正反馈关系。正是在这个意义上，William James 指出，认为人类的所有思维本质上分为两类——逻辑推理和叙事的、描述的与沉思默想的的思维——只不过是说，每一个读者的经验所证实的东西。这也就是说，每一个读者在阅读时都会运用自己的逻辑推理与依据自己的经验对于任何陈述或叙事进行审视，于是使分析性思维作用于或贯穿于叙事性思维，最终达到分析性与叙事性思维的相互印证。

更为重要的是，读写能力的普及与提高为激发理论文化的形成做出了革命性贡献。尽管读写能力至少可以追溯到公元前 3000 年，不过当时以及此后相当长的时期内读写能力主要是一种专业性技术能力，仅限于很小的一个群体，而且扩散速率非常缓慢，应该比蜗牛爬行的速度慢几十倍。这种状况一直持续到公元前 1000 年。拼音文字取代美索不达米亚的楔形文字与埃及的象形文字，并扩散到希腊、以色列与印度，极大地扩大了识字率。中国仍然使用象形文字，学习这种文字的难度超过了学习美索不达米亚的楔形文字与埃及的象形文字，不过，尽管极难记忆，但应用起来却比西方的古代文字容易，因而中国在公元前 1000 年的晚期识字率获得了明显的提高。不过，欧洲拼音文字出现后，欧洲各不同族群依据其自己原有的发音系统迅速地形成了自己的拼音文字。拼音文字出现后，由于人们可以根据自己的发音来拼写单词或词语，也可以依据拼写方式与发音的比对，自己猜出大部分单词的意思，因而学习起来较学习那些读音与书写方式分离的楔形文字和象形文字容易了成千上万倍。拼音文字的出现，极大地促进了欧洲读写能力的普及与提高。拼音文字对于读写能力的普及与提高效率，相对于楔形文字与象形文字对于读写能力的普及与提高效率，相差的不知道会有多少倍。如果要进行比较的话，拼音文字对于读写能力的普及与提高效率，相对于楔形文字与象形文字对于读写能力的普及与提高效率之间的关系，相当于飞机飞行速度与蜗牛爬行速度间的关系。

理论文化作为一种认知样式，其特征是“为自身而反思”，超越实用性或机会主义性的科学，最终达到被称为理论态度的状态。唐纳德认为，这种理论文化最初出现于古希腊，特别地，主要源自苏格拉底。理论文化，特别是其理性精神，为何源自古希腊，至今人们并没有给出一个令人信服的解释。因为人类发展史上如此关键的一个突破，为什么没有在其他地方出现却单单出现在古希腊，并且能够迅速传播开来，形成学派林立的局面，至今仍是一谜。

第四节　人类至善美德

自然（界）理性创造了世界或宇宙，设定了世界或宇宙的运转规则，设定了理念的层级结构性以及各种不同理念间的关系，使宇宙成为了秩序优美的神秘体系。正如谢林所说，“自然是一种顽冥化的理智”，这个理智就是统治这个世界的理性，它设定了确定的、永恒的、自身规定的、统摄任何特殊的普遍原则，使得任何一种实在，都存在其固有的、不可更改的规则。作为这个世界的一分子的人类，在自然界中的存在方式以及其自身的行为方式，均受自然理性的控制，受自然理性的统摄。任何时期任何一个特定的人类族群，按照越是接近于自然理性设定的规则处理其与其他理念间的关系，越是按照接近自然理性所设定的规则组织其自己（其社会）、设定相应的运转规则与协调规则，这个族群与自然界其他理念间的关系就和谐，其社会就越是充满活力，因而其适应世界的能力与应对自然的各种挑战就更为自如，因而在自然中生存能力越强。

作为具有反思能力的超智能性动物，不同于其他禽兽被动地听命于自然理性的摆布，而总是能动性地去认识、把握自然理性所设定的那些规则，总是试图将那些自在存在的规则或秩序，变为人的自为存在的规则或秩序，从而积极、主动地调整自身的行为以便更好适应自然理性的规则，以便获得更为强大的生存能力。特别地，对于人来说，更为重要的或更有意义的，是通过认识、理解与把握自然理性所设定的各种理念及其间关系，实现其自然所赋予的作为理念的生命全景。这是自然理性为人类所设定的理念，如同为蚂蚁、蜜蜂、狮子、羚羊以及猪猫狗等所设定的理念一样。这就是老子之所以说“天地不仁，以万物为刍狗”的缘故。

人作为类或作为理念，在自然界中的命运，连同其生存的意义，如同蚂蚁、蜜蜂、狮子、羚羊以及猪猫狗等这个世界上的一切一样，早已由自然理性所设定。正如亚里士多德所说，自然界所创造的万物都被赋予了其自己特有的功能或职责。自然理性赋予人以超智能性，赋予人具有形成抽象概念，并具有以抽象概念以及理念为思维对象而形成与把握普遍性原则与原理的能力，旨在使其揭开自然理念自己为其自己所设定的神秘面纱。因此，自然理性为人类设定的自然使命就是认识、理解与把握自然理性，如同自然理性为蜜蜂设定的使命就是酿蜜、为蚕设定的使命就是吐丝一样。

自然理性从不虚妄。其创造的万物均被赋予了其在世界万物中特有的位置、与其他存在理念的关系和特有的生存之道，并使其特有的生存之道具有相当优良的形性。从这个角度说，自然理性已经规定了万物何为好、何为美德、何为至善美德等。能够充分发挥自然理性所赋予的生存技能，具有强大的生存能力，就是万物中所有品类的美德。例如，狮子捕食羚羊，并赋予羚羊惊人的奔跑速度，但赋予给狮子的瞬时加速度更为精妙。狮子只有在合适的距离发起攻击才能够捕捉到羚羊，进而维持着狮子与羚羊间极其微妙的平衡关系。因此，一只好羚羊，具有敏锐的感受力与极高的奔跑速度，而从普遍性来说，极高的具有耐力的奔跑速度，则成为羚羊的美德；而对于狮子来说，一头好狮子，应具有良好的判断力与极其优秀的加速度，以最快的速度追到羚羊，而从普遍性来说，极其优秀的加速度就是狮子的美德。

那么，自然理性赋予了人类何种生存技能？人类如何能够提高其生存能力以便能够实现其生命全景？“在栖息于地球上的一切动物中，初看起来，最被自然所虐待的似乎是无过于人类”。人类的繁殖周期在各种动物中是比较长的，而自然在对待人类生存方面，“却给了他以薄弱的手段”，但自然理性赋予了人类超智能性。人类完全可以凭借运用其强大的超智能性应对各种自然挑战，只要能够充分运用、挖掘人的超智能性的潜力。因此，很明显，越能够充分运用与挖掘其超智能的个体或群体，越接近或趋于自然理性所赋予给人类的生存之道。从生存技能与生存能力角度说，智能性越高，生存技能越强大，生存能力因而生命力越强。因此，何为好人？何为人的美德？显然，从类或理念的角度说，极其强大的智能性是人类的类存在之道，又是任何一个特定群体获得生存能力的来源，因而充分运用与挖掘智能性，既符合自然理性所确定的人的类理念，又符合任何特定群体的生存需要、要求与愿望，因而是人类的类美德。正因为如此，苏格拉底说，美德就是智慧，智慧就是美德。人类的超智能性既然是人类的类美德，那么，任何特定的群体与个人的智能性，也就自然地是任何族群或个人的最高的美德，是人类的任何一个族群或个人的至善的美德（最好的、最高的美德）。

如前所述，自然理性赋予人的使命是揭开其为自己所设置的神秘的面纱，而完成这一使命需要认识、理解与把握自然理性设定的各种理念及其间的关系。自然理性赋予人的超智能性，旨在认识、理解与把握各种理念及其间关系的真实性，而这种真实性的表示或显现方式，是知识。通过反复思索、反复探索来认识、理解与把握各种理念及其间关系的这些知识，是揭开笼罩在自然理性自身的面纱钥匙。对于任何特定的人类群体与个人来说，虽然发现与综合知识是第二性，但却是完成作为类的人的使命的关键。正是从这个意义上，苏格拉底说，知识是至善的美德，或者说，知识是衡量人类任何特定群体与个体至善美德的唯一的与最终的尺度，因为人类所有的美德，不过是不同种类的知识而已。

至此，或许稍微细心的人都会发现一个疑问，怎么知道自然理性赋予人的使命是揭开其为自己所设置的神秘的面纱呢？事实上，自然界的存在在于平衡，失去平衡自然界将彻底崩溃与坍塌。因此，自然理性从来不会做无用功，从来不会创造废物，其创造万物与设定的各种极其复杂与微妙的机制，旨在保持自然界的平衡。由于自然理性赋予人类的除了超智能性，其他在任何方面都不如任何其他禽兽。正如亚里士多德所说，“人为认识、理解与把握自然与自身之谜而生”。黑格尔认为，“任何对象，外在的自然和内心的本性，举凡一切事物，其自身的真相，必然是思维所思的那样，所以思维即在于揭示出对象的真理”。正是由于这个原因，人类一直存在一个古老的信念，“人心的使命即在于认识真理”。亚里士多德在《形而上学》中，开篇便指出，“求知是人类的本性”，而且认为，人生最终的价值在觉醒和思考的能力，而不只在于生存。事实上，人生存的真正意义源自自然理性的规定：获取知识以便揭开自然理性为其自己设置的神秘面纱。

自然理性不仅赋予人类以超智能性，更赋予其对自然界之谜具有强大的与不可改变的兴趣。人类历史上出现的伟大的思想家，无不是因为对于自然之谜的诱惑而殚精竭虑，沉溺于自然之谜的探索当中，而对世俗的功名利禄毫无兴趣。如老子、庄子、苏格拉底、柏拉图、哥白尼、伽利略、笛卡尔、霍布斯、康德、黑格尔、叔本华、尼采、马克思、恩格斯以及无数的自然科学家，如阿基米德、高斯、牛顿、欧拉、欧几里得等。

事实上，自然理性所塑造的万物中，智能性越高的动物，对于自然界之谜的兴致越强大，甚至智能性较高的狼会自然地对着明亮的圆月嚎叫：“今夜你为何如此地明亮？”。由智能性引发的对世界之谜的兴趣，内生于智能性动物的大脑神经之中，完全是一种自然禀赋，蕴藏于人的基因之中，生就如此，如同猫捉老鼠一样自然。

知识是人类至善美德的第二个原因，来自人类所有不同的族群称某种行为或性质或品性为美德的根源。从发生学角度说，不论在什么时空下，不论哪一个人类族群，将一种行为或行为规范或具有的品性称为美德或作为美德规范，均源自这种行为或这种行为规范或某种性质或品性，对于此族群的整体生存能力与整体幸福的提高与改善具有重大促进作用。例如，儒家的“三纲”“五常”，就因其具有维持奴隶制度的作用而被儒家称为美德。不过“五常”的“仁义礼智信”中的“智”，并非完全指这里的智慧，而更多情形是指在处理人际关系方面明白是非、曲直、邪正、真妄等。虽然人们也将“智”理解为“知，特别是无所不知”，但由于儒家文化以人伦道德或伦理为核心，即使“智”在理论上有“知或无所不知”的含义，但在实践中，用在这方面的却少之又少。古希腊崇尚的“四大美德”，即智慧、勇敢、节制与正义，亦因为这些对于促进古希腊社会发展、维护古希腊社会秩序以及抗击外族侵略具有重大意义，才被称为美德。从促进群体整体生存能力与整体幸福的提高与改善角度说，智慧或知识的作用不仅最为巨大，不仅具有长久效应，不仅能够惠及群体的每个个体，不仅具有激发人们独立思考与独立自主的精神与意志的作用，更能够惠及整个人类社会，最为重要的是，能够使知识的发现（或生成或创造）具有自强化的性质，即知识促进知识的生成，知识越多越能够使人们生成或创造更多的新知识。正因为如此，苏格拉底认为知识或智慧是至善的美德，统领其他仍然以不同知识为基础的美德。对比之下，儒家的“三纲”“五常”更强调对于特定个体利益的针对性而不是社会中不加以区别的普遍人的利益；具有更多的以牺牲一部分人利益而增进另外一部分人利益的成分；具有更多的使人更加温顺、更加无主见、更加盲信的效应；具有更强的激励或迫使人们成为“卡夫卡雕像”那种或那类人的效应。

知识是人类至善美德的第三个原因在于，它是现存的人类所有不同族群普遍奉为美德的一种美德，是人类不同族群共同享有的美德，在人类不同族群的美德范畴中具有普遍性或共性。人类现存的不同族群，不论从其文化起源还是从其演化过程来审视，虽然各个族群因为地理的、偶然的、心智的或环境的等原因，崇尚不同的美德或具有不同的美德体系，但知识都是现存的人类各个不同族群崇尚的一种美德，都是其美德体系中的一个组成部分，尽管存在重视程度的差异，或存在以知识作为甄别是否为美德或具有美德方面存在程度上的差异。事实上，分别被人类各个不同族群视为“神”“圣人”“先知”的那些人，无不是因为智慧或知识在某些或某个方面发挥了创造性或超常规的功能，才被人如此地称呼，只不过在漫长的历史演化过程中，其智慧性或知识被人们逐渐地省略或忽略了，逐渐地被神秘色彩淹没了而已。例如，中国的“三皇五帝”之所以被称为“圣人”（具有至善美德之人）而流传，均因为在某些事情的决策方面显示出了强大的智慧或拥有相关的知识而作出了正确的决策，并因此给人们带来了好运或福祉，由于人们认为其智慧或知识与其他所谓“常人”差距悬殊，或是其他人所不可及的，而对这些人充满了敬意。

第六章　心智范式的性质及其演变

第一节　心智范式的自组织性质

所谓“心智范式”是由人们关于世界本体性逻辑及其演进的一整套看法、理解世界变迁的认识论范式以及策略选择的知识性行动主张构成的一种逻辑体系。国家治理或公共治理研究中的心智范式，是指由人们关于公共治理的本体性逻辑及其演进的看法，人们关于理解国家治理体系变迁的认识论体系以及人们关于国家治理体系构建的理念、过程与机制的知识主张（政策选择）所构成的逻辑体系。

心智范式是人们的思想或思维过程（模式）关于现实世界是如何运转的一种解释，是对周围世界的一种思维裁剪或分割，是对世界的不同部分与人们关于其行动及其结果的直接感受间关系的一种再现或整理。心智范式是人们对外部世界或现实在思想（思维）过程（模式）中的一种内在的秩序化的再现。Jay Wright Forrester认为，一般心智范式是人们对于周围世界的一种成像，是周围世界在思想中的一种反映；任何人在其思想或思维中都不可能形成关于世界、政府或国家的所有方面，他只有一些选择性的概念及这些概念间的关系，并运用这些概念及其间的关系再现真实世界。心智范式有助于塑造人们的信念与行为，确定人们思考问题、提出问题与解决问题的方式、途径以及主要的关注焦点。心智范式也经常被称为心智再现或心智预演。

不同的族群各自创造了自然界间不同物的命名与标识，也形成了物与物、人与物以及人与人之间的联系与关系。这些联系一旦形成，便成为后来出生的人的先验性认知结构或心智范式，人们按照各自的心智范式理解、认知与结构周围世界。由于起源不同，各个不同族群的心智范式存在重大差异。科学知识形成之后，人们的心智范式才逐步消解了一部分差异，逐渐发展出一部分共享的心智范式，而科学没有解释的部分，各个族群必然各以为是。然而，科学在不同族群以及在同一族群的不同时代中分布的差异性必然导致人们的心智模式的不同，也就决定了人们在认识、理解与结构周围世界的方式方面存在重大差异。

正是在上述意义上说，胡塞尔认为，人类只通过经验认识与理解外部世界。但是，外部世界的所有概念，即整个外在的存在，都是经过人们的感知调节过的存在，而且只有通过心智意识才能够认识这个存在。其他人、价值、规范以及物体的存在，都受作用于人的有意识的感知或意识到的经验的调节或干预，是经过有意识的感知过滤过的存在。任何人都没有直接地与现实接触；接触总是间接的而且是通过人们的心智调节过的接触。任何人都没有在大脑一片空白或心智为“白板”的情况下感知这种接触，因此任何经验都是已有心智范式产生的经验，而且正是这种经验创造了一种外在的现实。正是由于这个原因，每个人对何为真实的现实的判断都有其自己的观点：不同的人可能具有完全不同的现实观，具有完全不同的何为真实的现实的立场，因而具有完全不同的何为真实的现实的判断。

正是这种生活世界或自然态度的世界构成了人们的现实。从重构公共治理的心智范式的角度说，胡塞尔的这一概念具有重要的启示性意义。

生活世界是一个人们认为理所当然的世界。它几乎不会成为人们反思的主题，却结构化与塑造了人们的思维与行动。然而，公共治理或国家治理现代化，最为重要的，是需要摆脱基于线性理论形成的生活世界所结构化与塑造的已有思维模式或心智范式。目前人们被困于线性化的生活世界之中，仍然将线性化的生活世界视为是一个唯一真实的社会现实，用线性化的生活世界去裁剪、分割与规划已经不再只受线性规律支配的社会，并据此设定不再只受线性规律支配的社会活动的相关参数（规则、制度、理念、职能、组织、结构、行为、机制、体制等）。用一种形象但不甚恰当的说法，就是生活在一个自己想象的世界，并运用想象中的世界的思维，应对其想象之外的生活中的世界问题，设定想象之外的生活中的世界的参数。公共治理或国家治理现代化，也就是重构生活世界，为此必须首先重构心智范式模式。这就是为什么邓小平将解放思想作为改革开放的基础的原因所在。所谓解放思想，本质上是从受困于其中的原有的生活世界中解脱出来，并用新的感知与认识世界的心智范式重新塑造生活世界，进而实现生活世界的范式转换与更新，也就是实现了治理理念方面的现代化。

社会存在的基础是人们的活动以其经历着相同的世界为前提。由于人们只经历其自己的意识，因而人们几乎没有能力直接判断或决定这一前提是否正确，但是通常人们就像经历着一个相同世界那样地行为。然而，由于环境的变迁与交往方式、信息传递方式的改变，人们交往范围与沟通范围也在不断地变化。变化了的环境、沟通范围与交往范围，将使人们形成自己的新的意识。这种新的意识成为感知与理解世界的新媒介，因而形成新的生活世界的概念。所谓社会转型期，也就是新旧生活世界的转型时期，而且根据马克思主义的哲学原理，旧的生活世界最终一定让渡给新的生活世界，因为技术的不可逆演化性，沟通方式、交往方式亦是不可逆的。新的生活世界必然随着技术的进步而在任何一个社会的所有方面不断地扩散，最终形成一种状态，人们重新经历着一个共同的世界：新的生活世界。而作为生活世界不可或缺的构成部分，公共治理也必然发生形态上的更新，也即公共治理进入现代化进程中的一个新阶段。

公共治理的变迁可能先于、后于或同步于生活世界的变迁。公共治理与生活世界同步变迁，是每个善良的个体的自然愿望，也是公共治理优良与否的判定准则。因为，类似的公共治理完全是由生活世界塑造的公共治理，具有良好的适应变迁的能力。但是，正如马克思所说，以往的一切历史表明，公共治理的变迁通常成为社会变迁的最后堡垒。公共治理的变迁先于生活世界的变迁，虽然理论上具有可称赞之处，但由于其脱离实际生活，没有生活世界的基础，必然出现理想与现实的脱节，缺乏公共治理决定的内生机制与因素，因而必然面临一系列难以解决的治理超前性的危机。换言之，由饱蘸当下生活世界中的个体建构出高于或超前于当下生活世界的治理，与让 5 岁的孩子一定掌握量子思维或混沌理论并运用它分析、解决社会所面临的公共治理问题如出一辙。公共治理的变迁落后于生活世界的变迁，是历史常态。在这种状态下，由于正在形成中的生活世界与原有公共治理间的时空错位，这两者之间必然不断发生或大或小的矛盾与冲突，社会因此必然经历各种各样的社会运动、痉挛式的腐败、遍布的潜规则、习以为常的态度伪装、司空见惯的谎言与欺骗以及随时可见的伦理、道德沦丧行为等，最终经过混沌与无序，社会可能涌现出新的治理样式，即与新的生活世界相一致的公共治理样式。

虽然如此，社会完全进入新的生活世界仍然要经历相当长时间的演化，因为新的公共治理样式所要求的行为，作为一种共同经历的相同的生活世界，作为一种社会惯例，需要通过结构化与塑造人们的行动与思维而将其当作理所当然的东西接受下来，需要人们不再将其视为反思或怀疑的主题，需要将其固化在人们大脑的神经元以及神经元之间信息的传递模式，成为人们思维与行为的第二天性。这种情形如同人们从 2～3 岁的某个时候已经开始用右手做大多数事情的情形一样：如果某个人从 2～3 岁的某个时候已经开始用右手做大多数事情，并一直沿续到 20 岁及以后，因而开始要书写时右手成为其 20 岁以后无意识的选择，即不用再事先思考是用左手还是用右手，而是如同左手不存在一样，理所当然地、没有知觉与意识地、自然而然地用右手拿笔并进行书写。

胡塞尔虽然强调了生活世界对人们行动与思维的塑造与结构化，但没有较为细致地论述生活世界形成过程中哪些因素发挥着决定性的作用。舒尔茨正是从这个地方开始，完善了胡塞尔生活世界的思想。舒尔茨认为，所有的人类，其心智都是各种规则、供人们选择的社会选项清单、适宜行为的观念以及其他信息对思维进行格式化的产物，并按照这种格式化在其所处的社会中行动或活动。在扩展与细化胡塞尔的生活世界概念的基础上，舒尔茨将现存的所有规则、供人们选择的社会选项清单、观念以及其他相关信息的总和视为个体的“袖里乾坤”。“袖里乾坤”成为人们实际地作用于其周围世界时解释各种事件的参考框架或导向框架，成为人们之间以及人们与自然界间实际互动的导向框架，即规定了人们的互动方式、范围、内容、意义以及集体无意识等。例如什么是可食用与不可食用的，什么是应该与不应该的，什么是正常与不正常的，等等。

舒尔茨认为，“袖里乾坤”至少具有以下特征与作用。

人们所认为的社会现实本质上就是他们的“袖里乾坤”。对于任何一个社会的成员来说，“袖里乾坤”构成了一个“超级现实”，即一种塑造与规定了所有社会事务与行动方案的绝对的现实。社会行为个体运用这种“袖里乾坤”以及由此形成的社会现实感，作为其实际地寻求处理与其周围中的其他方面关系的策略选择的总原则与总框架。

对周围的一切都赋予了某种现实感的“袖里乾坤”的存在，规定社会世界具有一种理所当然的特征，并认为具有此特征的存在就是社会世界的真实的与唯一的存在。这种存在几乎不会成为人们有意识的或自觉的反思的对象，相反，它成为人们互动过程中实际使用的各种策略或策略选择的隐性的、没有意识到的基础或合乎义理性的自然来源。

“袖里乾坤”具有强大的黏滞性与鲁棒性。“袖里乾坤”通过耳闻目染在一个社会的代际之间与不同代际之间交叉传递。这种交叉传递使“袖里乾坤”成为一种自组织过程，并具有自我繁殖与强化的特性，因而具有强大的黏滞性与鲁棒性。事实上，每一个体，至少从其出生、发出第一声啼哭之时起，就开始浸泡于“袖里乾坤”之中，尽受“袖里乾坤”的熏染，从内到外、从隐到显地饱蘸着该“袖里乾坤”。“袖里乾坤”因而激发与抑制不同荷尔蒙的分秘，激发与抑制着大脑中不同的神经元，调节着不同神经元间的关联方式，进而使“袖里乾坤”成为支配个体包括行为与思维在内的一切活动的一个“无形的主宰”，成为个体在这个世界中的唯一的真实现实。

第二节　心智范式的自组织性变迁

一、人类心智的理性变迁范式

心智范式是人们社会实践的结果，是在生活、生产与社会交往等方面的体验在大脑中形成的关于周围世界是什么样以及周围世界是如何运转的总和与地图。在科学没有形成之前，人们的心智范式主要形成于前人的体验与个体自己的直接体验，这些体验主要集中在谚语、民俗、哲学、传统以及宗教信条之中。兴起于意大利而后遍布于整个欧洲的文艺复兴运动，是哲学观念重塑人们的心智范式的一个经典例子。虽然人们关于文艺复兴的起因有各种说法，但每一种说法，事实上都是片面的；文艺复兴的真正起因，源自于社会的自组织临界性，或者说，人们心智范式迁移的自组织临界性：多种因素共振导致的社会各领域中形成的内在逻辑一致的有关社会本体论的一种自然涌现的结果。这种自然涌现的结果就是人们认识、理解社会或社会本体论的心智范式在此时发生了迅速的转换与更新。

这些引致人们心智范式更新与转换的众多因素中至少包括神权的破碎与瓦解、教宗内部纷争与分裂、黑死病，佛罗伦萨薄弱、松散的宗教统治，以及影响日益广泛的新文化和价值观念的传播与扩散。作为一种示例性的说明，在此仅仅简述一下神权的破碎与瓦解，以及影响日益广泛的新文化和价值观念的传播与扩散。

神权的破碎与瓦解，一方面，源于神权统治权威的瓦解与破碎。自罗马帝国皇帝 Constantine the Great 将基督教定为国教之时起，加入教会便渐渐成为获取社会地位和政治势力的途径。通过各种政治操纵与结成各种内部关系，各级神职人员为在教会管理的等级阶梯上不断上升而不择手段地相互竞争。各种等级的神职人员，成为掌握各种资源的优势群体，从而使教会管理变成了一种生意，不仅以竞标方式出售教会职位，而且以政治操纵方式掌握和控制教会职位，以至于到中世纪中后期，神职人员中充斥着类似乞丐、赌徒、盗贼、骗子、阿谀奉承之徒、投机分子、流氓、恶棍、巫师等各类遭到人们鄙视的被称为卑鄙的社会渣子或小人之流。

另一方面，神权的破碎与瓦解源于神权统治的虚伪性、欺骗性日益曝光于天下。神职人员的日益腐败、道德沦落、极度奢侈与宗教的禁欲主义主张的冲突，使神权统治的虚伪性日益为民众所知晓。人们从日常生活中无处不感受与体验着这样一种生活世界：许多神职人员的住所往往成为腐败的窝点，神父在街头争吵、赌博、狂欢甚至亵渎神灵的事例司空见惯；神职人员利用手中的资源与权力，诱奸乃至奸污妇女、非法生儿育女亦不为人们鲜知；当时一种流行的大众看法是，在许多地方，人们更愿意看到一位包养情妇的神父，因为这意味着，当地已婚妇女受神父骚扰与诱惑的可能性会大大地降低；更为严重的是，不同等级神职人员间的串谋日益成为普遍现象。当时的记载表明，许多地方，当地的神父要向他的主教定期支付一笔可观的税款，作为主教袒护其拥有情妇和孩子的补偿，并且这笔费用与孩子的数量正相关。中世纪中后期，一种最有利可图也是备受争议的是，放纵或宽容的买卖，这是一个荒谬的交换系统。其基本理念是，神父凭借其拥有的与上帝的“特殊关系”，可以通过收取费用的方式，向普通人提供某种额外服务（即宗教仪式），例如祈祷、禁食或诵读圣经。这种交换系统的最初形态是，教会向某些犯有某种罪的人颁发一个罪孽赦免证书，证明教会同意或决定消除此犯罪之人的部分或全部罪孽以免其死后遭到惩罚。后来，这种方式演变成人人都可以用钱来购买在地狱受刑的减免时间。虽然教会从未正式明确规定此种行为的“合理性”或“合法性”，但许多神职人员却积极引导、劝说人们进行这种交易，并且信誓旦旦地告诉人们，只需通过购买足够的放纵、宽容，就能够得到上帝的救赎。杀人、杀婴、通奸、伪证罪、入室盗窃以及乱伦等通通都有流行的定价。通过此种买卖，神职人员积累了众多不为人知的财富。获得神职自身亦成为了一种买卖；神职成为最世俗化的职业，神职行为成为最世俗化的行为。

影响日益广泛的新文化和价值观念的传播与扩散，成为重塑人们心智范式的重要因素之一。15 世纪文艺复兴的思想或理论基础，是当时知识界总结与发明的人文主义精神。人文主义精神源自于古希腊哲学家的思想，特别是毕达哥拉斯的“人是万物的尺度”的思想。这种思想迅速获得各种文化、思想等领域的欢迎与支持，并在各思想领域（如艺术、建筑、文学、政治、科学、社会等）中加以发挥与张扬。人们不再从传统与神学中获取世界秩序合理性的依据，而是开始从自然与人自身的角度思考世界秩序。人文主义思想或精神为批判神学统治、复兴人性提出了理论基础与思想基础。人们开始借“人性”反对“神性”，用“人权”反对“神权”，提出“我是人，人的一切特性我都是无所不有”的口号。人们日益不满教会对精神世界的控制，要求以人为中心，而不是以神为中心作为评判一切的尺度；歌颂人的智慧和力量，赞美人性的完美与崇高，反对宗教的专横统治和封建等级制度；主张个性解放和平等自由，提倡发扬人的个性，要求现世幸福和人间欢乐；提倡科学文化知识，反对神学的武断、专制与蛮横。

然而，人文主义思想或精神既不是在 14 世纪突然生成的，也不是文艺复兴的决定因素，它只是文艺复兴的必要条件之一。事实上，人文主义思想或精神，是 8 世纪末期到 9 世纪以及中世纪中期一系列社会变革的产物，是人文主义思想长期孕育与传播的产物。发生于 8 世纪末至 9 世纪的加洛林文艺复兴，灵感主要源于 4 世纪的基督教罗马帝国，是中世纪欧洲三次文艺复兴中的第一次。在此期间，作为人类智慧结晶的文学、写作、艺术、建筑、法理学、宗教仪式改革、圣经研究等方面的作品大量出现，文化呈现出一片百花齐放的繁荣景象。

加洛林文化复兴，虽然主要局限于宫廷文人的较小范围内，但对弗朗西亚的教育与文化产生了重大影响，对艺术风格产生了激发性的作用，对加洛林时期最为重要的方面即社会伦理道德的重塑或再生产生了不可估量的影响。除了人们开始运用统一的拉丁文写作，抄写与保存圣经文本，完善更为易读的经典圣经之外，加洛林时期文艺复兴的领导者们，不论世俗的还是教会的，数世纪以来第一次运用理性思想或概念思考社会问题，形成了可以在欧洲大部分区域进行交流与沟通的通用语言与写作方式。更为重要的是，加洛林文艺复兴直接导致在博洛尼亚、巴黎、牛津、摩德纳等地成立了世界上或人类史上第一批大学，更直接导致欧洲科学与哲学的复兴。

历史地观察，加洛林文艺复兴具有某种虚假黎明的特征，其文化进步在仅仅几代人的时间内便基本消散了。Walahfrid Strabo 觉察到了这一点，在其为 Einhard 的《查理曼大帝的生活》所写的导论中，对此次文化复兴做了这样的总结：“查理曼大帝为上帝托付给他的野蛮的，我或许会说，几乎完全没有开化的统治领域，带来了追求人类所有知识的新热情。在这片野蛮、洪荒之地的早期，对人类知识的热望从未光临过这片领地，但在查理曼大帝统治下，这片领地开始放眼于上帝指引之光明。可是在我们自己的这个时代，对知识的渴望再次日渐衰减：智慧之光日益为人忽略，怠于追逐，消失于众人心灵的意识阈值之下，偶尔发现亦是罕见。”

幸运的是，此间隔并没有持续多久，欧洲便出现了第二次文艺复兴，即萨克逊国王以及自 962 年开始的神圣罗马帝国皇帝奥特一世时期的复兴和 12 世纪的第三次也是中世纪的最后一次文艺复兴。12 世纪的文艺复兴是中世纪影响最为深远的一次文艺复兴。事实上，查理曼大帝的“加洛林文艺复兴”仅仅属于查理曼大帝，奥特文艺复兴仅仅属于奥特大帝身边或周围的小圈子，而且与 12 世纪源自社会底层的、真正的文艺复兴比较，只不过是改变了“变迁中的社会的表层”而已，是 12 世纪文艺复兴的序曲而已。尽管如此，从中世纪中期文艺复兴孕育、生成与扩散的角度上说，前两次复兴仍然具有不可忽视的影响与作用，因为没有前两次的文艺复兴，12 世纪的文艺复兴不知从何而来，也不知是否会有如此深远的影响，更不知其是否会源自社会底层。

事实上，早在 1095—1099 年突厥人西侵东罗马导致当时罗马教宗 Pope Urban II 组织的第一次十字军东征，对于 12 世纪的文艺复兴起到了重要催化作用。很多的欧洲贵族及其仆人因为这次东征的原因，第一次踏足自己大陆之外的世界，发现了一个与自己不同的、自己不熟悉的新世界。这个新世界的宗教、思想、文化、知识以及心智范式，对于这些欧洲人产生了强烈的影响或冲击，瓦解了其原有的整套观念与心智范式，致使其改变了过去保守的观念，接受新的概念与思想，并引发了其学习其他语言的强烈愿望。这些人回到欧洲不久，便开始翻译已经译为阿拉伯语的相关文献，进而发现，这些阿拉伯语的相关文献大多源自古希腊文，引发人们重新发掘古希腊文献的冲动。

15 世纪之前，中国与阿拉伯世界在自然科学研究方面处于世界前列。现有文献表明，公元 9 世纪开始，中国与阿拉伯世界在数学、天文学、化学、物理学、医药学、冶炼技术等方面的研究取得了重大进展，并且呈现加速扩散的趋势。一个有力的证据就是学术与应用知识的研究机构在穆斯林世界的创立，在北非与埃及创建了世界上最早的作为学术研究中心的大学。公元 859 年，穆斯林世界在摩洛哥非斯城创建了卡鲁因大学。这是一所伊斯兰学校，其历史比欧洲大学之母博洛尼亚大学还要早两百多年，堪称世界上最古老的大学，被《吉尼斯世界纪录大全》认可为最古老的学位颁授大学。公元 988 年在开罗的爱资哈尔清真寺创建了爱资哈尔大学，亦成为伊斯兰世界最古老的高等学府之一。另外一个证据是，自从阿拉伯世界从中国学习到制纸技术后，阿拉伯世界出版了大量学术著作。这些学术著作在中古穆斯林世界获得广泛传播。仅仅巴哥达就有 36 座主要的公共图书馆，书店成为每一个主要市场的构成部分。一份保存下来的一个书店的书单显示，这个书店曾拥有 6 万多种图书，内容包括宗教、法律、数学、科学、天文学、医学、古希腊经典著作、印第安文学、诗歌、寓言、游记等。当时西班牙的都城科尔多瓦（那时被穆斯林统治）拥有 70 多座主要的公共与私人图书馆，最大的一个图书馆藏有多达 40 万部手稿。

中世纪中期的文艺复兴运动产生了各种不同形式的思想、精神或宗教与艺术方面的成果。与此相伴随的是，欧洲种族中心主义的兴起（此后演化为现代市民的民族国家主义）、意大利规模较大的城市国家的日益形成以及安达卢斯穆斯林文明的兴衰。亚里士多德著作的重新发现催生了阿奎纳与当时其他思想家发展出了经院哲学：一种天主教义与古代哲学结合的产物。

挖掘与翻译其他文化文献，特别是古希腊文献，是12世纪与后来的15世纪文艺复兴的一个共同的重要方面，所不同的是，12世纪的拉丁语学者几乎仅仅专注于翻译和研究希腊语与阿拉伯语的自然科学、哲学与数学，而15世纪时则同时关注文学与历史文献。西欧知识分子阅读重新发现的古希腊文本时，吸取了古希腊科学、艺术文明和人文主义的概念，激发了文艺复兴时期的人文主义理念的复兴。恩格斯曾高度评价“文艺复兴”在历史上的进步作用，他写道：“这是一次人类从来没有经历过的最伟大的、进步的变革，是一个需要巨人而且产生了巨人——在思维能力、热情和性格方面，在多才多艺和学识渊博方面的巨人的时代。”

上述表明，自8世纪以来欧洲发生的各种社会、经济、政治、宗教与政治的变迁，于15世纪发生了共振。正是那些多种因素共振导致了社会各领域中形成的内在逻辑一致的有关社会本体论的一种自然涌现的结果。这种自然涌现的结果就是人们认识、理解社会的心智范式在此时发生了迅速的转换与更新，而心智范式的变化导致自然科学的突破性发展。

17世纪之后，关于地球与宇宙的新发现、新观察以及新概念开始侵蚀、修正传统与宗教信念，作为认识自然界与人类社会新增的或更新了的知识来源。特别是哲学家培根的理性主义与经验主义，对于人们更新、现代化心智范式发挥了重大的重塑作用，在人类史上首次发出“知识就是力量”的呐喊。17世纪50年代以后，以法国哲学家与数学家笛卡尔、英国物理学家与数学家牛顿，以及法国分析学家、数学家与物理学家拉普拉斯为代表的理性主义、经验主义与逻辑主义，在社会中的影响日益扩大，进而日益成为西方社会流行的心智范式，引发了极为广泛的科学探索，在各个不同领域形成了大量的科学命题。这些经过逻辑、实验与社会实践验证的科学命题，作为知识，日益为人们所接受，并日益成为西方社会乃至全球各地人们的主导心智范式塑造力量。

自从数学、物理、化学等自然科学形成以来，社会科学研究就主要以自然科学所揭示的原理为基础，借用自然科学的范式、理论、概念、方法和模型，思考政治、社会、经济以及管理问题，进而形成社会科学理论。纵观历史不难看出，任何时代的主导社会科学理论都是那个时代的主导自然科学“范式”的自然映像或投射，并且前者随着后者的改变而改变。形象但并不完全准确地说，心智范式类似计算机时代的系统软件，以什么方式格式化计算机的硬盘，计算机就按照那种方式运行。人的大脑，如同计算机的硬盘一样，用什么样的知识范式进行格式化，就按照那种范式结构化或裁剪社会，并按照这种方式提出问题与解决问题。

二、人类心智的线性科学范式

在机械论时代，霍布斯把国家描述成一台机器（利维坦），其公民就是机器中相嵌的齿轮。亚当·斯密用类似于牛顿的万有引力的“看不见的”力来解释市场机制。马克斯·韦伯根据牛顿和拉普拉斯的确定性理念，从理想型的角度论述了“科层制”组织结构的合理性、效率性与永恒性。

事实上，几乎直到 20 世纪，牛顿、笛卡儿、拉普拉斯的科学原理或知识范式一直控制着大多数科学的研究与发展方向。作为基本原理，这种知识范式认为，系统的自然状态是均衡的，任何偏离均衡的状态最终都将被向均衡牵引的力量消除；结构化与理解系统的方式是还原主义与确定性观念：通过理解系统的构成要素以及其互动方式，至少从理论上说，就可以预测系统的未来状态。

组织或管理科学的经典本体论基于启蒙运动以来关于人类个体间关系、个体与整体间关系以及人类整体与星球间或自然界间关系的某种假设。这种假设一直认为，社会领域是一个无序的领域，人与其他生命体一样，为获取有限的资源彼此不断地进行竞争。这种本体论观点构成了霍布斯的社会契约思想的基础，也为管制性或控制性政府——作为追求公共或共同目标的人类行为的调节者——从哲学上提供了合乎义理性。通过构造控制性的政府，秩序就可以从混乱中产生从而摆脱或消除无秩序。向社会施加秩序的这种需要亦得到牛顿力学的支持，因为牛顿力学将宇宙描述为一个各种要素或构成部分相互推拉的空间。自然过程与人类本质的这种对立性观点更是从达尔文演化论获得强大动力支持。达尔文演化论的观点认为，生存就是较强的生命体与较弱的生命体间为争夺统治性地位而进行的殊死搏斗。这种观点强化了笛卡尔哲学关于将人类生存同自然界和自然过程区别对待的必要性。笛卡尔哲学认为，感觉与社会现实的知觉是幻觉或幻影与谬误（非真实或真理）的来源，唯一可靠的真理存在于形而上的思想之中。此类思想或许可以与物质实体相互作用，但它并存在于实体之中，甚至与实体不在同一个物理平面或空间之中。因此，具有思想的人与自然界中的实体并不在同一个空间中，人可能处于一个与人唯一可见的、四维空间中的自然界中的实体相交叉的空间中，因为人具有思想而自然界中的实体却没有，而思想无论如何无法用欧几里德几何空间表示，或许它是分数维的。这些关于社会本体论的传统观点似乎支持了霍布斯的论断，即人类除了相互恐惧之外再无其他共同之处。

体现在社会治理或管理之中的笛卡儿哲学思想，一直被视为控制不同行为主体间相互竞争而引起的这种显然易见的、不可避免又具有确定性危险的社会冲突的一种解决途径。在这种观点下，正如霍布斯所描述的，不同社会角色是易于复制和管理的人类行为样式或形式。将人们“控制或锁定在不同的篱笆内”就可以塑造这些不同的社会角色与相应的人类行为，借此可以有效地维持社会稳定。从治理的角度说，这种理论就是将生存过程和个人特征或个性按照某种易于控制的方式，如阶级或群体、地域、问题、行为等，进行分类，并运用不同的程序控制、管制不同的类别，便可达到控制生存过程的目的。这些办法能够形成某种社会秩序，出于可预见性的考虑，这种社会秩序不是联合的或整体的而是分割性的或碎片化的。基于这种秩序观，政府或公共管理者的责任就是降低冲突、控制混乱并从高度复杂性中创造一致性或秩序。从治理的角度说，治理的主要社会功能就是要在社会契约中将政府作为高于社会之上的、无所不知的全能的调节者这种作用或角色制度化，并确保这种制度化能够得到有效的实施。

笛卡尔的这种秩序观赋予政府的这种几乎不可能实现的角色，使社会治理或政府治理领域绝对地依赖官员对社会秩序或环境的心智构造。事实上，直到现在，政府官员仍然习惯性地比较外在于他的心智范式的社会现实适应其心智中的管理方法或模式的状态或程度。这种治理观念，通过西蒙的还原性的决策模型的强化，将社会或组织秩序同化为管理者自己的心智范式中亦即想象中的秩序，并且通过客观性论证这种秩序的合法性或合乎义理性来实现这种秩序，然而，这种秩序并不是公民或管理者自身感受或经历的秩序。

正是基于上述各种假设，政府治理或国家治理日益脱离公民所感受或经历的真实的现实世界，政府管理者日益感受到，学术性或理论性模型化的抽象难以适应于其自己的亲身经历的世界，或者说，与其自己亲身经历的世界日益疏远。因此，如果说我们感受到的社会日益如霍布斯的丛林世界，那么，问题在于我们选择了错误的建构社会现实的心智范式，在于人们将其心智中的假想秩序强加于社会现实的结果，并不是因为社会现实真的如霍布斯的丛林世界一样。

整个19世纪和20世纪初期，几乎所有社会科学，都由这种范式塑造而成。几乎各种管理理论，都以还原论、确定性、均衡作为核心原理。管理理论的专家们，如法约尔、穆尼、厄威克、泰勒、韦伯等，基于“作为机械的组织”的隐喻，发明了管理控制机制理论；组织控制被嵌入于各种管理方案，并通过计划、预算与目标管理系统等加以实施；集权的、科层组织结构被认为是组织领导决定适当行动和控制、指导一线工作人员的关键；控制是明确与直接的，普遍的激励方式是金钱或物质奖励与惩罚。还原论导致劳动分工、任务理念、部分的可交换性、标准程序、质量控制、成本核算、时间与动作研究、组织模块等成为治理的标准术语与思考管理问题的焦点。基于还原论的原则，预算及其审计、绩效审计、会计审计、标准化等，被视各种组织作为维持均衡的组织控制的负反馈机制。

虽然如此，事物发展的非线性关系并不以人的意志为转移。依据经济人的假设，泰勒确实是随心所欲地使用了动机或激励理论，即人的行为是完全可以预知的。在这一理论中，每个行动者都被假设为在任何时刻都是理性的，也就是说，在所有的追求最大利润的动机下，每个行动者都被假设为以固定不变的方式或线性的方式来对环境的变化做出反应。然而，霍桑在西部电力工厂所进行的著名实验，显然是对这一过于简单化、线性化假设所做的最为有力的经验驳斥，而且，通过扩展与延伸，霍桑实验显然将个体在组织中的行为的复杂性，显露得确定无疑，迫使人们不得不将这种复杂性作为思考与研究的主题。

霍桑实验所展现的，只是人类行为复杂性的一种极其微妙的关系的冰山一角。随着人们的社会实践和科学研究的深入与发展，与原有假说冲突或矛盾的事例不断地困扰着理论与实践，预示着人类社会面临的一次知识范式的革命即将拉开帷幕。发轫于拉普拉斯的数学和牛顿力学的确定性与线性知识范式正迅速地让位于基于复杂性科学的非线性知识范式。由于这两种知识范式在关于世界本体论逻辑及其演进的看法、理解世界变迁的认识论范式以及知识性行动主张方面存在重大差异，新知识范式正在成为公共管理创新的新的心智范式。历史变迁过程与现实经验都反复证明，心智范式创新是公共管理创新的开端，没有心智范式的创新，没有认知结构从而认知观念的创新，国家治理体系现代化几乎是“天方夜谭”。为了构建促进国家治理体系与能力现代化新的心智范式，也为了更好地理解我们后面更多的表达方式、概念体系以及论述过程和推理逻辑，本章将主要论述基于复杂性科学的心智范式的基本轮廓，为后面的研究提供基本理论方面的铺垫与准备。由于复杂性科学是一个庞大的体系，出于本研究的实际需要，本章在较为粗线条地描述了复杂性科学在公共管理方面的研究成果之后，主要研究和分析了自组织理论的基本概念与演化机制。

第三节　复杂适应性心智范式及其历史先驱

一、话语体系的转变

20世纪以来，众多著名管理学家对当下社会的本质进行了一系列令人费解的概括，对当代社会问题进行了令人难以理解的解释，对当下社会的管理提出了一系列令人莫名其妙的建议。

如本尼斯称当下社会为“临时性社会”，德鲁克称当下社会为“间断或不连续时代”，汉笛称当下社会为“非理性与超越确定性的时代”，并建议人们必须做好充分的知识与思维准备，以便能够通过大胆的想象力、通过思考不可能的事和做非理性的事，来管理公共与私人事务；必须具备比资本主义更为贪婪的精神在现代社会中追寻目的。考夫曼警示人们，“在风险环境中，面临自然选择必须重视时间、偶然性与组织”的重要性，威克提出各种组织必须要具备“组织的感知决策”能力。类似地，墨菲建议人们运用混沌理论作为管理危机的心智模型，阿吉瑞斯提出要以

“学习型组织”作为解决不可预见性问题的方法，作为迎接日益复杂环境的各种挑战与不确定性的方法基于突变与混沌理论，提出一种“经济间断性（或不连续性）的一般理论”以便管理经济危机。

这些总结、建议明确或隐含地表明，人们正生活在一个充满不确定性、随机性和不可预见性事件的复杂世界中，这些不确定性、随机性与不可预见性事件常常彻底打乱、摧毁人们的各种计划，并驱使包括各种组织在内的各种系统陷入混沌与突变性瘫痪。各种危机、令人惊叹之事、令人猝不及防的变迁、令人意想不到的困惑（怎么会这样？）、突然失去控制等成为这个世界的常态，成为现代组织与所有复杂系统的鲜明特征。

人们发现，现代社会的危机以不同形式、强度、复杂性与面貌出现。某些危机源自寻求持续存在的社会问题的“机会主义解决方案”，对于某些持续存在或根深蒂固的问题，人们常常以扭曲问题的方式加以解决。每一次寻求到的解决方案都仅仅是临时性的、应付性的解决方案。当具有临时性质的应付性解决方案累积到一定程度时，某一时空下的这类解决方案就可能触发系统的分叉结构机制，导致系统进入自组织临界性状态，进而生成危机或混沌。另外一些危机，可能在看似稳定与可预见的解决方案或环境的情况下，突然地、令人意想不到地爆发，导致一个充满潜在的令人惊奇事件的系统突然陷入大规模的混沌不确定性与分叉的瓦解与破碎状态，并进入不可预见的动态变化之中。这方面经常被人们引用的经典例子包括1978— 1979 年的伊朗革命、1991 年苏联的突然解体以及 2001 年 9 月 11 日发生在美国的灾难。这类危机的动态过程使得令人惊奇的事件一个接着一个地爆发，并使所有主要参与者陷入绝境。

上述概括、建议等之所以“令人费解”，之所以“令人莫名其妙”，在于这些叙述运用的表述方式与我们已经熟悉的经典科学范式所运用的表述方式完全不同。这些表述方式源自新的心智范式——复杂适应系统或者复杂性科学的心智范式。

“令人费解”“令人莫名其妙”的表述表明，面临复杂的社会本体论状态，即微小的混沌事件与大规模突变性情势或瓦解的结合，常常导致混沌性迟滞。人们熟悉的传统的管理话语系统已经无法描述人们面临的新情景，这表明传统的管理途径与方法已经过时。因而人们建议，各种组织的领导者与管理者必须做好准备以便能够有效应付与解决这类混沌以及混沌迟滞现象，进而有效管理复杂组织。为此，公共与私营部门的治理与管理，必须要运用新的思维方式与解决方式，必须运用非线性复杂行动模式与混沌模式处理混沌情景，必须运用能够迅速并同时超越所有障碍的非线性思维、弹性与流动性结构和价值系统应对复杂情势。

任何事情都不是凭空生成的，任何事情都有其孕育、生成的过程、来源与背景因素。人们在对启蒙运动以来的认知范式或心智范式进行批判的同时，对于当下世界、组织或人类社会本体论的描述、分析与判断，事实上就已经意味着在人们思维中已经存在了一种备择心智范式——复杂适应系统或者复杂性科学的心智范式。这种已经存在的备择心智范式正是多种背景因素非线性相互作用与共振从而使心智范式演化达到了自组织临界状态而形成的新的宏观样式，是新的心智范式的一种自组织涌现。

生成新的心智范式的多重因素中至少包括新范式的早期思想、公共治理领域出现的一系列得不到有效解决的问题，这些问题向人们已有的心智范式提出了严重挑战。虽然从最广泛的意义上，人们可以将复杂适应系统，定义为是由大量各种不同要素或部分构成的集合，这些不同部分间以各种不同方式相互联结，从而使组织在没有集中控制的状态下能持续存在或增长，但实际上，至少到目前为止，并不存在一个统一的复杂适应系统的科学，它只是对于 20 世纪在各种不同学术领域形成的不同理论的一个统称，并且不同的学者对不同的统称有不同的偏好。

例如，美国 Colorado 大学的公共行政学教授奥弗曼在《公共行政的新科学：混沌与量子理论》一文中指出，“如果我们超越眼下的重塑政府理论和后科层行政理论来审视公共行政问题，那么公共行政理论与实践最令人着迷的发展前沿就是人们统称之为的新科学。”这里所谓的“新科学”是生成于如物理学、生物学等不同科学领域的，与经典牛顿科学解释并不完全一致的那些理论和理念的一种统称。美国加利福尼亚州立大学的丹纳德教授在《科学与公共行政的新范式》一文中用“新范式”统称正在形成与迅速发展的量子力学、混沌力学以及新的演化理论。同样，复杂适应系统或复杂性科学，亦是关于源于物理学、生物学、数学等不同学科的新理论和新理念的另外一种统称。它是指运用一整套新的、有别于以牛顿、麦克斯维尔、笛卡尔和拉普拉斯的确定性理论为核心的传统科学的思维方式和研究方法，以及关于社会事物间关系及其变动规律的建构，来分析和研究复杂性与复杂系统的科学。

事实上，复杂适应系统或复杂性科学主要以普利高津的耗散结构理论或复杂性理论，哈肯的自组织理论或协同理论，托姆的突变理论，蓬加莱的分叉理论、间断或不连续理论、非均衡动态理论、辩证动态理论，艾根的超循环理论，曼德尔布罗特的分形理论以及影响日益放大的博弈论等为核心。它是比以牛顿和拉普拉斯的确定性理论为核心的传统科学普适性更高的理论。因此，从复杂性科学的角度，研究公共治理或管理问题，必然能揭示出基于传统科学的公共管理研究所不能揭示出的那些性质、特征与洞见，必然能够更深入地理解公共管理的内在规律和内在必然性。

作为 20 世纪自然科学与社会科学新探索、新现象与新机制的一个统称，虽然现在大多数文献将“复杂适应系统”的提出归于位于美国新墨西哥州的圣塔非研究所，特别是 Murray Gell-Mann 等人，但据笔者的了解，该术语最早出现在美国社会学家巴克利的《社会学与现代系统论》一书中，后又以“作为复杂适应系统的社会”为题出现在巴克利主编的《行为主义科学家的现代系统研究》一书中，并且其界定的复杂适应系统的含义或特征与目前人们所理解的基本一致，只不过所运用的术语有些不同。例如复杂适应系统显现出与其环境间的某种程度的弹性与敏感性或感应性，使其能够与环境事件保持不断的交换，既影响环境又受环境影响；存在多样性的某些来源或机制，作为适应能力的潜在源泉，以便应对在变迁环境中映射新的或更为精细的多样性与约束的问题；存在一套选择准则或机制，借此可以将多样性的来源分为组织或系统中更好地映射环境的变异体与不能很好映射环境的变异体；存在保存或传播那些成功映射的组织安排或规则。

虽然复杂适应系统的概念早在 1967 年就由巴克利提出，但复杂适应系统在各不同学科领域研究的兴起，特别是在管理科学领域的兴起，的确主要受圣塔非研究所，特别是考夫曼、霍兰德、兰顿、Gell-Mann 等人关于这一问题的一系列研究的影响。如阿克塞尔罗德、霍夫鲍尔、西格蒙德、诺瓦克等关于合作问题的研究；阿克塞尔罗德与科恩关于合作行为的建模与计算机模拟的研究、Luhman 关于意义自创生的研究、亚瑟及其他经济学家关于收益递增与路径依赖的研究、Allen 关于城市及其变迁问题的研究，David Peat、L.Douglas Kiel、E. Sam Overman and Anthony Cahill、Danah Zohar and Ian Marshall 在公共治理、公共管理与公共政策方面的研究。社会领域发展的复杂适应系统被认是能够帮助人们理解复杂社会系统行为的解释性框架。

理解复杂适应系统需要对于部分与整体间关系、构成要素与系统间关系更为深入的理解，需要对不变与变化、相反系统、稳定与混沌间辩证关系以及最终生成秩序与稳定新样式的更为深入的理解，需要对秩序、规则或制度的涌现及其不可分解性、整体性、相互依赖性、自组织与自组织临界性、偶然的必然性、结构性矛盾、战略性困境、多重意义、多重目标、多重结构以及多重嵌入性等概念与秩序、变迁和意义自创生间关系的更为深入的理解。这些概念及其间关系反映了自然现象与社会现象在本体论意义上的辩证性质，即任何事务或系统，特别是人类构成的系统或组织，都是一个复杂的矛盾体；各种复杂的矛盾力量驱使系统处于不断的变化或转化之中；稳定状态孕育与生成着变化的力量，变化过程孕育着新秩序的出现；存在转化为现实的同时亦是其转化为虚无的开始（如生命持续的过程也是死亡的过程）；在如今的量子社会中，存在与虚无统一于转化之中。从复杂适应系统概念的提出到其成为人们理解周围世界的一种心智范式，特别是理解公共治理、公共行政与公共政策的一种心智范式，自然科学不同领域的相关研究与发现做出了巨大的实质性贡献，因为这些研究与发现得到了公理性证明或实验性证明，并且数学化为模型。然而，作为一种思维模式，作为一种分析和论证模式，复杂适应系统在社会科学特别是公共治理领域具有漫长的历史，其起源甚至可以追溯到古代。事实上，社会科学特别是公共治理领域最早发现、发展了复杂适应系统的思想或思维逻辑，并运用这种思想与逻辑分析与研究了公共治理的本体论与认识论问题。

二、复杂性适应性思维的历史先驱

复杂适应系统的世界本体论观点，至少可以追溯到公元前 5 世纪的赫拉克利特。赫拉克利特认为，世界根本的性质是无处不在的变化或转化，是流动，即“万物皆流”，万物皆在变，这个世界上不存在保持静止不变的实体。正因为这样，“任何人都从未曾两次踏进同一条河流”。

支配世界不断转化的是事物或宇宙内在的罗格斯。这个世界，对于所有实体或万物都是相同的，既不是神也不是人创造的。宇宙本身是它自己的创造者，有其自身的生成、演化尺度和规律，即内在的罗格斯。宇宙的秩序均由它自身的罗格斯所规定。它的过去、现在和将来都受其内在的罗格斯支配，按照其内在的罗格斯生成和演化。

万物转化所依照的尺度和规律，就是对立面的相互转换而且永不停止地转换。一种东西变成另外一种东西，一种状态变成另外一种状态。冷变热，热变冷，湿变干，干变湿，创造变为毁灭，毁灭变为创造，秩序变为混乱，混乱变为秩序。转化的尺度规定了转化可能会经历不同的阶段。其中的一个特殊的阶段也是必然经历过的阶段就是对立统一。赫拉克利特将这一阶段称为和谐（阶段）。“如果实体或对象不断地变换新形态，以至于人们无法两次接触到同一个实体或对象，那么每一个实体或对象必然不停地消解与生成，处于生成与消解之间的实体或对象就是一种和谐。”向上的力量与向下的力量共同作用于任何存在，同时且不停地变动，生成“潜在的和谐”。赫拉克利特将对立的过程称为冲突或斗争，万物源于对立面的冲突，而作为各种力量之和的总体恰如河流处于不断的流动之中，并且认为明显的稳定状态或“不偏不倚”就是矛盾力量或斗争的一种和谐。赫拉克利特的和谐本质上是矛盾力量的一种均衡，认为和谐就如同拉伸成为弯形的弓中紧绷的弦的张力与开弓（释放的箭）之间的均衡，在弓箭与里拉琴中向后受力拉伸的弦中存在着和谐。由于万物皆流，因而和谐或均衡（阶段）只是万物皆流的世界中的一个暂时的阶段。紧绷的弦的张力与开弓（释放的箭）之间的均衡如果永远保持不变，则弓已经不是人们所指的弓，而是一个死了的弓；向后拉伸的琴弦如果不释放，就永远不会产生出声音，更不会形成美妙的韵律，就是一个死了的琴或非琴。

世界不同形态的转化过程也是一个对立统一的过程。“生与死，梦与醒、少与老，是同样的东西。后者变化，就成为前者，前者变回来，则成为后者。”从这一意义来看，每一种东西既存在，又不存在。火死气生，气死水生。结合物既是整个的，又不是整个的，既是聚合的，又是分开的，既是和谐的，又是不和谐的。一切最终归为一，一生成一切。与中国的《易经》表达的思想完全一致。正是由于这种对立与统一，由于矛盾或对立力量的相互转化，世界才存在，作为暂时的平衡的和谐才存在。如果没有对立和冲突，就没有转化与更新，也就没有统一，万物就失去生命，就会停滞与毁灭。对立和矛盾统一起来才能产生和谐。例如，高低音调的相互结合，即按照人听觉神经产生多巴胺的规律进行组合，才能形成人认为的美妙的韵律、和谐与美感，但人认为美妙的韵律不一定是狗或猪或猫也认为美妙的韵律。

恩格斯曾评价说："这个原始的、朴素的但实质上正确的世界观是古希腊哲学的世界观，而且是由赫拉克利特第一次明白地表述出来的：一切都存在，同时又不存在，因为一切都在流动，都在不断地变化，不断地产生和消失。"

如果说赫拉克利特通过辩证统一的方式建构起世界本体论的动态性，那么苏格拉底则从认识论的角度建构了辩证统一的思维模式。苏格拉底将真理视为最高价值，建议运用推理与逻辑，即辩证法，发现真理。苏格拉底认为，理性（诉诸于逻辑而不是情感）是探究与论证、发现真理与决定人的行为或行动的恰当方式；真理是更大的善，每个人都应该追求、探索真理并运用真理指导生活或行动。为此，苏格拉底发展了其特有的辩证推理方法，即假设某人认为正确的命题为真，然后通过逻辑推演证明其必然导致某种矛盾（类似数学中的反证法），进而迫使人们承认假设为真的命题的不正确性。另外一种辩证推理逻辑是，通过否定相互矛盾的正题与反题的预设，超越正题与反题进而实现综合。亚里士多德认为柏拉图的对话（《理想国》）是苏格拉底辩证论述方法的集中表现。正是基于这种推理逻辑，芝加哥学派认为，辩证法是一种"思维模式，或者说，是哲学中介，通过它矛盾变为思维的起点（而不是终点）"。

10—11 世纪波斯伊斯兰教哲学家希纳是非常出色的辩证论学者，其关于自然界的辩证理论包括好的方面与坏的方面、物质与理想、确定与不确定性力量、大脑功能的非线性，即大脑中的稳定的样式总是伴随着思想与行动的混乱或复杂的命令或力量。虽然希纳的哲学主要基于物质与思想或更高级存在间的因果关系，但总是强调偶然与意外的变迁的重要性，包括：混沌与消解稳定性的变迁，这种变迁引发或触发了有序物质向无序状态转化的分叉机制，而后重新返回到可能生成的秩序状态；世界可能存在的唯一的统一是最终的物质与"绝对存在"即上帝的统一。

希纳认为，实体学或物理学与形而上学之间是一个辩证关系，它们都受自身永恒变迁力量的影响，因此，物质的世俗世界（尘世）是一个内部充满了永恒变迁力量的世界，个体的物质性存在不断地转化为存在与消失之间的更替。

在希纳看来，自然界与人是同一存在的两个要素：人是生存于其中的，人不断地试图驯服、控制与改变环境的影响或塑造；而在改变环境性质的同时，人也在改变自身，这是世界演化的一个自然过程；人与自然界的这种二元的或相互依存的关系并不总是处于平衡状态的，当不平衡出现时，混沌与意想不到的变化就会发生，并产生不可预测结果的混沌，不过最终仍然而且必然返回到平衡的秩序状态，因为这是一个自然规律。世界由此完成了从不平衡状态向平衡状态的一次转化。由此可以看出，通过变迁与稳定、间断与连续、混沌与秩序、物质与理念（或知识）、人与自然以及最终物质世界与最高存在即上帝的相互间的非线性相互作用与转化，希纳完成了他关于人与自然的伟大的辩证综合。

黑格尔不仅是启蒙运动以来辩证法的集大成者，而且赋予了辩证法新的生命。黑格尔关于自然与历史性质的辩证综合模型使辩证法成为现实性质的基础之一。黑格尔的辩证法基于以下四个方面的基本因素：

（1）每种存在都是暂时与有限的，存在于时间媒介之中。

（2）每种存在都是一个矛盾体（含有相反的力量）。

（3）渐变导致突变，当一种力量战胜其相反力量时出现拐点。

（4）变化是螺旋状的而不是循环（否定之否定）。

黑格尔的辩证法并不是遵循人们熟悉的“正—反—合”的三段论，而是遵循“抽象—否定—具体”的三段论。这种三段论构成了黑格尔论述众多论题的基础。“正—反—合”的三段论并没有解释正题为什么一定要求反题，相反，“抽象—否定—具体”的三段论表明，在任何初始命题中，都存在缺陷或不完整性，过于抽象因而缺乏试错、错误与经验，因而必然存在否定。对于黑格尔来说，具体、综合与绝对，都必须经过否定的阶段，经历通向完整的历程即调节阶段或扬弃阶段。这便是通常被称为黑格尔辩证法的精髓。

如同苏格拉底的辩证法，黑格尔要求通过揭示出隐含的矛盾使之外在化来发展论题：这种过程的每一阶段都是内含于或隐含于此前阶段的矛盾展开的结果。因此，黑格尔认为，辩证法是人类历史展开的方式，也就是说，历史的进步就是一个辩证的过程；整个人类的历史就是辩证法辉煌展开的历史，从作为奴隶制度的自我异化发展到作为自由与平等的公民的理性的、宪政国家的自我统一与实现，是历史发展过程中的主要阶段。

19世纪中期，辩证法受到马克思与恩格斯的重视与肯定，并以动态和非理想主义的方式将其改造成为人们认识和理解世界的重要工具。作为发展的最为全面与深刻、内容最为丰富的学说，黑格尔的辩证法被马克思与恩格斯视为德国古典哲学最伟大的成就。恩格斯曾写到，这个伟大的基本思想，即不是将世界理解为已经裁剪好的复杂体，而是各种过程的复杂体，其中各种事务，其稳定性明显地强于其在我们头脑中的思想映象，即概念，都处于生成与消亡的不受干扰（打断）的变化之中……这种伟大的基本思想，特别地自黑格尔时代以来，如此广泛地渗入到一般人的意识之中，以至于从整体来说，现在几乎不面临任何反驳了。

在辩证哲学看来，没有什么是最终的、绝对的与神圣的东西。辩证哲学表明，暂时性是每一种东西以及每一种东西内部的固有特性；在辩证哲学面前，除了生成与消亡的永不停止的过程、由低级上升到高级的永无止境的运动过程，什么都不存在。而且，辩证哲学自身，只不过是这一过程在思维着的大脑中的反映而已。因此，马克思认为，辩证法是关于“自然界与人类思想运动的一般规律的科学”。正是因为如此，在当代辩论方法中，辩证法意指人们如何能够或应该如何对待世界的一种理解（认识论）；意指对外在于人们统觉的世界的本质的一种判断，即世界是相互联结的、矛盾的以及动态的本体论；或意指呈现理念与结论的一种方法（话语）。

马克思与恩格斯认为，变迁是包括组织在内的所有生命系统的核心特征。生命体或生物体内部的各部分间永远存在着辩证性矛盾、内部紧张或冲突与永久或持续的驱动力量，从而在组织或系统内部总是不断地展现出稳定与变迁、否定之否定、秩序与混乱以及停滞与瓦解的交替。据此，马克思与恩格斯早在一个多世纪之前就指出，自然的辩证法或许构成了关于混沌与变迁的现代科学观点的早期基础。没有混沌（混乱）与变迁，停滞与退化将大行其道，将导致系统生存与连续性的戛然而止。

事实上，科学发展本身就是一个辩证展开的过程。柏拉图认为，人们好奇或试图弄明白的欲望产生了哲学，这种欲望在相当长的时期内成为各不同学科发展的来源，直到其分化为不同的学科，如心理学、物理学、天文学、医学、化学以及生物学等等。直到 20 世纪之前，哲学一直被视为各种科学之母，哲学家被视为掌握所有或大部分这些科学知识的智者。哲学通过分叉而分化为各种不同的科学分支，是有机系统都已经与必然经历的过程的一个典型例子，是一个转化与演化的过程。科学分化到今天，每一个学科研究的问题如此狭窄，以至于研究者无法理解更为广阔的图景或系统与问题的整体变迁过程。科学研究的归纳途径与方法已经达到原子的层面，因而失去了与系统互动的其他要素间的相互连接，失去了对于系统发展、瓦解或无序以及返回秩序与稳定性样式的、如此重要的或不可或缺的反馈过程与机制。只见树木不见森林以及只见树木不见其与其他部分的相互影响，非常容易形成错误的结论与令人误解的解释。正是由于这一问题日益严重，目前各学科均已经意识到学科间相互融合、交叉的重要性，而在这种相互融合与交叉的过程中，形成了大量的新兴学科，出现了新的综合。学科的分化与重新整合，正是辩证法在科学或知识演化进程中的自我展开过程；表明人类面临的问题日益具有整体性、相互联结性、自组织临界性等特征；只有运用非线性的辩证方法与原理，才能有效地认识由非线性机制支配的社会现象与问题，才能把握秩序与混乱、混沌与稳定、均衡与非均衡以及静态与动态间的关系。

马克思与恩格斯继承了希纳的自然与人之间的辩证互动关系，认为环境刺激或激发、稳定或强化引发秩序与混乱交替的那些辩证力量，进而导致各种新变化与可能的混沌，如同系统完全崩溃之时可能出现的不可控或不可预见之结果。马克思认为，自然界与所有现象的物质生命的历史转化，并非如黑格尔辩证法所预示的那种理想化或观念化的转变过程，而是作为物质存在获得实现的物质性变迁过程，也就是物质的实体性或存在形式发生转化的过程，因而是一个渐变的过程或演化的过程。某些转化的突然发生亦是这种渐变或演化的自然结果，只不过由于人们的注意力没有集中到恰当的方面而忽略了演化所累积起来的各方面的力量。如同前面我们谈到的启蒙运动为何在15—16世纪突然发生一样，这种发生事实上是各种力量演化到了自组织临界性的自然结果，是各种力量到达临界状态时发生的共振，而表面上给人的感觉却是突然的出现或只是偶然发生，实际上在这种偶然中包含着不可避免的必然性。

马克思与恩格斯关于自然界与生态系统的观点，正是基于变迁与连续、有机性的相互依存、人与自然的统一以及存在为一的辩证过程。马克思曾写到，产业是人与自然的实际的、历史的关系，因而是人与自然科学的关系。因此，如果视产业为人的本质力量的外显，那么，我们就能够更好地理解自然界的人类本质，或者人的自然本质……一个构成生命的先验基础，而另外一个构成科学的先验基础。

在马克思的世界发展观中，人“有能力将其自身的历史理解为一个过程，有能力将自然界视为其真正的身躯”。在与自然界互动过程中，“人自动地或天然地开始其自己与自然界的物质反应互动，调节自己与自然界的物质反应关系，控制自己与自然界的物质反应……并借此作用于外在世界，改变外在世界，与此同时也在改变人自身的性质”。通过既影响环境又受环境影响的动态反馈，在有机的、辩证的过程中，人“人性化”了自然界，将自己变为自然界的构成部分。然而，人类征服自然界的能力，受制于人类对人性已经成为其构成部分的自然系统的依赖。人出于自私可能会做出损坏自然界的行为，成为自然界的异化力量，因而导致其与自然界的关系出现不平衡的状态。在这种情况下，人类不仅将地域意义上的生态系统置于危险的境地，亦将包括人类本身在内的整个生物圈置于危险的境地。虽然笔者没有考察马克思与恩格斯当年是否读到过希纳的著作，或者受到希纳理论的影响，但他们在人与自然界关系方面的这种观点是如此的一致，如同19世纪的Carl Friedrich Gauss与Andrey Markov独立但几乎同时提出并证明了无偏性定理一样神奇。

马克思与恩格斯关于生态与自然界的理论，在恩格斯的《自然辩证法》中获得了精致的说明与论述，近年来重新受到学术界的欣赏与重视。在批驳当时流行的演化的涌现论的同时，恩格斯亦批驳了试图以完全否定偶然性的方式对待偶然性的法国“唯物主义”：一种恩格斯认为与辩证唯物主义相反的决定论观点。在肯定达尔文的演化论以及自然界中的偶然性或随机制宜性的作用的同时，恩格斯认为，必然性以偶然性或随机制宜性为基础。

偶然性摧毁或瓦解了迄今人们所理解的必然性（这个时期累积起来的偶然性的一再发生的相关材料，窒息与动摇了必然性的古老观念），先前的必然性的理念由此失效。坚持先前的必然性，就意味着武断地将与人类自身和世界现实相矛盾的人类的任性决定作为规律强加于自然界之上，这意味着否定生物性质中所有的内在必然性，意味着从一般意义上声称，偶然性的混沌王国是生物性质的唯一规律。

显然，恩格斯在承认偶然性与混沌在自然界演化中的作用的同时，也反对将必然性降低为偶然性的观点。事实上，恩格斯主张，意外或偶然性与必然性在自然界中并列存在，偶然的东西是必然的，必然的东西也是偶然的，或一般地说，偶然性中包含着必然性的因素，必然性中包含偶然性因素。其中某些是偶发性的，某些是必然性的，而且重要的是，不能将两者相混淆。恩格斯用一种统计现象或规律说明了必然性与偶然性之间的这种辩证关系，即“有机演化过程中的每一个进步，同时也是一种回归，修正单方面的演化，排除在众多其他方向上演化的可能性。”

事实上，恩格斯关于人类发展过程的论述正是这种回归思想的具体表现。恩格斯曾指出：“历史是这样创造的：最终的结果总是从许多单个的意志的相互冲突中产生出来的，而其中每一个意志，又是由于许多特殊的生活条件，才成为它所成为的那样。这样就有无数互相交错的力量，有无数个力的平行四边形，而由此就产生出一个总的结果，即历史事变，这个结果又可以看作为一个作为整体的、不自觉地和不自主地起着作用的力量的产物。……所以以往的历史总是像一种自然过程一样地进行，而且实质上也是服从于同一运动规律的。但是，各个人的意志……虽然都达不到自己的愿望，而是融合为一个总的平均数，一个总的合力，然而从这一事实中决不应作出结论说，这些意志等于零。相反地，每个意志都对合力有所贡献，因而是包括在这个合力里面的。”

恩格斯认为，这种演化的发展观既需要从“有机性质的和谐互助机制”的角度来理解，如同新陈代谢的交换理论一样，也需要从自然界中的生存竞争的角度来理解。由此恩格斯认为，正是这两种因素的结合，两种因素共同作用，在与人类生态系统相关联的自然界或社会中，引发了“裂变”的可能性，或引发了突然的与意想不到的秩序或系统瓦解的各不同的转折点或临界点，即人们现在所称的分叉点。

上述关于人类社会与自然界的本体论、认识论以及作为行为或行动主张的方法论的辩证观点表明，复杂适应系统并不是一种全新的思想或理念，也不是首次揭示出人类社会与自然界的复杂适应性的本体论特征。20 世纪各不同学科、领域发现与发展的复杂适应性的现象与理论，是人类社会演化累积的结果，是人类认识不断深化的累积性结果，也是一个偶然性累积为必然性结果。20 世纪各不同学科、领域发展的复杂适应性理论，为人们从科学与系统的角度理解人类社会与自然界的辩证的本体论提供了科学的证据，为人们理解与探讨社会变迁特别是社会治理问题提供了统一的话语体系以及基本的理论框架。

第四节　复杂适应性心智的公共治理透视

一、公共治理的自组织透视

奥弗曼在《公共行政的新科学：混沌与量子理论》一文中指出，物理学、生物学与心理学中的新科学，以及混沌、量子力学或认知心理学的新理论迫使人们重新思考与重新结构21世纪的公共行政新科学，而并不是仅仅重新发现过去的某种模式。根据赫拉克利特、希纳、黑格尔以及马克思和恩格斯的人类社会演化的辩证法，人类社会的演化是一个螺旋上升的过程而绝不是简单的循环，因而试图在历史中去寻找21世纪的公共或国家治理的整体新模式，是缺乏远见或预见能力的表现。同样，这种公共治理的新科学也不是基于物理学或自然科学新进展的粗糙样式进行简单的模仿，而是必须对人们处于其中的日常生活中的公共治理或公共行政现象进行严肃、深入的重新思考与重新归纳，并运用动态适应性的、自组织的与整体化的新科学思维模式进行建构。

虽然20世纪新科学的思维模式仍在形成、完善之中，但奥弗曼认为，这种新科学思维模式主要源自20世纪复杂适应性科学构成部分的三个方面：相对论、量子力学以及混沌理论。混沌是太多事情过快地同时发生而形成的明显失控、令人不可思议与令人无可奈何的状态。混沌是系统中每种事情今天还似乎都处于崩溃的边缘，然而不知如何，明天或下个月系统就涌现出具有新结构与关系的新形式。在混沌学者与公共行政人员看来，这种经历或情形在当今社会中并不是例外而是普遍现象。各种组织与政治系统正是混沌学家们所称谓的远离平衡的系统。

在公共管理领域，基尔在运用混沌与量子理论的概念与方法描述、论述公共行政或管理方面所做出的一系列开创性贡献，至少到目前为止，无人能敌。基尔运用自组织的演化概念与方法描述了公共组织的组织特性，发展了与这些特征互补以及促进这些组织变革或转化的管理原则与实际方法清晰再现与说明了内在于公共治理的情景复杂性；细致思考了任何一个政府机构与其处于其中的外部政治行为主体间边界的高度的模糊性与渗透性；研究了组织机构的活动在不同时间中的动态性质。公民、政治行为者以及其他利益相关者共同界定了政府机构（或组织）活动范围及其动态性质的相关参数。政府机构的活动范围与行为规则间的互动形成了由工作群体、个体与工作过程生成的信息结构。这种信息结构，尽管是该机构的特有产物，但仍随时间与政治氛围的变化而变化。

混沌理论主要研究混沌行为中生出秩序样式的复杂、确定性、非线性与动态系统。在这类系统中，任何相互对立的现象，如秩序与混沌，是同一张纸的两面，每当人们对其进行观察时，每一面中呈现出来的样式都在渗透到另外一面。基尔与埃利奥特的研究发现，政府机构的预算过程是典型的复杂适应系统或混沌系统。任何一个政府机构每年在上一年度结束之前就进入了本年度的预算过程。随着越来越多的能量与相关参与方从正在关注本年度预算安排与支出计划的机构的外部向机构的预算过程渗入，预算系统就开始从近平衡态逐渐向远离平衡态转变。在经过一系列的不断修改和完善之后，预算结构也随之经历着涌现与耗散，与此同时，某种预算样式逐渐从混沌中生成，某种类似预算的最终方案的结构或样式逐渐清晰。在形成最终预算的过程中，即使最微小的偶然事件，如公民抱怨或个人的负面行动，都能对预算过程与结果产生放大几倍的影响，造成新的混沌并形成新样式或结构。类似的现象在政府的不同机构中不断地重复出现，但每一个机构的预算过程都是独特的而且是不可逆的，或者说是不可还原的。预算过程是非线性动态系统的一个典型例子，在此系统中，相关的制度行为者与其他外在力量间的关系展现出从明显的稳定性到明显的不稳定性间的连续的行为分布。

传统的系统理论认为，平衡或稳定性是组织追求的状态，但基尔却认为，某种松散范围内的不稳定性可能是使现存的互动结构与样式能够对环境的需求或变化做出更好回应的必要条件。公共管理的根本的稳定性功能，根本不是维持平衡或稳定，而是能够形成生产性要素不断生成的秩序，是挖掘、开发与激励能够有效支持政府机构能力生成、自更新与自组织的组织过程和系统。职能的组织方式、公务员的态度与他们所运用的技术，都应该服务于创建与外部进行沟通与互动过程中涌现出的绩效边界的边界。

公共组织的管理应该被视为一种释放个人与团队创造性能量的过程而不是指挥与控制的过程。源自团队动态性的、界定良好与有效率的各种过程，在学习型与适应型组织中，成为其控制的自身来源。严格的管理方面的控制可能成为阻止、抑制存在于组织中的重大效率改进潜能的发挥。

不稳定系统要求能够识别何时需要某种较小的刺激性力量的领导，即对于改变关系、转变工作过程、审视作为表面上似乎混沌的基础的、秩序的深层结构具有影响的那些力量。从规划或计划的角度说，公共管理的最优策略是那种设定了界限同时又留有变动空间的策略，是那种监控生产效率同时又容忍一定变异的策略。公共组织的非线性动态性能够对短期的、连续的以及流动的计划做出最优反应。

作为不稳定学习组织的一个特征，绩效改善的实现依赖互动过程而不是组织结构。公共管理面临的挑战，是开发能够为处理大规模间断性变迁提供不同方法的各种内部互动过程。扁平化科层结构、消解过度僵化的结构释放、开辟互动过程、完善信息传递渠道、一线工作人员直接进入决策过程，是开放、强化互动过程的基本要求。

如果认同“有限不稳定性”能够提供绩效改善、学习与适应性的机会时，那么，当组织变得过度稳定时，就需要创造不稳定性或动态性。基尔提供了如何注入推动力或冲击力从而使之变为动态系统的几种实际的方式。在自组织系统中，变迁与适应性源自各种冲击力形成的波动，这种波动可来自内部也可来自外部。生成动态性的一个有效的来源是内部生产力或内部任务组织的多样性。传统意义的组织文化具有抹平乃至消除差异性的功能，但公共管理，通过灵活分配工作、创立多样性的任务小组与识别或甄别个人的独特贡献，能够有效地冲消这种效应。

组织动态性的一个重要外部途径是强化公民参与。公民参与管理过程能够创造组织复杂性，注入公民需求与现有政策、制度或规则间的冲突、矛盾与匹配性等问题，迫使人们重新思考公共管理或治理过程，进而挖掘、开辟新的管理过程。强化公民权力与公民参与不仅为公共治理提供了动态性来源，进而实现民主社会的目的，而且为相关政府机构应该提供什么样的公共服务以及如何提供相关服务等开辟了洞察社会愿望或要求的渠道，开辟了了解公民自愿承担相关公共服务意愿的途径。公民自愿参与公共服务的意愿为理解公共服务的共同生产所面临的问题与潜在改善空间提供了较为完备、清晰的全景。

非线性系统由奇异吸引子的影响驱动。在组织中奇异吸引子存在于深层次的秩序结构中。非线性系统的特征是其趋于吸引子的路径从来不完全一样地重复。趋向吸引子的踪迹，预示着不同类型秩序的基础，显示组织运转过程如何与稳定性和不稳定性相互关联。基尔发现，公共组织存在源自混沌的三种秩序来源：稳定的工作过程、抵近学习曲线的终端以及军人式行为风格。

认识或识别其机构的自组织特征的管理者，必须同时能够认识或识别在这类组织中领导的特殊责任。非线性系统的特征之一是其对初始条件的敏感依赖性。在非线性系统中，任何一个变量的微小变化都会导致系统出现预想不到的，与此微小变动表面可能引起的效应不成比例的效应，即能够形成放大数倍的效应。作为变迁的促进者，在没有能够完全掌控变迁的情景下，领导者必须为可能出现的结果承担责任。这种变化给公共管理的伦理提出了新挑战。

组织对公共治理注入的不同价值的敏感性对组织行为与组织成员行为的变迁具有巨大的影响效应，因而公共治理必须引导或激励组织及其成员时刻为这种变迁做好准备。这种变迁的本质就是要求领导必须将形成服务使命感、追求更好或卓越的事业精神、不断进取的积极态度以及促进组织开放的组织文化视为其核心任务，从而保持与强化组织动态性。

现代社会公共治理的特征之一是不确定性。由于领导者必须为组织变迁承担责任，因此不确定性令大多数公共管理的领导者胆怯、不敢进取而失去探索的勇气，然而“不确定性是不可避免的”。如果因此而放弃注入动态性的探索，公共治理部门必然存在普遍的不作为，公共管理必将失去其应有的与预期的维持、创造秩序与协同行为的功能。然而，促进变迁与为此承担责任，是作为领导者的这枚硬币的两面，是一个本来就存在的统一体，犹如战场上的指挥官一样，只不过已往人们过度强调领导维持与创造秩序的功能而忽略了领导的责任承担。事实上，不确定性正是组织与领导存在的合理性来源，不确定性是学习与改进的机会。互动过程、自主性与不稳定性正是高能组织变迁的重要因素。虽然人们目前并没有形成基于自组织原理的公共管理的统一的理论，没有形成可供人们学习的普适性的应用规则，但基尔认为，如果人们认同风险与责任内生于或固属于一个学习型组织的领导，那么据此设计公共治理的基本构架将会产生人们意想不到的社会效应。

二、公共治理的量子理论透视

如果说基尔的公共治理的混沌理论因开辟了人们认识社会与公共治理本质的新视野而令人感到耳目一新，那么量子理论所揭示的现象更加令人不可思议。量子理论几乎是以一种神秘乃至迷信的方式呈现世界的理论。正因为如此，丹娜·左哈与伊恩·马歇尔在其《量子社会：心灵、物理学与新的社会远景》一书中强调，任何试图理解量子理论的努力，首先必须接受关于物质世界性质的新前提或新认识，这种新前提与我们先前形成的关于人类意识与自然界关系的基本信念悍然相背。事实上，即使对从事量子理论研究的早期科学而言，这种前提同样令人难以想象。维尔纳·海森堡，在回忆对其早期实验所显示的现象的反应时，总结了他及其同事对一个问题的感受，“难道自然界真的可能如这些原子实验所昭示我们的如此荒谬吗？”。事实上，量子理论呈现给人们的最重要的启示是，学会思考不可能的事情，并且为思考所以然的问题开辟了全新的途径乃至范式。

丹娜·左哈与伊恩·马歇尔描述了作为全新的社会现实的量子社会的概念。这种社会现实，与传统人们想象的社会现实完全相反，是整体的、情景化的、回应性的以及涌现性的。他们想象的量子社会超越了弥漫于人们传统的社会思想中的甚为明显的极端的个人主义或极端的集体主义，超越了这些极端的两分对立性。与传统的想法截然不同，《量子社会：心灵、物理学与新的社会远景》坚持认为，社会本体上是一个多样性的社会，多样性不仅应该获得接纳，而且应该创造多样性，因为多样性是社会与社区发展、完善的必要条件。承认个体间复杂互动生成整体社会的同时，量子社会亦必须接受人与自然界间紧密的相互依存关系，人类社会的目标能够而且应该与其嵌入于其中的更为广泛的生物与地理环境和谐地共同演进。

理解人的行为及其内在逻辑是理解任何社会问题的前提，因而必然构成任何社会科学的基础。然而，在人的大脑的思考机制被揭示出来之前，人们是无法理解人的行为及其内在逻辑的。量子理论对于大脑思考机制以及这种机制在社会与自然现象中的投身的理解，正是量子理论的神秘所在。量子理论认为，类似人类意识的东西是自然界演化的最终目标，而且意识本身就是思想活动的产物。量子理论将大脑的信息协调能力归因于大脑是一个具有量子场性质的系统，其运转机理类似于能够产生持续光线或全息图像的激光器，大脑的各种神经元通过释放电流或电磁相互激发，并且各种不同神经元间具有强大的相互激发的属性与能力。大脑的这种量子性质解释了大脑神经运转的整体性（或一致性），以及形成这种整体性（或一致性）的速度。更为重要的是，这种性质已经得到实验的检验。

人的行为及其逻辑不过是大脑神经活动机制与内在逻辑的外显，是大脑中不同神经元间相互激发形成的各种不同意识在现实社会中的一种实现，是作为大脑神经相互激发而涌现出的宏观样式的自我意识驱动与支配的结果。作为大脑神经相互激发形成的宏观样式的各种不同意识，本身具有一种本能的自我实现的演化规律：意识强度的不断增加以及高强度意识能量的自我保持；各种不同意识均具有寻求意识的自我实现的本能，即意识自身要求实现的本能，而且意识强度越高，这种意识自身要求实现的欲望越强烈；通过与外界接触，意识自身实现了物化行为，并且这种物化行为作用在作为其他个体意识能量实现的物化行为上，即物化行为的相互作用或互动。物化行为间的相互作用，即个体间的互动，不仅使各自的意识自身实现了自我驱动，而且实现了意识能量的相互交换，进而释放、消耗了累积中的意识能量。至此，意识能量完成了一次由生成、累积、物化到互动、交换、释放或降低的一次循环，并迅速开始新一轮的循环；意识能量在这种不断的“累积—物化行为—个体互动”的循环中永远并同时保持秩序性与动态性，直至意识能量自我生成机制的消失因而不再为生物体。这是所有生物体的本能或属性：在一个封闭的、没有与外界交流的系统中，意识能量的日益积累将会对其他大脑神经产生更大的激发作用，而通过相互激发机制又进一步强化了某种意识能量，进而导致某种意识进入生物体所能承载的极限状态，大脑进入混沌状态，或出现与精神分裂相伴随的各种情形，如幻想、幻觉、幻象等，或以暴力、犯罪、变态等极端方式释放意识能量。

意识能量自我实现的演化规律，一般通过三个不可分割的途径实现：一是生物体的自身基因编码（或 DNA）决定的生命周期规律；二是物化行为与自然界的互动；三是物化行为间即人类个体间的互动。人类意识能量的这种量子性质决定了人类个体间的内在相互依赖、内在相互联系的可能性与必然性，构成了人类能够形成真正的共同体的意识量能实现基础，也构成了量子理论所揭示的社会现实之所以为全新的社会现实的意义所在。

人类意识能量的这种量子性质的意义，不在于描述了全新的社会现实，而在于揭示了人类为何会呈现出这种全新的社会现实，以及这种全新的社会现实对于公共治理的意义。事实上，早在 1918 年，福列特在《新国家》一书中就描述了个体、社区与社会之间相互作用的社会现实。从基础的方面说，个体性既不是冷漠也不是争执或差别的问题，而是每个个体在社会中寻求其自己的活动的问题……因此，任何一个个体都是由社会塑造的个体，时刻在社会中呼吸，为社会而生存。当我们承认社会是自我展开、自我联合的活动时，我们就应该将自己置于社会的影响之中，接受社会光束的扫描与照射，这些影响与光束不是源自外部，而是源自我们生活于其中的整个社会。

福列特的社会现实观源自其在第一次世界大战期间目睹的开明的意识形态对于个体与社会碎片化侵蚀性影响的直观感受，是经验观察与个体情感共同作用的产物。显然，福列特感知的与《量子社会：心灵、物理学与新的社会远景》所描述的社会现实高度重合或类似，但福列特并没有说明其观察到的社会现实的生成机制，而量子理论，借助于科学实验而获得的人们接受的所谓科学“小-t”真理，构成了解释与证明福列特与其他社会思想家的社会与政治哲学的科学来源，构成了解释这种社会本体论的知识来源。

意识能量的自我生成与自我实现的内在驱动力，形成了物化行为；物化行为的互动生成了社会的“自我展开”与“自我联合”的性质与特征；“自我展开”与“自我联合”的社会进而变成不同意识与不同意识能量生成与变化的刺激性来源，导致不同意识与意识能量的波动性变化，成为塑造个体意识能量磁场，每一个体均被这一大磁场进行磁化，因而个体间具有相互吸引的共性，也存在相互吸引的互补性，更存在相互排斥的各种力量。

量子理论的另外一个重大特征是实验现象的任何真正或完全客观的观察都是不可能的，因为任何观察行为都不可避免地卷入到被观察的事件（物）中并且受被观察事件（物）的影响。

自从爱因斯坦通过实验证实物理学家普朗克的猜想——电磁辐射以被称为量子的离散能量束的形式出现以来，物理学家们开始了将牛顿力学改造成量子力学的进程。尽管爱因斯坦从未同意这些物理学家的奇妙结论，但量子理论家们则描述了一个不是确定性的，而是完全不确定性的世界。在这个世界中，人们所能够知道的，只是人们观测（察）的结果而不是某种基本的真理或秩序。这不仅意味着观察者完全主观地解释结果，而且更意味着观察行为或测量行为本身就决定了结果，因为任何人都无法置身于观察或测量行为之外或保持中立。

Heisenberg 利用测量亚原子粒子的实验证实了上述结论。类似光子、电子等物质实体，既能显示出实体粒子的属性，也能显示出波的属性。早期的知识表明，同时精确地知道质量和动量是不可能的。如果一个实验设计旨在测量一个属性，那么另一个属性就会被还原为一个概率场。这些粒子实际上是一个潜在的质量与动量场，测量行为破坏了这个场的潜在位置与方向，从而使其转化为一个单一属性的现实。

实验证实的波粒二象性，以及分裂粒子的各种实验所表明的粒子间存在的复杂的纠缠行为，证明了科学家们所想象的量子世界的真实存在或现实。量子世界是一个互补的、非局部因果关系以及粒子间存在参与性联合的世界。在这个世界中，由许多不同尺度分割的而且相互之间没有沟通机制的两个实体，仿佛有一个观测不到的媒介将他们关联在一起，恰似连体一样，仍然能够相互纠缠：他们在行为方面显示出令人难以置信的相关性。围绕这些实验发展起来并推广到宏观世界的一种量子哲学，对隐蔽变量、众多世界与众多心灵（精神），以及意识和参与对人们周围世界产生的隐蔽性影响，提出了各种新设想或新理念。

由于量子理论与传统科学理论和方法间存在如此之大的差别，解释新现象一直困扰着人类。爱因斯坦曾提出过“思想实验”，作为解释新理念的一种有益工具，尽管如此，在量子科学领域，没有任何其他的思想实验能与薛定谔的箱子中猫的思想实验相媲美。

想象一下，把一只猫放在一个封闭的箱子里。箱子里装有一个放射源和一个类似盖革计数器的探测器来探测放射性粒子，但在仅开启一半的时间时，一个装有毒气的玻璃瓶，一个锤子悬在玻璃瓶的正上方，锤子落下，玻璃瓶会被砸碎。如果发生放射衰变而且探测器开启，那么锤子会落下，砸碎瓶子，释放出毒气，箱子中的猫就会被毒死。在没有打开箱子的前提下，薛定谔让人们解释或说明一下箱子中猫的现实性质。

大多数人会说，猫或者死了，或者活着，视究竟发生了什么而定，而且必须打开箱子才能够发现这种现实性，即决定猫是活着还是死了。其他不太确定的人会说，猫既没有死也没有活，但在其思想实验中存在事件发生的一个概率（或许某些人的思想实验中没有这种概率）。

在没有打开箱子以及没有确定概率函数之前，从理论上说猫既没有死也没有活。最后，自薛定谔最初的实验以来，由薛定谔提出的解释是，某些人可能会说，猫既死了也活着，视集体与参与者的现实观而定，即建构主义的观点。在一种世界观下，猫活着，在另外一种世界观下，猫死了，因此，猫既死了也活着。在建构主义看来，研究者发展了一种“活”的世界观，借此来定义箱子中猫的现实性质。

显然，大多数公共治理与管理方面的问题并非存在于箱子之中，只要打开箱子就可以发现基于某种界定的确定性的答案。但是，一个不可否认的事实是，面对相同社会现象，不同的人站在不同的立场上去观察，则会形成完全不同的感受与认识。正如庄子所说，“物无非彼，物无非是。自彼则不见，自知则知之。故曰彼出于是，是亦因彼。彼是方生之说也。虽然，方生方死，方死方生；方可方不可；因是因非，因非因是。……是亦彼也，彼亦是也。彼亦一是非，此亦一是非。”“是不是，然不然”。每个观察者在观察现象时所运用的嵌入于其“心智范式”中的评判尺度的不同，必然导致其对观察的对象形成不同的感受与印象。这正是“多种世界，多种心灵”社会现实的特征。不同观察者间源自评判尺度上的差别的不同意见，是没有科学或逻辑的方法能够解决的。对此，庄子已经进行了有力的论述：“使同乎若者正之，既与若同矣，恶能正之？使同乎我者正之，既同乎我矣，恶能正之？使异乎我与若者正之，既异乎我与若矣，恶能正之？”

运用量子理论，如同混沌理论一样，研究公共治理问题，已经成为探索公共治理理论新范式的一种趋势。Robert Behn 认为，公共治理问题的研究与物理世界的研究，事实上非常类似。两者都寻求有意义的比喻或描述。虽然他用大部分篇幅说明经典物理学的众多概念，如力、惯性、临界物质等如何影响了传统公共治理理论的概念或比喻，但他重点强调，在界定塑造公共治理现实的概念方面，应该更具有创造精神。Ted Becker 编写的《量子政治学》一书中，几乎所有的研究都应用量子概念研究政治体系的制度与过程。

例如，著名宪法学家 Laurence Tribe 运用 Heisenberg 的不确定原理，论述了法院在实施法律的过程中对于改变法律世界负有责任。Fox 和 Miller 的《后现代公共行政的重塑》指出，从制度和官僚组织到公共能量场的转变，如同波粒互补性一样重要。Fox 和 Miller 同时也强调，量子概念的比喻性借用是重塑公共行政科学的大胆尝试，是形成适应复杂适应性公共行政或治理理论的必经途径。Overman 和 Cahill 关于美国各州健康数据组织的研究，显示了健康政策中所运用的信息具有量子性质。这一研究发现，关于健康成本与质量控制的信息，既具有不确定性，也具有明显的建构性质，反映了政策过程的多价值属性。在环境政策与伦理领域，一些研究者运用量子理论，讨论了人类与非人类的经典区分问题以及作为具有创造性与知觉性的物质实体的概念。

绩效评估为量子解释提供了一个有趣的对象。绩效评估的设计，旨在提供员工任务情况与行为改善或缺点的一种客观测量尺度。当与收入或晋升联系起来时，绩效评估成为激励员工与改善组织效果的一种强有力的工具。从量子理论看，对绩效评估的这种客观与因果性理解，是存在问题的。首先，绩效不能被分解为问题与分数，被判定为好或坏的常常是互补的。很明显，绩效既是相对的也是互为主观的，更为重要的是，任何测量绩效的尝试仅仅改变了那种绩效。进一步，影响员工绩效的各种原因在不同社会、个人与职业领域中分布的离散度很高，不存在单一的原因，非局部因果性存在多种可能性。当监督者与员工共同参与并且合作时，绩效评估才能为更大的组织改善（进）带来价值。这种新组织过程必须在管理方面获得体制性或框架性突破，才能创造世界级的服务、灵性（精神）与各种运作。

Zohar 和 Marshall 运用波粒二象性原理建构了意识模型与社区模型。Zohar 和 Marshall 认为，人们自我赋予的组织感与责任感，本质上是将组织与责任的统一归因于这种统一具有一种不确定性的、类似波的物理基质。从社区的角度说，这意味着，当社区成员并不那么严格地受到相关规则与程序约束的时候，成员的创造性能力更容易得到强化或激发。换言之，一种较为松散的、更具弹性的组织，更有利于自我生成的目的感的涌现。个体通过经验来界定自我，但不是孤立地而是在与其他个体互动中界定自我。通过对人们态度的知觉或感觉性鉴别，即通过他人的评估性行为，自我的这种界定逐渐完善。人们在任何情景中所采取的不同态度，都对情景将如何展开产生塑造性影响。

第七章　复杂适应性心智范式

复杂适应系统的构成要素在局部相互作用，并且自发地对外部环境变迁做出适应性反应；不同个体适应环境的行为调整在局部相互激发，从而使系统作为一个整体呈现出新的结构与样式。要素间相互作用或激发形成系统的整体样式，与系统构成要素的行为并不具有明显的一致性。因而一般来说，系统整体样式与整体行为并不能简单地通过直接加总个体行为而得到，而是个体行为通过复杂互动生成与个体行为并不完全相同的整体样式。复杂适应系统的自适应性源自系统各种要素在互动过程中积极地、自觉地寻求其适应性，并在寻求适应性过程中积极地改变自身的行为，而这种行为的改变又通过相互作用激发了其他个体行为的改变，从而使系统作为一个整体，在个体行为的改变及其相互激发过程中形成了整体适应性。

复杂适应系统的适应性，从本质上说，源自构成系统的要素的性质、各要素间连接而形成的结构或体制、各要素间相互作用的方式以及相互激发的机制，因而具有其特有的结构和内在演化动力与机制，具有特定的适应外部环境方式与机制。

第一节　复杂适应性系统的基本结构

复杂适应系统各要素间的连接，即结构，是其具有适应性的一个重要基础与前提。没有特定的复杂结构，系统不可能具有自适应性。大量的研究表明，复杂适应系统的结构一般来说主要包括分布式控制的嵌套结构、要素间的近可分性与弱耦合性、某种程度的交叉联接弹性与功能重叠性等。

一、分布式控制的嵌套结构

复杂适应性系统，从一般的意义上说，是由大量各种不同要素或部分构成的集合，这些不同部分间以各种不同方式复杂地相互连接，从而使组织在与外部环境互动过程中持续存在或增长。这些大量的、各种不同的相互作用的要素或部分通常形成一种复杂的、自相似的嵌套结构，不同层级水平上的要素之间具有适度弱耦合的相互依存性，存在不同程度与类型的适应性竞争，而且在互动过程中相互激发进而调整各自的行为与结构实现相互调适，即所谓的分布式控制的嵌套结构，如图 7-1 所示。西蒙将这种结构描述为通过不断重复的过程形成的“成堆的盒子嵌套于另外成堆的盒子”，类似于列宁在描述辩证法时所说的“无数的大圆圈套着无数的小圆圈”的结构。

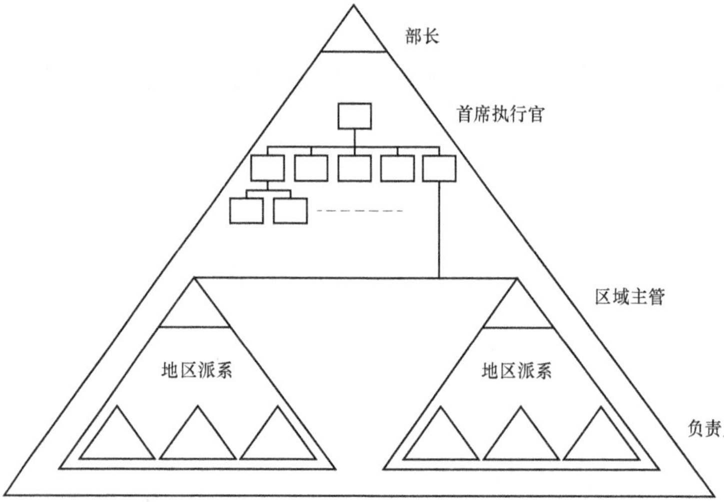

图 7-1 示意性的社会嵌套结构

Holland 认为，当个体单元或行为者聚合在一起时，新的层级水平就会出现。这种聚合过程是复杂适应系统大多数基本要素相互作用的一种重要特征，是复杂适应系统增长的基本过程：众多行为者结合在一起形成一种聚合，每种聚合再与其他的聚合进行连接，形成元行为者，这些元行为者再与其他元行为者结合在一起形成层级水平更高的聚合，并成为下一轮聚合的元-元行为者，如此不断地进行。如个体聚合形成家庭，不同家庭聚合在一起形成村落，不同村落聚合在一起形成村落的联合（如镇），这种联合聚合在一起形成更大的联合（如县），等等。人类社会是一种特别复杂的网络结构，因为每一个体可能属于同一层级水平上的"不同盒子"（如不同的村，不同的镇或不同的县等）（如个体可能同时是家庭的一员，某种职业组织的一员以及某个社区的一员等）。

复杂适应系统的每个构成部分在功能上具有相对独立性，而且通常能够对局部事件做出相应的个体性反应。这种结构与现象类似各种神经网络的联结机制，如应用于金融市场预测与病人分类的平等分布处理系统。与依赖中央处理器控制的大多数超级计算机不同，复杂适应系统对于某些信息输入仅仅在局部的相邻部分间进行交换。复杂适应系统的各单元互动时，能够调整其结构与行为，从而形成相互配合。基于非线性阈值函数的加总，不需要任何更高一级组织的指令或协调，相互作用的构成部分的行为通过相互激发能够形成某种局部的网络反应。

分布式控制的嵌套结构是任何大型组织特别是国家治理，有效适应 21 世纪复杂社会环境，提高组织治理能力与适应内外环境能力的必要结构。20 世纪八九十年代以来，通过内部机制（承诺性的或基于信任的管理）而不是外部（官僚规则）约束，实现组织的协调与控制，日益成为组织提高适应能力与竞争力的关键。这种新的治理策略更直接、更有效地获取与激发类似于员工承诺、隐性知识与学习行为等无形资源。Smircich 和 G. Morgan 将这种治理称为意义的管理或治理，即所谓的“感知决策”发展关于生成意义的方式或过程的社会共识。在这种治理策略或结构中，正是这种社会共识而不是规则发挥着实际的协调作用。

布朗分析与研究了常常能够对人们的行为产生重大影响的社会惯例。在各种不同情形下的自觉排队以及面临某种紧急状态时众多陌生人的非计划的协调活动，均为依赖分布式控制的组织或协调过程。Axelrod 的研究表明，社会规范常常成为较权威干预更为有效且更具有生产性效应的、协调人们行为与解决某些冲突的重要机制，社会规范事实上先于法律形成或实施。更为有趣的是，计算机模拟社会规范演化的结果表明，在有限理性条件下，某些元规范在建立与保护群体规范方面发挥极其重要的作用。

二、复杂适应系统要素间的近可分性与弱耦合性

复杂适应系统的另外一个重要的结构特征是其构成要素间相互联结的特殊性质。西蒙将这种特殊的联结性质称为“近可分性”，即构成要素或部分内部的关联大大强于要素或部分间的关联，邻近构成要素间的关联强于较远构成要素间的关联。换言之，如果那些具有相互关联依赖性特征的工作任务或职能能够聚合在组织结构较低层级水平上的相同的子组织内，那么这种结构就是一种近可分的结构。

在这种情形下，源自相互关联依赖的职能（任务）间不可避免的发生冲突，不需要通过有关行为者讨价还价这种具有高昂交易费用成本的方式，而是由某个最为方便地获得所有相关局部信息的共同调节者更为有效率地加以解决；不同部门（单元）中的其他任务间的相互关联的依赖性，应该尽可能地少，从而将其冲突交由组织金字塔结构中处于更高层级水平上的这些不同部门（单元）的共同调节者；这一层级的共同调节者无法调节的其他具有相互性关联的职能或任务间的冲突，交由再高层级的共同调节者，并依次类推。与外部的相互关联互动可以交由组织最高层领导或与组织最高层领导密切联系的专门的外事机构来处理。然而，如果相互关联的依赖性过于广泛而无法聚合于单一调节者的控制幅度范围内，或者当这种相互依赖性变化过于迅速使得组织行为与结构无法及时做出回应性调整，那么层级协调将完全丧失协调功能。

图 7–2 显示了一个具有三层级结构盒子的近可分系统，第一层级分为上下两个盒子，这两盒子的每一个再分为两个小盒子，行与列的数字表示不同的盒子，盒子 1～盒子 6 与盒子 7～盒子 12 构成第二层级上的两个子系统，盒子 1～盒子 3，盒子 4～盒子 6，盒子 7～盒子 9 与盒子 10～盒子 12 构成第三层级上的四个子系统。第三层级上子系统间相互作用的强度为α，第二层级上的子系统间相互作用的强度是β，第一层级上两个子系统间相互作用的强度是γ，它们均小于各自系统内部要素

间的相互作用强度。

	1	2	3	4	5	6	7	8	9	10	11	12
1	-1	a	a	ε_1	ε_1	ε_1	ε_2	ε_2	ε_2	ε_2	ε_2	ε_2
2	a	-1	a	ε_1	ε_1	ε_1	ε_2	ε_2	ε_2	ε_2	ε_2	ε_2
3	a	a	-1	ε_1	ε_1	ε_1	ε_2	ε_2	ε_2	ε_2	ε_2	ε_2
4	ε_1	ε_1	ε_1	-1	a	a	ε_2	ε_2	ε_2	ε_2	ε_2	ε_2
5	ε_1	ε_1	ε_1	a	-1	a	ε_2	ε_2	ε_2	ε_2	ε_2	ε_2
6	ε_1	ε_1	ε_1	a	a	-1	ε_2	ε_2	ε_2	ε_2	ε_2	ε_2
7	ε_2	ε_2	ε_2	ε_2	ε_2	ε_2	-1	a	a	ε_1	ε_1	ε_1
8	ε_2	ε_2	ε_2	ε_2	ε_2	ε_2	a	-1	a	ε_1	ε_1	ε_1
9	ε_2	ε_2	ε_2	ε_2	ε_2	ε_2	a	a	-1	ε_1	ε_1	ε_1
10	ε_2	ε_2	ε_2	ε_2	ε_2	ε_2	ε_1	ε_1	ε_1	-1	a	a
11	ε_2	ε_2	ε_2	ε_2	ε_2	ε_2	ε_1	ε_1	ε_1	a	-1	a
12	ε_2	ε_2	ε_2	ε_2	ε_2	ε_2	ε_1	ε_1	ε_1	a	a	-1

图 7-2　西蒙近可分概念示意图

近可分系统常被称为弱耦合系统。如果系统只有少数几个共有变量或共有变量间联系较弱，那么这个系统就是弱耦合系统。Weick 将弱耦合系统定义为：内部要素既相互作用或相互回应，又保持一定的分离性与特定性的系统。如果一个系统的要素间突然地而不是连续地、偶尔地而不是经常地、间接地而不是直接地、最终地而不是立即地相互影响，那么这个系统就明显地是一个弱耦合系统。因此，弱耦合系统在各子系统间的相互作用具有非永久性、非溶性与相互适应性的特征，这些特征构成了将各种不同组织或社会构成部分黏合在一起的“黏合剂”所具有的潜在的与关键的性质，如图 7-3 所示。

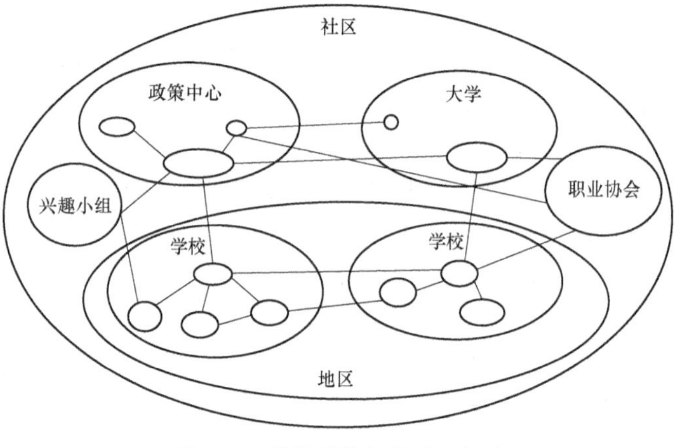

图 7-3　系统弱耦合关系示意图

在人们试图理解弱耦合上述性质的过程中，Thompson 首先识别出了耦合的基础问题。Thompson 认为，虽然组织形式的设计旨在处理某些固有的冲突或矛盾，但组织研究者所运用的语言并没有让人们能够清楚地认识到这一现实。组织既表现出确定性，寻求确定性的封闭系统，也表现出非确定性，期望不确定的开放系统。面对这些意义不相容的概念，以及文化并不包含同时思考理性与不确定性概念的事实，人们或是通过忽略不确定性而只关注理性，或是通过忽略理性行动而只关注自发的过程来简化他们的分析或思考。

公共治理系统是一个典型的弱耦合系统，其部分之间既具有相对的独立性也具有不可分的内在连接性。传统治理理论，在以牛顿力学、拉普拉斯数学等为基础构成起来的心智模式的左右下，人们天真地认为只要思考得足够仔细，政府各部门间的职能就能够得到良好的界定，各部门以及不同层级政府间的边界就会较为清楚，职能交叉与灰色领域几乎是可以忽略的，因此将关注的重点聚集在了政府部门以及政府间的职能分割方面。然而，不幸的是，不论耗费多少精力与资源进行“条与块”的反复分割，结果却总是非常地令人沮丧：系统间关系，特别是职能交叉导致的组织职能间的灰色区域总是阴魂不散，成为公共治理中一直没有得到有效解决的问题之一。

事实上，自 20 世纪 60 年代以来不断困扰公共治理领域的边界问题，源自人们心智模式中的三个相互嵌入的错误：关于公共问题的本体论性质的判断错误；关于何为良好公共治理的规范性标准的选择错误；关于何为解决边界问题的有效性方法的判断错误。处理弱耦合问题的方式之一是同时关注理性与不确定性的治理问题，因而既需要有关治理的心智模式的改变，也需要治理结构的变迁，更需要判断何为良好公共治理的规范性准则的更新。治理弱耦合的问题，需要公共治理体系与当今社会的复杂性现实之间的良好匹配与契合。因为，根据阿什拜必要种类或复杂性对等定律，没有治理体系与问题体系间在复杂性程度方面的这种匹配性，就如同用一把一维的尺子去测量二维空间，用二维的尺子去测量三维空间一样，永远测量不到真实的面积与体积。

虽然弱耦合性给传统的公共治理带来了无法摆脱的困扰，然而，弱耦合却具有人们所期望的某些特别的活动性质，即模块性、必要种类性与离散性。弱耦合通过将各个部分会聚成类似神经网络或适应性个体网络的方式，实现对内外环境变迁的自适应性。会聚的神经网络具有个体间互动、弱耦合相互依存以及由选择机制而生成的竞争或紧张。弱耦合的这种性质使系统既能够动态地处理信息，又能够吸收可能引起鲁棒性较差使系统失灵的来自系统内外部的各种扰动。

耦合系统的管理面临的一个重要的实践问题是：在一个特定的复杂自适应系统中是否存在某种理想的联结水平？关于这个问题并没有一个统一的理论，不过目前的相关研究表明，联结强度不足的系统在协调对内外部变迁的适应性反应方面存在严重的能力不足问题。弱耦合或近可分系统，在变异、交叉或重叠与自然选择的一般条件下，相比那些不具有近可分性的系统，在适应性增长与再生方面具有更快的速度。另外一个方面，子系统间过度或过多的联接同样会危及系统的生存。当一个群体面临类似需要集体行动的社会困境时，过度联结将导致系统进入平衡状态。计算机模拟显示，当群体规模超过某个临界值时，系统内部的合作将趋于瓦解。当群体规模超过这个临界值时，源自任何个体的背叛行为对系统产生不良结果的可能性非常小，而个体所获得的潜在收益却是非常大，因而背叛行为的反向激励即惩罚将完全消失。当群体规模较大时，在组织内创建弱耦合的子系统能够形成可扩散到整个系统的合作性行为。

三、组织弹性、功能重叠与适应性纠偏

传统公共治理理论主张整合碎片化政府组织，减少不必要的服务或机构重复，认为功能健全的政府组织结构应该是职能界定清晰（功能上不存在重叠或交叉）与责任明确的结构，即精简。这种观点在许多国家都引发了数次的政府机构的分合、增减与重组的循环。

尽管从科学管理与常识角度来说，这一主张很有吸引力，但支持这种传统智慧的理论从来没有明确地论述或证明这经验的正确性。不过重组与整合政府组织的意义却被广泛地宣传：降低成本与更好地服务社会。

虽然直觉表明，功能齐全、责任清晰、分工明确具有一定的合理性，但并非所有情形下的组织重叠与职能交叉都是浪费，都一无是处。某些情形下的组织重叠与职能交叉能够有效增进组织效率、效果与稳定性。Landau 早在 1969 年就曾对公共治理中的这种观点提出过挑战，认为应该重新思考零重叠是否真的具有经济性与效率性。他指出，存在强有力的证据表明，通过消除组织重叠与职能交叉改进公共治理的努力，如果获得成功，可能产生了完全相反的效应或影响。如此众多的努力均以失败而告终这一事实或许已经表明，机构重叠与职能交叉很可能存在社会学家所说的某种“潜功能”。若果真如此，那么依据零重叠建议的政府机构的任何重构都是在将箴言变为问题，如图 7-4 所示。

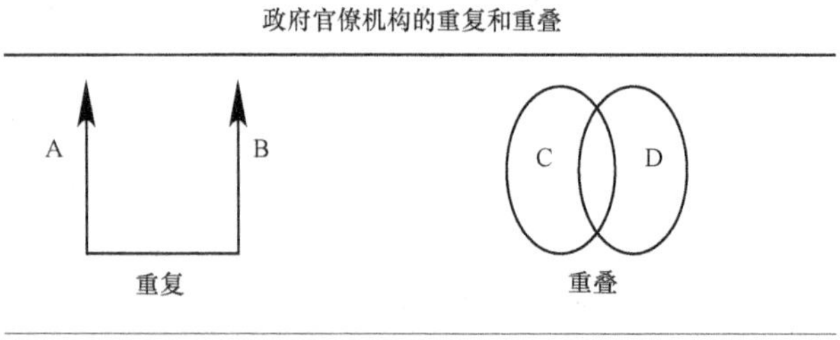

图 7-4　政府机构重叠与交叉关系示意图

人们主张消除组织重叠与职能交叉一般源自以下三个方面的原因：

（1）效率——过度重叠导致较实际需要更大的资源支出，整合重叠活动能够产生规模经济。

（2）缺口与重叠——在预算情形下，重叠与交叉导致某些非重叠与交叉机构活动缺乏资源。

（3）责任不清——重叠与交叉被视为碎片化的一种表现，认为重叠与交叉越严重，责任分离与归属就越难以界定，因而必然对组织管理产生负面影响。

虽然人们提出上述三个与交叉、重叠或冗余相关的猜想问题，但直到目前都没有一个获得经验上的科学验证。相反，众多研究表明，组织重叠与职能交叉是复杂适应组织具有适应性的一个重要特征，具有不可忽略的意义或作用。

Niskanen 研究了政府中组织重叠与职能交叉对于改善政府机构效率的意义，并建议通过设置类似机构与在不同机构中界定相关职能，使政府机构间形成竞争，能够有效降低政府机构对相关信息的垄断，包括成本信息与相关社会问题的信息，进而提高政府机构效率、提升回应社会需求的能力。与传统公共治理的信念相反，政府机构间的竞争事实上一直存在，并且近年来出现了不断增强的趋势，只是不断地受政府组织结构改革的干扰与冲断，并被淹没或掩盖在结构性改革之中而已。

更为关键的是，依据某种制度传统与治理的合乎正义性的理念，政府机构间竞争通常被视为不可取或不光彩的，是见不得阳光的事情，或者被视为有损政府运转效率与合法性形象，因而是不可容忍的事情，更不能将此竞争公布于社会。事实上，既然承认地方政府间存在竞争，政府各机构间为什么不承认存在竞争已经有违事务运转的内在逻辑了。不论承认与否，这种竞争已经是一个公开的事实，是政府机构间运转关系的现实。既然政府机构间存在竞争，在大众传媒如此发达的当下，掩饰它的存在就不如公开地承认它的存在，并将这种竞争转化为提高国家治理能力与治理绩效的工具或机制。

Landau 的研究表明，组织重叠与职能交叉能够有效增强政府职能履行的可靠性。如果运用失败—安全检验标准，那么组织重叠与职能交叉，在相关制度或规则的配套或匹配下，就是一种值得考虑的政府组织设计。这种重叠与交叉能够将任何单一的错误引发的影响限定在一定的范围之内；由反馈环构成的复杂网络能够减少类似错误重复出现的可能性；当某个机构忽略某些问题或对某个方面的问题判断错误时，其他机构可能已经关注这个问题并进行了正确的探索，因而能够及时弥补在某些方面的政府行为真空或行为错误的问题。从最低限度的意义上说，这种多机构的探索至少为处理某类问题提供了可以比较的方式或试验，为公共治理创新提供了不可或缺的机会与方式，与不同地方政府的存在为地方政府治理现代化提供了意义重大的探索如出一辙。

第二节　复杂适应性系统演化的内在机制

一、自组织

复杂适应系统的一个内在属性是其自组织能力。自组织就是系统自发地自我组织成更大的复杂状态的能力。1994 年 Barton 将自组织描述为在没有外部环境特别干预的情况下，开放系统形成某种结构或样式的过程。1995 年 Farmer 将自组织界定为复杂适应性组织从混沌、无序、无分化与分立的状态到有组织的、高度分化的与高度相互依赖状态的自然发展方式。作为对外部环境变迁的自发的适应性反应，复杂适应系统的构成部分在局部相互作用，并在这种相互作用中复杂适应系统既进行自诱发的、非线性变迁，又保持了其本质性特征。这种相互作用进而重塑与更新了系统的整体宏观样式，即复杂适应系统在适应环境变迁过程中通过内部构成要素的相互作用在宏观上涌现出了新的样式。人类社会是一个典型的自组织系统。作为对生存环境变迁的适应性反应，个体通过相互作用自组织成家庭、群体、社团、社会、文明、经济与政治等子系统。

自组织主要原理大部分源自 Prigogine 关于远离热平衡的研究以及 Haken 的协同理论。Haken 认为，系统个体构成间的集体性相互作用产生了被称为秩序参数的宏观性质。这些宏观参数，如社会习俗、宗教以及规范等，一旦形成便自上而下地指导与塑造构成要素的行为；与此同时，构成部分继续以自下而上的方式运行进而支持与强化秩序参数。秩序参数一旦形成，这种反馈式的循环因果性就成为促进复杂适应性组织稳定的力量，除非遇到外部的影响或冲击。

秩序参数已经被广泛应用于描述行为科学与社会科学领域各种复杂适应性组织的某些重要特征。1995 年，Stadler 和 Kruse 在人类认知领域发现，意义或意义的形成是高级大脑的秩序参数：众多实验表明，意义是复杂语义链记忆的组织基础；企业利润或盈利性是经济领域中企业组织多样性的秩序参数；社会中支持两种相反的解决问题的观点的个体数量上的差异，构成了社群对某个重要问题的不同反应的秩序参数。

Haken 认为，所有下述概念都可以作为秩序参数在某个特定的复杂适应性系统中出现：语言、国家特征、宗教仪式、政府形式、公共意识以及社会风气等。

在《国富论》中，亚当·斯密强调，人类的自私并不是经济学家的理论建构，而是实际经验事实。自私是每个人的强大的和原始的行为驱动力，因而也是每个人的自然权利。但是，通过市场机制这只看不见手的引导，自私的个人之间的互动却形成了普遍的宏观福利效应。亚当·斯密经常被引用的两个名言最典型地反映了他的观点：我从不知道那些从事商品交易的人所做的善事是出于公共的善，我们晚餐所需要的那些并不是出于屠夫、酿酒者或面包师的仁慈，而是出于其对自私利益的关怀。

Mainzer 认为，亚当·斯密事实上将市场经济描述成一个由许多竞争的不同微观利益构成的复杂性系统，个人之间互动的动态结果本质上是竞争的自组织过程所形成的供需平衡。通过需求（*r*）和供给（*c*），经过市场机制（*m*）和自然价格（*n*）的反馈机制，图 7–5 给出了亚当·斯密关于供给与需求的自组织过程想象。

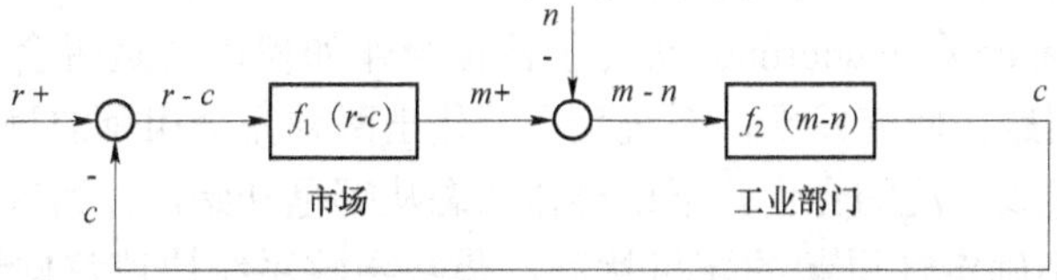

图 7–5　亚当·斯密关于供给与需求的自组织过程想象

哈耶克是 20 世纪思想受到人们普遍重视的少数几个著名学者之一，其制度演进论在解释制度变迁、公共治理结构重建以及政府管理创新中的作用，获得了学术界的普遍承认。哈耶克学术思想的创新主要源自其较为系统地运用了自组织理念和逻辑（虽然他没有利用自组织的相关概念和表述方式），重新解释了人类社会制度及其起源、变迁等一系列问题。哈耶克通过分析和比较不同学者对人类社会本质的不同想象，以及通过比较这些不同想象对制度乃至对社会变迁的解释绩效，继承了源自于亚里士多德、休谟，特别是康德的学术思想，抛弃了“还原论”而禀承了“整体论”的方法论原则，建构起其制度演化论思想体系。哈耶克的“自发秩序”正是自组织秩序的翻版。

利用计算机模拟技术，研究者们研究了社会与经济系统中众多自组织变迁或形态变化问题。Latane 及其同事研究了群体态度变迁过程中的涌现现象。基于重要的态度具有范式性或全局性而不是维度性影响的观点，1994 年 Latane 等设计了计算机模拟程序，其中行为变迁的主要机制是，只要来自其他行为者个体的社会影响压力没有达到支持相反的观点的程度，每一个行为者都维持其自己原有的态度，模拟社会态度的变迁所形成的宏观样式。在此模型中，改变态度的联合压力与坚持自己态度的压力（包括行为者坚持己见的程度）之间非线性作用，逐渐变化影响力在达到某个阈值之间对个体态度不会产生任何影响，然而一旦达到或超过这个临界水平，个体就改变其态度。

将每个行为者随机地分配到与该个体相对应持有两种同态度中之一种的单元格中，他们发现，经过一定时间的演化，围绕两个秩序参数，生成了与初始结构明显不同的结构。关于第一个秩序参数，观点极化，形成了不完全的极化样式，即少数观点者人数减少了但并没有完全消失。关于第二个秩序参数，观点聚类，聚类增加到使拥有相同观点的行为者间较与持有不同观点的行为者在空间上的分离程度更大。

1994年Lantane和Nowak将这一自组织均衡描述为一种聚类群体，其中持少数意见的行为者与持有流行的多数意见的行为者隔离开来，聚集在一个局部区域，在那里他们的观点占有多数。模拟显示，观点坚定的行为者，聚集在少数观点的行为者聚集区的边缘，能够使那些观点不太坚定的行为者实际地相信他们绝对是多数派的部分，不会受到少数派观点的任何影响。

1994年Glance和Huberman研究了群体合作如何以及是否会在需要集体行动的情景中出现问题。研究发现，系统趋于演化出两种完全相反的稳定状态：个体间存在广泛的背叛或广泛的合作。不论群体状态从哪里开始，行为者个体对相互的行为与倾向性的不确定性引起的随机扰动，最终导致系统快速移向这两个稳定点之一。Glance和Huberman的研究表明，当某个特定群体规模相对较小、群体异质性较高并且关注长期结果时，个体间互动最可能出现合作性的结果。

人们的研究发现，经济领域存在大量的自组织样式。1982年，Allen研究了城市中心的演化过程与最终形成的式样问题；他认为个体、家庭或商业在选择其住地时所做的决策，由众多相互作用的非线性因素决定。这些因素包括当地雇员与住宅的易获得性、质量以及相邻社区的竞争性机会。此类选择不必是永久性的，取决于相关要素的相对成本，随着情形（随时间）的变化，行为者可能重新选择住地。众多类似的个体决策的总体效应在计算机模拟过程中变得很明显。随着时间的流逝，均匀分布的初始网络演化为具有少数几个人口高密度中心的地理空间或拓扑形态，这些高密度人口中心外围则出现几个卫星城市以及距离这些中心更远些的低密度区域。

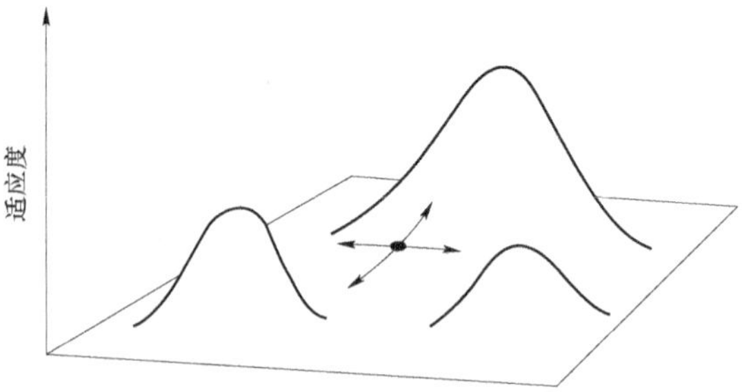

图7-6　自组织聚类的宏观涌现

自组织作为一种过程，有两种情形或发展形式：一种是由非组织向组织的有序发展过程，其本质是组织程度从相对较低（包括“无”）向相对较高演化；另一种是维持相同组织层次，但复杂性相对增长的过程。前一种过程反映了组织层次跃升的过程，后一种过程标志着组织结构与功能从简单到复杂的水平会聚。从基本粒子层次演变为原子层次是第一种自组织的组织层次跃变过程；而从氢原子到结构单允重复多次的重元素原子的演变，则是后一种组织层次不变而复杂性增加的演变。前一种自组织表现为间断性的突变；后一种自组织表现为连续性的渐变。这可以视为自组织的两种最基本的过程。为了突出它们的特征，人们称前一种自组织为“自创生”①，后一种自组织为“自会聚”②。这样，系统的自组织进化可以用图 7–7 加以描绘。

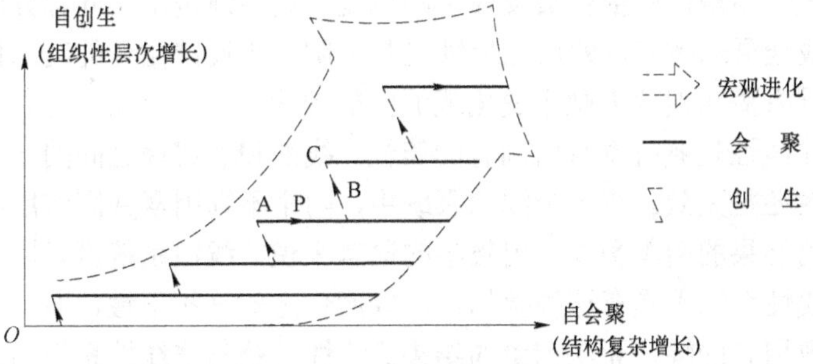

图 7–7　自组织进化

从类型上看，自组织系统至少有三类。

（1）自我维持稳定型。其特点是组织层次与复杂性不变。例如，自适应、自调节、自重组等属于不需要自我更新的，只以重新调节与组合来自我维持原有组织结构与功能的自组织；而自复制、自催化等则属于通过自我更新来维持原有的稳定的组织与复杂性不变的自组织（由于复制错误而出现的类型不在其内）。

（2）结构功能复杂性自我增长型。其特征是组织性层次不变，而结构与功能通过物质、能量流与信息流的会聚而向复杂性增长。例如，在物理一化学组织层次束的分子组织层次上，氢分子起源较早，结构十分简单，而在这个组织层次的接近终点的地方，如化学高分子和生物大分子则结构十分复杂。可见，分子组织层次上的复杂性增长表现为从简单单元到单元结构重复排列，并互相嵌套，以及它们之间的相互关联。

（3）组织层次跃变自创生型。其特点是组织层次跃升，但结构与功能复杂性不增长甚至还要简化。当然，这是指每一个单个的组织层次的比较，而不是指跃升后的组织性层次，同时也包括作为基础的下层组织性层次的情况。在自组织进化中，每一次跃升，都提高了系统的组织性层次，但是跃升后的组织性层次，在其起点上，

①“自创生”是智利生物学家 H. 马图拉纳在 20 世纪 60 年代创造的术语，用以描写生命系统的自组织。在这里其意义更为广泛，即凡自生出新的结构与功能，都可称为“自创生”。

②“自聚会”即会聚的自我形成，“会聚”（convergence）一词为 E. 拉兹洛所引用并阐释。这里主要指通过物质、能量流的自我会聚使系统的结构复杂性增长的过程。

系统的结构与功能都得到简化。而后，通过“自会聚”，其组织性层次不变，但结构与功能的复杂性不断增长进化。每一次跃升，降低了结构与功能的复杂性，但却为新的复杂性增长提供了可能，开辟了新的天地。

二、正反馈

复杂适应性系统的自组织过程通常是受系统内的正反馈机制影响而形成的。复杂适应性系统，不是仅仅依赖负反馈控制机制，更多地是由不同部分间的非线性相互作用，生成滚雪球效应，即由正反馈机制控制。正反馈循环的动态性具有自我强化性，而且具有潜在地放大微小变化或调整的效应。

线性和非线性是系统本身所固有的属性。线性和非线性之间的一个明显区别就是叠加性有效还是无效。在一个线性系统中，两个不同因素共同作用的结果是每个因素单独作用结果的简单叠加。用数学的语言来说，线性系统可以用一阶微分方程来表述。非线性系统不具有这种叠加性，取而代之的是相干性，即一个因素的微小变化就能导致用它的幅值无法衡量的结果。线性系统与非线性系统的演化是极不相同的。线性系统的演化只存在两种前途，不是衰亡就是无限增长。非线性系统演化就不像线性系统那样单调，而是具有多样性。在近平衡区，由于非线性项与线性项相比是个小量而不发挥作用（这时只存在热力学分支单解）。当非平衡约束把系统驱动到远离平衡态时，非线性项就开始发挥主导作用，一个非平衡约束就对应多重定态解，有的定态解是稳定的，有的是不稳定的。在不稳定分支附近的扰动随时间增长，最后演变到某一稳定的分支上。究竟选择哪一个稳定分支是由涨落来完成的，这是后面要讨论的问题。多样性是系统内部非线性相互作用的结果。非线性相互作用通常表现为正反馈和负反馈，正反馈使系统不稳定但促进系统的发展，负反馈制约正反馈使系统趋于稳定。系统演化的多样性正是正反馈和负反馈相互制约、相互竞争的结果。

一个经常出现的正反馈的情形是所谓的“竞争优势陷阱”，即一个成功的学习使个体、组织或社会达到一个稳定但却是一个次好的状态，而走出这种状态将面临巨大的困难。例如，一旦某个体开发了某种技能，并从这种技能的应用中获得益处或竞争优势，那么该个体几乎没有动力去学习其他的技能，即使这种技能具有潜在的绝对优势。因为这种转换不仅需要时间成本，需要付出精力学习新的技能，而且在达到熟练状态之前可能使其面临一种递减的成功率。随着已有技能的重复性应用，这种不断的强化进一步削减了变换技能的动机与愿望，或增加了变换技能的负动机或愿望。例如，人们学习与掌握了一种应用性软件，并且已经成功地利用这种软件做了大量的工作。现在出现了一种新软件，虽然其潜在运用范围与功能较已有的强大，但该个体通常不会废弃原已掌握的软件而重新学习新的软件。

1988 年 Arthur 关于经济领域中收益递增的分析，是正反馈的一个典型现象。传统经济理论强调收益递减（负反馈）在实现单一与最佳的市场份额与价格均衡的作用。然而，Arthur 认为，经济的众多部分，特别是那些由技术创新驱动的部分，由正反馈控制或支配。在这种情形下，研发与设计方面的初始投资导致相对较低的生成成本递增。企业在这类领域竞争时，随着较小优势的正反馈最终消除竞争，仅较早的销售，即仅仅由于运气较好的原因，就能够导致其锁定在某种情形。Arthur 同时指出，类似的正反馈循环决定了一个国家经济中心的位置。如果企业能够因其与其他企业距离最为接近而获得收益，那么，这种自我强化的过程就将导致企业聚集在某个特定的区域。这些区域并不需要比那些最终衰落的地区具有更好的任何内在的优势。

大多数文化都是锁定在特定情景下的行为状态。在大多数情形下，演化过程无法消除模仿策略，因而狂潮、时尚、风格与乃至文化等的兴起与衰落，并不是因为其表现出了任何明确的功能优势或劣势。文化与其说是某些地方最好的做事方式，不如说源自忽略了做事的其他方式。人只能在其继承下来的环境中生长与发展，运用已经存在的路径与方式，建构在已有基础之上。人们不可能一切从头开始，并随心所欲地做出其理想的选择。事实上，人们的价值与技能自发地反映其生存于其中的环境，因而行为结构锁定于统觉与价值之中，锁定于其生活与工作的组织与制度之中。正反馈陷阱创造了结构与组织。虽然文化系统具有自创生与超循环的特性，源自新技术与新愿望的变迁了的环境将向这些稳定的实体施加压力进而促进其发生连续的演化。但如果由于某种原因自创生与超循环没有生成足够的力量与方式改变这些结构与组织，那么这些结构与组织最终将出现突然的崩溃与重组。

个体经验累积起来的多样性能够及时地质疑与改变现存结构与组织，以便其能够适应变迁中的环境而不至于出现突然的崩溃或瓦解。这种人们期望的发展过程却来自传统上人们视为不可取的效用最大化。在有限资源的约束下，每一个体的效用最大化意味着个体间必然存在竞争，竞争导致社会冲突，进而导致社会不稳定。然而，这种逻辑或心智模式只适用于负反馈系统而不适用于正反馈系统。

竞争有助于驱动探索过程进而有助于演化出新结构。如果考虑到复杂系统中不同行为间存在互动的其他维度，即那些可能生成正反馈或负反馈的维度，那么，任何个体经历的优势形态以一种复杂的方式依赖于其他因素存在。已经观察到的现象表明，一个由“试错探索”的个体组织的系统，通常向具有协同互补性结构的方向演化。换言之，系统演化，尽管由试错和竞争驱动的探索支配，却能够发展出合作性结构。

系统演化生成的一系列复杂关联的行为，尽管在某种水平上存在竞争，最终却相互支持、相互补益。自由竞争的市场，本质并不仅仅在于竞争，更为重要或意义更大的地方在于其能够形成巨大的协同！一个成功的和可持续的演化系统，是那种在个体水平内部具有探索的想象力与创造力自由的系统，这种探索试图发现正反馈的互补性与循环机制，提供令人们感受到他们是社群或社区的一部分所需要的那种稳定性与结构。

三、内生动态性

自组织过程并不必然地驱使复杂适应性系统趋于单一的固定状态或稳定态。大量研究表明，复杂适应系统常常显示出在宏观稳定的下面内在生成涨落的特性：冲动性的转变弥散于系统宏观样式没有发生任何可直观感知变化的延迟期间。事实上，系统从无序走向有序，以及从一种状态转变到另外一种状态，从较低级的结构进入较高级结构，往往有多种可能性。因为在非线性系统中，当非平衡约束驱使系统远离平衡态时，系统内各种要素间相互作用形成不同的发展方向，系统在某个方向上的稳定变为不稳定（所谓的热力学分支由稳定变为不稳定），系统会演化到一个稳定的耗散结构分支上。当存在两个或多个稳定耗散结构分支时，系统究竟选择哪一分支，又如何进入这一分支，事先并不知道。当系统处于分叉领域时，究竟会向哪一个分支演化，实际上完全是由随机涨落来决定的，不同的涨落会导致系统演化到不同的分支上去。这就是所谓的复杂适应性系统的内生动态性。

所谓涨落就是子系统的某种量纲对其统计平均值的偏离，如政治态度、社会价值、宗教信仰、社会态度以及各种生产要素的价格等宏观变量都是大量微观行为个体在这些方面的统计平均值，而在某一时刻这些量的实际值并不精确地等于这些平均值，或多或少有些偏离，这些偏差就叫作涨落。由于这种偏差是由微观行为个体的随机行为所致，所以涨落也必然是随机的。如果系统处在一稳定状态，这时的涨落相对于平均值来说是很小的，并且即生即灭总也变不大，即使因某些个别事件引发的或由个别因素促成的偶然的一个较大的涨落，也会很快被耗散掉，所以系统总是趋于它的原态。然而在一不稳定态附近的涨落不但不会被耗散掉而且会不断地被放大，驱使系统达到一个新的稳定态。涨落可分为内部涨落和外部涨落两大类。所谓内部涨落是指由系统内部组成要素或运动模式自发产生的涨落；所谓外部涨落是指由系统外部环境中各种因素或运动模式对系统形成的各种影响。外部涨落亦被称为“环境噪声”。无论内部涨落还是外部涨落都具有随机性。

生物和社会系统的演化也都是经历了多次的分支过程，每次分支都会使它们原来的对称性遭到破坏。在每个分支点附近，即历史的转折关头，涨落起了决定性的作用。一个物种或一种社会制度的选择和淘汰，都是通过不同个性的涨落之间竞争、选择和发展壮大的结果。最终形成的有序结构包含着被选择涨落的个性，其他个性的涨落被排斥。从系统进化的角度看，涨落具有以下的方法论意义：

（1）涨落是使系统“认识”进化阶段更有序状态的动力之一。在此仍引用哈肯的原例来说明（如图 7-8 所示）。这里系统由单个序参量 q 描述。若没有涨落，系统不能“认识”到 $q=q^2$ 是一个更稳定更有序的状态。正是涨落及其放大与扩散，使

系统从 $q^{(1)}$态运动到 $q^{(2)}$态，亦即系统通过涨落进入 $q^{(2)}$之后才“认识”到还存在一个更有序、更为稳定的状态。因为 q 描述系统的宏观性能，那么在这些新态中就可能有使系统更能适应周围环境的状态存在。然而，如果没有涨落的作用，系统 $q^{(1)}$态就不大可能跃过势垒 $V_{(1)}$，因而也就无法“知道”还有个更有序、更稳定的状态 $q^{(2)}$。就像某一生态环境中的物种，当它被一定的环境隔离起来时，它并不知道还有其他更“好”的环境存在，若无天敌和其他物种或自身的竞争，它也就以此优哉游哉，但是生存压力以及各种因素随机的涨落，逼迫它不得不迁移。于是，它可能因此而找到更适宜的环境，也可能因新环境而淘汰一部分不适应的物种而产生新的亚物种，从而造成物种的进化。当然，涨落也可能导致系统进入更无序、更不稳定的态。

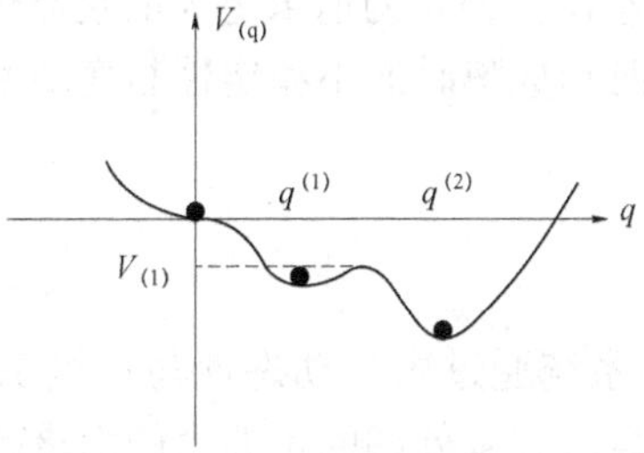

图 7-8　涨落使系统进入更有序的新态

（2）涨落是系统各子系统或要素相互竞争与协同过程中产生序参量这一支配性力量的重要因子。在临界状态之前，系统内诸要素或子系统间存在竞争，在逼近临界点的过程中，这种竞争日趋激烈并且产生协同作用，最终将导致某种子系统的行为或效应取得支配地位，即产生序参量。随机涨落驱动了系统中各子系统在取得物质、能量和信息方面的非平衡过程。本来各子系统竞争时几乎都是“平权”的，都是站在同一起跑线上一同起跑的，但系统内部或外部的内在随机涨落的作用，使某些子系统在一瞬间具有更高的不稳定性，另一些则更稳定，有些在获取“资源”上有了较大优势，有些则丧失了优势。于是差异加大了，不平衡加剧了。子系统运动的“模”也在瞬间被区分或识别为“快变量”与“慢变量”，或“稳定模”与“不稳定模”。涨落在临界点附近的关联放大，又进一步加剧这一过程。于是就像雪崩一样，涨落促使系统的序参量形成并取得了支配地位。哈肯与普里戈金等人都发现，蚂蚁在最初筑巢时，纯粹是随机的，随后蚂蚁的分布有了微小的涨落，较大尺寸的筑巢模块就获得了优势。经济过程与科学人才的成长过程也都有所谓“优势累积”效应，即人们常说的“马太效应”。如果最初确实是处于同一水平、同一“起跑线”上，那么启动这一“优势累积”过程的开关，就是“涨落”。

（3）在系统的稳定性与易进化性（哈肯也称其为易开关性）方面，涨落具有双重作用。涨落驱动系统发生变化，涨落的出现将使系统的稳定性降低。另外，在一定条件下，系统在演化过程中又内在地具有易开关性。所谓易开关性，是指系统的诸要素或子系统中被激励或促动时，整个系统也会随之做出调整与反应。这种调整与反应不是使系统回到原来的状态而是跃迁到新的状态。因此，易开关性也称易进化性。

Yousserfmir 和 Huberman 研究了人类这种大规模多行为者系统的内生性动态问题。他们设计了不同的模型，其中的行为者关于环境具有不完全的信息，或者假设这些行为者只具有有限理性，并为争夺有限的资源而竞争。为最大化行为者个体的竞争结果，在整个系统持续演化的过程，适应性行为者能够变换其策略选择。在这些一般的假设条件下，Yousserfmir 和 Huberman 发现，对于整个系统来说，即使资源使用已经达到了均衡状态，行为者为追求更大的收益仍然继续变换他们的策略。这些持续的内部涨落，随时形成瞬时的不稳定性与变动性的冲击，直至系统再次达到均衡。

四、分叉或相变

尽管一个复杂适应性系统通过内生动态性与自组织倾向生成其自己的样式演化，但是，当系统受到源自内部或外部的足够大的力量的冲击时，复杂适应性系统亦能够显示出突然的、非线性的以及常常是剧烈的从一种参考性状态到另外一种性质上完全不同的状态的转换。从动态系统的角度说，这种不连续的变化被称为分叉或相变，而且长期以来一直被认为是物理系统与社会系统的重要特征。

度量导致系统趋向于分叉的力量的一个关键变量被称为控制参数。一般而言，分叉或相变会沿着该系统控制参数的连续分布的范围内的某个特定点上发生，这取决于系统的特定性质。在社会领域，不同子群体的数量、持有不同社会态度的人数的分布以及社会压力的程度与分布等，均可能成为社会系统的控制参数。当控制参数处于分叉点某个邻域以内时，系统一般保持相对稳定，即控制参数的微小变化对系统稳定性或行为影响较小；当控制参数接近分叉点时，系统将会变得非常不稳定，并且开始出现较为剧烈的波动；在控制参数的分叉点上，任何一个微小的冲击都会导致系统重新组织并出现一种完全不同的样式。

在复杂适应性系统中，存在多种不同的分叉类型。一种最为简单的情形是，一旦超过分叉点，系统只有一个稳定的状态。尽管控制参数值递增性变化将系统驱向其分叉点，但在分叉点上，一个最微小的随机扰动或有目的的影响都会影响特定分枝的选择。不论哪个分枝都会形成全新的稳定性，虽然可能在随后到达第二个分叉点。Prigogine 和 Stengers 将这种非线性过程描述为“偶然性与必然性之间、波动性与确定性法则之间的微妙互动。我们预期，在分叉点附近，波动或随机扰动会发挥重要作用，而处于分叉之间时确定性将发挥主导作用”。

20 世纪 90 年代以来，社会科学对于这种不连续变迁与分叉问题给予极大的关注。Merry 的研究表明，作为一个一般性命题，人类历史的前后相继的不同阶段，在相对稳定与可预见性的时期和不稳定与对微小偶然事件极度敏感的剧烈变化期间，不断地更迭。Shermer 将后一个时期，即不稳定与对微小偶然事件极度敏感的剧烈变化的过程，称为偶然的必然性时期，并罗列了众多加速社会突然重组的那些波动或变迁的触发机制，包括发明、发现、饥荒、入侵、人口爆炸以及自然灾害等。类似地，Wiedlich 和 Haag 认为，即使是少数几个有影响力的个体也能够通过触发革命机制决定社会的演化方向，只要他们的行动发生在恰当的时候。

五、尖峰突变与滞变

复杂适应性系统中分叉的一个重要方面是所谓的尖峰（点）突变。突变理论的一般框架将间断性变迁转换为复杂的数学拓扑形式；由于其在某些应用时不太精确，以及其某些支持者对其过于热衷，这种方法面临不少的争议。尽管如此，1994 年，Casti 认为，突变理论为理解许多过程提供了一个有用模板。类似地，Lantane 和 Nowak 强调，“尽管存在这些批评，突变理论为理解一个连续函数如何变为间断函数提供了一种方便的几何描述，并使人们能够预测一系列相关现象”。

在尖峰突变中，两个控制参数互动决定了系统到底是经历逐渐的变迁还是经历间断性变迁。1995 年，Guastello 将这些成对的控制参数称为非对称与分叉控制参数。只要分叉变量保持较小的值，系统宏观样式变迁，作为对非对称参数变化的反应，就将逐渐变化；如果分叉控制值充分的大，那么当非对称控制参数超过阈值点时，系统就会突然地失去稳定性，从一个稳定状态跳跃到一个性质完全不同的稳定状态。

1994 年，Tesser 和 Achee 指出，当个体倾向于做出的行为以一种确定方式与社会抵触如此行为的压力相冲突时，尖峰突变模型具有广泛的解释能力，并以浪漫行为作为例子加以说明。当反对年轻未婚情侣接触行为的社会压力（分叉控制）较小时，约会活动可能随相互吸引的增加（非对称性控制）而逐渐增加；当社会压力作为年轻未婚情侣接触行为的禁止力量时，两人相互吸引虽然增加，但外显行为将非常少，直至达到某个关键状态，两人的情侣行为突然发生跃升。

Lantane 和 Nowak 运用态度变迁的尖峰突变模型生成了一个假设，当人们争论的问题对一个群体重要时（作为范畴概念），人们的态度倾向于呈现双峰分布，而当人们争论的问题对一个群体相对不那么重要时，人们的态度趋向于呈现正态分布（作为维度概念）。在这一框架里，问题对个体的重要性可被视为分叉控制参数，个体收到的有关该问题的正面信息与负面信息的程度当作非对称控制参数。

1994 年，Lantane 认为，对于一个与个体关系不大的议题，个体态度的赞成（或支持）性是关于该议题信息的效价的光滑的连续函数。如果该议题与个体相关，穿过阈值点的非对称控制参数的变化将对个人态度产生剧烈的、非线性的位移。进一步，这一不稳定区域将阻止高度卷入的个体对此议题持有非同意（承诺）的、中间道路的态度。

1982 年，Bigelow 认为，一种特定的组织变迁模型亦是源自尖峰突变在复杂适应性系统中应用的结果。在 Bigelow 的概念框架中，组织实践，即禁止或将受到惩罚的组织成员从事的活动，受两个控制参数影响。分叉控制是阻止变迁的程度，通常表现为对组织初始实践的支持。非对称控制是促进变迁的压力或力量的程度。

Bigelow 的模型表明，当抵制变迁的力量较小时，增加促进变迁的压力将使组织实践发生逐渐的转移或演化，远离初始条件或状态。如果抵制变迁的力量较大，此时不断增长的促进变迁的压力达到一个临界值时，组织实践将出现剧烈的、革命式的变化。Bigelow 认为，虽然此模型存在局限性与定性的性质，但其预测结果与组织过程和变迁的实际过程相一致。特别地，他认为，该模型提供了洞察不同发展路径如何源自影响两种控制参数的努力。通过保持变迁压力处于较低水平可能会阻止变迁的发生；通过将抵制变迁的力量控制在较低的水平，同时增加促进变迁的力量，可以使组织发生平稳的变迁（如图 7-9 所示）。

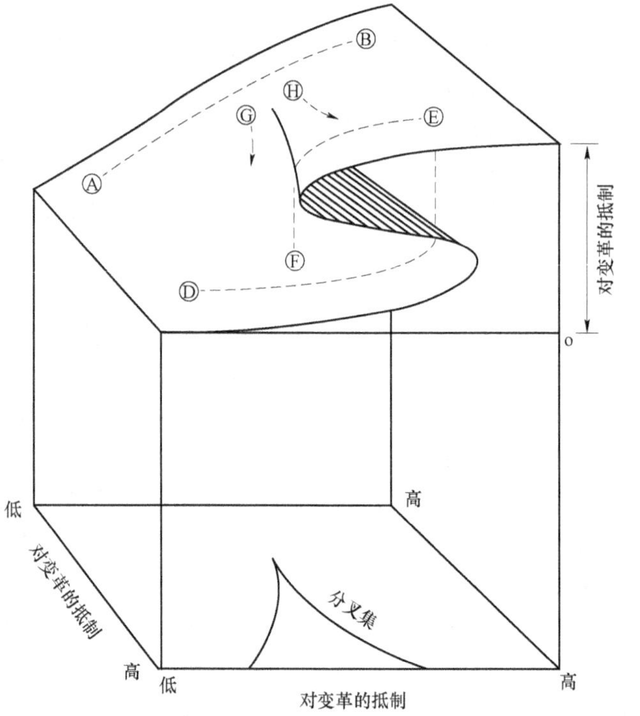

图 7-9　变迁压力、抑制变迁与组织实践间相互关联形成的尖峰突变

在促进变迁的力量足够大之前，抵制变迁的力量的增加可能使组织发生剧烈的变动。

到目前为止，复杂适应性系统的大部分分叉模型仍然是猜想式或定性的分析，有待进一步的经验检验，1995 年，Guastello 在经验检验方面进行了有益的探索。在其有关一线工作的经验研究中，广泛运用了突变模型。在一项关于事故发生率问题的研究中，运用转运交通员（转运司机）群体的一个样本，Guastello 发现，尖峰突变模型在拟合问卷调查数据方面远远优于线性模型。在这一模型中，转运风险，如遇到应该进行谴责的违反规则的暴力乘车者或搭车者等，作为非对称控制参数；分叉控制参数包括社会压力，如工作不安全感与角色冲突等。在压力较高的条件下，当运转风险达到临界状态时，相对安全性突然地转化为事故发生。

所有尖峰突变与许多其他形式的复杂适应性系统分叉的一个重要且明显的特征是滞变或迟滞现象。如果控制参数（或非对称参数）的精确的分叉点依赖该参数的变化方向，那么在动态系统中就会出现滞变效应。此种情形下，系统的历史影响其现在的状态，即系统可能是两种状态中的任何一种，视控制参数是增加还是减少而定。

几乎所有的尖峰突变及其他分叉问题中都普遍存在滞变现象，只是不同问题中迟滞程度有所不同而已。在 Tesser 和 Achee 的情侣问题中，一旦青年男女建立起情侣关系，在其约会行为明显下降之前，需要他们之间的相互吸引出现较大程度的下降。也就是说，对于相同时间跨度的相互吸引，情侣约会活动的频率在其关系解除过程中要比在情侣关系建立初期更高。在 Lantane 和 Nowak 的态度形成问题中，个体关于某个对其重要的议题的坚定的观点或意见一旦形成，即使在后来面临对其效价影响较大的负面信息，他仍然可能坚持其原有的立场。也就是说，关于一个议题的完全相同的信息，可能形成赞成的或否定的态度，视其在效价方面如何与先前信息相比较。如果这一信息支持了其原有的态度，那么个体将会很重视这一信息；如果这一信息否定了其原有的态度，那么个体将有意忽略该信息。正是从这个意义上，显示出历史对目前状态具有重大影响，或者说，初始印象感觉非常重要。

类似地，组织实践问题中亦显示出明显的滞变效应。如果抵制变迁力量很强，但变迁压力足够强大能够使组织实践发生间断性改变，那么组织运行的新样式很可能持续存在，即使存在足够强大的返回原有运行方式的压力。同样，一旦操作事故或压力相关的身体不适被触发，尽管调节或干预这些力量使之降低影响的努力能够获得成功，操作事故或压力相关的身体不适仍然会保持较高的水平。

六、自组织临界性与混沌边缘

任何复杂适应性系统的动态不稳定性较大的情况是其处于迁移或分叉区域，因而这一区域的性质是研究者们最为关注的问题。1994 年，Bak 及其同事认为，自组织过程本身由一种被称为自组织临界性的原理支配。自组织临界性是指，任何大型动态系统自然地具有向秩序与无序之间的临界状态演化的倾向性。临界状态也被称为混沌的边缘。

此类系统的宏观特征不能通过分析作为其构成的个体或部分的行为来理解。在自组织临界点，无论大的或小的事件都可能引发后果不可预测的连锁反应（生态系统的消亡、金融市场的崩溃、态度变迁、社会风俗等）。

自组织临界性的经典例子是沙堆。随着沙子从上面缓慢地增加，沙堆的高度也增加，直到其坡的斜率达到一个临界状态。在这一状态，增加任何额外的沙粒都将引发不可预见量级的雪崩。事实上，幂律最为恰当地描述了沙堆崩塌的分布，小的崩塌的可能性远远超过大的崩塌的可能性。不过，最令人感兴趣的是，在不同情景下，相同条件可能形成完全不同的结果。尽管如此，保持相对不变的是临界状态，在下次雪崩发生之前，沙堆必须重新返回到这一临界状态。1994 年，Bak 亦注意到，一旦沙堆处于临界状态，任何基于个体沙粒的分析都无济于事。在这一状态，沙堆必须被视为一个整体，因为即使相距较远的沙粒也通过复杂网络相连接。

1994 年，Scheinkman 和 Woodford 已经应用自组织临界性的概念研究了经济整体的不稳定性问题。他们认为，经济中不同部分间明显的非线性与强大的局部性的互动性质，阻止了大数定律对需求或供给变异的抑制。因为特定单位生产水平的微小变化都能够对其直接领域的经济活动产生较大的与非均匀的影响，库存的动态调整能够通过时间扩散，并在更大的经济范围的各部门间扩散。基于这种关联方式与潜在的链式反应，他们认为，最终物品需求（作为外生冲击）能够引起任何规模或程度的生产方面的雪崩，并且与系统规模完全无关。

1991 年，Bak 和 Chen 亦提出一个更具有猜测性的自组织临界性例子。他们认为，“整个人类历史，战争与和平的互动可能给这个世界留下了一个临界状态，在这一状态中，冲突与社会动荡像雪崩一样扩散”。类似地，1995 年，Shermer 对于不同社会运动提出了一个隐喻性的类比，认为“某些历史现象不断地重复，并不是个别现象而是一个普遍现象”，过去几个世纪的巫师狂热类似今天的大众歇斯底里、道德恐慌、外星人绑架以及撒旦崇拜恐惧等。Shermer 注意到，所有这些现象出现的社会环境具有共同特性（个人控制与责任感的缺失），而且每一种运动都通过极为快速的与不断增长的信息交换网络。一旦达到临界尖峰，即使一个小的事件反向冲击此系统，都会引发这类运动的瓦解与崩溃，并导致大众对其失去兴趣。

复杂适应性系统研究的另外一个与自组织临界性密切相关的问题是混沌的边缘，研究者们试图寻求关于复杂适应性系统在有序与无序之间向自组织临界状态演化的理论或经验支持。1995 年，Langton 认为，有序与无序间的这一相变转换区域是一个系统达到其最大适应性与最大有效信息交换的区域。

任何复杂适应性系统，在其达到这种相变状态时都将放慢演化速度。与迅速通过这一区域相反，系统会粘着在这个边缘区域直到来自某个方向的力量对其产生冲击。1994 年，Kelly 认为，为使其自己处于这种暂停状态，复杂适应性系统将不断地进行自调适过程，这种过程的特征是不断增加复杂性策略与反馈机制。类似地，1995 年，Kelso 指出，复杂适应性系统常常盘旋于分叉点附近。1995 年，Kauffman 认为，政府的民主形式为解决不同利益间冲突这一困难问题提供了最优机会，因为承认多元主张并实施多元治理的机制有效促进了利益冲突向“相变转换区域”发展，在这个区域可以发现最优妥协解决方案。

第三节　复杂适应系统的环境适应机制

前面关于复杂适应系统演化的内在机制，主要集中于复杂适应系统的内在结构、演化动力以及自组织形成机制等。这些内部构成与机制是复杂适应系统具有内在的适应性变迁能力的基础与前提。没有这些性质，组织或系统不可能具有强大的自我适应能力，这正是所谓的内生性性质发挥着决定性作用，如同鸡蛋可以孵出小鸡，而石头却无论如何孵不出小鸡来一样。虽然内在结构决定了系统是否具有适应能力的内生因素，但任何系统都处于一个更大的系统之内，因而其如何适应环境的变迁，如何应对环境对其提出的各种各样的挑战，亦是一个重大问题。复杂适应系统在演化过程中能否生存或获得成功，通常绝对地依赖其在适应环境变迁过程中能否有效地调整其目的或目标导向行为的能力。适应外部环境并不意味着被动地接受自然选择的检验，在许多情形下，系统会积极地采取影响甚至是控制环境的方式，从而使环境有利于自身系统的生存，进而增强自身的适应能力。然而，当众多的、不同的系统均试图影响或控制环境时，系统与系统之间形成了复杂的互动关系，不仅各自以对方作为环境，而且各自均欲获得适应性优势，从而使调整目标导向行为的能力成为一个极其复杂的问题。

一、适应度丘陵拓扑

适应度丘陵拓扑是描述与分析系统适应外部环境程度与共同演化的一种有效的工具。在这种类比性的几何图形中，每个行为者被描述为在一个想象的类似丘陵的几何图形中移动。丘陵拓扑是一个典型的包括了大小与形状都不同的山峰与峡谷的图形，最高峰代表行为者最优适应度，或者反过来，最优适应度处于最深处的谷底底部。图形中每个山峰代表了一个复杂适应系统，因此每个适应系统都以其他适应系统为外部环境。不论以山峰还是谷底代表最优适应度，重要的是，并不是所有行为者都沿着相同的丘陵运动，而且丘陵本身也是可变动的。因此，每个系统通向最优适应度的路径与面临的困难各不相同。

1995 年，Heylighen 和 Campbell 利用适应度丘陵拓扑方法描述了系统如何通过变异与选择这两个过程进行演化。尽管这类演化的典型方式是通过小步骤逐渐通向较高的阶段，但偶尔也会使系统暂时演化到某种较低的区域。如果这种区域相对来说已经很低，那么系统就面临灭绝或被淘汰的风险。但如果系统没有某种非适应性飘移，它也可能“黏着”或“锁定”在局部最大适应性状态，而且几乎永远没有希望重新移动到人们希望的全局适应性的最优状态（如图 7–10 所示）。也就是说，由于没有通向增加适应性的直接路径，系统的演化将停止。这是一个非常令人感兴趣的结果，人类社会的演化充满了类似的情形。

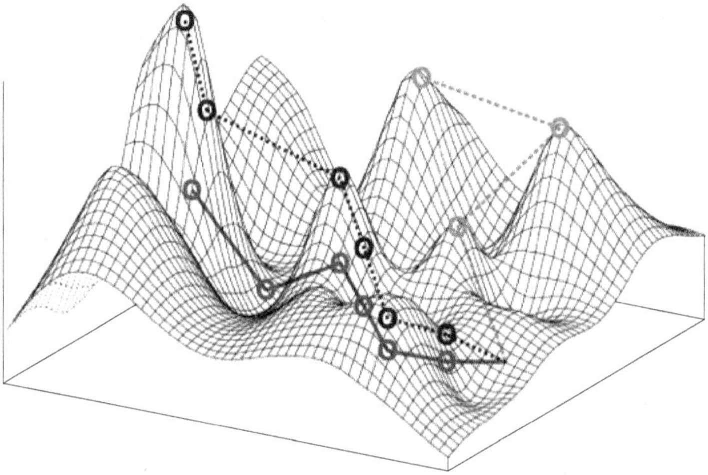

图 7–10　适应度拓朴图

1992 年，Kollman 等在其关于竞选丘陵拓扑的计算机模拟中发现，政党是相互竞争以便获得更多选票的适应性行为个体。他们的模型与模拟对为什么一个挑战政党在竞选中会输给执政党的问题提出了一种解释。由于缺乏全部选民偏好的信息，在野党只能依赖随机地从选民中进行抽样以便获得相关信息，据此不完全信息修订其竞选政纲。这种重复过程会导致在野党锁定在局部适应性区域，信守一种尽管优于所有领域内的政纲，但缺乏足以使其竞选获胜的更具广泛吸引力的政纲。也就是说，在野党的信息搜寻方式导致其认为得到了一个能够获胜的政纲，而实际上却不是。

丘陵拓扑的这种视角也表明，复杂适应系统也能够从这类错误行为或随机行为中获益，因为这种错误或随机行为将行为个体错置于远离某个局部适应性峰顶，从而增加行为者可能达到某个全局适应性最优峰顶的可能性。事实上，Kelly 将“敬畏你的错误”视为有效适应性的指导原则。他建议，通过允许出现某些小的失误，一个系统可以避免更大的错误或使犯更大错误的可能性降低。小的裂隙能够阻止大的破裂或破碎。事实上，当某些错误导致更好的问题解决方式或更具有适应性的路径出现时，这些错误常常被命名为创新。更为重要的是，容忍某些小的过失而不是试图去修正或消除他们，也能够使系统更有效地关注更为重要和更为关键的功能。

当然，更为常见的情形是，系统错误或随机行为打断或阻碍适应性的发展，特别地，当这些错误或随机行为过于频繁或过于严重时，更是如此。规模较大的、方向错误的变化能够很快地否定或扭转通向适应性顶峰的许多小的步骤。特别地，在一个恒定的、不变的环境中，这类行动能够迫使行为者离开已经达到的适应性水平。源自环境自身的外部“噪声”也能够使系统在成功地适应环境方面遭到失败。存在噪声的环境不仅使系统从随机信号中筛选有用信息变得更为复杂，也会破坏系统关注核心问题的能力与有效回应任何特定的输入的能力。环境噪声可能使系统忽略突然的、突变性环境事件对系统的影响。正如 Gould 所指出的，这类突发事件可能永久地改变历史进程，即使是最优适应性状态也可能被一个随机的闪电所破坏。

当环境或者适应性丘陵拓扑由众多适应性个体构成时，这些不同适应性个体的共同演化将使系统的适应性问题变得非常复杂。事实上，由众多适应性个体构成的复合性活动，生成了一个更大的包括所有这些系统的复杂适应系统。为达到各自的适应性峰顶，这些共同演化的行为者将同时调整他们的行为或策略以便相互适应彼此，即每一个体都试图对所有其他个体的行为做出最优反应。在这种情形下，最优行为或策略选择不再固定不变与相互独立：所有行为者经历着他们共享的作为不断移动与变形的丘陵拓扑的环境。

二、内部模型

众多学者研究了某些复杂适应系统（如人类系统），在形成旨在获得积极结果与更大适应性的行动过程中，经常运用的一些基本运行机制。1994 年，Gell-Mann 的研究表明，复杂系统积极地寻求其自己行为与环境所表现出来的常规样式，并将接收到的信息分门别类地整合到这种行为框架的组织性结构之中。在实际情景中，利用特定的行为框架，借助反馈环的作用，可以生成作为调整或具体化行为框架的输入信息的结果。这种竞争性的循环最终能够提高适应性与学习能力。不过，这种过程也存在严重的不足，由于环境噪声以及其他各种原因，人们可能将某个随机性样式视为常规样式，从而使适应性较差的框架长期得不到修正（如迷信、保守僵化、缺乏科学性思维、特定价值取向等，特别地，在人类社会中，由于众多现象涉及不同群体的利益，为了维护自身的利益，拒不承认社会现实是司空见惯的现象），或者反过来，将不断再现的样式视为个别的、少数的、偶然的、随机的或另有他图的个体的行为，因而拒绝承认某种现象为事物的常规现象。1994 年，Goertzel 将人的这种信念系统比喻为生物体的免疫系统，一整套失误但相互支持的信念可以保护行为个体免受外界现实输入的影响。

1992年，Holland特别细致与深入地分析了支配复杂适应系统回应环境的过程，并认为，系统运用一套等级结构规则——从系统整体或全局到其最为具体的构成，预先评估其行为的各种后果。如果这种前瞻性或心智预演的结果，表明某种行动在可预见的范围内对系统将产生一种不利的影响，系统就会调整或改变目前的行为。尽管如此，这种内部模型，只有当系统能够分析情势并很快地在系统环境发生变迁之前实施这种规则，才是真正有效的具有预见性的机制。在一个共同演化的环境中，这种内部模型极具挑战性。

Holland认为，调整或改变内部模型的能力是一个复杂适应系统有效发挥其功能的关键。只有在一个恒久静态的环境中，某种相同的规则（内部模型）才能够一直发挥作用，即使如此，对内部模型的某种微调也是非常有意义的事情。Holland建立的各种规则，面临着系统的不断审视与评估，在力争最大化复杂适应系统的适应性能力与生存机会的各种演化过程中，相互竞争。复杂适应系统亦从其经过检验的规则的构成部分中尽可能地获取或吸纳新规则。当系统处于利用与探索的微妙平衡时，这种规则的重新组合过程是系统适应性的一个关键决定要素。

这里的“利用”是指运用过去已经形成良好结果的那些行动，主要以细化或精细、实施、效率、生产与选择为特征；而探索则指对新的行为的实验，主要以搜寻、发现、试验、风险承担与创新为特征。

探索与利用间的概念区别本身就已经或隐或显地被广泛用于分析性建构。研究表明，探索与利用需要本质上不同的结构、过程、战略、能力以及文化等，而且对组织的适应性与绩效产生不同的影响。一般而言，探索与有机结构、弱耦合系统、路径开辟、即时而做、自主与混沌、市场与技术涌现等密切相关。利用则与机制结构、强耦合系统、路径依赖、常规化、控制与指挥以及稳定的市场与技术等密切相关。探索的收益随时间的变化而发生较大幅度的变化，而利用的收益则相对确定而且变化不大。换言之，探索性组织由于探索可能成功也可能失败，因而收益变化幅度较大，而利用则更可能获得稳定但相对较小的收益。

尽管探索可能伴随着风险，但如果没有这种探索，复杂适应系统最终将遇到其没有恰当或有效的方式回应环境的尴尬局面。最坏的情形是，演化到丘陵拓扑的最深谷底而只能等待死亡，或被锁定在局部最优适应水平，但此时若出现任何一个微小力量的冲击，系统都会发生飘移进而系统完全消散，如同阿兹特克社会的命运一样。

Kaufman提出了一个互动个体的内部模型如何共同演化的思辨框架。与Holland关注前瞻性模型一致，Kaufman的核心前提是，适应性个体努力最大化其关于个体相互行为预测的准确性。通过现行的互动，每一个体发展了其他个体如何行为的有限模型，这一模型迟早将被证明存在缺陷或不足。当一个特定的预测出现错误时，预测错误的个体将修正其关于其他个体策略选择的行为假设。这一认知变化以及与其相伴随的行为改变，很可能导致第二个行为者的内部模型出现错误或预测失败。这种情形发生时，第二个行为者将改变其自己的偏好假设与行为。这时，第一个行为者很快发现其自己最新的内部模型出现预测失败，并再次修正其模型。如此不断循环，周而复始。

Kaufman假设上述那种共同演化过程使每个行为者个体的内部模型的复杂性发生了动态性变化。经历了一个不确定过程之后，行为者通常将采纳一个相对简单的、发生错误可能性较小但预测精准性较差的更为一般的模型。随着个体从互动过程中逐渐积累更为可靠的信息，他终将再次发现，开发一个更为细致的关于第二个行为者行为的内部模型，对其更为有利。这种增加复杂性的过程将持续进行，直至第一个行为者再次遇到预测错误。换言之，Kaufman 的推理表明，一个共同演化的个体内部行为模型，将不断演化直至自组织临界状态，并且只要其偏离混沌的边缘足够远，就会被迫向混沌的边缘运动。

三、共同演化

复杂适应系统间的共同演化可以表现出多种形式，其中最为常见的形式是捕食者与被捕食者间的关系。在自然界中，这类成对的物种，经常表现出或者是稳定态平衡，或者是 Lotka–Volterra 的周期性振荡，如加拿大山猫与雪兔数量之间的关系。在后一种情形中，捕食者数量的初始增加，导致被捕食者可被捕食的数量减少；这种食物供给上的约束必然减少能够生存下来的捕食者数量，从而使被捕食者数量再次开始增加。然而，被捕食者可被捕食的数量的增加，将迅速增加捕食者数量，由此上一轮的循环再次重新开始。

1994 年 Nowak 和 Lewenstein 认为，这种周期振荡模型同样可以拟合当代社会中的扒手与受害人间的动态关系（那些没有恰当保护自己而被偷的人）。这种关系的变化方式如下：当存在许多扒手时，没有受到保护的走在大街上的人数将迅速下降；这种下降将使扒手成功获利的可能性大幅度地降低，迫使许多扒手寻求其他获利方式。随着扒手人数的下降，潜在的受害者的警惕性因而开始下降，这将重新导致潜在扒手获利机会的增加。换言之，当每个群体依次变得相对于对方更为成功时，其已经为自己播下至少暂时行将灭绝的种子。

Baron，Amazeen 和 Beek 指出，一个类似的耦合模型可以描述多数与少数间的关系。如果多数群体发展得过大（少数群体过少），它将不再能够有效监督其功能实现的质量，因而面临失去支持者的巨大风险。如果由此导致的少数群体增加过快，整个群体的内在凝聚力将严重下降，这种情况即使对少数支持者本身来说也是一个非常麻烦的事情。这里的问题是，在外部群体压力过弱的情况下，内部一致性将面临挑战，因此需要增强外部群体压力从而提高内部群体凝聚力。然而，如果外部群体压力过大，内部一致性不是增加，而是可能转向其反面，更多的成员离开群体。

除了上述周期振荡模型，不同物种或复杂适应系统间的竞争有时会导致军备竞赛的共同演化。Van Valens 的红色女王假设是这种现象的经典表述，指为保持相对适应性优势，持续的适应性演化是在任何情境中生存下来的必要条件。

1995 年，Heylighen 和 Campbell 强调，此类军备竞赛最容易在依赖相同资源的类似系统发生，而且结果往往是各方俱败而伤。例如，森林中长得越高的那些树，由于为获得阳光而相互竞争，然而树长得越高其受到伤害的可能性也同时在增加。

四、博弈论

复杂适应系统的共同演化行为的分析，通常直接或间接依赖博弈论原理。博弈论可以应用于其结果依赖参与者策略选择的任何潜在冲突情景的分析。博弈论，作为行为选择模型，最初由 von Neumann 和 Morgenstern 提出，如今几乎被应用于任何科学门类，被证明具有广泛的应用性，包括合作行为、冲突升级、演化、知识与技术创新、制度变迁、机制设计等方面的研究。

囚徒困境是最为经典的博弈模型，其他的如鹰鸽博弈、猎鹿博弈、僵局博弈等均是复杂共同演化互动的基础博弈模型。

博弈论关于人们考虑的互动情景的一个重要分类是零和博弈与非零和博弈。零和博弈描述了个体严格竞争的情景，其中各方所获得的收益之和是常数。也就是说，一个人只能从其他人的损失中获得收益，或一个人收益正好是其他人的损失。在非零和情景下，一个人的行动对于其他人的收益来说可能是正的，也可能是负的，取决于他们采取什么样的集体行动。

在经典的囚徒困境中，每个参与者的最佳结果可通过采取背叛行为获得，但当每个参与者都采取背叛行为时，他们集体获得次次优的结果；而当他们采取合作策略时，每个参与者得到次优结果，但集体得到最优结果。令人感兴趣的是，在这种情景下，人们对支付矩阵形成错误的感觉并非是偶然现象，人们常常采取竞争性行动，虽然他们采取相互合作的策略会得到更好的结果或收益。

与复杂适应系统特别相关的情形是在一个相当长时间内的重复互动，重复博弈。当博弈参与人发现他们可能相互遇到多个不同参与人（或许是无数个参与人）时，人们的策略选择将变得更为复杂，因为过去行为或策略的结果以及未来互动预期都将影响其当下的行为选择决策。为了研究这种共同演化问题，1992 年，Lindgren 设计了一个精致的重复囚徒困境的计算机模拟，用人工设定的群体模拟自然群体。在这一模拟研究中，Lindgren 发现了众多与自然群体中发生的真实现象非常吻合的演化现象，包括“稳定态、间断均衡、大量消失、相互性的共同演化以及演化稳定策略”。Lindgren 的模拟还发现，行为者通过故意出现偶尔的策略选择错误或随机选择作为其策略组合部分，应对其对手对其策略的选择回应，影响其对手成功地对其策略进行回应的可能性。

迈锡克和列布兰同样运用囚徒困境研究合作频率在不同时间范围的变化。他们运用计算机模拟创建不同的人工群体，其中所有行为者在决定合作还是背叛时遵循相同的策略选择模式。

他们探索了三个不同决策模式形成的合作样式：以牙还牙策略，即行为者采用其相邻者在最近与其互动中采用的策略；赢-继续/败-变换策略，即行为者比较互动过程中其与相邻者的支付或收益，若其收益比其相邻者收益好，则继续选择此策略，若其收益比其相邻者收益差，则选择其相邻者所采用的策略；赢-合作/败-背叛策略，即若其收益比其相邻者的收益好，则选择其此前所运用的合作策略，若其收益比其相邻者收益差，则选择背叛策略。在这种策略选择背景下，行为者运用不同决策模式与其所有相邻者互动，并且运用不同决策模式时行为者面临的那些相邻者是随机安排的。

迈锡克和列布兰的研究结果表明，只要整体人数超过某个阈值，不论采用何种选择模式，显著的合作水平都在相当长的时间范围持续地存在。除群体规模影响合作水平外，用来评估互动结果的不同方式在合作动态变化中发挥实质性的作用。在描述合作作为个体互动而生成的社会涌现现象时，迈锡克和列布兰强调，简单的行为规则，能够激发适应性社会互动的最基本形式的规则，能够在大群体中生成意想不到的宏观样式。

第八章　群体理念协调博弈与惯例的生成和演化

前面几章主要讨论影响理念选择的相关方面，首先是影响理念选择的文化问题。由于本书界定的文化，主要从认知结构角度考虑，因此，在接下来的几章讨论了影响认知结构及其变迁的相关问题。本章则在前面讨论的基础上，研究人们理念选择方面的协调问题。本章将主要讨论因协调失败而生成的社会困境，特别是理念选择的协调博弈会生成什么样的惯例及其演化问题。群体理念协调博弈，与所谓的领导者协调博弈不同，是协调博弈中一种典型类型。特别地，这一博弈生成的两个演化稳定策略或均衡，分别具有非常强大的生产性正效应与负效应，因而成为人们特别关注的一种类型的博弈。群体理念协调博弈究竟生成什么样的均衡以及相关的决定因素有哪些，这是目前学术界非常关注的问题。

第一节　协调博弈与惯例

一、协调博弈

协调问题对于社会、政治、经济以及治理等相关领域而言，其与合作问题具有同等的重要性。协调问题，粗略地说，是指一些个体共享某种他们都认为是几个互动结果中最好的那个结果的愿望。然而，由于以下两个原因或特征，却很难实现这个结果：（1）需要在几个结果中进行选择，然而因沟通的不完善问题以及承诺的不可信问题，无法保证互动过程的参与人都选择参与人共同预期的这个结果；（2）在某些情形下，由于互动过程参与人具有不同的偏好，在什么结果是最佳结果的判断上存在分歧，因而也无法形成一致的选择。

只涉及第一个原因或特征的最简单情形是所谓的“纯协调”问题（见表 8-1）。在这类问题中，虽然互动的所有参与人对于问题的结果具有完全相同的偏好，但除非这些参与人能够协调他们的选择，否则选择满足每个个体偏好的那个结果的可能性非常小。这类纯协调问题具有以下的互动结构或特征。

表 8–1　纯协调博弈

	乙		
		R	L
甲	R	1，1	0，0
	L	0，0	1，1

上述这类互动生成的结构反映了一些理念、观念与行为规范方面的问题。例如，“道不同不相为谋”的行为原则，就会产生上述的互动结果。

涉及前面两个特征的协调问题就是著名的鹰–鸽博弈的互动情形。为了让不熟悉博弈论支付矩阵表示的读者更容易理解这个博弈的支付结构，下面用本质一样但形式不同的两种方式，表示鹰–鸽博弈的支付结构（见图 8–1 和表 8–2）。在假设读者具有良好博弈论知识背景的文献中，特别是在演化博弈论的文献中，图 8–1 是更为通常的表示方式。

在鹰–鸽博弈的互动情形中，参与人都知道某种结果比另外的结果要更好，但在哪种结果是最好的方面存在严重分歧。在这一博弈中，每个参与人都有两种策略选择，鹰策略与鸽策略。鹰策略与鸽策略的关系，反映的是一种自然界中普遍存在的关系。鹰策略好斗，具有侵略性；鸽策略则喜欢和平。鹰–鸽博弈也反映了参与人一方强势、一方弱势的互动关系。鹰–鸽博弈描述的是鹰策略–鸽策略的互动参与人，为争夺价值为 b 的食物时发生的互动情景。鹰与鸽互动中，鹰策略具有严格的优势而鸽策略则处于绝对劣势地位。所以，鸽策略遇到鹰策略，选择鸽策略的参与人必然退让，选择鹰策略的参与人得到这个食物的全部，而鸽策略参与人则一无所获；两个鸽策略参与人相遇，则各得一半。两个鹰策略参与人相遇，由于都好战且都具有侵略性，因而要展开一场争夺战。假设两个鹰策略参与人实力相当，各自需要付出争夺战的成本 $c/2$，同时各获得一半的食物。

$$\begin{array}{cc} & \begin{array}{cc}\text{H} & \text{D}\end{array} \\ \begin{array}{c}\text{H}\\ \text{D}\end{array} & \begin{pmatrix} \frac{b-c}{2} & b \\ 0 & \frac{b}{2}\end{pmatrix}\end{array}$$

图 8–1　鹰–鸽博弈

表 8–2　鹰–鸽博弈

	乙		
		鹰（H）（观念 1）	鸽（D）（观念 2）
甲	鹰（H）（观念 1）	（b–c）/2，（b–c）/2	b，0
	鸽（D）（观念 2）	0，b	b/2，b/2

如果$b>c$，那么这个博弈退化为囚徒困境博弈，所以通常假设$b<c$。在此情形下，鹰–鸽博弈存在两个纯策略纳什均衡与一个混合策略纳什均衡。鹰–鸽博弈是一种典型的协调博弈，这类博弈并不存在参与人共同认同的最好结果，因为支付（0，b）与（b，0）对于两个参与人来说完全不一样。虽然这类博弈具有广泛的应用性，但本章暂不讨论这类博弈。

二、群体理念协调博弈

对于群体理念协调博弈，存在两个参与人都认为是最好的结果。对于这类协调问题，如果互动参与人的行为选择，不能形成他们都认为是几个互动结果中最好的那个结果，那么就存在协调失败问题。这类协调博弈，也通常被人们称为信念博弈，因为在这类互动情景中，是否会出现协调失败问题，关键取决于每个互动参与人对其他参与人行为选择的信念：如果每个参与人对其他参与人选择导致他们共同认为最好结果的行为（策略）的信念足够强大，那么这个参与人就会选择使他们共同行动结果最好的行为（策略），因而在这类协调博弈中就会出现他们都认为最好的互动结果。换言之，当这类协调博弈存在多个纳什均衡且可进行帕累托排序时，如果每个参与人对其他参与人选择导致帕累托最优纳什均衡的行为（策略）的信念足够强大，那么，每个参与人都会如此地进行行为选择，因而最终导致他们认为最好的互动或博弈结果出现。

卢梭关于猎鹿与猎兔问题就是这类协调问题的代表。卢梭的问题可以简化与具体化为一个博弈：假设有两个猎人，他们必须同时选择两种策略或行为：猎鹿还是猎兔。如果两个参与人均决定猎鹿，那么他们会成功地猎到一头鹿，并在他们之间平均分配这一头鹿。如果两个人均决定猎兔，那么他们每个人可以得到一只野兔。如果一个人决定猎鹿而另外一个决定猎野兔，则前者一无所获而后者可得一只野兔。对于每个人来说，得到半头鹿均好于得到一只野兔。那么这个猎鹿博弈结果可以用以下的支付矩阵来表述（见表 8–3）。

表 8–3　猎鹿博弈

		乙	
		猎鹿（观念 1）	猎兔（观念 2）
甲	猎鹿（观念 1）	2，2	0，1
	猎兔（观念 2）	1，0	1，1

很明显，在这个博弈中，存在两个纯策略纳什均衡，而且这两个均衡是可以进行帕累托排序的，因为（猎鹿，猎鹿）均衡显然优于（猎兔，猎兔）均衡。人们通

常错误地理解这个博弈，认为在这个协调博弈中，并不存在悖论问题：博弈参与人一定采取相互合作的策略。事实上，在这一博弈中，合作并不是占优策略，而且如果每个参与人关于另外一个参与人会采取猎兔策略的信念足够大，那么，这个参与人的最优策略是选择猎兔而不是猎鹿，因而会导致（猎兔，猎兔）均衡的出现；如果每个参与人关于另外一个参与人选择猎鹿策略的信念足够大，那么，这个参与人的最优策略是是选择猎鹿而不是猎兔，因而会导致（猎鹿，猎鹿）均衡的出现。究竟哪一个均衡出现，决定于博弈参与人对于其他博弈参与人行为选择的预期或信念。

与猎鹿博弈的支付结构非常类似的一个现实但非常经典的例子，是印度一个村庄农民的春季播种问题。这个村庄的自然环境条件非常好，存在大量聪明的鸟类。其中几种鸟如此精明，以至于能够观察并记忆农民的播种行为。如果某个农民首先在一块土地上播种，鸟就会去啄食种子，并且一定会将最先播种的农民所播种的种子全部啄食完，农民因此没有收成，除非重新播种（浪费了价格不菲的种子）。人们无法追溯从什么时候开始，这里的每个农民都要等到如果再不播种就已经丧失了播种期而必将颗粒无收的时候，才进行播种（因而总是错过最佳播种期）。

由于这是自然限定的播种的最后期限，每个农民都在此时进行播种。虽然精明的鸟同样会去啄食种子，但由于农民同时行动，以及鸟的数量的有限性与每只鸟进食的有限性，每个农户因鸟的啄食仅仅受到些微损失而不会如单独地最先进行播种的农户所遭受的损失那么大。但是，如果农民能够有效地协调他们的行动，同时在最佳播种时间进行播种，那么，每个农户的收成将会大幅度增加（见表 8–4）。然而，现实正如当地农民所说，如果能够进行如此的协调，他们就不会这样贫穷了。

表 8–4 播种博弈

		农民乙	
		先播种（观念 1）	晚播种（观念 2）
农民甲	先播种（观念 1）	4，4	0，3
	晚播种（观念 2）	3，0	2，2

事实上，在现实生活中，与上述互动情景或博弈具有完全相同结构的互动情景，多至数不胜数。为了研究从具有上述结构的博弈中如何生成出惯例以及生成出什么类型的惯例，将这类博弈抽象掉具体背景与内容，统一称为群体理念协调博弈或群体理念的协调博弈。可以构建以下博弈：假设两个人同时参与一项工作，每一个人有两种策略选择，努力（$s_i=1$）与怠工或偷懒（$s_i=0$）；两个人共同努力可获得活动的总产出为 $4(s_1+s_2)$，两个人共享并且平均分配总产出；假设若每个人都努力

则每个人耗费的成本可以忽略不计，但若一个人努力而另外一个人不努力，努力者需要耗费 2 个单位的成本，偷懒则无须耗费成本；若两个人都不努力即都选择偷懒，总产出只有 2 个单位。在此情形下，两个人的不同策略选择将形成如表 8–5 所示支付矩阵。这是一个比囚徒困境稍好一点点的互动情形，因为这种情形依然存在两个纯策略纳什均衡与一个混合策略纳什均衡，而不像囚徒困境那样只具有唯一一个纯策略纳什均衡，因而是一个协调问题而不是纯粹的合作问题。

表 8–5　团队中的道德风险问题

		乙	
甲		努力（观念 1）	偷懒（观念 2）
	努力（观念 1）	4，4	0，2
	偷懒（观念 2）	2，0	1，1

事实上，所有群体理念协调博弈都具有如表 8–6 所示的支付结构，因而具有这类支付结构的博弈代表了包含各种各样具体内容的群体理念协调博弈，其中 $R>T$ 与 $S<P$。因此，只要满足 $R>T$ 与 $S<P$，那么，具有如表 8–6 显示的支付结构的博弈，均属于群体理念协调博弈。同样，所有的群体理念协调博弈，都具有上述的支付结构。因此，具有上述支付结构的博弈是群体理念协调博弈的充分且必要条件。本章集中研究具有这种支付结构特征的博弈。此类博弈具有两个纯策略纳什均衡与一个混合策略纳什均衡。本章的所有结论对于具有上述支付结构的博弈均适用，唯一的差别可能会出现在混合策略均衡方面，因为虽然满足 $R>T$ 与 $S<P$ 的条件，但具体数值不同时，混合策略均衡或演化稳定策略（I，J）可能亦随之不同。

表 8–6　群体理念协调博弈的一般支付结构

		乙	
甲		努力（观念 1）	偷懒（观念 2）
	努力（观念 1）	R，R	S，T
	偷懒（观念 2）	T，S	P，P

虽然基础博弈模型或阶段博弈模型是一个只包含两个参与人的模型，但我们研究的是一个包含了一定数量个体的群体中个体的行为，或群体中不同个体不同行为的分布或构成，因而模型中包含的两个参与人应该视为是随机地从此群体中抽取出来的个体，而不是仅仅研究包含两个参与人的协调问题。

为了使这种抽象了具体内容的模型具有广泛的应用性与说明能力，特别地，由于群体中不同个体可能表现出不同的行为，因此，这里的努力意指在解决、完成参与人共同面临的某个任务或活动时，表示出强大的责任感与主动精神，并不断追求完备、精益求精，所谓有 8 分能力要付出 12 分的努力，包括为完成任务或活动而主动积累相关知识、技能以及开展广泛的咨询活动等。这里的偷懒意指：敷衍应付、不负责任或逃避责任、磨洋工、强调各种困难、装糊涂、假装顺从、装傻卖呆，甚至出于某种原因与目的进行背后诽谤、散布与传播流言蜚语、人身攻击，给人起侮辱性绰号，利用肢体语言进行无声的蔑视与挑战，以及通过所谓“站队”方式，拉帮结伙，在与非“本队”“本伙”参与人进行博弈时采用各种抵制性活动（如栽赃、陷害、使坏、刁难）等。

事实上，协调失败问题一直是伟大思想家关注的问题之一。除了前面提到的卢梭的猎鹿问题外，大卫·休谟也提出过类似的问题：两个人根据协议或惯例为一条船划桨，每个人都没有向对方做出任何承诺，两个人可以都用力划或都不用力划。如果两个人都用力划桨，那么他们每个人都会得到最好的结果，类似于卢梭例子中两人都猎鹿。如果其中一个人不用力划桨，那么另外一个人是否用力划桨都没有什么区别，他们每个人都得到一种无效率结果。如果你是其中一人，那么对于你来说最坏的结果是你用力划桨而另外一个人不用力，因为在这种情形下，你耗费了力气却得不到任何收益，恰如猎鹿问题中你去猎鹿而对方却去猎兔一样。

对于存在两个或两个以上纳什均衡或演化稳定策略的互动情景，如果人们的行为选择不能够达成一致，那么这个群体中的人就会不断面临协调失败的问题。然而，人类文明高于其他动物之处，可能就在于，人类的任何不同族群都发展出了避免与解决这种协调失败的办法：即通过长期的、反复的试错，在特定互动情景中，个体的行为选择逐渐收敛，趋于某种特定的选择。而且，人们逐渐意识到，选择收敛或趋于某种特定的行为选择所获得的支付，高于其他的行为选择，进而这种趋于特定的行为选择，逐渐地成为人们行为选择所遵循的一种传统或惯例。正是这种类似的过程，人类的每个族群都发展出各自的传统或惯例，来协调人们的行为选择。然而，并不是每个社会都能够演化出有助于协调成功的惯例。具体到群体理念博弈情形，并不是任何情况下的群体理念博弈都能够演化出协调成功的惯例，因此，在什么情况下容易从群体理念博弈中演化出协调成功的惯例，正是本章研究的核心内容之一。

三、惯例的性质与特征

惯例或传统，是几乎每个人类族群中都普遍存在的一种实在，因而是人类乃至某些群居性动物社会共有的现象。惯例几乎与人类同时出现并随着人类社会的发展而发展。在人类发明文字之前，人类通过口头方式一代一代地传递着惯例，而自人类发明文字起，人们首先要记载的可能就是惯例。惯例决定着社会可能性，因而是社会能够维持而没有退化到霍布斯状态的决定性要素。

几乎任何一个族群的文明及其发展水平都与其某种惯例密切相关。因此，智者们，包括古代中国的周公、孔子、老子、庄子等，西方的苏格拉底、柏拉图、亚里士多德、休谟、斯密、卢梭等，直到 19 世纪的滕尼斯、涂尔干、韦伯等，非常重视惯例的研究。

然而，真正将惯例作为一个科学命题进行系统研究的，当属 20 世纪美国科学家刘易斯。随着 1969 年刘易斯的名著《惯例：一项哲学研究》的出版，惯例问题不仅成为 20 世纪 70 年代以来一个经久不衰的科学研究主题，而且日益受到人们的高度关注，更成为 21 世纪西方学术界最为关注的核心问题之一。

刘易斯通过定义一类他称为“协调问题”的博弈来研究惯例。本质上说，一个协调问题是一个至少具有两个稳定均衡的博弈问题，每个均衡都具有特殊的性质。这一特殊的性质是给定其他人采取这种行为或策略，“任何一方单独采取其他行为或策略，没有任何人的效用或支付会变得更好，无论是自己还是他人”，这类均衡就是协调均衡。基于这种性质，刘易斯将惯例定义为如下：

当一个群体 P 的成员，作为反复出现在情景 S 中的行为者时，在行为方面显现出来的一种常规性 R，被称为惯例，当且仅当下列条件为真，而且在群体 P 的成员参与的 S 的任何情景下，下列条件都是群体 P 的成员的共同知识：

（1）每个人都遵守 R；

（2）每个人都期望其他每个人遵守 R；

（3）给定其他人都遵守 R，每个人都偏好于遵守 R，因为 S 是一个协调问题，而且人们一致地遵守 R 是 S 的一个协调均衡[①]。

具有博弈论知识的人非常清楚，刘易斯运用了协调博弈的协调均衡概念来定义惯例。这在博弈论作为一个数学分支刚刚建立起来的情况下，可以说是一个非常了不起的努力与尝试。也说明，美国的科学研究之所以能够引领世界，关键在于美国的科学界并不像其他地方那样，不同学科之间存在着鲜明的分界，各自独立，更为重要的是，美国的科学研究人员，非常重视不同学科间的交流与相互借鉴，能够非

---

① 由于这个定义的经典性以及目前有多个译本，而且不同译本间关于这个定义存在各种差异，为了准确把握这个定义，将原文摘录于下：

A regularity R in the behavior of members of a population P when they are agents in a recurrent situation S is a convention if and only if it is true that，and it is common knowledge in P that，in any instance of S among members of P，

（1）everyone conforms to R；

（2）everyone expects everyone else to conform to R；

（3）everyone prefers to conform to R on condition that the others do，since S is a coordination problem and uniform conformity to R is a coordination equilibrium in S.

常及时地关注到任何一个科学领域研究的最新进展，并觉得合适时便将其引入到自己的研究领域。从这个角度说，美国的学术界是一个开放的世界。这是一个不得不引起重视的问题与现象，因为它对科学研究的推进力量异常巨大。

刘易斯虽然用协调博弈以及协调博弈均衡来定义惯例，但由于当时的博弈论，还处在以纳什均衡为核心的传统博弈论或经典博弈论的状态，传统博弈论的局限并没有被人们发现或被人们接受，由约翰·梅纳德·史密斯等开创的演化博弈论对于当时的人们还不知道为何物。因此，从现在的博弈论的视角来审视刘易斯的基于传统博弈论关于惯例的界定，必然带着传统博弈论共有的局限。尽管如此，刘易斯关于惯例的定义仍然是开创性的，是在科学的意义上定义的惯例概念，最为重要的是，刘易斯揭示了惯例的本质属性与特征。

显然，当我们说某一种特定行为样式、处世方式或行为选择，是某个群体或某些群体的惯例时，是指这些群体中的每个人，或者几乎每个人都遵循这种特定的行为样式或常规性样式，但这种说法显然存在不完全或意义不清楚之处。每个人都吃饭、睡觉，但没有人认为吃饭、睡觉是惯例。然而，吃什么与什么时候睡觉可能存在惯例。例如，在山西，几乎每个人在吃菜时都有加醋的习惯，因而吃菜加醋就是山西人的一个惯例。同样，四川等地几乎每个人吃饭时总要有辣椒，所谓的“无辣不欢”，因而这些地方吃饭时要有辣椒则是其一种惯例。惯例是超越于生物学意义上的一个概念，它又受生物学原理的支配。但仅仅从生成与演化的角度上说，惯例是人们从至少两种行为样式之中所做出的有意或无意的一种选择，是人类社会的一种建构现象与结果，是一种文化现象与结果。

从直观或表层意义上说，惯例暗示着对“为什么每个人都如此处世”问题的部分回答。当问“为什么在很多或几乎所有情形下每个人都会如此地行为”时，人们通常会做出“因为几乎所有其他人都如此地行为”的回答，或者做出“每个人都如此地行为是因为所有其他人都如此地行为”。所以，遵循惯例就是“入乡随俗”。人们为什么要“入乡随俗”，可能就是一个不那么容易做出较为全面回答的问题。而更难以回答的问题是，为什么每个人都如此地行为而不是其他行为？例如，为什么在英国司机都选择靠道路的左边行驶而不是靠道路的右边行驶？这后两个问题正是我们在此意欲回答的主要问题：群体理念中为什么在有些族群中每个个体或几乎每个个体都选择努力，而在另外一些族群中每个个体或几乎每个个体总是选择偷懒。

为了能够较为完整与准确地回答上述问题，有必要引进现代博弈论关于惯例的界定，因为这种界定是对刘易斯关于惯例界定的完善，特别是为了避免刘易斯惯例定义中基于人的理性的局限性，因为人们日益认识到，在大部分情形下人在现实中的行为至多是有限理性或情景理性的，而不是完全理性的。萨格登是较早地运用现代博弈论完善刘易斯的惯例定义的主要学者之一，而且其一生的学术研究几乎都主要围绕惯例这一主题。在其得意与成名之作，《权利、合作与福利经济学》中，对惯例进行了结构性分析，认为其具有两个或两个以上稳定均衡的博弈中任何一个稳定均衡。虽然这个定义对惯例的核心并没有什么问题，但存在的疑问太多，需要解释的也太多，因而并不是关于惯例的比较完整的定义。

本书在借鉴刘易斯与萨格登的惯例定义的基础上，将惯例定义为：在一个由一定数量个体组成的群体中，个体间重复进行某种类型的互动或博弈，这类博弈具有两个或两个以上演化稳定策略，现实中实际存在的那个演化稳定策略就是此群体此种特定类型的互动或博弈的惯例。

由于演化稳定策略包含了自我实施性与自我强化性的特征，即给定所有其他人，或者几乎所有其他人，都遵循策略 S，那么遵循策略 S 不仅符合每个行为人的自身效用或支付，而且任何偏离策略 S 的其他策略，都不能够改善其自身或其他人的效用或支付。因此这个定义包含了刘易斯与萨格登的惯例定义的含义。

然而，正如萨格登所说，并不是所有自我实施的规则在日常生活中都会被称为惯例，因为那些没有在现实中实现的演化稳定策略都具有自我实施性，而没有实现的具有自我实施性的演化稳定策略，只是一种潜在的惯例而不是现实中的惯例，更准确地说，只具有成为惯例的可能性。因此，萨格登的界定显然没有区分出潜在的惯例与实际实施的惯例。正是由于这个原因，萨格登不得不将其定义的惯例加上一个限定词，因而成为既定惯例或建构起来的惯例。显然这是多余的，而且与人们通常理解的惯例相冲突，因为人们说某种行为样式是惯例时，指的当然是现实中实际实施与存在的，而不是理论上存在的在现实中没有实施的演化稳定策略。不过，萨格登对自己关于惯例的界定似乎很满意。“如果有人指责我以古怪的方式使用了惯例这个词，我将诉诸于前辈大卫·休谟，我将论证，他在与我的定义非常一致的意义上使用这个词”。然而，据本人的理解，休谟是在我定义的“惯例”的意义上使用“惯例”一词的。

然而，惯例的自我实施性与自我强化性并不表明惯例是不变的或锁定的，惯例不仅存在变迁的可能性，而且在特定情况下非常容易变迁。的确，一种惯例一旦生成，也就是一种演化稳定策略一旦在现实中实现，通常会持续相当长的时间。然而，经历一系列随机事件的冲击，惯例最终会发生变迁。惯例的变迁必然是从一个演化稳定策略到另外一个演化稳定策略。不是演化稳定策略的任何状态，都是惯例变迁过程中经历的暂时的或短暂的状态，不可能形成持续相当长时间的惯例。这正是惯例变迁的间断均衡效应。

惯例的另外一种性质或特征，是几乎所有的惯例都具有生产性效应，即生产中性与生产正负效应。惯例的生产中性是指对生产性活动没有影响。例如，靠道路的左边行驶与右边行驶，仅仅涉及行为协调而对生产性活动并没有影响。惯例的生产正负效应，是指惯例具有社会道德效应、财富生成效应、价值取向效应、认知结构效应与符号或标签效应。虽然一个特定的非生产中性的惯例，不一定具有所有这些效应，但至少具有这些中的某一种效应。例如，学术研究活动生成的以价值为标准还是以科学为标准的惯例，不仅具有认知结构效应，而且具有财富生成效应；公平方面生成的以能力公平作为惯例还是以结果公平作为惯例，则具有多重效应。惯例的这种生产性效应，是目前学术界鲜有理论探讨的问题。例如，1998 年，Young 仅仅提出惯例的社会福利影响，而且认为，从社会福利角度说，某些惯例相当令人焦虑，甚至感到绝望，因为这些惯例形成了严重的福利减损效应。因而惯例的生产正负效应也是本研究关注的一个问题。

第二节　重复对称博弈与非对称博弈的均衡与可能的惯例

为了从博弈论角度说明惯例的形成过程，本书遵循博弈论研究中通常的惯例，将大量个体参与的不断重复的互动情景分为两类，对称性与非对称性的互动或博弈。

一、重复对称博弈的均衡与可能的惯例

假设一个群体中不同个体间进行群体理念协调活动即博弈。假设博弈是匿名进行的，即将参与博弈的人描述为一场“你”与“你的伙伴或对手”之间的博弈。博弈的每一方参与人必须在策略努力（H）与策略偷懒（S）之间选择一种，并且每个参与人都知道其伙伴或对手面临相同的策略选择集合。由于博弈结果，即不同策略组合所获得的支付，对于所有参与人来说具有对称的性质，而且没有给定参与人的类型，因此，博弈参与人所处的相对位置完全对称，因而这类博弈被称为对称博弈（见表 8–7）。

表 8–7　群体理念协调的对称博弈

		参与人的伙伴	
		努力（H）（观念 1）	偷懒（S）（观念 2）
参与人	努力（H）（观念 1）	4，4	0，2
	偷懒（S）（观念 2）	2，0	1，1

对于具有博弈论知识的人来说，这个博弈的结局或结果，有三种可能。但人们的目的并不仅仅在于说明这个博弈的最终结局，而是要借助这个博弈，来说明某种秩序、习俗、惯例、规则、规范以及制度是如何生成于人们自发的互动过程的，从而科学地理解惯例等的生成条件、过程与机制等。

在初始博弈时，博弈参与人总要选择某项策略。假设博弈参与人选择努力策略，

然后他发现其伙伴选择了偷懒策略，因而其支付为零。如果他选择了另外一项策略，即选择偷懒策略，他可能已经得到支付 1。显然支付 1 优于支付零。因此，在下一轮的博弈中，他可能会思考是选择努力还是选择偷懒，但不论选择什么策略，都会得到某种支付。随着博弈次数的不断增加，他积累了越来越多的经验，因而能够从经验中学习，并能够洞察到选择某种策略获得更多支付的可能性会更大一些，因而在将来回合的博弈中会选择使他获得更多支付机会的策略。虽然某些参与人可能会非常快地注意到不同策略选择之间获得更多支付的成功概率的不同，另外一些人则较晚才发现这种规律，但总的趋势应该是很明确：参与人会倾向于选择那种成功获得更多支付的策略。

假设随机地从此群体中选择一个人参与此博弈，而且令 p 表示其在此博弈中选择努力策略的概率，那么这一概率反映了该群体中不同的人所遵循的选择努力策略的概率。例如，如果该群体中 30%的人一成不变地选择努力，其他 70%的人一成不变地选择偷懒策略，那么 p 就等于 0.3。群体中不同的个体也可能采用混合策略，在一些博弈中选择努力策略，而在另外一些博弈中选择偷懒策略。假设这个群体中 50%的人一成不变地选择偷懒策略，20%的人一成不变地选择努力的策略，其余 30%的人在其参与的博弈中，以 2/3 的概率选择努力策略，以 1/3 的概率选择努力的策略，那么此时的 p 也等于 0.3。

对于表 8–7 所示的支付结构，给定选择某种策略的任意的概率即 p 值，它是否能够长期保持不变，还是会随着博弈次数的变化而变化。为回答此问题，必须考虑对于给定的任意的 p 值，参与人选择不同策略获得更多支付的可能性问题。从表 8–7 所示的支付结构中可知，如果其伙伴选择努力策略，那么，他的伙伴得到 4 个单位支付的概率为 p；什么都得不到的（支付为零）概率为 $1-p$，因而其期望支付为 $4p$；如果其伙伴选择偷懒策略，那么，他的伙伴得到 2 个单位支付的概率为 p，得到 1 个单位支付的概率为 $1-p$，因而其期望支付为 $1+p$。

从长期来看，哪项策略能够产生较大的期望支付，那么这项策略选择就会趋向于获得更大的支付。人毕竟是避害趋利的动物。有哪一个人在与其他人的互动过程中永远选择支付最少甚至为负的呢？如果人人都如此善良，人类将不复存在，那么选择支付最少或为负还是善良吗？正如老子所说，“天下皆知美之为美，斯恶已。皆知善之为善，斯不善已”。因此，从长期来看，经过一个足够长的博弈序列，具有较大期望支付的策略将会对博弈参与人产生较大的吸引力，使博弈参与人倾向于选择那些使其预期支付较大的策略。这种能力在各种动物中都能够显现出来，更不要说人类了。因此，人类具有这类经验学习能力非常正常。

在群体理念博弈中，很明显地，根据 p 是否大于、等于或者小于 1/3，参与人选择努力的策略，要比选择偷懒的策略，更成功、一样成功或者失败。如果 p 小于 1/3，从长期来看，参与人就会倾向于转而选择偷懒策略，由此会导致 p 不断下降，并最终收敛于 0。而当 p 收敛到 0 时，全部参与人都选择偷懒策略。在此情形下，任何偏离偷懒策略都得到更差的结果，因而偷懒构成了这个博弈的一个纳什均衡。如果 p 大于 1/3，从长期来看，参与人就会倾向于选择努力策略，由此进一步促使 p 出现上升的趋势。p 越大，人们选择努力策略的激励越强大，因而必然出现驱使 p 走近于 1 的动力。而当 p 等于 1 时，任何偏离努力策略的策略选择，都会获得较选择努力策略所获得的更少的支付，因而选择努力策略具有自我强化性质，此时选择努力策略构成了一个纳什均衡。

上述表明，虽然人们以 1/3 概率选择努力策略构成一个均衡，但这不是一个稳定的均衡。当人们的策略选择处于这个位置时，任何一个微小的扰动，都必然使其发生无法复原的移动，最终要么收敛于 $p=0$ 的位置，要么收敛于 $p=1$ 的位置。

二、重复非对称博弈的均衡与可能的惯例

对于一个群体中不同个体间进行的群体理念博弈，可以想象与上述重复对称博弈不同的一种情景：从群体中随机地选择两个个体进行群体理念，但随机地指派一个人扮演角色 A 而另外一个人扮演角色 B。虽然这一博弈的支付矩阵具有结果对称的性质，但是参与人具有了不对称的特定的标签性质，因此该博弈从两位参与人的角度说并不完全相同，因为一个参与人被告知他被标识为 A，同时另外一个参与人被告知他被标识为 B。由于每个博弈参与人扮演特定的角色，因而具有不对称的标签性质，这类博弈称为非对称博弈。表 8–8 给出了群体理念的非对称博弈的支付结构。

表 8–8　群体理念协调的非对称博弈

		B	
		努力（B1）（观念 1）	偷懒（B2）（观念 2）
A	努力（A1）（观念 1）	4，4	0，2
	偷懒（A2）（观念 2）	2，0	1，1

在这种非对称形式的博弈中，参与人可能区别出两种结果，即扮演角色 A 所经历的结果与扮演角色 B 所经历的结果。如果博弈参与人确实依据这种区分来评价他的经历，并且如果他发现作为参与人 A 的经历与作为参与人 B 的经历不同，他就可能依据其究竟是扮演 A 还是扮演 B，而以不同的方式进行博弈。当然，在大多数情形下，人们没有理由预计参与人 A 进行的博弈方式与参与人 B 进行博弈的方式有任何系统性差别，但在某些情形下，参与人 A 与参与人 B 之间的差别可能依然存在，而且参与人会依据他们的策略选择对这一差别加以利用。

假设在一个特定的情景，参与人认识到该差别可能很重要。当他们回顾博弈经

历时，区别出了扮演不同角色的经验，那么，如果参与人能够从经验中学习，就会产生一种趋势，作为参与人 A 逐渐趋向于采取最成功的策略 A，作为参与人 B 逐渐趋向于采取最成功的策略 B。这意味着策略 A 与策略 B 也许会向着不同的方向演化。

假设在不断重复的任何一轮的博弈中，令 p 表示某参与人被随机选择扮演参与人 A 时他选择策略 A1（努力）的概率；令 q 表示扮演参与人 B 时他选择策略 B1（努力）的概率，那么组合（p，q）描述了博弈的状态。给定博弈的任何一种状态，那么这种状态是否会长期保持不变，或者，如果变化，这个状态会向什么方向变化。

由于每个参与人都尽可能获得更多的支付，因此容易计算出，对于参与人 A 来说，根据 q 是否大于、等于或者小于 1/3，选择 A1 的策略的期望支付大于、等于或者小于选择策略 A2 的期望支付。所以，如果 q 大于 1/3，在长期中，参与人 A 趋向于转而选择策略 A1，这样使 p 值提高逐渐走近于 1。相反，如果 q 小于 1/3，在长期中，参与人 A 趋向于转而选择策略 A2，由此使 p 降低逐渐走近于 0。如果 q 恰好等于 1/3，参与人 A 的所有策略（纯策略或者混合策略）都获得相同的支付，因而不存在使 p 值变化的任何特定的趋势。同样的道理，依据 p 是否大于、等于或者小于 1/3，q 值会趋向于提高、降低或者保持不变。

这些结论可以用图 8–1 所示的相位图进行更为直观的说明：图中的每个点对应于博弈参与人策略选择的一种状态（p，q），而箭头则表示不同状态变化的运动与收敛方向。将这些运动方向连成一线，就可以根据任何一种给定的初始状态，预知其未来变化方向与路径。

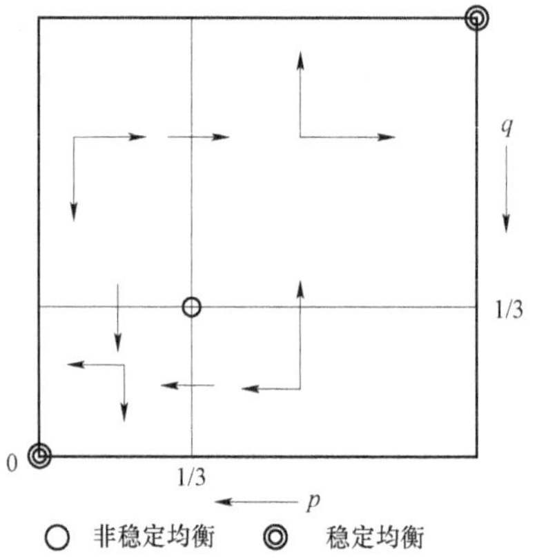

图 8–1　相位图

图 8–1 的相位图表明，三种状态为定态，似乎不存在变化的趋向。这三种状态分别是（1，1）、（0，0）与（1/3，1/3）。这些点中的第一种情况，相位图中的东北角，代表了以下状态：参与人 A 一成不变地选择 A1（努力）策略，参与人 B 一成不变地选择 B1（努力）策略。很明显，在给定了一个参与人可预测的行为或策略

选择之后，两类参与人都各自选择了获得最大支付的策略。

这些点中的第二种情况，相位图中的西南角，是第一种情况的镜像：参与人 A 一成不变地选择 A2（偷懒）策略，参与人 B 一成不变地选择 B2（偷懒）策略。第三种情况代表了以下状态：参与人 A 与参与人 B 平均每三次博弈中有一次分别选择 A1（努力）和 B1（努力）策略。

上述情况表明，不论博弈的初始状态为何，随着博弈次数的增加，博弈状态最终都会趋于向上述三个状态中的某一个方向移动。在相位图的东北象限中（$p>1/3$ 且 $q>1/3$），所有的点都会向（1，1）点移动，即整个象限位于向（1，1）点移动的区域。同样，整个西南象限的所有的点，都位于向西南角（0，0）点移动的区域。

相位图中的整个西北象限的所有状态，都会向南和向东方向移动。这种移动最终要么向西南象限移动，最终收敛于点（0，0）；要么向东北象限移动，最终收敛于点（1，1）；要么向中间点移动，最终收敛于点（1/3，1/3）。同样，相位图中的整个东南象限的所有状态，最终也会收敛于这三个点。

任何离开点（1，1）的微小偏离都会自我纠正，因为在点（1，1）邻域附近的所有点，都位于向点（1，1）移动的区域。同样，任何离开点（0，0）的微小偏离也都会自我纠正。因此这两个点代表了稳定均衡状态。

点（1/3，1/3）虽然也是此博弈的均衡点，因而似乎也是一种均衡状态，但此点是不稳定的均衡状态：离开此点向北或向南最轻微的偏离或干扰，都会永久地离开此点而收敛于别处。例如，只要出现向东和向北的任何微小的干扰，都会将此点移动到处于向点（1，1）收敛的区域。同样，只要出现向南和向西的任何微小的干扰，都会将此点移动到处于向点（0，0）收敛的区域。因此，尽管状态（1/3，1/3）表明不论是 p 还是 q 都没有特定的变化趋势，但是参与人采取两种策略的频率发生任何偶然的变化都会使此状态无法维持，甚至只是谣言或意外的错误都会使这一状态发生移动。

例如，假设有些参与人 B 开始相信参与人 A 在小于 1/3 的博弈中选择努力策略。这种信念最初也许是错误的，但这种信念会趋于成真。持有此信念的参与人 B，如果依此信念选择策略，那么他会选择策略 B2（偷懒），这样可能致使 q 值低于 1/3；如此会使得策略 A2（偷懒）成为参与人 A 较为成功或占优的策略，结果会导致 p 值下降，从而使最初错误的信念反而变成真实的。当更多的参与人 A 转而选择策略 A2（偷懒）时，促使更多的参与人 B 转而选择策略 B2（偷懒）的激励增强了，进而进一步降低 q 值；如此不断循环。这一自我强化过程显而易见的结局就是，参与人处于以下状态：参与人 A 总是选择 A2，参与人 B 总是选择 B2，最终将收敛于（0，0）的状态。同样，如果参与人 B 生成了参与人 A 将在以大于 1/3 的博弈过程中选择 A1，那么最终将收敛于状态（1，1）。

总之，状态（1/3，1/3）受到的任何微小的干扰都会将其移动到最终收敛于

（0，0）或收敛于（1，1）的区域，进而收敛于两个稳定均衡状态之一。

这些稳定均衡中的每一个事实上都构成了一种惯例。非对称群体理念博弈的结构具有两个稳定的均衡，也即意味着两种惯例中的一种迟早会自发地从这种博弈结构中演化出来：博弈的所有参与人，要么一成不变地选择努力策略；要么一成不变地选择偷懒策略。

第三节　对称博弈与非对称博弈的演化稳定策略与可能的惯例

一、对称博弈的演化稳定策略与可能的惯例

前面的讨论基于古典或经典博弈理论，即假设博弈参与人具有理性而且假设博弈结构是博弈参与人的共同知识。传统博弈论通常研究两个参与人之间的互动，问题主要关注是，参与人在不知道其他参与人选择何种策略的情形下，参与人如何能够在博弈中最大化其支付。解决这一个问题依赖于理性的概念。然而，如何能够保证人们理性地选择策略，而且在现实生活与许多实验研究中，人类并不总是理性地行为。事实上，人类行为，正如休谟所说，更多地基于情感而不是基于理性。因此，基于理性的博弈研究所得到的结论，就不一定符合现实。

1973 年，John Maynard Smith 和 George Price 在《自然》杂志发表了一篇论文，首次将博弈论引入演化生物学并将种群思维引入博弈论，从而开创与激励了演化博弈论的研究与发展。演化博弈论并不依赖理性假设，相反它研究博弈中相互作用的大量个体而不是简单的两人博弈问题。在演化博弈中，个体具有确定的策略，并且随机地相互作用或互动。支付是指适应性程度或适应能力，博弈中的成功策略是指能够被复制的策略，而且越是成功的策略被复制或模仿的速度越快，因而获得更多的采用，而失败的策略最后被淘汰出局。演化博弈论正是自然选择理论的形式化。

为了研究不同类型的行为或策略的演化，需要定义不同类型的行为或策略的支付。在演化视角下，不同类型的行为或策略的支付一般称为适应性或适应度，f_i 表示行为类型 i 的生存能力，因而 f_i 必然是一个非负实数，描述了类型 i 的行为的繁殖速度或速率。所有类型的行为的平均适应度可以定义为：

$$\phi = \sum_{i=1}^{n} x_i f_i$$

在演化框架下，不同类型行为或策略相对频度的演化 $\dot{x}_i$ 遵循以下的选择机制：

$$\dot{x}_i = x_i(f_i - \phi)\text{，}\quad i = 1, \cdots, n \qquad (8\text{–}1)$$

即如果行为类型 i 的适应度超过不同行为类型的平均适应度，那么行为类型 i 的相对数量或相对丰度将会增加，否则将会不断减少直至全部消失。由于式（8–1）只表明不同行为类型的转换或变异，因而不同类型的总体仍然保持不变，即 $\sum_{i=1}^{n} x_i = 1$ 与 $\sum_{i=1}^{n} \dot{x}_i = 0$。上述的式（8–1）就是演化理论中所谓的复制动态方程。

假设一个社会群体，由两种行为策略的个体构成：积累知识（A）与积累关系（B）。令 x_A 与 x_B 分别表示积累知识与积累关系策略在社会构成中的频度或相对数量。那么向量 $\vec{\boldsymbol{x}}=(\boldsymbol{x}_A, \boldsymbol{x}_B)$ 则表示了整个社会的行为或策略构成，即社会行为构成。令 $f_A(\vec{x})$ 与 $f_B(\vec{x})$ 分别表示积累知识行为与积累关系行为在社会中的生存能力即适应度，那么积累知识行为与积累关系行为在社会中的相对丰度的选择机制由下式决定：

$$\begin{aligned}\dot{x}_A &= x_A(f_A - \phi) \\ \dot{x}_B &= x_B(f_B - \phi)\end{aligned} \tag{8–2}$$

其中 $\phi = x_A f_A(\vec{x}) + x_B f_B(\vec{x})$ 为积累知识与积累关系行为的平均适应度。

假设积累知识行为与积累关系行为的划分包含了社会所有成员的行为，即是社会成员行为的一个完备划分，那么 $x_A + x_B = 1$ 总是成立的，因此可以设积累知识行为的相对数量为 $x_A = x$，那么积累关系行为的相对数量则为 $x_B = 1 - x$。适应度函数由此可以表示为 $f_A(x)$ 与 $f_B(x)$。平均适应度则可以改写为

$$\phi = x_A f_A(\vec{x}) + x_B f_B(\vec{x}) = x f_A + (1-x) f_B = x(f_A - f_B) + f_B$$

将此式代入到上面的选择机制方程（8–2），可以得到以下的复制者动态方程：

$$\dot{x} = x(1-x)[f_A(x) - f_B(x)] \tag{8–3}$$

演化博弈中的核心概念是演化稳定均衡策略以及更为严格的其他策略。为了说明各种不同均衡间的关系以及便于叙述与理解，给出以下概念的定义。令 $E(S_i, S_j)$ 表示策略 S_i 与策略 S_j 互动，即一方采用策略 S_i，另外一方采用策略 S_j 而形成的期望支付。

（1）对于任何的 $i \neq k$，如果 $E(S_k, S_k) > E(S_i, S_k)$ 那么策略 S_k 是严格纳什均衡策略。

（2）对于任何的 i，如果 $E(S_k, S_k) \geqslant (S_i, S_k)$，那么 S_k 是纳什均衡策略。

（3）S_k 是演化稳定均衡策略（ESS），如果对于任何的 $i \neq k$，或存在

$$E(S_k, S_k) > E(S_i, S_k)$$

或存在

$$E(S_k, S_k) = E(S_i, S_k) \text{ 与 } E(S_k, S_i) > E(S_i, S_i)\text{。}$$

演化稳定策略（ESS）确保自然选择能够抵制任何潜在的入侵。同样，严格纳什均衡也是如此，但纳什均衡并不具有这个性质。如果 $E(S_k,S_k)=E(S_j,S_k)$ 与 $E(S_k,S_j)<E(S_j,S_j)$，那么 S_k 仍然是纳什均衡，但自然选择将支持 S_j 侵入 S_k。因此有必要增加另外一个概念。

（4）如果对于任何 $i\neq k$，或存在 $E(S_k,S_k)>E(S_i,S_k)$，或存在 $E(S_k,S_k)=E(S_i,S_k)$ 与 $E(S_k,S_i)\geqslant E(S_i,S_i)$，那么 S_k 是能够抵制自然选择入侵的演化稳定策略（也称为弱演化稳定策略）。

从上述各定义不难看出，如果一个策略是严格纳什均衡策略，那么它亦是演化稳定策略。如果一个策略是演化稳定策略，那么它必然是弱演化稳定策略。如果一个策略是弱演化稳定策略，那么它也是纳什均衡。因此，严格纳什均衡意味着演化稳定策略，意味着弱演化稳定策略，意味着纳什均衡。在研究频度–依赖或丰度–依赖的自然选择的演化动力学方面，所有这些概念都起着非常重要的作用。

此外，在约翰·梅纳德·史密斯（John Maynard Smith）的演化博弈研究发表之前，威廉·哈密顿（William Hamiliton）在其关于性别比率决定的研究工作中提出了“不可击败策略”。所谓不可击败策略是指，对于任何的 $i\neq k$，如果 $E(S_k,S_k)>E(S_i,S_k)$ 并且 $E(S_k,S_i)>E(S_i,S_i)$，那么 S_k 就是不可击败策略。

上述条件表明，不可击败策略占优于任何其他均衡策略，因为不可击败策略必然是一个严格纳什均衡。不可击败策略是人们最为偏爱的策略，然而人们很难发现或找到不可击败策略。

由于任何两项策略的任意混合，仍然是一项策略，因此，可以将任何一个策略写作 p，它表示在群体理念博弈中选择纯策略 H（努力）的概率。

给定对称群体理念博弈的支付矩阵，很明显，$p=1$ 是对任何 $p>1/3$ 的策略唯一的最优反应；$p=0$ 是对任何 $p<1/3$ 的策略唯一的最优反应；并且每项策略都是对策略 $p=1/3$ 的最优反应。这样 $p=1/3$ 是对其自身唯一的最优反应策略，即是一个均衡策略。

那么 $p=1/3$ 是否一个稳定均衡或演化稳定策略？为了说明这个问题，令 I 为 $p=1/3$ 的策略，令 J 为 $p=p^*$ 的任意策略。因为，每项策略是对 I 的最优反应，所以对于所有的 J 存在 $E(I,I)=E(J,J)$。依据演化稳定策略的定义，此时只要证明对于所有的 $I\neq J$ 存在着 $E(I,J)>E(J,J)$，那么策略 I 就是一个演化稳定策略。依据群体理念博弈的支付矩阵与概率分布，通过简单计算，很容易得到

$E(I,J)=(2+6p^*)/3$，而且 $E(J,J)=3(p^*)^2+1$。由此可以得到

$E(I,J)-E(J,J)=-3(p^*-1/3)^2$。

上式表明，对于所有的 $p^*\neq 1/3$，$E(I,J)<E(J,J)$。这一关系表明，$p^*=1/3$ 不是一个演化稳定策略。

如果运用复制子动态方程，可以得到完全相同的结论，而且更为简洁，但缺乏

直观性。令 x 表示群体中选择努力策略的相对丰度，那么 $1-x$ 就是选择偷懒策略的相对丰度，因此，结合前面的支付矩阵，群体理念博弈的复制子动态方程可以写成以下形式：

$$\dot{x}=x(1-x)(3x-1)$$

显然，这个微分方程有三个稳定点，$x=0$、$x=1$ 与 $x=1/3$。这三个点分别对应群体中个体策略选择演化的三种结果，即最终全部选择偷懒、全部选择努力与以 $1/3$ 的频率选择努力，$2/3$ 的频率选择偷懒策略。同样可以证明，$x=1/3$ 并不是演化稳定策略，因为如果给定初始条件 $x(0)$ 小于 $x=1/3$，那么，群体策略选择的结构就将收敛于全部选择偷懒的状态；而如果初始条件 $x(0)$ 大于 $x=1/3$，那么，群体策略选择的结构将收敛到全部选择努力的状态。因此，$x=0$ 与 $x=1$ 构成此博弈的演化稳定策略，因而对应于此群体可能生成的协调人们行为或策略选择的两种可能的惯例。

二、非对称博弈的演化稳定策略与可能的惯例

演化稳定策略的概念可以相当容易地扩展到非对称博弈之中，因而用其研究非对称博弈的动力学特征。考虑任意非对称博弈，参与人在其中分别扮演两种截然不同的角色，A 与 B。参与人 A 的纯策略记为 $A_1,\cdots,A_m$，参与人 B 的纯策略记为 $B_1,\cdots,B_n$。假设所有参与人具有相同的支付矩阵，并且假设博弈在某个群体内重复进行，博弈参与随机组合并匿名地进行博弈，并且随机指定谁扮演角色 A 与谁扮演角色 B。

策略 A 的集合用向量 $(p_1,\cdots,p_{m-1})$ 表示，其中对于任意的 i，p_i 表示相关行为人在扮演角色 A 时其在博弈中选择纯策略 A_i 的概率。类似地，策略 B 的集合用向量 $(q_1,\cdots,q_{n-1})$ 表示，其中对于任意的 j，q_j 表示相关行为人在扮演角色 B 时其在博弈中选择纯策略 B_j 的概率。策略 A 与策略 B 的组合构成了一种形式以下的随机制宜策略选择方案："如果扮演角色 A，则选择……；如果扮演角色 B，则选择……"。萨格登（Sugden）将此种策略选择方案称为普适性策略。

假设 I 与 J 为一组普适性策略，$E(I,J)$ 是当对手选择策略 J 时自己选择策略 I 所获得的期望支付。假设 I 是 A 策略 $(p_1,\cdots,p_{m-1})$ 与 B 策略 $(q_1,\cdots,q_{n-1})$ 的组合，那么，当且仅当 $(p_1,\cdots,p_{m-1})$ 是 $(q_1,\cdots,q_{n-1})$ 的最优反应而且 $(q_1,\cdots,q_{n-1})$ 是 $(p_1,\cdots,p_{m-1})$ 的最优反应时，I 是对其自身的最优反应。这意味着在非对称博弈中，条件 $E(I,I)\geqslant E(J,I)$ 所界定的均衡概念与传统博弈中的纳什均衡概念之间存在一一对应关系。在参与人分别被标识为 A 和 B 的非对称博弈中，纳什均衡由策略 A 与策略 B 构成，每一方的策略都是对另外一方的策略的最优反应。如果此博弈重复进行，那么这两个策略的组合就构成一个普适性策略，因而是其对自身的最优反应。

然而，$E(I,I)\geqslant E(J,I)$ 与纳什均衡定义之间的这种等价关系只有在非对称博弈才成立。在对称博弈中，条件 $E(I,I)\geqslant E(J,I)$ 要求博弈双方参与人都遵循同样的策略，但是当他们选择不同的策略时，要每一方策略是对另外一方策略的最优反应，就可能存在纳什均衡。 这一不同之处，反映了单次博弈与重复博弈间的差异。在单次对称博弈中，双方参与人完全有可能采取不同的策略，这是双方参与人采取不同策略以有利方式相互契合的情形。如果博弈重复进行，匿名参与人随机组合，这样的契合只可能偶尔出现。在重复进行的对称博弈中，不同策略之间的系统性契合几乎不可能出现。

在非对称群体理念博弈中，每一方参与人要在两个策略中选择其一，所以一个普适性策略可以用概率组合 (p,q) 来表示，其中 p 是博弈参与人如果扮演角色 A 时选择努力策略的概率，q 是当他扮演角色 B 时选择努力策略的概率。前面的讨论已经表明，存在三个普适性策略满足均衡条件 $E(I,I)\geqslant E(J,I)$：（1，1）、（0，0）与（1/3，1/3）。

这些普适性策略中的前两个显然是演化稳定策略，因为每一个都是对其自身的唯一的最优反应。而第三个，即（1/3，1/3）则不是一个演化稳定策略。为了进行检验，令 $I=(1/3,1/3)$，令 J 为任意普适性策略 (p^*,q^*)，由于每个普适性策略都是对 I 的最优反应，而且 $E(I,I)=E(I,J)$，通过计算容易知道，$E(I,J)=2q^*+2/3$，$E(J,J)=3p^*(q^*-1/3)+q^*+1$，$E(I,J)-E(J,J)=3(q^*-1/3)(1/3-p^*)$ 在 $p^*>1/3$ 且 $q^*>1/3$ 或 $p^*<1/3$ 且 $q^*<1/3$ 时为负值，即 $E(I,J)<E(J,J)$，不满足演化稳定策略条件。这意味着 $I=(1/3,1/3)$ 不满足演化稳定策略的条件：$I=(1/3,1/3)$ 将会轻易地受到整个普适性策略集合中任何一个普适性策略的侵扰，即任何导致偏离 $I=(1/3,1/3)$ 的冲击都会使这个均衡点永远不存在，要么收敛于（1，1），要么收敛于（0，0）。因此，此博弈的演化稳定策略是（1，1）与（0，0）。它们对应于此群体可能生成的协调人们行为或策略选择的两种惯例：所有人都选择努力策略与所有人都选择偷懒策略。

第四节　群体理念博弈中生成特定惯例的决定因素

前面的讨论表明，群体理念协调博弈，不论在对称情形下，还是在非对称情形下，都形成两个演化稳定策略，这与所谓的领导者协调博弈不同。因此，群体理念协调博弈是协调博弈中的一种典型类型。特别地，这一博弈生成的两个演化稳定策略或均衡，具有非常强烈的生产性效应，成为人们特别关注的一种类型的博弈。群体理念博弈究竟生成什么样的均衡以及相关的决定因素有哪些，是目前学术界非常关注的问题。

一、理性与先验信念

群体理念协调博弈具有两个演化稳定策略的事实表明，如果一个参与人 A 预期到参与人 B 选择其中的任何一个，那么，参与人 A 也选择这个策略组合，是其对参与人 B 的策略选择的最优反应，而选择其他的组合都会使其支付少于选择这个最优反应策略所获得的支付。因此，群体理念协调博弈，自然地向人们提出了一个问题：如何在其最纯粹的形式的状态下，参与人能够形成一致的选择。所谓在其最纯粹的形式的状态下，是指在不涉及其他激励问题的情况下，参与人能够一致地选择更有效率的均衡。从均衡结果的角度说，群体理念协调博弈的核心的问题是，如何协调参与人的策略选择以便实现人们期望的那种均衡。一旦实现有效率的均衡，也就形成了一种具有强大生产效应的惯例。依据惯例的性质，这种惯例一旦形成便具有自我实施性与自我强化性，因而在其他条件不变的条件下，仅仅是因为惯例的形成，便能够有效促进生产性要素的有效积累与不断生成。

传统博弈论认为，如果理性参与人共享已知的且完全相同的关于每个参与人策略选择的信念，那么这种信念必然与协调博弈的某个特定均衡相一致，因而依据这种信念选择策略就能够形成协调博弈的某个特定的均衡。同样，人们利用这种技术分析具有多重均衡的博弈时，关于人们的信念的形成亦持有相同的假设，即关于特定信念形成的信念，可以称为二阶信念甚至直至 N 阶信念。传统或通常的推理技术，基于这种关于信念的信念形成机制，精练纳什均衡以便确保，如果人们预期一个特定的均衡将成为主导博弈进行的均衡，已经成为参与人的共同知识，那么选择这种均衡策略符合每个参与人的利益。协调博弈至少具有两个可以通过这种检验的均衡，因此，通常的精练技术在确定博弈将稳定在哪个均衡方面并不能有什么帮助。即使信息是完全的，协调博弈参与人关于其他参与人对这种均衡的多重性做出怎样反应的判断因此而面临相当大的不确定性。这种策略不确定性使参与人应该依据任何特定均衡选择策略的观点，面临相当大的挑战，甚至对于选择均衡策略是否为理性的问题也提出了质疑。

二、均衡的精练：哪一个均衡

1988 年，Harsanyi 和 Selten 提出了一种均衡选择的理性理论，这个理论被称为正统理论。Harsanyi 和 Selten 假设，博弈参与人是理性的，而且在开始博弈之前就已经具有关于每个参与人策略选择的完全相同的并且为每个参与人所知的信念，因此在博弈中必然选择处于纳什均衡状态的策略。Harsanyi 和 Selten 用来模型化参与人信念收敛的思维反复探索过程，本质上是对经验的一种总结。事实上，当一个参与人首次进入一种博弈时，关于博弈参与人的策略选择只有非常少的信息，这些信息可能源自于相关博弈的一般信息的汇总而形成的一种行为或策略选择的充分统计量。人们在博弈过程中试探性地选择策略，并根据策略选择的历史进行调整，因而逐渐形成了对其他参与人行为选择知识或规律的一种总体认知，并不断地修正、完善其基于策略选择的充分统计量。随着博弈次数的增加，基于这个充分统计量的策略选择逐渐与其他参与人策略选择相匹配。由于博弈的每个参与人都进行这种思维预演并形成其行为选择的充分统计量，当每个参与人所形成的这个充分统计量与其他参与人的相匹配时，参与人基于这种充分统计量所选择的策略，可能正是某个特定均衡的策略组合，参与人的行为选择因而收敛于特定的均衡策略。从这个角度说，Harsanyi 和 Selten 的模型化参与人信念收敛的思维反复探索过程，是现实世界人们实际的行为选择学习过程的理论总结。更为重要的是，基于行为选择的充分统计量所做出的策略或行为选择，通常只形成唯一的一种策略组合，因此，多重均衡的存在并不会对其所推荐的如何进行策略选择的观点形成任何不利的影响。

就群体理念协调博弈的支付结构而言，人们起初一起生产时，可能随机地选择努力与偷懒策略。例如，通过掷硬币来选择策略：如果是正面，选择努力；如果是反面，选择偷懒。假设通过掷硬币而决定的策略是反面，那么，他选择偷懒策略。如果其伙伴也选择了偷懒策略，那么他便有了第一次策略选择的实际经历。于是在下一轮博弈时，他仍然选择偷懒策略，而这一次他的伙伴却选择了努力策略。此时他的充分统计量由其伙伴的一次偷懒与一次努力策略构成。在第三轮博弈时，他依据这个充分统计量选择策略。由于这个充分统计量由偷懒与努力构成，因此，仍然可以通过掷硬币来决定，并且结果仍然是偷懒。因此，在第三轮博弈时他仍然采用偷懒策略，但他的伙伴却采用了努力策略。此时，他的伙伴策略选择的充分统计量由两次努力与一次偷懒策略构成。据此进行策略选择，那么在第四轮博弈中，他选择努力策略，他的伙伴也选择了努力策略。此时，他的伙伴策略选择的充分统计量由三次努力与一次偷懒策略构成。如此不断地构造他的伙伴的策略选择的充分统计量（见表 8–9），只要这个充分统计量中他的伙伴策略选择序列满足条件：在任何连续的三次策略组合中至少有一次选择了努力(H)，那么他选择努力就符合他的利益，或使他获得的支付大于选择偷懒的支付，因而激励他在下一轮博弈中继续选择努力策略。

表 8–9　策略选择的充分统计量

他的伙伴的策略选择	S H H H H S H……
将伙伴策略选择作为他选择策略的充分统计量	S S S H H H H……

每个博弈参与人都以上述方式构造自己的策略选择的充分统计量。如果每个博

弈参与人策略选择的充分统计量，在任何连续的 3 次策略中努力策略至少占 1/3 时，其在下一轮博弈中选择努力策略就是他的占优策略，因而每个博弈参与人的策略选择最后收敛到选择努力策略。由于努力策略组合是一个演化博弈均衡，因此博弈参与人策略选择一旦处于这个状态，那么，任何一个参与人都没有激励偏离这个状态，因而形成了自我维持与自我强化的策略选择状态，也就是形成了群体理念行为或策略选择的惯例。

同样，如果博弈的每个参与人以上述方式构造的他的伙伴策略选择的充分统计量，由小于 1/3 的努力策略构成，那么参与人选择偷懒的策略就是占优的。在这种情况下就会出现每个参与人都选择偷懒策略，最后出现偷懒的博弈均衡，因而也就形成了在群体理念中每个参与人都选择偷懒策略的惯例。

上面的说明给人们一种错觉，似乎群体理念中人们很容易形成努力策略均衡，然而，事实完全不是这样。下面的论述表明，只要将合作人数稍作变动，情况就会完全不同。事实上，群体理念博弈存在着一个风险占优均衡，而且是渐近稳定的策略均衡，这就是每个参与人都选择偷懒策略而形成的均衡。这就是现实生活中团队规模一旦变大，必然出现无效率状况的真正原因。

即使 Harsanyi 和 Selten 的多重均衡精练理论反映了理性的众多普遍的直观性，这一理论并没有像其他的均衡精练技术那样获得广泛接受与应用。这可能一方面源自于其理论的复杂性（从技术角度说，信念界定运用贝叶斯条件概率，相对较为复杂），另一方面源自于在具有多重均衡的博弈中界定理性的困难。参与人对于策略不确定性的理性反应，必然依赖于其关于其他参与人如何对策略不确定性做出反应的先验信念。关于其他参与人会如何对策略不确定性做出反应的先验信念的不同，也就决定了参与人什么样的反应是其对其他人反应的最优反应。然而，参与人对这种先验信念做出准确的、确定性的判断或设定，是相当困难的，因而令人信服地说明与论证这种先验信念的理性特征，也就是相当困难的。

特别地，当群体理念涉及较多的人而不是两个人时，形成每个参与人都选择努力策略的均衡，需要每个参与人对其他参与人选择努力策略的信念非常高。例如，在我们这里的群体理念协调博弈的支付结构下，两个人两个人地博弈，实现努力的策略均衡，要求每个参与人对另外参与人选择努力策略的信念至少为 1/3。如果群体理念涉及 5 个人，那么，一个参与人选择努力是一个均衡策略，则要求所有另外 4 个参与人都选择努力的信念至少是 1/3。假设每个参与人选择努力策略是独立的且选择努力策略的概率为 p，那么，一个参与人选择努力是一个均衡策略，则要求参与人对其他所有参与人选择努力策略的信念为 $p^4 \geqslant 1/3$，即要求 $p \gtrsim 0.76$；如果群体理念涉及 10 个人，那么相应的信念为 $p^9 \geqslant 1/3$，即要求 $p \gtrsim 0.89$；如果群体理念涉及 30 人，那么相应的信念必须满足 $p^{29} \geqslant 1/3$，即 $p \gtrsim 0.963$。显然，参与群体理念的人越多，一个参与人选择努力策略构成均衡策略，必须要求其他参与人以更大的概率选择努力策略，也就是必须对其他参与人选择努力策略有更强大的信念。在上述群体理念不同规模的情形下，只要有一个参与人选择努力策略的概率小于各自相应要求的概率，群体理念博弈就必然形成每个参与人都选择偷懒的策略均衡。

上述结论表明，群体理念协调博弈最终很可能生成每个参与人都选择偷懒的惯例。而偷懒惯例一旦形成，在群体理念中选择偷懒就是一个非常自然的现象，因为当人们问任何一个参与人 A“为什么偷懒”时，A 会回答说，“因为所有其他人都偷懒”（当然，他可以回答说，“我没有啊”，而在他的认知结构中或他的心理的真实反应是，“是的，我偷懒了，因为所有其他人都偷懒。在所有其他人都偷懒的情况下，我不偷懒我傻呀！”）。此时，参与人选择偷懒构成了群体理念参与人的共同知识：每个人都知道每个人都知道每个人都知道……每个人都偷懒。这种惯例一旦延续相当长的时间，偷懒行为就会固化或内化为类生物本能的行为。

三、惯例黏滞性的生理学根源

无意识行为是一种思维或认知结构固化或程式化为一种生理反应的固定模式。人类依靠其强大的心智建模能力认识与处理复杂经验现象。所谓心智模式就是经验领域或现象的认知组织，这种认知组织构成了认知中的知识结构，因此知识结构是心智模式的再现。任何一种认知结构都是知识的一种特定组织，不同知识间具有特定的连接结构，构成了个体认识、感知与再现或重构世界的一种中介。

有关这一点，庄子曾经有过非常经典的论证：

可乎可，可乎不可。道行为之而成，物谓之而然。恶乎然？然于然，恶乎不然？不然下载不然。物固有所然，物因有所可。无物不然，无物不可。故为是举莛与楹，厉与西施，恢恑憰怪，道通为一。

其分也，成也；其成也，毁也。凡物无成与毁，复通为一。唯达者知通为一，为是不用，而寓诸庸。庸也者，用也；用也者，通也；通也者，得也；适得而几矣。因是已。已而不知其然，谓之道，劳神明为一，而不知其同也，谓之“朝三”。何谓“朝三”？狙公赋茅，曰：“朝三而暮四。”众狙皆怒。曰：“然则朝三而暮三。”众狙皆悦。名实未亏，而喜怒为用，亦因是也。是以圣人和之以是非，而休乎天钧，是之谓两行。

若译成现代汉语，其大意为：

人家认为可，我也跟着认为可；人家认为不可，我也跟着认为不可。道路是人们走出来的，事物的名称是人们叫出来的。为何认为这样，人家认为这样，我就认为这样。为何认为不是这样，人家认为不是这样，我就认为不是这样。因为一切事物本来就有它这样的地方，本来就有它不这样的地方。由此看来，天下没有什么事物是不然的，没有什么事物是不可的。所以像草茎与屋柱、丑妇与美女、万物的恢恑憰怪之异态，从大道的观点来看都是一样的。

一事物的分割，就意味着另一事物的组成；一事物的组成，就意味着另一事物的毁灭。其实所有的事物并无形成与毁灭的区别，都是浑然一体的。只有通达大道的人才能知晓相通为一的道理，因此他们就不会运用自己的智巧聪明，去分别万物的完成与毁灭，而只是因袭顺从众人的意见罢了。所谓庸，就是因任众人的好恶；因任众人的好恶而不固执己见，就能通达于大道；通达于大道，就能无往而不自得；达到无往而不自得的地步，就是尽得大道了。这不过是因任众人的意见罢了。因任众人的意见而不知道为什么要这样，这就叫做“道”。辩者费尽精神以求一致，而不知道万物本来就是同一的，这就叫做“朝三”。什么叫“朝三”呢？养猕猴的老翁给猴子分山栗时说：“早上给三升，晚上给四升。”猴子们都发怒了。老翁又说：“那么早上给四升，晚上给三升吧。”猴子们都高兴了。三、四之名和它们的总和都没有改变，但猕猴却因迷惑于颠之倒之的现象而妄用喜怒，养猕猴的老翁也顺着猴子们的意思。因此圣人混同是非，而一任自然以成事，犹如泥坯纯因陶钧的运转以成器一样，这就是纯任是非，类似于陶钧向左向右运转而皆无不可。

不同的心智模式具有不同的组织形式、内容与表达方式。一种心智模式可能关注范畴与特征，也可能是世界如何运转的因果模型并将据此模型构建出什么行为是合理行为的信念。人类的各种创造物或构造物都是心智模式的产物。例如，各种叙述、小说以及各种情节，都是按照人们特定心智模式构造的，是特定心智模式的内生性结构的再现，因而共享这种心智模式的读者才能够理解作者的意图或目的。各种框架与类比，作为一种启发性叙述，是对某一类现象的结构化理解，同样内生于特定的心智模式。具有相同心智模式的不同个体，能够理解依据其共享的心智模式构造的各种不同的叙述、小说、情节、框架与类比等，而不具有这种心智模式的个体对此可能毫不理解，顿生一种所谓的“一头雾水”“不知你在说什么”“不明白”“不知所云”等感觉。心智模式组织、构建或重构经验世界，并据此结构化各种解释、沟通与行为。

例如，不懂中国文言文的个体，即使通过查字典能够认识每一个汉字，但根本不知道作者在说什么。本人深有体会，因为本人根本不懂文言文。而不懂的根本原因，在于本人的心智模式与中国古人的心智模式不同，并且没有被训练出来，因而古人构造的各种叙述、情节、框架、类比，对于本人来说，就是“一头雾水”。

事实上，任何一种语言都是心智模式的构造物，也是特定族群心智模式的再现。任何人面对其不懂的一套语言所写的任何东西时都会有“一头雾水”的感觉。

任何一种特定的心智模式都是一种特定的惯例。共享一种心智模式的个体，不论行为、表情、语言甚至一种无意义的发声，通常都能够无意识地相互理解，即不必通过特别或特殊的询问与解释便可在瞬间相互理解。这种无意识的相互理解，源自于共享心智模式的个体，已经将这种心智模式固化为一种生物学机制，内化为一种固定的生理反应机制。

所谓心智模式内化为一种固定的生理反应机制是指，储存于大脑不同部位的各种信息与神经系统，包括神经元、神经元激活物质及其水平、神经传递素及其水平、不同神经元间电化交流及其强度等之间，建立起一一对应的各种复杂的网络关系。经过长期的反复刺激，人们将各种声音、符号、意义、关系、行为、表情等通过河马体接收并记忆下来，最重要的是，人将各种声音、符号、意义、关系、行为、表情等与大脑和神经系统（与各种不同的神经传递素）之间建立起了一一对应关系，而后将其储存于大脑的某个或各个不同部位。当人们再次从外部世界接受到这些相关声音、符号、意义、关系、行为、表情等信息或信号时，这些信息或信号刺激相关神经系统生成神经传递素，并将这些信息传递给大脑，使储存这些信息的大脑中相关神经元被激活，并导致相关神经元发生放电，引起不同神经元间电化物质交流。任何一种心智模式，都涉及大脑中的神经元、神经传递素及其水平以及不同神经元间的电化物质交流形成一一对应各种复杂的网络关系。经过长期反复的刺激与强化，这种复杂网络关系逐渐稳定下来并形成固定模式。当神经系统，包括中枢神经系统与外周神经系统接收到任何一个已知信号刺激时，神经系统都会生成相应类型与水平的神经传递激素，并将其传递给大脑各相应部位的神经元，引发相关部位神经元放电和相关神经元间的电化交流，直至完成心智模式所确定的结构。

由接收外部世界一个信号开始的上述整个生理过程内化为固定模式，正是人们日常生活中通常的无意识行为的内在决定机制。例如，在正常或通常情况下，人们上班与下班无须去有意识地思考走什么路线或哪条路线，而在特定情况下则需要规划一下路径。因此，所谓无意识的反应，包括行为、语言、动作、声音、情感等，都是上述整个生理过程内化的固定模式的反应。对于习惯使用右手的人来说，通常情况下去拿任何东西时，根本不需要事先思考一下，是用左手还是用右手去拿，而是会无意识地用右手去拿。

笔者在课堂上做过无数次的试验，让学生将其书桌上的笔拿起来做一个递给我的动作。通常至少 99%的学生都用其习惯的方式（左手或右手）去拿笔，并做出递给我的动作，而用非通常方式拿笔的不到 1%。当问学生“为什么用左手去拿笔”时，学生的回答几乎是一样，因为笔的位置很靠左，或我右手正被占着。而当问学生，“你们在接收到我的信号后，是否想到是用左手还是用右手去拿笔”时，100%的学生回答是“没有”。这正是心智模式内化为固定的生理反应机制后而生成的无意识行为的一种表现。事实上，人们日常生产与生活的绝大部分行为，都已经内化为固定的生理反应机制。因此，当对某个人的日常行为或习惯提出“你为什么会如此行为”时，真实的回答通常是“我没有想过”。这也就是被内化为固定的生理反应机制而产生的无意识的结果与体现。

固定的生理反应机制或模式，是个体接收到的任何一个信号而引发的一系列固定的生理反应过程，包括什么类型的信号刺激个体生成什么类型的神经激素与水平，神经传递激素传递到大脑的什么位置，引起什么类型的神经元，放电还是不放电，神经元间电化交流路径等。如果一个个体接收到一个符合其心智模式规范性系统的信号，那么作为心智模式生物学化或生理学化的固定的生理反应机制，将按照通常的方式完成心智模式构造的传播与反应网络。此时，一切生理反应都在这个固定的生理反应机制或模式的标准范围之内，一切都按部就班、自然而然地进行，因为不论是这个信号刺激出的神经激素，还是传递给大脑的相关区域，激发不同区域神经元放电以及神经元间的电化物质交流，都按照固定的生理反应机制进行，没有任何偏离这个机制的干扰或冲击，一切都按照程序轻车熟路地顺利进行。然而，如果一个个体接收到与其心智模式规范系统相矛盾或相冲突的信号，中枢神经系统就会发出警告信号，神经传递激素就会将这个警告信号传递给杏仁体。杏仁体受到这种激素的刺激便会生成相应的物质与激素，传递给相关的神经元，相关神经元在传递电化物质时就会偏离已经固化的通道，各种激素与电化交流就会出现受阻或形成极值，导致焦虑、厌恶、逃避、恐惧等激素的生成与激增，引起个体生成各种非正常反应。

例如，人们从小的生活习惯，特别是食物构成的不同，会在成年后，显现出偏好某些食物而厌恶某些食物的类天性（由于个体不同激素水平不同而形成的天生对某些食物会产生不良反应的情形除外）。从小就在某个个体食物构成中的那些东西，或从小就是某个个体偏好的东西，固化在了作为其心智模式生理化的生理反应机制之中。因此，一般来说，个体成年后对于吃那些食物感觉顺理成章、自然而然，不问为什么吃这类东西，因为其从小就偏好的某些东西可能仍然保持其所偏好的状态。然而，从小就不在某个个体的食物构成中的某些东西，特别是从小就认为不能吃的某些东西，通常情况下，成年后也会保持那种状态。换言之，任何个体从小便形成了哪些东西能吃、哪些东西不能吃的习惯。如果在一个族群中几乎每个个体都形成了这种习惯，那么哪些东西能吃、哪些东西不能吃便成为这个族群的一种惯例。已经形成惯例的那些不能吃的东西，如果成年以后让他去吃这些东西，他就会产生恶心的感觉。

下面是著名美国社会学家艾尔·巴比关于惯例与违反惯例所引起的相关反应的描述与议论。由于这个描述与议论和我们这里论述的问题非常一致，而且描述得非常美妙，故将其摘录于下。

当个人的经验和人们约定俗成的观念发生冲突时，人们通常都会放弃个人经验转而赞同约定俗成的观念。举一个例子，想象一下，你到我家里参加一个聚会，是上流社会的那种聚会，提供的都是美酒佳肴。特别地，你深深地被我送上来的装在小盘子中的一道美食所吸引：一种特别美味的裹面干炸粒。你尝试性地吃了几粒，哇，太美味了！你又吃一些。结果，每当我拿着这盘很适合细细品尝的小菜出现时，我走到哪里，你就迅速跟到哪里。

你终于忍不住了。“这些是什么？”你开口问道。我告诉你了这个秘密：“你吃的是裹面干炸蚯蚓！”你的反应如此剧烈：迅速开始反胃，瞬间将客厅的整个地毯吐地一塌糊涂。怎么能让客人们吃如此令人恶心的东西！

这个故事的要点是，你对这道菜的前后两种感受都是真实的。开始时你通过品尝（经验）喜欢这道菜是真实的，而当你发现你吃了什么的时候，你感到恶心的感受也是真实的。只不过，当你发现你吃的是蚯蚓时，你恶心的感觉，绝对是你身处其中的人们约定俗成的产物，这种约定俗成认为蚯蚓是不适合吃。从第一次你父母发现你坐在一堆垃圾之中，半截蠕动的蚯蚓粘在你嘴唇上，他们赶紧扒开你的嘴，在你的喉咙深处仔细寻找另一半蚯蚓时，你就知道了，在我们这个社会中，蚯蚓是不能被人接受的食物，或者说，是不能吃的东西。这时你就开始体验到了这种约定俗成。

除了这种约定俗成外，那么吃蚯蚓有什么不对？它们很可能是高蛋白、低热量的食物。大小适口而且易于包装，是分销商们的梦想商品。在那些没有认为蚯蚓是令人恶心的东西的约定俗成的社会里，对于那里的某些人来说，蚯蚓是非常美味的食物。他们可能非常喜欢蚯蚓，但可能对裹在外面的干炸面而感到恶心。

显然，故事中的客人所处的族群，关于什么东西能吃、什么东西不能吃，已经形成一种惯例。他接收到他吃的是其惯例认为不能吃的东西——蚯蚓，这一信号时，他立即意识到，这种东西与其已经成为惯例的心智模式发生了冲突。这种冲突立即引起作为心智模式内生化或生理化为固定的生理反应机制或模式发生反应，因而中枢神经系统收到这一信号后立即发出警告信号：“异常物质或信息入侵”。由此而生成的一系列反应就是前面描述的生理反应过程：这种警告信号立即引起神经系统反应，神经传递激素将这个警告信号传递给大脑的杏仁体。杏仁体受到这种激素的刺激便生成相应的物质与激素，传递给相关的神经元，相关神经元在传递电化物质时就会偏离已经固化的通道，各种激素与电化交流就会出现受阻或形成极值，导致焦虑、厌恶、逃避、恐惧等激素的生成与激增，引起个体生成各种非正常或不适的反应。上述故事中那位客人的反应，正是这种生理反应机制发生作用的结果。

事实上，作为心智模式构成部分的任何一种惯例，如果持续时间足够长，最终都会内化为一种固定的生理反应机制，形成一个特定族群的人的一种类天性的东西。惯例的这种性质，对于协调人们的行为具有重大理论意义与现实意义，因为形成类天性的具有生产正负效应的惯例，对于任何一个族群的兴盛与衰败都具有极其深远的影响。因此，不论是形成类天性的具有生产正效应的惯例，还是消除具有生产负效应的惯例，必须通过相关互补性制度、规则以及其他方面的惯例的建立与完善，形成生成具有生产正效应、消除具有生产负效应的强大的协同性机制，充分发挥这些机制的协同性效应，并且要持续足够的时间。因为如果没有足够的时间积累（至少百年以上），很难使作为演化稳定策略的惯例发生飘移，只有通过时间积累出足够强大的演化的驱动力量，才能使具有生产负效应的惯例逐渐发生飘移，并最终演化到具有生产正效应的惯例。

第九章　多个体互动与理念的宏观涌现的二元选择模型的理论分析

第一节　导　　言

1910 年，著名社会学家 Simmel 认为，人们共享某种态度或信念，是社会可能性的基础，或者说，是社会秩序的基础。因此，人们共享某种态度或信念亦构成公共治理或国家治理的基础。国家治理体现出来的理念，只有与这个国家中的人们所共享的某种态度或信念相一致，国家治理才能够显示出高效率的生产性特征，否则必然到处充满着矛盾与冲突，必然被锁定于进退维谷之状态，最终以崩塌的方式告别这种两难困境。这一命题已经获得无数次历史经验的证明，获得无数次人类实践的证明，因而目前已经成为知识界一种普遍的共识。

人们持有的某种态度或信念对于社会可能性以及公共治理的重要性在于，人们持有的某种态度或信念是社会结构形成的基础与前提，不仅是社会结构化的决定性因素，也是社会分化与凝聚的决定性因素。运用专业性术语表述就是，人们持有的某种态度或信念，直接决定着社会构形。所谓社会构形，就是指全体社会成员在社会态度空间中的一种概率分布，是描述社会态度构成状况的一组宏观变量，是社会凝聚性或离散性的一种描述。态度在这里是指由个体的认知、情感、行为三种信念构成的一个整体，是通过认知、情感、行为三种信念的相互作用而形成的个体对特定事物或情景的一种比较稳定、持续和偏好定向的内在反应。每一种信念既包含着事实判断，也包含着价值评判。因此，态度是这些不同信念的合成体，由相互联结的关于特定事物或情景的某些方面真伪的断定以及其他方面的价值断定。社会态度是指不同社会群体关于某类社会现象或社会情景共享的或共同认可的一种态度。由于各方面的原因，每一个人关于某一类现象在不同时期可能存在不同的态度，因此，在任何一个时间点上，可以根据人们对某一事物或事件的不同态度，将人们划分为不同的类别，每一类别中的个体具有相同的态度。由某群体共享的这种相同的态度构成了一种社会态度。由不同社会态度所构成的空间就是社会态度空间，不同社会态度的种类或个数便是这个空间的维数。由社会中绝大多数人所共享的社会态度便构成了公共态度。

每一种态度的持有者在总人口中所占的比例不同，这种不同类别的态度持有者总数占总人口的比例便构成了这里的社会构形。因此，社会构形是不同类别态度持有者在总人口中的一种概率分布。由于人们的态度总是随着各种背景变量的变化而变化，也随着个人价值观的变化以及各种舆论的变化而变化，因此，在不同的历史时期，在不同的国际、国内社会背景下，社会构形必然存在差异，必然不断地演化。一种社会构形描述了社会态度的一种特定现实状态，社会构形的持续变化描述了社会态度的持续转变或演化。社会态度决定人们的社会行动，因而不同的社会构形决定社会的稳定和发展。

舆论是个人关于某事物或情景的态度的表露或表达。社会舆论是不同社会态度持有者关于某类社会现象所持有的社会态度的一种表露和表达，或发送出的一种信号。因此，不同的社会舆论总是以某种特定的社会态度（当然包括价值观和目的）为基础，目的是通过影响不同个体的个人态度，唤起社会的响应或呼应，从而引发社会态度的改变，以便使其态度获得更广泛的社会支持，从而实现其特定的目的。社会舆论包括各种社会群体或利益集团的舆论，当然包括公共舆论和权威机构的舆论。特别地，本研究将态度的局部性显露和态度的社会调查视为一个更为重要的社会舆论，因为这样可以有效避免因为态度隐藏而形成的潜在社会凝聚性威胁。公共舆论是一种特殊的社会舆论，是社会中绝大多数人所持有的社会态度的表露和表达，或者说，是整个社会普遍的社会态度即公共态度的表露和表达。从这个角度上说，公共舆论在这里等价于人们熟悉的“民意”的表达。社会舆论并不等价于公共舆论，社会舆论可能仅是某个体或某特定小集团的舆论。公共舆论是社会舆论，但社会舆论并不等价于公共舆论。一种社会舆论只有得到社会绝大多数人认同和支持时才能够成为公共舆论。权威机构（官方）舆论是指政府或其机构关于某类社会现象的态度的表露和表达。权威机构舆论是否具有影响力，是否具有公信力，关键在于权威机构舆论在多大程度上反映了“民意”，反映了公众的要求与愿望，反映了公共舆论。

由于社会的空间分离性以及社会信息的不完全性，社会态度与各种社会舆论相互影响、相互塑造。有效识别哪些社会态度是公共态度，哪些社会舆论是公共舆论，是正确估计社会构形的基础和前提，是正确评估社会公共要求和愿望的基础和前提，因而是有效识别公共价值及其变动的基础和前提。因此，从研究社会态度的结构化决定因素与社会态度的动态演变机理的角度，理解社会态度与社会舆论相互塑造的机理与效应边界，是确定有效提高社会舆论引导能力进而促进生产性社会舆论形成与完善的途径与方法的基础和前提。

个体的社会态度或信念决定个体的行为选择，而个体行为选择决定社会治理绩效，正是基于社会舆论影响个体社会态度、个体社会态度或信念影响个体行为选择的这种概念之间的逻辑关系，本章认为，作为个体态度或信念形成基础的社会舆论对个体行为选择形成决定性影响，进而影响整个社会的宏观行为样式，因而影响社会治理的现代化水平。探索基于社会态度或信念的个体社会行为形成与演变机理，时时把握社会态度的现实状态与变化趋势，及时调整公共政策、治理方式以及权威机构舆论的内容和表现形式，进而化解社会矛盾，调整社会态度的分布，提高社会凝聚力与个体社会行为的协同性，进而实现国家治理体系与能力的现代化，是一种最为基础的途径与方式。

社会舆论、公共舆论影响与塑造着人们的态度与信念，进而影响人们的行为选择。在研究这种受态度或信念影响的行为选择模型中，最为基本的模型是二元选择模型，因而也是人们认识与理解行为选择与变迁的最基本的模型。

第二节　二元选择模型的基本结构

考虑一个由 I 个个体构成的社群，其中每一个体面临一种二元行为选择。这种二元选择由具有支撑 $\{-1,1\}$ 的 ω_i 表示。每一个体选择一种行为以便最大化其支付函数 V。在标准多个体互动过程中，个体选择的支付函数依赖个体的特征：可分为其他人（包括研究者）可观察部分 Z_i 与其他人（包括研究者）不可观察的随机冲击，$\varepsilon_i(1)$ 与 $\varepsilon_i(-1)$。可观察部分为一个向量，包括个体家庭背景、角色模型或同类群体特征、过去的行为（选择）以及其他类型的变量。随机冲击 $\varepsilon_i(1)$ 与 $\varepsilon_i(-1)$ 相互区别，而且各种不同的不可观测特征仅仅与一种选择有关。例如，对于是否腐败的二元选择，$\varepsilon_i(1)$ 是测量不可观测的道德水平的一个冲击，因而仅仅与该个体是否获得正常的晋升有关。个体将进行行为选择以便最大化其支付函数或效用函数：

$$\max \omega_i \in \{-1,1\} V\left(\omega_i, Z_i, \varepsilon_i(\omega_i)\right) \tag{9-1}$$

刻画群体选择行为特征的标准方法，也是使互动模型可进行计量或经验检验的一种途径，是假设随机冲击 $\varepsilon_i(\omega_i)$ 具有某种特定的分布性质。在互动或策略性选择模型中，人们通常假设不可观测变量或冲击在个体内与个体间服从独立的、极值分布。这意味着，对于任何给定的个体，不可观测部分的差异服从逻辑分布，即具有以下概率密度：

$$P\left(\varepsilon_i(-1)-\varepsilon_i(1)\leqslant z\right)=\frac{1}{1+\exp(-\beta_i z)};\quad \beta_i \geqslant 0 \tag{9-2}$$

上式中的下标 i 表示变量或系数依赖个体特征 Z_i，例如 $\beta_i=\beta(Z_i)$。

二元选择的互动模型，至少从定性的角度说，是基于其他个体对于每一个体期望行为影响的研究来研究群体行为选择的宏观样式，因此在具体情景下确定其他个体对每一个体的期望行为的影响方式，是此类研究中研究群体互动宏观样式的核心。其他个体对于每一个体期望行为的影响主要通过其行为选择的方式加以确定：

$$\max_{\omega_i \in \{-1,1\}} V\left(\omega_i, Z_i, P_i^e(\omega_{-i}), \varepsilon_i(\omega_i)\right) \tag{9-3}$$

其中 $\omega_{-i}=(\omega_1,\cdots,\omega_{i-1},\omega_{i+1},\cdots,\omega_I)$ 表示除个体 i 之外其他个体的策略选择，$P_i^e(\omega_{-i})$ 表示个体 i 关于其他个体策略选择的主观预期或信念。这种主观预期或信念的性质，不论其是否合乎理性，均按照某种方式加以确定。不过，一般而言，人们假设这种预期或信念独立于 $\varepsilon_i(\omega_i)$ 的任何一种实现，即个体间关于其他个体行为或策略选择的信念是相互独立的。由于每一个体最大化其支付函数的行为或策略选择依赖其对其他个体行为选择的信念，因而每一个体的行为选择均受其对其他个体行为选择信念的影响。因此，这一支付函数内在地反映了多个体互动过程行为选择的相互性这一社会本质。

虽然如此，在目前的抽象水平上，人们对于上述模型确定的个体行为选择所形成的社会宏观样式及其性质，并不能够获得一种整体性的认识。为了理解由行为选择的相互性而形成的社会整体性质，需要对相关参数加以限制，以便说明与理解互动的基本理念与性质，更为重要的是，以便能够理解更为具体情景下的问题的性质。首先需要确定的参数是支付函数的性质，可以假定支付函数具有加性可分的性质，即将支付函数分解为三个相对独立的部分：

$$V\left(\omega_i,Z_i,P_i^e(\omega_{-i}),\varepsilon_i(\omega_i)\right)=u(\omega_i,Z_i)+S\left(\omega_i,Z_i,P_i^e(\omega_{-i})\right)+\varepsilon_i(\omega_i)\qquad(9\text{–}4)$$

其中 $u(\omega_i,Z_i)$ 表示确定的私人效用，$S\left(\omega_i,Z_i,P_i^e(\omega_{-i})\right)$ 表示确定的社会性效用，$\varepsilon_i(\omega_i)$ 表示随机私人效用。两项私人效用是所有离散选择模型的标准设定，与非互动模型的唯一差别在于互动模型中加入了社会性效用，即由行为选择的相互性而生成的效用。

效用函数的上述设定与反映了相关文献中出现的众多社会互动类型所显现出的效用特征。当 $S\left(1,Z_i,P_i^e(\omega_{-i})\right)-S\left(-1,Z_i,P_i^e(\omega_{-i})\right)$ 是 $P_i^e(\omega_i)$ 的右移递增函数时，上述社会效用函数显示出与 1990 年 Milgrom 和 Roberts 模型类似的期望性质，即差递增的性质，这种差递增的性质反映了行为选择的互补性；同时，这种社会效用也反映了 1973 年 Schelling 提出的具有外部性的二元选择模型的性质。如果 $m_{i,j}^e$ 用表示个体 i 关于个体 j 策略选择的主观期望值，那么，当 $S\left(\omega_i,Z_i,P_i^e(\omega_{-i})\right)$ 既具有差递增性质又仅仅依赖下式时，

$$\bar{m}_i^e=\frac{1}{I-1}\sum_{j\neq i}m_{i,j}^e$$

社会效用 $S\left(\omega_i,Z_i,P_i^e(\omega_{-j})\right)S\left(\omega_i,Z_i,P_i^e(\omega_{-i})\right)$ 将显示出 1988 年 Cooper 和 John 所研究的策略互补性的整体样式。

其次，可以假定社会效用 $S\left(\omega_i,Z_i,P_i^e(\omega_{-i})\right)$ 具有广义的二次从众效应，即

$$S\left(\omega_i,Z_i,P_i^e(\omega_{-i})\right)=-E_i\sum_{j\neq i}\frac{J_{i,j}}{2}(\omega_i-\omega_j)^2\qquad(9\text{–}5)$$

上式中的$\frac{J_{i,j}}{2}$表示个体i的行为选择与个体j的行为选择间的互动权数或相关性关系。在具体问题研究中，可以假设$J_{i,j}$是固定参数，也可以利用随机图理论将其设定为随机参数。同时，也可以将$J_{i,j}$设定为既依赖个体i也依赖个体j的相关特征，因而可以将其写成$J_{i,j}=J(Z_i,Z_j)$的形式。

基于这些设定，可以将个体选择的总体或整体样式视为具有不同个体特征的个体行为选择的分布函数进而刻画这种社会总体的特征。不失一般性，假设每个个体具有线性的私人确定的效用函数

$$u(\omega_i,Z_i)=h_i\omega_i+k_i \tag{9-6}$$

其中$h_i=h(Z_i)$与$k_i=h(Z_i)$，满足

$$h_i+k_i=u(1,Z_i) \tag{9-7}$$

$$-h_i+k_i=u(-1,Z_i) \tag{9-8}$$

由于上述函数与原有函数在个体选择的支撑点上重合，因而这种线性化是能够实现的，但如果不是二元选择而是更多情形的选择，这种线性化就很难实现了。

运用恒等式$\omega_i^2=\omega_j^2=1$，可以将社会性效用函数（9–5）写成以下形式：

$$S\left(\omega_i,Z_i,P_i^e(\omega_{-i})\right)=-E_i\sum_{j\neq i}\frac{J_{i,j}}{2}(\omega_i-\omega_j)^2=\sum_{j\neq i}J_{i,j}\left(\omega_iE_i(\omega_j)-1\right) \tag{9-9}$$

式（9–9）非常清楚地显示了每一个体的行为选择与其对其他个体预期的行为选择之间的互动关系。由于$J_{i,j}$等于社会性效用的交叉导数，即

$$J_{i,j}=\frac{\partial^2V\left(\omega_i,Z_i,P_i^e(\omega_{-i})\right)}{\partial\omega_i\partial E_i(\omega_j)}=\frac{\partial^2S\left(\omega_i,Z_i,P_i^e(\omega_{-i})\right)}{\partial\omega_i\partial E_i(\omega_j)} \tag{9-10}$$

式（9–10）意味着，$J_{i,j}$测度了个体行为选择与其对其他个体的预期行为选择之间存在策略互补性。策略互补性是行为聚集的重要现象，1988 年 Cooper 和 John 对此进行了广泛的分析，其所提供的理论与实践洞见是研究多个体互动而生成的宏观样式的来源，策略互补性因而是研究多个互动生成宏观社会现象的一个重要概念与分析工具。

个体i选择行为或策略ω_i的概率等于这一选择的效用超过选择$-\omega_i$的效用的概率。

$$\begin{aligned}&P\left(\omega_i\mid Z_i,P_i^e(\omega_{-i})\right)=\\&P\left(V\left(\omega_i,Z_i,P_i^e(\omega_{-i}),\varepsilon_i(\omega_i)\right)>V\left(-\omega_i,Z_i,P_i^e(\omega_{-i}),\varepsilon_i(-\omega_i)\right)\right)=\\&P\left(h_i\omega_i+\sum_{j\neq i}J_{i,j}E_i(\omega_j)+\varepsilon_i(\omega_i)>-h_i\omega_i-\sum_{j\neq i}J_{i,j}\omega_iE_i(\omega_j)+\varepsilon_i(-\omega_i)\right)\end{aligned} \tag{9-11}$$

若用～表示“与……成正比”，那么，随机效用项的逻辑斯设定意味着这一概率具有以下特征：

$$P\left(\omega_i \mid Z_i, P_i^e(\omega_{-i})\right) \sim \exp\left(\beta_i h_i \omega_i + \sum_{j \neq i} \beta_i J_{i,j} \omega_i E_i(\omega_j)\right) \tag{9-12}$$

事实上，上式可以写成以下等式形式

$$P(\omega_i) = \frac{\exp\left(\beta_i h_i \omega_i + \sum_{j \neq i} \beta_i J_{i,j} \omega_i E_i(\omega_j)\right)}{\sum_{v_i \in \{-1,1\}} \exp\left(\beta_i h_i v_i + \sum_{j=i} \beta_i J_{i,j} v_i E_i(\omega_j)\right)}$$

因此，选择的期望则为

$$E(\omega_i) = 1 \times P(1) - 1 \times P(-1)$$

为方便起见，将上述期望定义为 tanh 函数，即

$$E(\omega_i) = 1 \times P(1) - 1 \times P(-1) \triangleq \tanh\left(\beta_k h_i + \sum_{j \neq i} \beta_i J_{i,j} E_i(\omega_j)\right)$$

也就是说，tanh 函数具有下面的一般形式：

$$\tanh(x) = \frac{\exp(x) - \exp(-x)}{\exp(x) + \exp(-x)}$$

这是二元选择模型中一个经典的函数形式。

由于随机效用在不同个体间相互独立，依据基本的概率定理，其联合选择的概率必然满足

$$P\left(\omega \mid Z_1, \cdots, Z_I, P_1^e(\omega_{-1}), \cdots, P_I^e(\omega_{-I})\right) = \prod_i P\left(\omega_i \mid Z_i, P_i^e(\omega_{-i})\right) \sim \prod_i \exp\left(\beta_i h_i \omega_i + \sum_{j \neq i} \beta_i J_{i,j} \omega_i E_i(\omega_j)\right) \tag{9-13}$$

式（9-13）是个体选择的联合概率测度的一般形式，即个体选择的联合概率测度为个体独立选择的概率测度的乘积。这是吉布斯测度的一般形式，而且在离散选择中出现这种概率测度并非偶然。统计力学文献中的一个重要定理表明，离散类型的随机互动模型一般具有吉布斯表示的概率测度。

第三节　非合作决策情景下的均衡性质

一、比例溢出效应情景下的均衡

式（9–10）表明，个体间互动的行为选择受一个为常数的交叉导数的影响，这一条件为人们提供了仅用一个参数研究个体间行为选择相互影响的途径，即提供了社会效用的两种表示方式。一种方式是个体行为选择与其对其他人行为选择的期望均值的乘积，即

$$S(\omega_i,\bar{m}_i^e)=J\omega_i\bar{m}_i^e \tag{9–14}$$

个体间相互影响的这种形式可以称为比例溢出效应，因为此时，给定个体的选择，源自均值选择水平的变化导致的个体效用变化的百分比为常数。

另外一种参数化的方式捕捉到 Bernheim 所研究的那种纯粹的从众效应。

$$S(\omega_i,\bar{m}_i^e)=-\frac{J}{2}(\omega_i-\bar{m}_i^e)^2 \tag{9–15}$$

具有纯粹从众效应的社会效用的这种设定，个体效用不仅仅受到均值选择变化的影响，而且个体行为选择偏离均值选择越远，社会效用面临的损失越严重，因而表现出强烈的从众效应。

为了比较上述社会效用设定的两形式的关系，运用 $\omega_i^2=1$，可以将式（9–15）重写成以下的形式

$$S(\omega_i,\bar{m}_i^e)=-\frac{J}{2}(\omega_i-\bar{m}_i^e)^2=J\omega_i\bar{m}_i^e-\frac{J}{2}\left(1+(\bar{m}_i^e)^2\right) \tag{9–16}$$

比较式（9–14）与式（9–16）的形式可知，尽管社会效用的两种设定方式使得社会效用的水平不同，但都包含了个体选择与均值选择之间相互作用的那一项，而且式（9–16）较式（9–14）的效用水平损失了式（9–16）中的第二项。

本部分主要研究在个体非合作行为情景下具有比例溢出效应设定的模型的行为或变化。这意味着，每一个行为个体，在给定的关于其他行为者行为选择平均预期的情形下，即给定任何的个体 i 独立的 $\varepsilon(\omega_i)$ 的任何一种实现，选择其行为。换言之，个体间不进行任何事先的沟通，也不存在任何的行为协调，仅仅依据其自己的类型与对其他行为者行为选择的平均预期进行行为选择。在关于极值分布的假设下，通常假设每一个体的行为选择服从以下的概率

$$P(\omega_i)=\frac{\exp\left(\beta\left(u(\omega_i)+J\omega_i m_i^e\right)\right)}{\sum\limits_{v_i\in\{-1,1\}}\exp\left(\beta\left(u(v_i)+Jv_i\bar{m}_i^e\right)\right)} \tag{9–17}$$

在上式概率测度中，参数β的变化限定了效用的确定部分的实际变化范围。当$\beta \to \infty$时，$\varepsilon(\omega_i)$对实际行为选择的影响效应将趋于消失，而当$\beta \to 0$时，$\omega_i = -1$或 1 的概率将收敛到$1/2$，而不论在哪一种选择下的私人效用与社会效用的值是什么。

由于在不同行为者间独立，因此个体选择的联合概率测度为

$$P(\omega) = \frac{\exp\left(\beta\left(\sum_{i=1}^{I}\left(u(\omega_i) + J\omega_i m_i^e\right)\right)\right)}{\sum_{v_1 \in \{-1,1\}} \cdots \sum_{v_I \in \{-1,1\}} \exp\left(\beta\left(\sum_{i=1}^{I} u(v_i) + Jv_i \overline{m}_i^e\right)\right)} \tag{9-18}$$

当$J=0$时，这一表达式比例于标准逻辑斯概率密度；定义随机变量$k_i = (\omega_i + 1)/2$，便可将个体选择从$\{-1,1\}$变为$\{0,1\}$，因而便可能到标准逻辑斯概率密度。因此，当$J \neq 0$时，这一标准逻辑斯密度因而增大，因而这一参数能够充分刻画群体行为的个体相互作用效应。上述个体相互作用模型具有与 Curie–Weiss 统计力学模型的所谓平均场等价的概率结构。上述联合概率测度具有以下 3 个方面的性质：

式（9–18）可转换为仅仅线性地依赖ω_i的表达式。由于模型是二元选择模型，私人效用$u(\omega_i)$可以用满足关系$h+k=u(1)$与$-h+k=u(-1)$的$h\omega_i + k$来代替。同时，由于这一关系等于$h = 1/2\left[u(1) - u(-1)\right]$，因此这一参数比例于两种选择的确定性私人效用之差。

由于对于每一个体来说，其行为选择的期望值，在其他关于其他个体行为选择信念或预期的条件下，同时利用上述线性化条件，并重新运用个体选择的期望，可以写成以下形式：

$$\begin{aligned} E(\omega_i) &= 1 \times \frac{\exp\left(\beta h + \beta J (I-1)^{-1} \sum_{j \neq i} m_{i,j}^e\right)}{\exp\left(\beta h + \beta J (I-1)^{-1} \sum_{j \neq i} m_{i,j}^e\right) + \exp\left(-\beta h - \beta J (I-1)^{-1} \sum_{j \neq i} m_{i,j}^e\right)} - \\ &\quad 1 \times \frac{\exp\left(-\beta h - \beta J (I-1)^{-1} \sum_{j \neq i} m_{i,j}^e\right)}{\exp\left(\beta h + \beta J (I-1)^{-1} \sum_{j \neq i} m_{i,j}^e\right) + \exp\left(-\beta h - \beta J (I-1)^{-1} \sum_{j \neq i} m_{i,j}^e\right)} \\ &\triangleq \tanh\left(\beta h + \beta J (I-1)^{-1} \sum_{j \neq i} m_{i,j}^e\right) \end{aligned} \tag{9-19}$$

对于行为中的个体，可以假设其均为理性，因而每个行为者都将依据其理性预期进行行为。也就是说，对于任何的个体 i 与 j，可以假设 $m_{i,j}^e = E(\omega_j)$。由于 tanh 函数是一个连续映射，而且选择的支撑是 $\{-1,1\}^I$，那么，根据 Brouwer 不动点定理，从 $E(\omega_j)$ 的方面说，必然存在一个不动点满足

$$E(\omega_i) = \tanh\left(\beta h + \beta J(I-1)^{-1}\sum_{j\neq i} E(\omega_j)\right) \tag{9-20}$$

上式表明，对于任何个体 i 与 j，由于式（9–20）关于期望的对称性，可以得到，在自我一致性预期下存在均衡 $E(\omega_i) = E(\omega_j)$，而且这一共同的个体预期值必然也等于群体中任何子集合的平均选择的期望值 $E(\omega_i) = E(\omega_j) = m^*$。因此，在自我一致预期或理性预期条件下，必然存在均衡，进而得到以下命题 1。

命题 1 非合作决定的离散选择自我一致性预期均衡的存在性。

给定社会效用函数设定（9–14）与自我一致性预期，当行为者非合作地选择其行为或策略时，至少存在一个预期均值选择 m^* 满足

$$m^* = \tanh(\beta h + \beta J m^*) \tag{9-21}$$

通过选择个体特征变量的特定分布，上述模型可以生成众多具有相互作用的二元选择模型，或许最为重要的，这些特定的模型设定描述了具有决策相互依存性情景下社会宏观涌现的一系列有趣的总体特征或性质。

为了说明与描述总体概率行为的一些更为明确的性质，可以选择某种特定的 $J_{i,j}$ 结构。在这方面，Page 提出的不同互动结构生成不同总体性质或宏观样式方面的作用，提供了一种很有价值的分析，即全局互动。

一种特殊的二元选择模型，是个体间全局互动模型，即每一个个体对于群体中任何一个其他个体行为选择的预期具有完全相同的结构或权重。既然每一个体总是按其自己的方式进行行为，这意味着个体在行为选择时，假设任何一个个体赋予了所有其他个体行为选择的相同的预期或共同的权重，因此可以假设这一共同的预期或权重如下，即对任何给定的个体 i，

$$J_{i,j} = \frac{J_i}{I} \quad \forall j \tag{9-22}$$

这里用整个群体数量 I 规范化全局互动项 J_i，仅仅是出于方便分析而已。这种规范化或设定对于如种族群体、宗教群体或区域群体等大规模群体似乎更为合理。

全局互动意味着，任何一个个体 i 的行为选择，除了受其自身特征影响，仅受其关于群体平均选择预期的影响。式（9–22）意味着社会效用（经过平方计算后）可以重新写成以下形式，

$$S\left(\omega_i, Z_i, P_i^e(\omega_{-i})\right) = -E_i\sum_{j\neq i}\frac{J_{i,j}}{2}(\omega_i - \omega_j)^2 = J_i\left(\omega_i E_i(\bar{\omega}_I) - 1\right) \tag{9-23}$$

其中 $E_i(\bar{\omega}_I)$ 表示行为者 i 对于群体平均行为 $\bar{\omega}_I$ 的主观预期。此时的联合概率测度为

$$P\left(\omega \mid Z_1,\cdots,Z_I,P_1^e(\omega_{-1}),\cdots,P_I^e(\omega_{-I})\right)= \prod_i P\left(\omega_i \mid Z_i,P_i^e(\omega_{-i})\right) \sim \prod_i \exp\left(\beta_i h_i \omega_i + \beta_i J_i \omega_i E_i(\bar{\omega}_I)\right) \tag{9-24}$$

此外，作为一般情形，行为选择的自我一致性要求每一个体关于群体行为平均选择的主观预期或信念等于这一平均选择的数学期望，

$$E_i(\bar{\omega}_I)=E\left(\bar{\omega}_I \mid Z_1,\cdots,Z_I,P_1^e(\omega_{-1}),\cdots,P_I^e(\omega_{-I})\right)\ \forall i \tag{9-25}$$

上式与关于每一选择的期望式（9–19）结合，意味着对于全局互动模型，任何满足下式的 m 都是期望平均选择的一个自我一致性解

$$m=\int \tanh\left(\beta(Z)h(Z)+\beta(Z)J(Z)m\right)\mathrm{d}F_Z \tag{9-26}$$

其中 $\mathrm{d}F_Z$ 表示可观测个体特征的经验概率分布。当每一个体具有完全相同的可观测特征，与在整个群体中都是常数，这导致上述积分简化为式（9–21）。

方程（9–21）显示出与策略互补性的确定性模型类似的多重均衡特征，有关策略互补性确定性模型的多重均衡性质，1988 年 Cooper 和 John 进行了详细的描述与分析。因此，当式（9–21）出现多重解时，便会出现多重均衡。这些多重解意味着存在不同的期望平均预期水平，这些不同的预期平均选择与个体最优策略选择相容，说明个体最优策略选择完全由社会环境决定。式（9–21）多重解的存在性可以通过研究函数 $\tanh(\cdot)$ 的性质而得到。

命题 2　互动情形下二元选择模型的多重均衡。

（1）如果 $\beta J>1$ 并且 $h=0$，那么，式（9–21）存在三个不同的解 m。一个是正数，一个是零，一个是负数。

（2）如果 $\beta J>1$ 但 $h\neq 0$，那么，存在一个依赖 β 与 J 阈值 H，满足：

① 若 $|\beta J|<H$，式（9–21）存在三个解，其中一个的符号与 h 相同，其他的解则均为正数。

② 若 $|\beta J|>H$，式（9–21）存在唯一解，其符号与 h 相同。

这一命题表明，当存在多重解或多重均衡时，可以用 m_-^* 表示绝大多数行为者选择的 −1 的平均选择水平，用 m_+^* 表示绝大多数行为者选择的 1 的平均选择水平，m_m^* 作为在这两个极值间的解。

该命题的一个有趣特征是，多重均值均衡选择既依赖于社会效用，也依赖于由私人效用引致的偏向于一种选择的程度。换言之，对于每个 β 与 J，都存在某个水平的 h，确保在此点的均衡是唯一的。这意味着，在私人效用驱使个体选择相对地邻近某个点的社会环境中，个体行为选择非常可能出现多重均衡状态，从而使宏观

社会样式出现多重形态。

此命题可以扩展到更为一般设定的情形，即

$$m=\int \tanh\left(\beta(Z)h(Z)+\beta Jm\right)\mathrm{d}F_Z \tag{9-27}$$

式（9–27）与式（9–26）的区别在于，这里的β与J对于所有的个体都是相同的，不再依赖个体的特征。当考虑不同互动样式出现的经验关系时，异质性的个体即式（9–25）具有特别的意义或重要性。

基于上述命题的这种多重均衡的潜在性，为了扩展上述命题，可以定义以下函数

$$R(m)=\int \tanh\left(\beta(Z)h(Z)+\beta Jm\right)\mathrm{d}F_Z$$

上式的积分是关于m的函数。假设$\mathrm{d}F_Z$是一个服从均值为0方差为σ的对称分布的随机变量，并假设$\mathrm{d}F_Z$是关于原点对称的，给定$\tanh(-x)=-\tanh(x)$并假设关于h与$\mathrm{d}F_Z$是对称的，那么可以得到$R(0)=0$。定义函数

$$r(m)=\int \tanh'\left(\beta(Z)h(Z)+\beta Jm\right)\mathrm{d}F_Z$$

根据这个函数关系可以得到以下结果

$$R'(0)=\int \tanh'\left(\beta(Z)h(Z)\right)\mathrm{d}F_Z=\beta Jr(0)>0$$

这意味着，对于充分小的βJ，$\beta Jr(0)<1$而且$\beta J>r(0)^{-1}$，那么，而且除了$m=0$外至少还存在两个新的均衡。此外的其他情形，对于任意的m_1与m_2，下式成立

$$\left|R(m_1)-R(m_2)\right|\leqslant \beta J\left|m_1-m_2\right| \tag{9-28}$$

运用式（9–27）均值命题，函数tanh以1与–1为界，以$\mathrm{d}F_Z$为概率测度这些事实，如果$\beta J<1$，那么，式（9–28）就是一个压缩映射，因而式（9–27）存在唯一的一个解。因此，当βJ增加超过 1 时，在$m=0$处，式（9–27）的解至少出现 3 个分叉。与同质的h的情形不同，此时不能排除存在多于 3 个解的可能性。当个体具有式（9–21）意义上的自我一致性期望时，为了说明行为选择出现的这种期望集中度状况，并保证期望集中度为正数，可以仿照前面的变量变换，$k^*=(m^*+1)/2$，进而可以获得以下命题 3。

命题 3　正向选择的极限集中度与模型参数的关系。

给定方程$m^*=\tanh(\beta h+\beta Jm^*)$，

（1）如果$h=0$并且$\beta J<1$，那么$k^*=1/2$。

（2）$\lim\limits_{J\to\infty}k^*=1$。

（3）$\lim\limits_{J\to-\infty}k^*=0$。

（4）如果 $h=0$，$\lim\limits_{J\to\infty}k^*=1\ \ 1/2$，0，依赖于 m_+^*，m_m^*，m_-^* 是否为描述或刻画了社会互动均衡特征的方程 $m^*=\tanh(\beta h+\beta Jm^*)$ 的解。

（5）如果 $h=0$，那么 $\lim\limits_{J\to\infty}k^*=1$ 或 0，依赖于方程 $m^*=\tanh(\beta h+\beta Jm^*)$ 的哪一个解描述或刻画了社会互动的均衡特征。

二、动态稳定性

现在考虑模型期望选择水平 m_+^*，m_m^*，与 m_-^* 定态均衡的动态稳定问题。为此，考虑假设初始模型所有变量都随时间变化时均值选择水平的动态性问题，并且注意到，这些期望项 $\overline{m}_{i,t}^e$ 满足关系

$$\overline{m}_{i,t}^e=m_{t-1}^*,\forall i \tag{9-29}$$

其中 m_{t-1}^* 是 $t-1$ 时期的平均选择的数学期望。换言之，这里考虑的是一个序列性社会互动的动态问题，在这种序列性社会互动中，个体具有短视的社会期望，即将最后一期的平均选择的最优预测作为期望形成的基础。尽管这一设定并没有穷尽模型的所有学习机制，但这种设定显示了模型动态演化的一种形式。在这种设定中，后面将发现，当 $I\to\infty$ 时，期望与实现将同时发生，即随机变量在 t 期的期望等于同一个随机变量在 $t-1$ 期的实现。这正是短视行为的标准定义。如同 1993 年 Durlauf 的模型一样，当溢出效应具有跨期性质时，最后一期的整体行为影响当期个体的支付或效用。

这种行为在日常生活以及公共场合中经常出现，例如，在官僚体制中，个体在 t 期的职位依赖于其在 $t-1$ 期的行为；个体在 t 期的社会行为依赖于其在 $t-1$ 期家庭文化的影响；社会文化、道德行为、自由意志、思维或认知结构、民主意识、利他行为、合作行为、强互惠行为以及知识、科学与技术创新能力等均具有这种类似的依赖关系。

导出式（9–21）的相关分析意味着基于任何的 m_{t-1} 都存在一个唯一的 m_t。因此，在命题 1 中识别出的特定的稳定态的局部稳定性自然地要求其是下面关系的一个极限解

$$m_t=\tanh\left(\beta h+\beta Jm_{t-1}\right) \tag{9-30}$$

其中的初始值或初始状态 m_0 可以是稳定态某个充分小领域内的任何值或处于任何位置。

由于互动生成的均衡的动态性质绝对地依赖于初始条件，而初始条件由众多因素决定，因此这里只研究一种初始条件的动态稳定性问题，即假设 $\beta J>1$ 与 $h=0$。在这种情形下，m_t-m_{t-1} 关于 m_{t-1} 的导数为

$$\frac{\partial(m_t - m_{t-1})}{\partial m_{t-1}} = \beta J\left[1-\tanh^2(\beta J m_{t-1})\right]-1 \tag{9-31}$$

在上述初始条件下，假设初始状态为 $m_0 = 0$。由于在此初始状态下，$\tanh(0)=0$，这意味着 $\partial\left(m_1(m_0)-m_0\right)/\partial m_0 > 0$。因此，$m_m^* = 0$ 不是局部稳定的，因为由 $\tanh(\bullet)$ 的连续性与对称性可知，在 $m_m^* = 0$ 的 m_0 的某个领域内可以找到一个点 m_1，当 $m_0 > 0$ 时，$m_1 > m_0$；而当 $m_0 < 0$ 时，$m_1 < m_0$。

假设从初始状态 $m_0 = 0^+$ 开始，依据式（9–31），$m_t > m_{t-1}$ $\forall t > 1$。因此，序列 m_t 单调递增。由于 m_t 有界，此序列必然收敛于某个极限。依据命题 2 中的（1）项，此极限必然是 m_+^*，因为除此之外再无其他具有正值的稳定态解。因此 m_+^* 是自下局部稳定的。现在假设 $m_0 = 1$。在此情形下，式（9–31）意味着 $m_1 < m_0$，式（9–30）意味着此序列单调递减，这一条件表明其具有性质 m_+^* 的极限，因为除此之外再无其他具有正值的稳定态。因此 m_+^* 是自上稳定的。由此证明了 m_+^* 的局部稳定性。依据对称性，m_-^* 必然也是局部稳定的。

式（9–21）存在三个解而且 $|h| \neq 0$（但很小）的情形的分析，与 $h=0$ 时的情形的分析完全一样。同时，类似的推理与论证也可以证明，当 $\beta J < 1$ 或 $|h|$ 较大情形下式（9–21）唯一稳定态的稳定性问题。到此可以得到以下命题 4。

命题 4 稳定态均值选择水平的稳定性。

在个体间非合作决策与期望形成服从过程 $\overline{m}_{i,t}^e = m_{t-1}^*$，$\forall i$ 的假设下：

（1）如果方程 $m^* = \tanh(\beta h + \beta J m^*)$ 具有唯一一个解，那么这个解是局部稳定的。

（2）如果方程 $m^* = \tanh(\beta h + \beta J m^*)$ 具有三个解，那么稳定态均值选择水平 m_-^* 与 m_+^* 是局部稳定的，而稳定态均值选择水平 $m_m^* m_m^*$ 不是局部稳定的。

上述命题与 1978 年 Miyao 和 1993 年 Bénabou 关于存在群体间外部性的一体化邻居均衡的不稳定性结果之间存在有趣的互补性关系。尽管这些结果表明，当存在外部性时，行为者将依据其类型形成分离的群体，进而引致群内同质性与群间异质性，但上述命题说明，当其类型是异质性的条件下，行为个体将选择相对同质性的行为进而形成一个同质性的子群体。方程 $m^* = \tanh(\beta h + \beta J m^*)$ 的不同解本质上是围绕不同类型而形成的稳定的子群体，解的不同形成与此解的类型相一致的不同类型的子群体。

三、福利分析

期望形成服从过程 $\overline{m}_{i,t}^e = m_{t-1}^*$，$\forall i$ 的均值选择水平模型 $m^* = \tanh(\beta h + \beta J m^*)$，1988 年与 Cooper 和 John 以及 1990 年 Milgrom 和 Roberts 的研究框架不同，给定个体随机效用 $\varepsilon_i(\omega_i)$ 的一个实现，两个不同的均衡均值选择水平间不存在帕累托排序关系。形成这种结果的原因很简单，因为不论其他人的行为选择引致的社会效用如何，这些个体随机效用的离散性实现使一部分个体选择 $\omega_i=-1$，而其他一部分个体选择 $\omega_i=1$。这表明，不同个体关于 m_-^* 与 m_+^* 的均衡均值水平形成不同的效用评价，因此在这两者之间不存在帕累托排序或优劣关系。尽管如此，可以运用没个体间偏好的对称性计算典型个体的期望效用，并运用这一期望效用评估两个不同的均值选择水平的社会福利。典型个体期望效用的计算比较以下两种情形的福利差异：

$$E\left(\max_{\omega_i} V(\omega_i)\mid m_+^*\right)=E\max_{\omega_i}\left(h\omega_i+J\omega_i m_+^*+\varepsilon(\omega_i)\right) \tag{9-32}$$

$$E\left(\max_{\omega_i} V(\omega_i)\mid m_-^*\right)=E\max_{\omega_i}\left(h\omega_i+J\omega_i m_-^*+\varepsilon(\omega_i)\right) \tag{9-33}$$

1992 年 Anderso 等证明，对于上述离散问题的任何解，其期望效用可以写成以下形式：

$$E\left(\max_{\omega_i} V(\omega_i)\mid m^*\right)=\beta^{-1}\left\{\ln\left[\exp(\beta h+\beta k m^*)+\exp(-\beta h+\beta k-\beta J m^*)\right]\right\} \tag{9-34}$$

当 $h=0$ 时，很容易证明 $\left|m_+^*\right|=\left|m_-^*\right|$，因此，式（9–32）与式（9–33）必然相等。因而在不存在私人效用的情形下，式（9–32）与式（9–33）相等的每一个解都提供了相同的期望效用。其他情形，当 $h>0\,(<0)$，$\left|m_+^*\right|>\left|m_-^*\right|$（$\left|m_+^*\right|<\left|m_-^*\right|$）时，在条件 m_+^*（m_-^*）下的期望效用一定超过在条件 m_-^*（m_+^*）下的期望效用。直观地说，当其符号与没有任何社会互动情形的均值相同时，因而这一解就是最大化期望效用的解，因为在与解具有相同符号的均值处，私人效用与社会效用的影响效应方向相同。由此可以得到以下命题 5。

命题 5　福利排序命题。

（1）当 $h>0\ (<0)$ 时，在与 m_+^*（m_-^*）相关的均衡处，每个行为者的期望效用高于在与 m_-^*（m_+^*）相关的均衡处的每个行为者的期望效用。

（2）当 $h=0$ 时，在与 m_+^* 相关的均衡和在与 m_-^* 相关的均衡处，每个行为者的期望效用相同。

四、大规模经济行为

当期望由式（9–21）的自我一致性解刻画其特征时，意味着此时的概率密度可分解为 I 个独立同分布的贝努利随机变量的乘积。应用大数定律于在总体中选择的样本均值，可以得到以下命题 6。

命题 6　非合作决策情形下离散选择的大数定律。

如果行为者具有共同的一致性信念 m^*，那么，样本平均的总体选择 $\bar{\omega}_I$ 弱收敛于其期望

$$\bar{\omega}_I \rightarrow_{\omega} m^* \tag{9-35}$$

其中 m^* 是方程 $m^*=\tanh(\beta h+\beta J m^*)$ 的解。

五、从众效应均衡

从众效应是包括人类在内的群居性社会性动物显现出的一种重要的行为性特征。哈耶克指出，通过模仿进行学习的能力，是人类在漫长的本能演化过程中获得的一种原始的优势。除了天生的（动物性的）本能反应，人类主要通过模仿性学习能力获得生存技能，或许是源自人类适应性变迁而形成的一种遗传基因，或者说，由于人类的适应性演化使人类具有本能性进行模仿性学习的遗传基因得以保留，因而任何个体都显现出模仿本能。这种模仿性学习的本能正是从众效应生成的生物性与社会性基础。那么，当个体的社会效用源自个体间不同的互动方式时，从众效应必然生成于个体社会效用的增加，或个体社会适应能力的增强。特别地，当社会效用的形成遵从式（9-15），即 $S(\omega_i,\bar{m}_i^e)=-J/2(\omega_i-\bar{m}_i^e)^2$ 时，非合作均衡的性质是人们认识这种从众效应的关键。当社会效用的形成遵从式（9-15）时，通过式（9-16）以及给定个体决策问题的对称性，那么，个体选择的联合概率将遵从下面的过程：

$$P(\omega)=\frac{\beta\left[\sum_{i=1}^{I}\left(h\omega_i+J\omega_i\bar{m}_i^e-\frac{1}{2}J\left(1+(\bar{m}_i^e)^2\right)\right)\right]}{\sum_{v_1\in\{-1,1\}}\cdots\sum_{v_I\in\{-1,1\}}\beta\left[\sum_{i=1}^{I}\left(hv_i+Jv_i\bar{m}_i^e-\frac{1}{2}J\left(1+(\bar{m}_i^e)^2\right)\right)\right]} \qquad (9\text{-}36)$$

从上式的结构可以看出，约分后式（9-36）就与式（9-18）完全等价。这意味着在比例效应设定中得到的所有特征与结果，均可推广到具有从众效应的社会效用设定之中。同时，在具有从众效应模型中可以直接重复关于比例效应的相关分析与结论，因而可以得到以下命题 7。

命题 7 正溢出效应与从众效应设定下非合作均衡的等价性

如果社会效用服从设定式（9-15）而不是式（9-14）时，命题 1～6 均成立。

第四节 存在社会计划者情形下的行为选择

上一节讨论的互动生成宏观涌现的过程，是一种纯粹的自发性或自组织性互动过程。社会宏观现象的这种自发性的或自组织的过程，对于认识广义上制度的形成与演化具有特别重大的意义，能够有效强化人们对于转型期社会制度形成的认识与理解。

然而，从历史连续性的角度上说，任何一个时期的任何一个社会，除了极为特殊的、短暂的“霍布斯式社会状态”，通常总是存在某个至少在形式上统领社会整体的结构，引导或引发社会的变迁。这种作为社会治理的整体结构，其引导或引发社会变迁的性质与机制，对于转型期社会治理的转型与优化，不论从正面还是从负面角度来看，都起着关键的作用。既然如此，在存在社会引领者或计划者的情形下，人们的行为选择将具有怎样的结构，就是治理问题研究的关键。

本节研究与讨论社会计划者在引导或引发个体行为选择中的作用以及实现相关作用的条件与机制。本节考虑的主要问题是，在社会计划者的偏好与由式（9–1）表示的个体效用一致的情形下，社会计划者如何设定个体的行为选择集合。为此，假设社会计划者在选择集合上具有效用函数 $P(\omega)$。这一效用函数同样由确定性部分与随机性部分构成

$$P(\omega)=U(\omega)+\varepsilon(\omega) \tag{9–37}$$

作为社会计划者，虽然在不同社会治理体制下其效用存在重大差异，但不论如何社会计划者都源自社会，都是社会的一分子，因此假设其效用的确定性部分等于群体中个体效用的确定性部分之和，具有理论与经验方面的合理性。即假定社会计划者的效用的确定性部分为

$$U(\omega)=\sum_{i}\left[u(\omega_i)+S(\omega_i,\omega_{-i})\right] \tag{9–38}$$

式（9–38）中，将 ω_{-i} 置于社会计划者个体社会效用之中，表明计划者通常会内生化由社会平均选择所引致的其个体水平上的效用的溢出效应。也就是说，除了极个别的情形，任何社会计划者都必须考虑社会个体的平均行为选择，因而其社会效用不仅受社会中所有个体平均行为选择的影响，而且会捕获由社会平均选择引致的溢出效应。

类似计划者效用的确定性部分，当然也可以假设计划者效用的随机部分为 $\varepsilon(\omega)=\sum_{i}\varepsilon(\omega_i)$，因此，社会计划者效用即社会中所有个体效用之和。不过，如此假设将使人们无法分析模型的特征与性质，因为极值分布的随机变量之和并不服从极值分布。失去了分布特征的随机变量，人们便无法分析与研究这一随机变量的性质与特征。因此，假设 $\varepsilon(\omega)$ 自身在 ω 的所有 2^I 的可能组合上服从独立的极值分布。这一假设确保在社会计划者情形下，刻画个体选择特征的联合概率测度具有与 1992 年 Anderson 等讨论的非合作情形完全一样的逻辑斯形式。

在比较社会计划者问题的随机效用的参数与非合作问题中的随机效用参数时，可以假设其具有相同的方差。这一解释意味着社会计划者的随机效用而不是个体的随机效用，根源于随机变量 ω 的决定问题。计划者随机效用的一种解释是，它表示或代表了计划者计算不同个体效用间替代能力的误差或噪声。在这种特殊的解释下，计划者随机效用的方差等于个体效用的方差，并且二者均为零，此时计划者的偏好将刚好与个体效用之和完全重合。

社会计划者决定个体选择向量的上述设定，不论是从与非合作均衡对比的角度来说，还是从可能的经验相关性角度来说，都具有重要意义。正如 1988 年 Coleman

所描述的，社会资本的演化，意味着在许多类型的社会情形中都会出现协调性行为。这里的社会资本包括有助于促进个体行为选择协调机能的社会结构的各个方面，也包括体现在个体习惯、社会习俗与社会组织之中的那些亲社会行为。尽管社会资本与特定的计划问题间的联系是启发性的或理念性的，但不论是经验还是理论均表明，社会资本的概念使人们注意到，群体行为而不是发生在非合作情形下的个体行为，对于理解公共治理或国家治理问题更具有重大意义，是理解各不同族群公共治理以及相应的治理绩效的关键之所在。

社会计划者问题的分析非常复杂，而且与非合作情形不同，分析性结论仅仅适用于大规模经济社会行为。

一、具有比例溢出效应的社会计划者问题

与前面的分析顺序一样，首先分析具有比例溢出效应的社会计划者问题。在此情形下，社会计划者效用的确定性部分可以写成以下形式：

$$U(\omega)=\sum_{i=1}^{I}\left(u(\omega_i)+\frac{J}{I-1}\left(\sum_{j\neq i}\omega_j\right)\omega_i\right) \tag{9-39}$$

由于 $(\omega_i)^2=1$，可以在此方程右边加减 $JI/(I-1)$ 而将此方程重新写成

$$U(\omega)=\sum_{i=1}^{I}\left(u(\omega_i)+\frac{JI}{I-1}\bar{\omega}_I\omega_i\right)-\frac{JI}{I-1} \tag{9-40}$$

对于比较大的 I，$JI/(I-1)$ 可以任意地接近 J。对于大规模社会而言，可以利用这一近似关系。用 $I^{-1}\sum_{i=1}^{I}\omega_i$ 代替式（9–18）中的 $\bar{m}$，可以得到与非合作情形类似的社会计划者问题的分析模型。如同非合作情形一样，刻画联合选择 ω 特征的概率测度具有以下意义上的逻辑斯形式

$$P(\omega)=\frac{\exp\left(\beta\left(\sum_{i=1}^{I}\left(h\omega_i+(J/I)\left(\sum_{i=1}^{I}\omega_i\right)^2\right)\right)\right)}{\sum_{v_1\in\{-1,1\}}\cdots\sum_{v_I\in\{-1,1\}}\exp\left(\beta\left(\sum_{i=1}^{I}u(v_i)+(J/I)\left(\sum_{i=1}^{I}v_i\right)^2\right)\right)} \tag{9-41}$$

与非合作情形不同，每一个的概率解释了由个体选择对平均行为的影响所引致的溢出效应，这一点从式（9–39）到式（9–40）的变换可以非常明显地显现出来。

式（9–41）是统计力学中著名的 Curie–Weiss 模型。为了分析这一概率测度，需要在式（9–41）中消去 $\left(\sum_{i=1}^{I}\omega_i\right)^2$ 这一项，进而可以得到以下命题 8。

命题 8　具有比例溢出效应的社会计划者问题解中个体选择的大数定律。

令 m^* 表示方程 $m^* = \tanh(\beta h + 2\beta J m^*)$ 具有与 h 同符号的解。如果式（9–41）刻画了离散选择的联合分布的特征，那么

$$\bar{\omega}_I \to_w m^* \tag{9–42}$$

即平均选择弱收敛于式（9–41）的解 m^*。

命题 8 的证明如下。

式（9–41）描述的概率测度的渐近性质可以利用以下恒等式进行分析

$$\exp(a^2) = (2\pi)^{-1/2}\int_{-\infty}^{\infty}\exp\left(-\frac{x^2}{2} + 2^{1/2}xa\right)\mathrm{d}x \tag{9–43}$$

上述方程两边同时被 $\exp(a^2)$ 除，式（9–43）具有正态分布 $(2^{1/2}a,1)$ 的随机变量，其概率密度在其支撑上的积分等于 1，并可证明这一恒等式。运用这一恒等式，并用 $(\beta J/I)^{1/2}\sum_{i=1}^{I}\omega_i$ 代替其中的 a，可以得到

$$\exp\left(\left(\left(\frac{\beta J}{I}\right)^{1/2}\sum_{i=1}^{I}\omega_i\right)^2\right) = (2\pi)^{-1/2}\int_{-\infty}^{\infty}\exp\left(-\frac{x^2}{2} + x\left(\frac{2\beta J}{I}\right)^{1/2}\sum_{i=1}^{I}\omega_i\right)\mathrm{d}x \tag{9–44}$$

作为变量变换 $y = (2\beta J/I)^{1/2}x$，从式（9–41）的分子可以得到

$$\begin{aligned}
&\exp\left(\beta\left(\sum_{i=1}^{I}h\omega_i + \frac{J}{I}\left(\sum_{i=1}^{I}\omega_i\right)^2\right)\right)\\
&=\exp\left(\beta\left(\sum_{i=1}^{I}h\omega_i\right)\right)\exp\left(\frac{\beta J}{I}\left(\sum_{i=1}^{I}\omega_i\right)^2\right)\\
&=\exp\left(\beta\left(\sum_{i=1}^{I}h\omega_i\right)\right)\exp\left(\left(\frac{\beta J}{I}\right)^{1/2}\sum_{i=1}^{I}\omega_i\right)^2\\
&=\exp\left(\beta\left(\sum_{i=1}^{I}h\omega_i\right)\right)\left(\frac{I}{4\pi\beta J}\right)^{1/2}\int_{-\infty}^{\infty}\exp\left(-\frac{Iy^2}{4\beta J} + y\sum_{i=1}^{I}\omega_i\right)^2\mathrm{d}y\\
&=\prod_{i=1}^{I}\exp(\beta h\omega_i)\left(\frac{I}{4\pi\beta J}\right)^{1/2}\int_{-\infty}^{\infty}\exp\left(-\frac{Iy^2}{4\beta J}\right)\prod_{i=1}^{I}\exp(y\omega_i)\mathrm{d}y\\
&=\left(\frac{I}{4\pi\beta J}\right)^{1/2}\int_{-\infty}^{\infty}\exp\left(-\frac{Iy^2}{4\beta J}\prod_{i=1}^{I}\exp(\beta h + y)\omega_i\right)\mathrm{d}y
\end{aligned} \tag{9–45}$$

对于 ω 的所有实现求和可以得到

$$\sum v_1 \in \{-1,1\} \cdots \sum_{v_I \in \{-1,1\}} \exp\left(\beta\left(\sum_{i=1}^{I} h v_i + \frac{J}{I}\left(\sum_{i=1}^{I} v_i\right)^2\right)\right)$$

$$= \sum_{v_1 \in \{-1,1\}} \cdots \sum_{v_I \in \{-1,1\}} \left(\frac{I}{4\pi\beta J}\right) \int_{-\infty}^{\infty} \exp\left(\frac{I y^2}{4\beta J}\right) \prod_{i=1}^{I} \exp\left((\beta h + y) v_i\right) \mathrm{d}y$$

$$= \left(\frac{I}{4\pi\beta}\right) \int_{-\infty}^{\infty} \exp\left(-\frac{I y^2}{4\beta J}\right) \left(\sum_{v_1 \in \{-1,1\}} \exp\left((\beta h + y) v_i\right)\right) \times \cdots \times$$

$$\left(\sum_{v_I \in \{-1,1\}} \exp\left((\beta h + y) v_I\right) \mathrm{d}y\right)$$

由于

$$\sum_{v_i \in \{-1,1\}} \exp\left((\beta h + y) v_i\right) = \exp(\beta h + y) + \exp(-\beta h - y) \ \forall i \tag{9-46}$$

概率测度 $P(\omega)$ 将等于

$$\frac{\int_{-\infty}^{\infty} \exp\left(-\frac{I y^2}{4\beta J}\right) \prod_{i=1}^{I} \exp\left((\beta h + y)\omega_i\right) \mathrm{d}y}{\int_{-\infty}^{\infty} \left(\exp\left(-\frac{y^2}{4\beta J}\right) \exp(\beta h + y) + \exp(-\beta h - y)\right)^I \mathrm{d}y} \tag{9-47}$$

上式可以写成以下形式

$$P(\omega) = \int_{-\infty}^{\infty} K(I, y) \frac{\exp\left((\beta h + y)\left(\sum_{i=1}^{I} \omega_i\right)\right)}{\left(\exp(\beta h + y) + \exp(-\beta h - y)\right)^I} \mathrm{d}y \tag{9-48}$$

其中

$$K(I, y) = \frac{\left(\exp\left(-\frac{y^2}{4\beta J}\right) \exp(\beta h + y) + \exp\left(-\beta h - y\right)\right)^I}{\int_{-\infty}^{\infty} \left(\exp\left(-\frac{\tilde{y}^2}{4\beta J}\right) \exp(\beta h + \tilde{y}) + \exp\left(-\beta h - \tilde{y}\right)\right)^I \mathrm{d}\tilde{y}} \tag{9-49}$$

由于 $\int_{-\infty}^{\infty} K(I, y) \mathrm{d}y$ 对于所有的 I 等于 1，而且此函数当 I 固定而 y 变化时，上式中的分母独立于 y，因而其形状由上式的分子即下式决定

$$\left(\exp\left(-\frac{y^2}{4\beta J}\right) \exp(\beta h + y) + \exp\left(-\beta h - y\right)\right)^I \tag{9-50}$$

随着 I 的增加，函数 $K(I, y)$ 在以下的 y^* 处的值

$$y^{*}=\max_{y}\left(\exp\left(-\frac{y^{2}}{4\beta J}\right)\exp(\beta h+y)+\exp(-\beta h-y)\right) \qquad (9\text{–}51)$$

与 $K(I,y)$ 在任意其他的 y 处的值的比率可以变得非常大，但由于取了一个有限函数的 I 次方，故这一比值仍然是唯一的。这一结论可以运用以下的近似定理而得到：

假设 $H(t)$ 是定义在区间 (a,b) 上的函数，在区间内的 α 点取得全局性最大值，假设 $H(t)$ 足够平滑因而在 α 点处具有二阶泰勒级数展开，并且 $H''(\alpha)<0$ 。令 $G(t)$ 表示任何一个连续函数，那么

$$\int_{-\infty}^{\infty}G(t)\big(IH(t)\big)\mathrm{d}t=\exp\big(IH(\alpha)\big)\left(G(\alpha)\left(\frac{-2\pi}{IH''(\alpha)}\right)^{1/2}\right)+O(I^{-3/2}) \qquad (9\text{–}52)$$

上式表明，当 $I\to\infty$ 时，积分密度堆积于取最大值处的 α 。对式（9–50）求导并重新安排其结构，那么 y^{*} 一定是下式方程的解

$$y^{*}=2\beta J\tanh(\beta h+y^{*}) \qquad (9\text{–}53)$$

由于 y^{*} 是全局最大值，一阶条件方程（9–53）的解亦是方程（9–51）的解，这意味着这个解必然与 h 同符号，并且只要 $h\neq 0$ 这个解便是唯一的。自此假设 $h\neq 0$ 。

直观观察表明，$K(I,y)$ 渐近地逼近 Dirac 函数，而且给定式（9–48）中的

$$\frac{\exp\left((\beta h+y)\left(\sum_{i=1}^{I}\omega_i\right)\right)}{\left(\exp(\beta h+y)+\exp(-\beta h-y)\right)^{I}}=\prod_{i=1}^{I}\frac{\exp\big((\beta h+y)\omega_i\big)}{\exp(h+y)+\exp(-\beta h-y)} \qquad (9\text{–}54)$$

$K(I,y)$ 作用于此项的方式表明关于 ω 的概率测度具有下面的性质：

$$\bar{\omega}_I\to\frac{\exp(h+y^{*})-\exp(-\beta h-y^{*})}{\exp(h+y^{*})+\exp(-\beta h-y^{*})}=\tanh(\beta h+y^{*}) \qquad (9\text{–}55)$$

利用 LaPlace 方法可以严格地证明上面的结论，关于这一问题的一般性讨论可参见 Erdelyi 的研究，Kac 在 Curie–Weiss 模型的框架下发展了这一方法。关于这一方法的实际应用事实上是非常复杂的，Brock 最先对此进行了分析。结合式（9–51）与式（9–53），并重新将 y^{*} 变换为 $2\beta Jm^{*}$，便得到了命题 8。

从命题 6 得知，此模型的非合作情形下的均衡期望平均选择是方程 $m=\tanh(\beta h+2\beta Jm)$ 的任意解 m 。这意味着，在大规模社会中，非合作均衡的平均选择水平与社会计划者确定的选择水平之间，存在两个方面的根本性差异。

一方面，当 $\beta J>1$ 时，即使不存在合作性行为，也可能存在平均选择的多重均衡水平，而在社会计划者情形下，平均选择则是唯一的。在非合作情形下，个体期望效用多重稳定态的帕累托排序性，与社会计划者的效用设定形成鲜明的对比，因

而在社会计划者情形下，平均选择水平具有唯一性，而在非合作情形下，个体期望效用存在多重稳定性，也就是很自然的现象了。

另一方面，在社会计划者情形下确定的平均选择水平，将与非合作情形下确定的平均选择水平一致，如果平均选择的符号一致，并且J值翻倍，因为通过总是选择与h符号相同的相关tanh方程的解，就可以消除多重性。这意味着，即使非合作均衡中的平均选择水平与社会计划者均衡中的平均选择水平符号相同，非合作情形下的平均选择相对来说仍然缺乏社会效率的，即仍然是社会无效率的。

直观地说，非合作情形下的平均选择水平的相对无效率，主要源自个体行为的外部性。虽然在非合作均衡中的个体考虑到了其他人选择对其自己的效应，但他们都没有考虑他们自己的选择对其他人的效应。为了说明这一点，对比考察一下式（9–18）与式（9–41）。在式（9–18）中，平均选择的期望值出现在描述或刻画单个行为者的概率测度之中，而在式（9–41）中，个体选择的样本均值出现在描述或刻画社会计划者的集体选择的概率测度之中。依据不同行为者间溢出效应的对称性，在非合作决定中的均衡概率测度，忽略了由个体决策者引致的总体溢出效应的一半，因为虽然对个体i的溢出效应影响了个体i的行为，但他并没有考虑其行为引致的溢出效应对其他行为者行为选择的影响。与此相对照，社会计划者模型中的设定却考虑了所有可能的溢出效应。虽然如此，没有能够内化所有溢出效应的这种情形，可以通过扩大社会互动参数而得到修正或校正，因而可以得到命题9。

命题9 具有比例溢出效应的分散化决策下社会计划者问题解的可持续性。

大规模社会中，通过成倍增加每一个体的社会效用，即在非合作情形下成倍增加J，可以在分散化决策情形下获得与社会计划者的选择一致的ω_I。

当然，如果非合作地选择的均衡具有与h相反的符号，成倍地增加社会效用支付可能使结果更糟，但这种情况在存在政府并且政府确定或选择激励方向的情况下是很容易控制的，因为可以只成倍地增加那些与h具有相同符号的选择的社会效用，或可以只成倍地增加那些与h具有相反符号的选择的社会惩罚。这正是任何社会都存在人们行为选择的正向激励与负向激励的根源所在，不过，由于这种激励的关系不同，导致不同社会出现完全不同样式或类型的行为选择。

一般而言，如果非合作地选择的均衡平均水平与h的符号相同，而且社会自发形成的正式的激励机制以及政府以成文法律或非成文法律确定的激励机制与此均衡的平均水平方向相同，那么这个社会将在不断优化人们的行为选择以便使最有利于合作性行为或生产性行为的持续生成。从大跨度历史的角度来审视，这是一种非常难以形成的社会状态。在人类整个文明史上，存在这种互补性地激励人们的合作性行为或生产性行为的机制，只有在古希腊以及少数资本主义国家出现过。正因为如此，走在人类文明前列的社会群体一直只是占全部人口的比例非常少的社会群体。

激励生产性行为生成的互补性机制之所以难以形成，关键在于，直到人类文明的今天，大部分人类社会群体中的社会治理，只由少数极端自私者控制。那些控制了有价值社会资源分配的少数极端自私者，利用手中的权力不断地以牺牲社会利益为代价为自身或自身集团攫取私利，因而导致政府选择的激励的人们行为选择的方向基本与 h 的符号相反。事实上，有关这一问题，直到今日，人们知道的东西非常少，大部分的相关研究并没有发现治理问题的关键。例如，其中一个一直没有获得有效解释的问题就是产权理论与封建制度衰落之间的理论矛盾或冲突。在本章提出的多个体互动理论框架下，或许可以开发出相关的理论模型，能够对上述问题进行探索与分析。

二、具有从众效应的社会计划者问题

运用与比例溢出效应相同的研究途径，可以描述或刻画具有从众效应的社会计划者问题。事实上具有从众效应的社会计划者问题可以用以下的点概率测试加以描述或刻画

$$P(\omega)=\frac{\exp\left\{\beta\left[\sum_{i=1}^{I}\left(h\omega_i-(J/2)\left(\sum_{i=1}^{I}(\omega_i-\bar{\omega}_I)^2\right)\right)\right]\right\}}{\sum_{v_1\in\{-1,1\}}\cdots\sum_{v_I\in\{-1,1\}}\exp\left\{\beta\left[\sum_{i=1}^{I}u(v_i)-(J/2)\left(\sum_{i=1}^{I}(v_i-\bar{v}_I)^2\right)\right]\right\}} \tag{9-56}$$

由于 $-\frac{1}{2}\sum_{i=1}^{I}(\omega_i-\bar{\omega}_I)^2=(J/2I)\left(\sum_{i=1}^{I}\omega_i\right)^2-\frac{1}{2}JI$，上述概率测度可以写成以下形式

$$P(\omega)=\frac{\exp\left\{\beta\left[\sum_{i=1}^{I}\left(h\omega_i-(J/2I)\left(\sum_{i=1}^{I}\omega_i\right)^2\right)\right]\right\}}{\sum_{v_1\in\{-1,1\}}\cdots\sum_{v_I\in\{-1,1\}}\exp\left\{\beta\left[\sum_{i=1}^{I}u(v_i)-(J/2I)\left(\sum_{i=1}^{I}v_i\right)^2\right]\right\}} \tag{9-57}$$

显然，当式（9–41）中的 J 替换为 $J/2$ 时，上述式（9–57）与式（9–41）具有完全相同的形式。因此，利用式（9–41）的极限行为可以得到以下命题 10。

命题 10　存在从众效应情形下社会计划者问题解的社会互动离散选择的大数定律。

假设 m^* 表示具有与 h 符号相同的问题 $m^*=\tanh(\beta h+\beta Jm^*)$ 的解。如果式（9–57）描述了离散选择问题的点概率分布，那么

$$\bar{\omega}_I\to m^* \tag{9-58}$$

即社会平均选择弱收敛于 m^*。

比较命题 10 与命题 1 可以发现比例溢出效应设定与从众效应设定间的一个重要差别。存在从众效应时，存在社会计划者情形的平均选择水平是分散决策情形的稳定态的解之一，由此可得到以下命题 11。

命题 11 分散决策情形下具有从众效应的社会计划者问题解的可持续性。

在大规模社会中，当社会效用具有式（9–14）设定的从众效应时，社会计划者选择的平均行为水平 ω_I 亦可以在分散决策情形获得。

非合作情形下与社会计划者情形下平均选择水平所导致的两种社会效用参数化的差异，可以通过计算非合作情形下代表性行为者的期望效用，作为均衡平均选择水平的函数而显现出来。用任意社会效用函数 $S(\omega_i, m^*)$ 代替式（9–34）中的 $Jm^*\omega_i$，并对此求关于 m^* 的导数，可以得到

$$\frac{\partial \mathrm{E}\left(\max_{\omega_i} V(\omega_i) \mid m^*\right)}{\partial m^*} = \frac{\partial \mathrm{E}\left(S(\omega_i, m^* \mid m^*)\right)}{\partial m^*} \tag{9–59}$$

对于比例溢出效应模型，代表性个体关于其自身效用更新的期望效用，在非合作均衡的极限状态，根据自我一致行为的定义，$E(\omega_i) = m^*$，具有如下特征

$$\frac{\partial E(h\omega_i + k + J\omega_i m^* \mid m^*)}{\partial m^*} = Jm^* \tag{9–60}$$

在式（9–60）中，当 $m^* > 0$ 时，平均选择水平的边际增加提高了代表性行为者的期望效用；而当 $m^* < 0$ 时，平均选择水平的降低则提高了代表性行为者的期望效用。从社会互动构成对个体效用影响的角度说，这意味着在平均选择水平中存在着没有被个体考虑到的外部性，因此当平均选择水平存在协调性变化时，将会提高期望效用。

在从众效应设定下，相关的导数为

$$\frac{\partial E\left(h\omega_i - \frac{1}{2}J(\omega_i - m^*)^2 \middle| m^*\right)}{\partial m^*} = E\left(J(\omega_i - m^*) \middle| m^*\right) = 0 \tag{9–61}$$

式（9–61）表明，至少在局部，不存在没有被个体内化的外部效应。由于式（9–61）对于任何自我一致性预期都成立，因此此式也必然在社会计划者确定的平均选择水平处成立。由于在社会计划者确定的平均选择水平处，确定性效用部分等于私人确定性效用部分之和，社会计划者均衡在分散决定情形下必然是成立的。直观地讲，由于从众效应设定对于偏离平均选择的惩罚程度远远超过比例效应设定对于偏离平均选择的惩罚程度，从向大多数个体的平均水平方向的边际改变使大多数个体的总体平均效用的增加恰好被那些偏离于这个平均水平而导致的效用损失所抵消。这种源自偏离平均选择的效用受益受损恰好相互抵消关系在比例效应设定中并不存在。

三、不存在确定私人效用情形下的社会计划者问题

当$h=0$时，比例效应模型与从众效应模型的相关问题分析与推理完全一致，因此只考虑比例效应模型的设定。当$h=0$时，如果$\beta J>1$，那么，$m^*=\tanh(2\beta Jm^*)$将有 3 个解，而且此时不同的均衡之间不存在期望平均福利差异，因而计划者的效用在两个平均选择水平上是无差异的。这一点不同于命题 8 所研究的$h\neq 0$的情形。用y_+^*与y_-^*表示这两个非零解，并且定义$m_+^*=y_+^*/2\beta J$与$m_-^*=y_-^*/2\beta J$。Ellis 证明，在选择集合上的极限概率具有以下性质

$$\text{以概率 } 1/2,\quad \bar{\omega}\to m_+^*$$

$$\text{以概率 } 1/2,\quad \bar{\omega}\to m_-^*$$

换言之，ω的极限测度是一种混合测度，其极限行为在不同的样本实现上不同。这种混合具有两个有趣的特征。一方面，对应于$y^*=0$的解并不出现在极限表达式之中。这种现象与非合作决策情形中的解的不稳定性相类似。直观地说，不同束的效用意味着，即使溢出效应在式（9–37）的意义上被内化，社会行为系统仍然不会停留在或稳定在$m^*=0$处。另一方面，取得两个条件极限（在给定y^*的值的条件下）均值的概率影响相同。这种现象意味着，给定每一种样本实现路径，形成均值选择水平m_+^*与m_-^*的概率相同。直观地说，社会效用以这样的方式体现在式（9–38）中，源自每一个体选择的所有溢出效应全部被内化。当$h=0$时，虽然不同的平均选择水平的趋势不相关或不同，但对于每个行为者重要的是，不同行为者可通过使其行为与其他行为者的行为类似而获得最大社会效用。事实上，这一结论恰好说明了为什么在众多情形下行为者间存在普遍的从众行为。

第十章　信息级联、观念的羊群行为及观念与理性回归

第一节　稳定性与易变性：人类行为与观念的双重属性

如前所述，公共治理或国家治理，本质上是特定时空范围内人群行为与观念和理念的协调。为了有效协调众多个体的行为与观念，一种符合理性或逻辑的思考是寻求人类行为与观念生成的内在决定因素与内在机制。然而，当人们将能思的心灵聚焦于人类行为与观念生成的内在因素与决定机制时，问题却开始变得飘移不定，而且关于人类行为与观念生成的内在因素与决定机制思考得越深，这一问题就变得越复杂且越难以结构化，因为决定人的行为与观念的内在因素与机制不仅极其微妙，而且随着时间维度与测量尺度的不同发生着根本性的变化。协同与合作是公共治理的有效性表现，亦是公共治理所追求的目标实现或达成的重要机制，甚至是唯一机制。形成协同与合作的社会状态存在众多机制，其中最为有效与社会影响最大也最为重要的是自组织机制。狂潮与时尚既是自组织的结果，也是自组织形成的重要机制之一。有效开发与利用自组织机制，协同各种社会力量，实现公共治理的理想与目标，是公共治理肩负的重大使命与面临的严峻挑战。狂潮与时尚既是自组织的结果又是自组织形成的重要机制之一，自然是公共治理关注的一个重大课题，也成为公共治理领域的一个普遍现象。

事实上，自 1887 年 Woodrow Wilson 在美国政治学季刊上发表《公共行政之研究》以来，公共行政或公共治理领域，不论是从理论还是从实践的角度上说，都开始充斥着各种狂潮与时尚。从政治与行政的分离到 1918 年 Mary Parker Follett 的《新国家》，从完全理性到西蒙的有限理性，从科学管理到霍桑实验以及行为与观念主义，从法治到文化，从渐近主义到“大爆炸”，从法治到德治等，可以说公共治理领域的理论与实践，是一个狂潮到另一个狂潮，一种时尚到另一种时尚。20 世纪 80 年代以来，不同主题的各种狂潮与时尚更是接踵而至、层出不穷、此起彼伏：平等主义、市场化或私有化、质量控制、目标管理、公私伙伴、善治、绩效评估、绩效管理、绿色环保主义、和谐社会、风险社会、可持续发展、公平正义、均等化、法治、人文关怀或人本主义、PPP、知识经济、信息经济、数字经济、网络化、虚假化、“互联网+”……

1968年，Blumer认为狂潮，通常指持续时间相对较短的一种独特性概念，具有浓烈的情绪化色彩，伴有强烈的情绪激荡，是一种短期或短暂的、疯狂性的迷恋。狂潮通常并没有任何历史连续性，每一个狂潮几乎都独立于以前的狂潮与社会情景，并且也几乎没有后继性。1937年，Young认为，时尚是目前或在过去某个时期内流行的、大众化的、普遍的行事风格与习俗，通常较狂潮持续的时间更长一些，牵涉的群体范围更广泛，涉及的人数更多一些，但最为重要的，通常是以新的面貌、形式、标签、意义、话语等对过去某种理念、风格或行事方式的重新追逐。

公共治理中的狂潮与时尚通常具有以下特征：简约化、处方性、临时性、千篇一律地适应一切领域与问题、便于各领域的形式化与普遍化的套用、貌似治标实为煽情、以单一性或片面性遮蔽更深层的矛盾与冲突、形式主义地推进而不在乎实际效果、拼盘式的剪裁与应付问题、源自大师或政治家的倡导与推动等。

尽管如此，狂潮与时尚仍然是公共治理不可或缺的一种工具。运用得当能够使公共治理获得事半功倍的效果。古今中外，有效运用狂潮与时尚进行成功治理的例子，举不胜举。

然而，任何事务都存在双重性或两面性。狂潮与时尚蕴含着重大的或致命的治理风险。它将人们的视野与注意力聚焦于特定的单一方面，一叶障目效应极大，因而通常使人们忽略根本性的、持久性的与内生性的问题，进而将社会引向不可逆转的通向深渊之路，人们不得不承受公共治理这种毁灭性的结果；为逃出这种深渊，社会不得不付出牺牲几代人甚至数十代人幸福的代价。同时，狂潮与时尚具有重要的认知结构或心智范式形成与塑造效应。事实上，除了那些继承了古希腊传统的社会，其他那些古老的社会事实上直到今天仍然在为其早期的公共治理失败付出代价，而这种治理失败正是源自历史上从某个时期开始的某种治理狂潮与时尚。

理解与认识公共治理的各种狂潮和时尚与公共治理的内在恒定性之间的关系，成为理论思考的一个重大问题。虽然从实用的角度讲，探索狂潮与时尚在公共治理中的作用具有重要的现实意义，但从理论上说，探索狂潮与时尚的变动规律、生成诱因与机制，特别是与相对稳定的文化、理性文明发展趋势之间的关系，对于公共治理创新及现代化的影响等，更为重要。

从最为浅层或表层角度说，社会影响（或社会舆论或社会规范）塑造每一个个体的生活实践，因而塑造与决定每一个个体的行为与观念选择。任何一个生长于特定社群中的个体，即使在儿童时代就已经熟练地并且最为精确地掌握了其生长于其中的本土性文化的真谛。生长于其中的特定文化对于任何一个个体而言，都是一种先验的存在，都是这种特定文化的产物：不仅个体的每个细胞都脱胎于此种文化，个体的每个细胞都浸透于此种文化，而且每个细胞亦分裂出此种文化的细胞，犹如生成于具有某种性质的液体中的萝卜种子，其生成的萝卜必然是里里外外都饱蘸着具有这种性质的液体一样；每一个个体对于其生长于其中的文化的自然性的认识，如同其饿了就想吃东西、热了身体就会出汗一样自然。

上述关于社会影响如何塑造个体行为与观念的想象，是人们对于个体行为与观念最为常见的一种解释，也是人们关于某种文化或某种行为与观念的稳定性与鲁棒性的来源。这种解释在上述时空范围内的确十分有效，因而是人们为论述某种行为与观念、规则或社会实践合理性的依据，是人们某种主张的经常性的凭借。然而，这却是一种关于人的行为与观念的生成与塑造的回归性解释，即以文化作为均值的一种解释。

既然生成于特定文化群体中的人的行为与观念总是回归到其平均水平或其文化水平，那么，认为人的行为与观念在不同时空范围内都遵循这种均值水平，就是一种极其简化甚至片面化的想象。事实上，人的行为与观念的内在决定因素与机制远比此要复杂得多。作为社会力量的某种社会舆论或某种时空下的公共舆论，如何以及在多大程度上影响或塑造个体的观点、态度与信念，作为社会力量的不同类型的社会舆论影响个体行为与观念的时间尺度如何，或者说，具有不同性质的社会力量影响个体行为与观念的时空范围如何，是认识与理解人类行为与观念进而认识与理解公共治理变迁及其内在特征的关键。在沟通与交往技术日益发达的今天，理解个体观点、态度与信念受不同社会力量或社会舆论影响的性质，对于认识、理解个体行为与观念的变迁相比于认识与理解公共治理的性质更为重要，因为面对史无前例的发达的沟通与交往技术，不仅使源自不同文化背景的个体间的各种各样的互动日益频繁，更使各种关于舆论操纵与社会态度或公共信念设计工程以各种面貌呈现出来。众多理由迫使人们追问类似以下问题：社会态度与公共信念如何作用于个体的观点与意见；社会条件或环境在影响与塑造个体的社会态度与公共信念方面发挥着什么作用。人的行为与观念的内在决定因素与机制的复杂性使得从不同角度与观察层面考察人的行为与观念决定的不同的社会科学领域，在关于某种社会舆论或公共舆论影响个体行为与观念方面提出了不同的主张，出现了观点方面的众多分叉。

由于公共治理样式是个体互动而形成的宏观社会样式，所以，当个体间互动超越原有文化范围而进入不同类型文化互动时，必然形成新的宏观社会样式。这种新的宏观社会样式不是在真空中出现的，而是在重新塑造与修正或完善原有宏观样式过程中形成的，必然对原有宏观样式形成某种冲击。那么，如何认识这种冲击的性质，即在这种冲击中识别出哪些是一种稳定的结构、哪些只是因为人们一时好奇或冲动或因为赶时髦而仅仅作为一种暂时流行的时尚而存在，是正确理解与认识公共治理或社会治理现代化的基础与关键。缺乏这种鉴别能力，要么犯第一类错误，即拒绝了符合现代化方向的结构的错误；要么犯第二类错误，即误将非理性的、仅仅作为人类行为与观念误差的结构作为符合现代化方向的结构加以强化与制度化，从而将社会引入歧途，通往向非理性顶礼膜拜的路径，最终成为人类文明的弃儿。

正是基于上述认识，早在 19 世纪末学者便开始了关于作为社会力量的某种社会舆论对于个体观点、意见与态度的形成与塑造的研究。法国心理学家让•马丁•夏柯提出，只有那些具有歇斯底里病症的人才可能被完全催眠，即其观点、态度与信念才能完全被某种社会舆论所塑造与影响。然而，这一观点很快受到其他两个法国心理学家的挑战。伯恩海姆与里鲍的实验表明，他们能够对任何人进行催眠，因而能够对任何一个个体的态度、观点与信念施加影响。伯恩海姆认为，催眠不过是人们所熟知的基于心理的“暗示感受性”的通常的心理过程的一种极端形式而已，其发生作用的先决条件乃是个体意见、态度与信念的“暗示感受性”，或“可建议性”或“可塑造性”。大量相关实验表明，任何相关指示的单调重复都能够诱发任何一个正常的个体在非睡眠状态下发出非自愿性的身体动作或生成非真实的感觉，如胳膊的摆动或僵硬性地静止、感觉身体发热或闻到根本不存在的某种气味等。

随着类似实验在各种情形下的扩展与重复，以及相关实验结果的反复出现，不久人们便确认，人们已经发现了人类行为与观念以及由此而形成的社会现象发生的基础，即重复性的灌输与各种情形下的无意识的暗示。从舆论、观点、信念的扩散到群体态度、群体性行为与观念的生成再到大量个体对于人为塑造的、具有某种卡里斯马特征的相关领导者的追随等，无不可以凭此得到有效的解释。社会学家盖布里尔•塔德进而总结出以下格言：社会人就是一个梦游者。

虽然基于催眠的相关实验研究揭示了人类行为与观念形成的相互性，但此类研究仅仅显示了个体间的暗示对于个体行为与观念或感受性的影响。当将这种影响扩展到更为广泛的社会群体的行为与观念解释时不仅自然地带有某种神秘的性质，而且与人们生成于特定文化而形成的行为与观念特征的稳定性似乎存在矛盾与冲突。为了消除研究方式的这种神秘性以及与生成于特定文化的行为与观念特征的稳定性的矛盾，人们将暗示对个体行为与观念的影响进行了改良性的实验研究。在这种改良性的研究技术中，人们不再借助催眠而是直接利用暗示，实验者通常要求被试者表达关于不同事务或事情的观点或偏好；在被试者表达其观点或偏好之后，实验者向被试者传递关于同类事务或事情的大多数人或专家的观点或偏好，这种观点或偏好通常是伪造的或虚假的，并要求被试者重新表达他们的选择。在此类研究中，研究结果表现出了惊人的相似性：知道了与自己观点或偏好相反的观点或偏好之后，绝大多数被试者都改变了其先前的观点或偏好，转而同意或赞同所谓的大多数或专家的观点或偏好。美国著名心理学家桑代克的研究结果表明，他运用这种技术成功地改变了成年人的审美偏好，其他类似的实验研究报告表明，通过将不同的文学段落署上不同作家的名字，能够显著地改变人们对于这些文学段落艺术水平的评估。这些实验结果表明，仅仅因为人数或权威方面的差异，就足够影响或改变人们对于相关问题的观点、意见与判断，而不需要对这些判断作任何进一步的说明。

虽然此类研究技术对于理解个体观点、态度与信念的改变受到相关暗示的影响，但由于此类实验涉及的问题并没有分离出这种改变是源自被试者自身易变的性情，还是源自被试者自身判断能力的问题。基于常识，相关的实验应该能够一般地显示个体的观点或判断是否真的如这些实验结果所显现的那么容易改变。换言之，个体关于某类事务观点的改变，到底是基于相关的暗示，还是那些易于犯判断错误的个体没有提供他们认为良好的判断者所应该给出的那种判断，即观点的改变源自被试者认为自己的判断错误。为了识别这种不同效应，1952 年，美国心理学家所罗门·阿希于设计实施了一个非常直观的实验，来研究人们的观点与判断在多大程度上容易受到他人的影响，而自觉或不自觉地认为自己的判断出现了错误，或虽然相信自己的判断正确却仍然违心地顺从其他人的意见与判断。这一实验结果表明，从总体上看，平均有 33%的人的判断是顺从他人的判断，而且有 76%的人至少进行了一次顺从性判断，而在正常情况下，即不存在其他人判断干预（暗示或引导）的情况下，人们判断错误的可能性还不到 1%。在此类实验中，通常有 24%的人坚持自己认为正确的判断而拒绝顺从其他人的判断。总体来说，此类实验表明，在大多数情景下，大多数个体存在顺从其他人判断的倾向或跟随其他人的判断或行为与观念的自然禀性。这种被称为从众效应的现象因而成为群体观点、判断与行为与观念的经验性的与心理性的或认知性的来源。

从众效应及跟随行为与观念是一块硬币的两面。人们实际地放弃其自己的想法而加入先前的人的想法或选择的行列中的这种现象，被称为跟随行为与观念，或羊群行为与观念，或从众行为与观念。跟随行为与观念生成从众效应，从众效应强化了跟随行为与观念。事实上，人们关于从众效应的相关研究，源自人们在生活中观察到的大量的跟随行为与观念或羊群行为与观念。

羊群行为与观念及从众效应能够创造出一个任何可能的虚幻世界。几乎任何一个“而立”或“不惑”或“知天命”之年的人都具有的一种经历，就是在一个完全陌生的、毫无先验信息的地方选择在哪个饭馆吃饭的问题，由于缺乏任何先验性信息，人们通常先观察哪一家饭馆吃饭的人多，通过比较选择吃饭的人较多的饭馆吃饭。这是一种通常的选择行为与观念，而且绝不仅仅局限于饭馆的选择。事实上，几乎社会中任何一种流行性的、具有自我强化性的行为与观念样式都具有与此性质类似的形成机制。

这种选择行为与观念表面上具有理性基础，因为人们相信，已经做出选择的那些人中必定有一个或几个拥有有关饭馆选择的更多信息的人；但这种理性可能仅仅是表面上的，因为它不断地创造或生成一个接一个的梦境般的虚幻世界。这种虚幻世界的创造生成于以下过程：最初进入或选择某一饭馆的人可能由于没有任何其他可供参考的信息而随机地选择了某一个，而其他人可能与我们一样，通过类似的逻辑推断跟随最初的选择者进入这一个饭馆，导致在某一个饭馆吃饭的人相对于其他的可能会多一些；尽管如此，我们依此进行选择也可能是理性的，因为的确存在某个人具有更多有关饭馆的信息的可能性。然而，一旦我们按照这种推理逻辑选择一个饭馆，便增加了选择这一特定饭馆的人数，我们的选择使其他处于与我们自己完全相同状态的人更可能进入这一饭馆，即增加了其他人进入此饭馆的可能性，我们的行为与观念成为其他人行为与观念选择的基础，或激励了其他人的类似选择，后来者不断地重复进行如此的过程，使进入这一饭馆的人越来越多。最初完全随机的一种选择由此成为人们最可能的选择，而且只要个体验证这种选择真实性的成本对于个体来说足够大，通常就不会有人冒险进行此类验证。一种完全先验性的、没有任何事实依据的信念由于更多的人的选择和高昂的验证成本的原因而变成了真实的世界。然而，这却是一个真实存在的虚幻世界。

尽管参照他人行为与观念容易形成上述虚幻世界，但在没有其他可供参考的信息的情况下，这种做法不失为一种较为实际的选择，因为人们至少运用了他人行为与观念中所含的信息或经验，即所谓站在前人的肩膀上，或遵循前人或先人的足迹。这里的问题是，一旦我们加入这种行列，其他人并不知道我们是否具有行为与观念合理性的相关信息，因为或许我们这样的选择真的是基于我们拥有的其他信息，因而我们的选择足以激励其他人更愿意做出同样的选择。

只要跟随我们加入某种行为与观念的后来者没有更多的或令其更为可信的其他信息，这样做本身就不存在什么问题，或这样做就无可厚非。然而，不幸的是，我们的行为与观念以及跟随我们的行为与观念的那些人的行为与观念，对于其他人来说将产生一种外部性，这种外部性可能使那些真的具有自己的有相关问题正确信息的那些人，可能依据“前面做出那种选择的那些人不可能都错了，因此我可能拥有不正确的信息或想法”的推理，亦放弃了自己正确的想法而加入了先前的人的想法或所做选择的行列中来。

那么，跟随或羊群行为与观念是否具有合理性？事实上，从表面上看，只要个体获得由成功选择所生成的所有的社会剩余，那么跟随行为与观念对于个体是理性的这一事实，表明跟随行为与观念对社会整体来说也是理性的。

不幸的是，这种逻辑推理是错误的，因为这种推理忽略了这样的事实，即一旦某个人决定放弃自己的想法而加入羊群行为与观念，那么，也就不会有人发现其所具有的正确的想法。后来的某个人在某个特定时候因某种原因而具有同样这种想法时可能因此认为他可能是拥有此想法的唯一的一个个体，因而可能较其知道某个前人曾经有过这种想法的情形下更容易放弃其正确的想法，因为他无法获得具有相同想法的人或事例的支持。放弃自己想法或意见的决定因而激励其他人做出相同的决策或选择。社会中每一个体如此行为与观念的结果是整个社会过度地采纳羊群行为与观念，因而社会运转的结果较以某种方式阻止这种过度羊群行为与观念所获得的整体福利要差得多；换言之，以某种方式阻止过度羊群行为与观念的社会所获得的福利要比过度羊群行为与观念的社会所获得的福利好得多。

羊群行为与观念及从众效应，虽然对于某些群体行为与观念的形成提供了一个相对直观、简洁而且具有相当说服力的解释，但也提出了一系列需要进一步探索的有关人类行为与观念更为深入甚至更为根本的问题：在关于行为与观念所涉及的内容与行为与观念结构不同的情景下，人们的行为与观念选择或从众效应的一致性程度如何，换言之，是否在所有情景下人们都会表现出完全相同的从众效应；如果在某种情景下独立（观点、判断）的一致性或行为与观念的从众效应的确存在，那么，这种从众效应与个体的个性特征和人格特征之间存在什么关系，或者说，是如何相互关联的？个体间观点、判断、行为与观念的独立性以什么方式与社会或文化环境或条件相关联，换言之，从众效应与社会或文化环境之间的关系是什么？领导者较其他一般人更为独立于其他人的判断还是他们更精于遵循或吸纳其他人的判断与观点？个体观点、意见与判断的独立性在什么条件或环境下更有利于或更不利于公共协调或公共治理的现代化？从众效应在什么条件或环境下更有助于或有损于生产性观点、态度、行为与观念的生成？

事实上，人类知识的分散性以及相对于具有无限的时空广延性的世界而言的有限性，使人类在漫长演化过程中不仅不断地犯错误，而且经常长期地被锁定于某种错误而不自知的状态之中。这既是从众效应形成的原因与结果，也是羊群行为与观念生成的原因与结果。古希腊文明的伟大以及由古希腊文明引发的文艺复兴之所以使人类在不到一秒钟时间内创造的文明远远超越人类过去 24 小时创造的文明，关键在于其创造与开辟了开放社会的路径与传统，才有了可复兴的人类文明。事实上，只有当存在大量独立地怀疑一切与大量独立地思考某一特定问题的人时，至少有一个人偶尔发现该问题的正确答案才是非常可能的事情；否则人类非常可能被锁定在由某个人制造的错误的想象之中，一直处于梦游状态而自己却浑然不知的状态之中。只有某一天由于偶然事件使人们从这种梦游中惊醒，人们才发现原来一直生活于虚幻的、假想的与虚拟的然而自己却一直认为是生活于真实世界之中的状态；人们才发现原来一直处于被某种臆想的、虚幻的概念催眠的状态之中。这正是哈耶克以及波普尔等之所以主张与倡导“开放社会”的真正原因，也是尼采发出“上帝死了！”的大声呐喊的唯一真正目的——惊醒梦中人。

开放社会与非开放社会的差异在于，在开放社会中，每一个体可以独立地讨论、探索与思考相关的或特定的问题，而不必理会与屈服于任何其他人的猜测、幻想与梦呓；可以开展自由的讨论与争鸣，而不是相互的谩骂与人身攻击；是以理服人，而不是以势力服人、以谁更流氓服人、以谁更拥有可以运用的攻击性资源服人。不幸的是，大部分人类社会在过去的大部时间里都处于因各种原因而导致的非开放社会之中，或许只有古希腊是一个例外。在现实的而非虚妄的世界中，人们顺时性地或序惯性地进行选择或决策，那些后来的选择者或决策者一般都知道先前的选择者或决策者所做出的选择与决策，由于知识的分散性与有限性，特别地，或源于人的狂妄、虚荣、自负，或源于人的刚愎自用或源于掩饰其既无知又无能的本质，通常诉诸于错误的或不符合环境或时代的那些死去了的人的智慧或权威，因而程度不同地受着前人决策与选择的影响。决策与选择的这种序惯性相互关联的结果是，人们的决策与选择，即使在不同的具体时空和不同的理念或理想支配下，也存在高度的相关性，最重要的是，前者的错误决策与选择往往成为后来者认为唯一可供选择的行动方案，因而不断地受着前者的错误决策与选择的影响。序惯性决策与选择的这种相互关联性，通常不仅延迟了正确行动方案的发现，更可能完全封闭了通向正确行动方案的路径。

社会生活以及获得社会所生成的益处以形成某种程度的一致性作为不可或缺的条件。然而，为了使这种一致性具有生产性的意义，要求每一个体依据其个人经验与洞见对这种一致性做出贡献。当一致性源自从众效应压力或威慑时，生成社会益处的社会过程不仅已经受到了损害，个体同时也完全放弃了其作为感觉性的与思维性的、具有独立意志的个体赖以发挥功能与贡献于社会的权势。此时整个社会只存在一个独立意志，只存在一种观点与一种判断；每一个体都失去了其自身的、独立的判断，每一个体在独立意志方面都变成了没有任何差异的、具有完全一样或相同属性的"土豆"；社会失去了其作为社会的本质属性——差异性或异质性，因而社会也失去了亚里士多德所说的由个体间差异的互补性而生成的社会恩惠。此类社会运行的最终结果是，整个社会形成了如此强大的从众性效应，以至于任何"理性的、智慧的与合乎逻辑"的观点、态度与判断都是"指鹿为马""颠倒黑白"；在某些极端情形下，每一个体甚至都虔诚地、庄严地、认真地、毕恭毕敬与心愿臣服地向非理性顶礼膜拜。

与某种态度、观点、行为与观念相关联的从众效应，通常具有以损害社会某些利益为基础或前提而形成的支付或收益的外部性。正是这种支付或收益的外部性使具有某种特征的从众效应具有强大的、不断增大的滚雪球效应，因而必然产生强大的"劣币驱逐良币"效应：所有的生产性观点、态度、行为与观念都将被这种"劣币驱逐良币"的从众效应消耗殆尽、残痕无存。随着时间的流逝，所有具有直接或潜在偏好"从众效应"的那些个体都将创造与利用各种机会跳上这台乐队花车并尽展其技能。具有此类特征的个体的不断加入使以某种观点、态度、行为与观念为标志的这种从众效应日趋强大，以至于达到内在结构非常稳固的状态，任何相对较小的冲击对其都犹如蚍蜉撼树、螳臂挡车，而且，这台乐队花车运转的时间越长，其内在鲁棒性也就越为强大。

然而，如果认为上述逻辑会永远地、持续地强化下去，就违反了本书以非线性的、复杂思维逻辑作为基本方法论的原则。事实上，这种以非线性为基础的复杂性科学的思维逻辑，正是本书在探索公共治理问题时不同于已有著作与观点的基本所在。非线性的逻辑正是传统格言所表达的分久必合、合久必分的逻辑，而不是某些观点所持有的一种趋势会永远线性发展与强化的逻辑。

当跟随行为与观念或羊群行为与观念及从众效应达到其内在参数所能够允许的最大状态时，这一体系将达到一个动态不稳定均衡点，在这一动态不稳定均衡点上，来自体系内与外的任何一个小的冲击都可能会驱使系统发生突然的崩塌；这种崩塌将驱动系统进入混沌状态与重新分叉状态。至于向哪个方向分叉，则取决于驱动系统进入崩塌状态的力量属性、结构与参数关系。

第二节 羊群行为与观念生成的基本模型

通过观察他人过去的决策或行为与观念有助于解释人类行为与观念的一些看上去令人费解的现象。人们为什么趋向于发展出相类似的行为与观念，即所谓的羊群行为与观念？为什么大众化行为与观念容易犯错误并形成错误性的狂潮？狂潮性行为与观念或观念变化趋势由什么决定，如何变化或改变等，对于公共治理都是重要的问题。

社会观察家很久以来就已经注意到，模仿是人类社会的重要现象。1988 年，Machiavelli 曾经写道，“人们几乎总是追随其他人的足迹与开辟的道路行事，通过模仿处理自己的事务”。1955 年，哲学家 Hoffer 断言，“当人们自由地决定其行为与观念时，通常总是相互模仿……一个给个人无限自由的社会，往往会形成令人难以想象的一致性”。

相互模仿并趋于一致，主要是个体的行为与观念决定受各种行为与观念所传递的不同信息的影响。个体间存在多种形式的信息传递，例如，个体可以观察所有其他个体的信息，发现其先前行为与观念者的信号，或观察到先前行为与观念者的行动或行为与观念选择，如图 10-1 所示。此模型假设个体只拥有其他行为与观念者

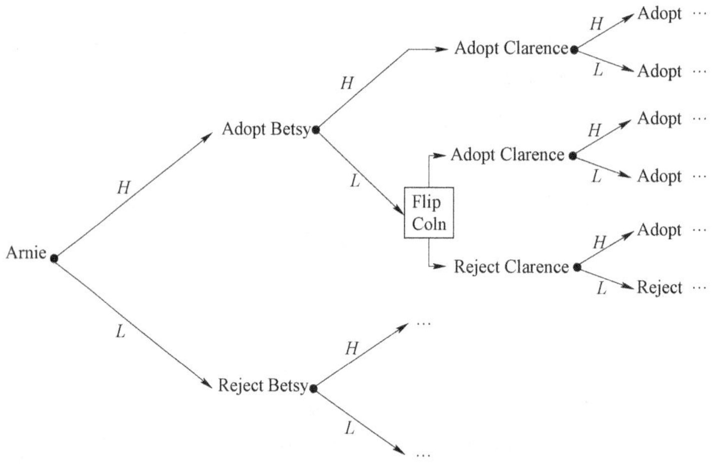

图 10-1 序惯性行为与观念

较少信息的情形，即只能观察到先前行动者的行动。不过从另外一个角度说，先前行动者的行动包含着有关行动的完整信息，正因为如此才有“行动胜于雄辩”的格言，而且行动或行为与观念所传递的信息是一种最为可信的信息。

（一）一般模型的一个特殊情形

为了便于理解与说明，首先从一个特定的模型开始模型化从众行为与观念问题。假设存在一系列个体，每一个体有两种策略选择，顺序地决定采取或拒绝某种行为与观念。每一个体在这种选择时，能够观测到其之前行为与观念者的行动选择。个体进行策略选择的顺序是外生给定的而且对于所有个体来说是已知的。所有个体采取某种行为与观念的成本相同，均为c，在此特定模型中假设其为 1/2。采取某一行为与观念的收益V对于所有个体都相同，以先验概率 1/2 取值 0 或 1。

不同个体在队列中的位置不同。每一个个体L条件独立地私下观察到一个关于收益取值的信号。个体i的信号X_i可能是H，或者，如果其观察到收益的真实值为 1，则以概率$p_i > 1/2$观察到H；如果收益的真实值为 0，则以概率$1-p_i$观察到H。换言之，

如果$V=1$，则

以概率$p_i(>1/2)$观察到信号$X_i=H$

以概率$1-p_i$观察到信号$X_i=L$

如果$V=0$，则

以概率$1-p_i$观察到信号$X_i=H$

以概率p_i观察到信号$X_i=L$

表 10-1 给出了二元信号的概率分布。

表 10-1　二元信号的概率分布

	$\Pr(X_i=H\mid V)$	$\Pr(X_i=L\mid V)$
$V=1$	p_i	$1-p_i$
$V=0$	$1-p_i$	p_i

研究信号同分布的这一特殊情形，即对所有的个体i，$p_i=p$。任何个体采取某一行为与观念的期望效用为$E[V]=\gamma\times1+(1-\gamma)\times0=\gamma$，其中$\gamma$是收益的真值为 1 时的后验概率。依据动态平衡的概念，个体采取或拒绝某一行为与观念的无差异线以相同概率采取或拒绝该行为与观念。

因此，第一个行为与观念者若观察到信号H，则采取某一行为与观念；观察到信号L，则拒绝此行为与观念。第二个行为与观念者依据第一个行为与观念者的行为与观念推断其观察到的信号。如果第一个行为与观念者采取了此行为与观念，第二个行为与观念者观察到信号H，那么他就采取此行为与观念。然而，如果其观察

到的信号 L，那么，第二个行为与观念者会计算其采取此行为与观念的期望值，此时为 1/2，因为观察到一个信号 H 与一个信号 L。由于此时他处于无差异曲线上面，因而第二个行为与观念者以 1/2 的概率采取此行为与观念。类似地，如果第一个行为与观念者拒绝此行为与观念，第二个行为与观念者观察到信号 L，那么他也拒绝此行为与观念；如果他观察到信号 H，则以 1/2 的概率采取此行为与观念。

第三个行为与观念者面临以下三种情形之一。（1）两个先前的行为与观念者都采取了此行为与观念，此时即使他观察到信号 L，他也会采取此行为与观念，因而生成了一个向上的信息级联。为了说明这一事实，依据行为与观念选择次序，在第一个与第二个行为与观念者都选择采取此行为与观念，即历史 (a,a) 之后，第三个行为与观念者即使观察到信号 L，采取此行为与观念仍然是一种优选行为与观念，因为

$$\gamma=\text{Prob}(V=1\mid a,a,L)=\frac{\frac{1}{2}(p)\left(p+(1-p)\frac{1}{2}\right)(1-p)}{\left[\frac{1}{2}(p)\left(p+(1-p)\frac{1}{2}\right)(1-p)\right]+\left[\frac{1}{2}(1-p)\left(1-p+\frac{p}{2}\right)(p)\right]}$$

$$=\frac{p+1}{3}$$

而且 $(p+1)/3>1/2$。故第三个行为与观念者在此情形下总是选择采取此行为与观念。由于此时第三个行为与观念者完全忽略了自己的信号，转而遵从或跟随前两个人的行为与观念，因而形成了一个向上的信息级联，自此以后所有其他的行为与观念者都将选择此行为与观念。

（1）先前两个行为与观念者都拒绝了此行为与观念，此时即使他观察到信号 H，他也会拒绝此行为与观念，因而生成了一个向下的信息级联。

（2）先前的两个行为与观念者一个采取此行为与观念，一个拒绝此行为与观念。此时，经过历史 (a,r) 或 (r,a) 之后，信号必然是 (H,L) 或 (L,H)。依据贝叶斯规则可知，如果第三个行为与观念者观察到信号 H，那么后验概率为 $\gamma=p$；如果观察到信号 L，那么后验概率为 $\gamma=1-p$。

此时第三个行为与观念者面临与第一个行为与观念者一样的处境：基于先前行为与观念者的选择，其采取此行为与观念的期望收益为 1/2，因此以其自己拥有的信号决定其选择。如果承认上述个体选择间的相互关系，那么类似的分析表明，第四个行为与观念者与第二个行为与观念者处于相同的境地，第五个行为与观念者与第三个行为与观念者处于相同的境地，并且如此的推断逻辑可以不断地延伸下去。

据此可以计算信息级联的无条件先验概率。经过两个个体的选择之后，如果一个信号为 H，另外一个信号为 L，两个信号没有强化关系，因而不会形成信息级联。假设 $V=1$（或 0）便可以计算这一概率。由于发生了两个个体的选择且各自的信号

不同，因此信号组合或者是 HL 或者是 LH，而且各自发生的概率相当于掷硬币，因此总的概率为

$$\frac{1}{2}p(1-p)+\frac{1}{2}p(1-p)=p(1-p) \tag{10-1}$$

经过两个个体的选择之后，如果出现两个信号都为 H，或两个信号都为 L，即 HH 或 LL，那么显然个体间的信号存在强化关系，因而必然会形成信息级联。由于这两个概率都不依赖 V，因而不论向上信息级联还是向下信息级联均相同，即为

$$\text{Prob(up)}=\text{Prob(down)}=\frac{1}{2}[1-\text{Prob(no cascade)}] \tag{10-2}$$

运用上述决策规则，经过两个个体的选择之后，可以得到向上信息级联、无信息级联与向下信息级联的无条件先验概率分别为

$$\frac{1-p+p^2}{2},\quad p-p^2,\quad \frac{1-p+p^2}{2} \tag{10-3}$$

经过 4 个个体选择之后，一个向上的信息级联的概率为经过两个个体选择后向上的信息级联的概率，加上两个选择后无信息级联的概率乘以经过另外两个选择后向上的信息级联的概率，即

$$\frac{1-p+p^2}{2}+(p-p^2)\times\frac{1-p+p^2}{2}=\frac{1-(p-p^2)^2}{2}$$

经过 4 个个体选择之后，没有形成信息级联的概率只是经过两个个体选择后没有形成级联的概率乘以再经过两个个体选择后亦没有形成信息级联的概率，即

$$p(1-p)\times p(1-p)=(p-p^2)^2$$

以此类推，经过 n 个个体或 n 轮（其中 n 为偶数）的选择之后，没有形成信息级联的先验概率为

$$[p(1-p)]^{n/2}$$

由于问题的对称性，经过 n 个个体或 n 轮选择之后，形成向上的信息级联的概率等于形成向下的信息级联的概率，因而分别为

$$\frac{1-[p(1-p)]^{n/2}}{2}$$

由此可知，经过偶数个个体选择之后，形成向上的信息级联、没有信息级联与向下的信息级联的概率分别为

$$\frac{1-(p-p^2)^{n/2}}{2},\quad (p-p^2)^{n/2},\quad \frac{1-(p-p^2)^{n/2}}{2} \tag{10-4}$$

上式表明，概率 p 越大，即越大于与远离 $1/2$，形成信息级联的速度越快；概

率 p 越接近$1/2$，信息级联形成的速度越慢，即越需要有更多的人做出相同的选择或选择从众行为与观念。p 向$1/2$方向逼近等价于增加信号的噪声：在 $p=1/2$ 处，信号没有任何信息性意义，因为出现两种情形之一的概率等于掷硬币一样。换言之，个体采取一种行为与观念所获得的收益的信号越清晰明确时，人们越容易做出选择，因而强化或削弱某种行为与观念的预期。因此信息级联形成得越快，或者说，采取某一行为与观念所获得收益的信号越清晰，人们越容易做出正确的选择，因而形成趋向正确的信息级联的历史进程的概率越大。

依据级联形成的自强化机制，当采取某一行为与观念所获得收益的信号逼近时，不同个体间的选择容易相互抵消，因而没有形成信息级联的概率随着参与选择者人数的增加而指数性地衰减。对于噪声较为明显的信号，例如，当 $p=1/2+\varepsilon$ 时，其中 ε 是任意小的一个数，经过 10 个个体的选择后，这一概率就已经小于 0.1%。

经过两个个体的选择后，给定真值为 1 的条件下，出现向上信息级联、没有信息级联与向下信息级联的概率分别为

$$\frac{p(p+1)}{2}，\quad p(1-p)，\quad \frac{(p-2)(p-1)}{2} \tag{10-5}$$

这是因为

$$\text{Prob}(a,a\mid V=1)=p\left(p+\frac{1-p}{2}\right)=\frac{p(1+p)}{2}$$

$$\text{Prob}(r,r\mid V=1)=(1-p)\left(1-p+\frac{p}{2}\right)=\frac{(2-p)(1-p)}{2}$$

形成向上的信息级联的概率为

$$\frac{\text{Prob}(a,a\mid V=1)}{\text{Prob}(a,a\mid V=1)+\text{Prob}(r,r\mid V=1)}=\frac{p(1+p)}{2(p^2-p+1)}$$

形成向下的信息级联的概率为

$$\frac{\text{Prob}(r,r\mid V=1)}{\text{Prob}(a,a\mid V=1)+\text{Prob}(r,r\mid V=1)}=\frac{(2-p)(1-p)}{2(p^2-p+1)}$$

利用相同的计算法则，经过个体数为偶数的 n 个个体选择之后，相应的概率分别为

$$\frac{p(p+1)\left[1-(p-p^2)^{n/2}\right]}{2(1-p+p^2)}，\quad (p-p^2)^{n/2}，\quad \frac{(p-2)(p-1)[1-(p-p^2)^{n/2}]}{2(1-p+p^2)} \tag{10-6}$$

式（10-6）中第一个表达式是形成正确预期的信息级联的概率。可以证明，这是一个关于概率 p 与参与策略选择的人数 n 的递增函数。式（10-6）中最后一个表达式表明，它是一个关于概率 p 与参与策略选择的人数 n 的递减函数，因而说明，

即使对于信息量很强的信号来说（p远离$1/2$），形成错误预期的信息级联的概率仍然是非常可观的（如图 10–2 所示）。

信息级联生成的问题是信息级联阻止或妨碍了众多个体的信息加总。从理想的角度说，如果许多个体的信息可以加总在一起，后面的个体最终总能够收敛到正确行为与观念或行动。然而，一旦出现信息级联，行动就不再传递有关私人信息的信息，因而先前个体的行为与观念并不意味着能够改进后面行动者或决策者的选择。

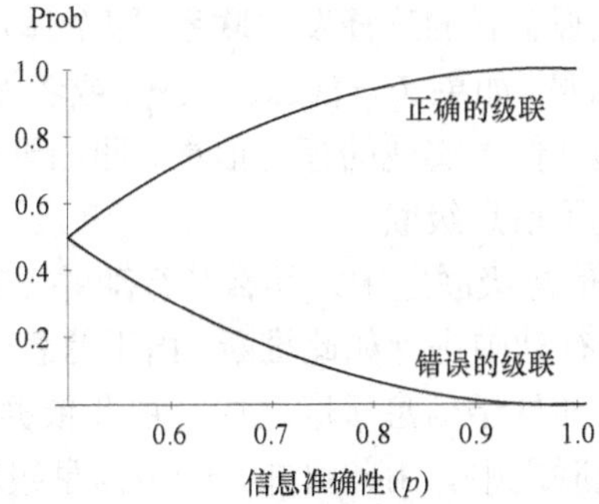

图 10–2　生成正确与错误信息级联的概率

二、羊群行为与观念生成的一般模型

对于上面的模型进行一般化处理。可以证明，在关于信息、行为与观念选择收益更为一般的假设下，仍然可以形成信息级联。假设存在一系列行为与观念个体，$i=1,2,\cdots,n$，每一个个体决定是采取还是拒绝某种行为与观念。在决定行为与观念时，每一个个体能够观察到在其之前进行行动的那些个体的选择。个体的决策顺序是外生给定的而且每一个参与者都知道这种顺序。所有个体采取某种行为与观念的成本均为C，收益均为V。收益或支付构成一个可取值的有限集合，$v_1<v_2<\cdots<v_s$，每个个体的决定对其收益影响是实质性的，或非退化的（$v_1<C<v_s$）。选择的收益为$V=v_l$的先验概率由vl表示。

从完备贝叶斯均衡的概念来说，由于个体的支付并不依赖后来个体的选择，因此，个体没有激励选择非均衡策略试图影响后来的行动者。不失一般性，可以假设，如果任何行为与观念者偏离均衡策略选择，不论其信息实现是什么，当其应该采取某种行为与观念时却拒绝了此种行为与观念，或者当其应该拒绝某种行为与观念时却采纳了某种行为与观念，那么，后来的行为与观念者都具有相同的信念，即先前行为与观念者选择了正确的均衡行动。

不同的个体不仅在队列中的位置不同，而且各自观察到的私人信息也不同。每个个体观察到关于X_i的一个信息，X_i的信息由条件独立且同分布的一个序列构成，其可能值为$x_1 < x_2 < x_3 \cdots < x_R$。给定采取某种行为与观念的真值为$v_l$，假设$P_{ql}$为一个个体观察到信息$x_q$的概率，并假设对于所有的$q$与$l$，$P_{ql} > 0$。令$P_{ql}$表示给定$V = v_l$时$X_i$的累积概率分布，即

$$P_{ql} \triangleq \Pr(X_i \leqslant x_q \mid V = v_l) = \sum_{j=1}^{q} p_{jl}$$

令J_i表示使个体i采取某种行为与观念的信息实现的集合。个体i的决策以信息传递方式与其他行为与观念者的选择发生联系，即个体i或者观察到J_i中的信息，或者观察到J_i补集中的信息。如果$J_i = \{x_1, x_2, \cdots, x_R\}$或者如果$J_i$是空集，那么个体$i$的行为与观念并没有传递其信息实现的任何信息。即如果个体的行动不依赖其私人信息的信息，那么就发生了信息级联。

如果一个个体i处于信息级联之中，那么其行动并没有传递任何信息，而且个体$i+1$亦从其前面的所有行动中进行如此推断。由于信息X_{i+1}是从与X_i相同的分布中抽取的，因此个体$i+1$亦处于信息级联之中。由此依据归纳法可知，个体i之后的所有个体都处于信息级联之中。由此可知，一个信息级联一旦形成，即使是错误的，它也会一直存在下去。

令a_i表示个体i的行动（采取或拒绝某种行为与观念），并令$A_i = (a_1, a_2, \cdots, a_i)$表示个体$1, 2, \cdots, i$所采取的行动的历史。给定历史，令$J_i(A_{i-1}, a_i)$是使个体$i$采取行动$a_i$的信息实现的集合。那么，给定其自己的信息实现$x_q$与信息实现历史$A_n$，个体$n+1$的收益$V$的条件期望为

$$V_{n+1}(x_q; A_n) \equiv \mathrm{E}[V \mid X_{n+1} = x_q, X_i \in J_i(A_{i-1}, a_i), \text{for all } i \leqslant n]$$

依据损益平衡原理，如果$V_{n+1}(x_q; A_n) \geqslant C$，那么个体$n+1$将采取某种行为与观念。因此，基于个体$n+1$的行动$a_{n+1}$的推断是，$X_{n+1} \in J_{n+1}(A_n, a_{n+1})$，其中

$$J_{n+1}(A_n, \text{adopt}) = \{x_q \text{ such that } V_{n+1}(x_q; A_n \geqslant C)\}$$

$$J_{n+1}(A_n, \text{reject}) = \{x_q \text{ such that } X_{n+1}(x_q; A_n < C)\}$$

为了从上述关系中推断是否存在或发生信息级联，可假设两个规范性条件。第一个假设是，条件分布$\Pr(X_i \mid V = v_l)$依据单调似然比性质排序。即对于所有的$l < S$，以及对于所有的$q < R$，有

$$\frac{p_{q,l}}{p_{q+1,l}} \geqslant \frac{p_{q,l+1}}{p_{q+1,l+1}}$$

并且上述严格不等号至少对某个q成立。

这是从具有噪声信息中进行推断的标准假设，1981 年 Milgrom 对此进行了充分的描述与讨论。这一假设表明，如果个体观察到一个较大的信息实现，他可以推断采取某种行为与观念的收益亦是较高的，即采取某种行为与观念是一阶随机占

优的。

上述假设的目的是确保个体行为与观念选择的条件期望是其信息实现的递增函数。因此，如果个体i没有处于信息级联状态而且采取了某种行为与观念，其后的行为与观念者会得出结论，至少对于某个q，$X_i \geqslant x_q$。如果个体i并没有采取某种行为与观念，那么其后的行为与观念者会得出$X_i < x_q$的结论。

第二个假设的目的是要确保以下性质成立：如果通过观察先前者的行动，个体了解足够多有关采取某种行为与观念的价值的信息，那么个体对于采取与拒绝某种行为与观念之间的选择并非是无差异的。因此第二个假设就是不存在长期的平衡，换言之，对于所有的l，$v_l \neq C$。

本节的主要结论是，在上述描述的背景与假设下，信息级联最终将形成。这一结论形成的思维逻辑大致如下：假设在行动队列中的一个后来的个体仍然基于其自己的信息做出决策或选择，那么，早先的个体的决策传递了关于其信息的某种信息。如果这一按照自己信息进行决策的个体处于远离历史路径的下方，那么，依据强大数定律，能够以接近1的概率推断采取某种行为与观念的几乎完全确定的真实收益。既然如此，其自己的信息对信息集合的贡献将非常小，因而他将依据先前其他人的行动所传递的信息决定其行为与观念。如此他完全忽略自己的私人信息而加入到信息级联之中。

命题 1　如果上述两个假设成立，那么随着参与选择的个体数量的增加，最终形成信息级联的概率趋于1。

这一命题的证明过程虽然较为麻烦，但由于上述的说明，思维逻辑还是非常清晰的。在这一命题的证明中，一个关键环节是运用所谓的强大数定律：假设$Z_1, Z_2, \cdots, Z_j$是一个独立同分布的随机变量序列，具有均值λ，那么，这一随机变量序列的均值以概率1存在下面的关系

$$\lim_{n \to \infty} \frac{1}{n} \sum_{j=1}^{n} Z_j = \lambda$$

为了证明命题1，只需要证明，对于任意给定的$\varepsilon > 0$，存在一个整数$N(\varepsilon)$使得信息级联以概率1在$N(\varepsilon)$或$N(\varepsilon)$之前出现。单调似然比性质意味着，信息的条件分布以严格的一阶随机占优排序，即对于所有的$q < R$，有

$$P_{q1} > P_{q2} > \cdots > P_{qs}$$

上述第一个假设意味着，对于所有A_n，$V_{n+1}(x_q; A_n)$关于q单调递增。为了简化符号表示，下面假设$R = 3$。对于$R > 3$的情形，命题1的证明与$R = 3$时的情形非常类似，而对于$R = 2$时命题1的证明，只是一个特殊情形。

假设直到阶段$n+1$，信息级联仍然没有形成。容易证明，此前的每一个个体仅依据其自己的私人信息进行决策，而且他们的行动表明，他们的私人信息或是大于

或是小于一个临界值。令队列行动的历史为A_n，那么，对于每一个个体i，或者有$J_i(A_{i-1},\text{adopt})\in\{x_2,x_3\}$或者有$J_i(A_{i-1},\text{adopt})\in\{x_3\}$。对于每个$l=1,2,\cdots,S$，令$Z_{ql},q=1,2,$为具有分布$\text{Prob}\{Z_{ql}=0\}=P_{ql}$与$\text{Prob}\{Z_{ql}=1\}=1-P_{ql}$的二项式随机变量。因此，如果$V$的真值为$v_l$，那么其先前的行动者的行动显示给个体$n+1$的信息由$n_q(q=1,2)$个$Z_{ql}$的实现构成，其中$n_q\geqslant 0$，$n_1+n_2=n$。$Z_{ql^*}$的实现表示为$Z_{ql^*}(\bullet)$，其中$j=1,\cdots,n_q$。这些$n$个实现是相互独立的，而且个体$n+1$并不知道真值，他并不知道自己观察到的是$Z_{q1}$，或$Z_{q2}$，或$Z_{q1^*}$，或$Z_{qS}$的$n_q$个实现。因此，个体$n+1$基于其先前者的行动$A_n$与自己的信息实现$X_{n+1}=x_{q'}$的后验分布为

$$\text{Prob}\{V=v_l\mid A_n,X_{n+1}=x_{q'}\}=\frac{\mu_l p_{q'l}\prod_{j=1}^{n_1}\text{Prob}\{Z_{1l}(j)\}\prod_{j'=1}^{n_2}\{Z_{2l}(j')\}}{\sum_{l'=1}^{S}\mu_{l'}p_{q'l'}\prod_{j=1}^{n_1}\text{Prob}\{Z_{1l'}(j)\}\prod_{j'=1}^{n_2}\text{Prob}\{Z_{2l'}(j')\}}$$

其中

$$\text{Prob}\{Z_{ql}(j)\}=\begin{cases}P_{ql} & \text{if } Z_{ql}(j)=0\\ 1-P_{ql} & \text{if } Z_{ql}(j)=1\end{cases}$$

可以证明，如果$V=v_{l^*}$，那么以概率1存在以下关系

$$\lim_{n\to\infty}\text{Prob}\{V=v_l\mid A_n,X_{n+1}\}=\begin{cases}l & \text{if } l=l^*\\ 0 & \text{if } l\neq l^*\end{cases}$$

$$\text{Prob}\{Z_{ql}(j)\}=\begin{cases}P_{ql} & \text{if } Z_{ql}(j)=0\\ 1-P_{ql} & \text{if } Z_{ql}(j)=1\end{cases}$$

$$\lambda_{ql}=E\left[\log\left(\frac{\text{Prob}\{Z_{ql}\}}{\text{Prob}\{Z_{ql^*}\}}\right)\middle| V=v_{l^*}\right]$$

如果$l\neq l^*$，那么依据严格一阶随机占优与詹森不等式（Jensen's inequality），有

$$\begin{aligned}\lambda_{ql}&<\log\left\{E\left[\frac{\text{Prob}\{Z_{ql}\}}{\text{Prob}\{Z_{ql^*}\}}\middle| V=v_{l^*}\right]\right\}\\&=\log\left[\frac{P_{ql}}{P_{ql^*}}P_{ql^*}+\frac{1-P_{ql}}{1-P_{ql^*}}(1-P_{ql^*})\right]\\&=\log 1\\&=0\end{aligned}$$

强大数定律意味着，以概率1有

$$\lim_{n_q\to\infty}\frac{1}{n_q}\sum_{j=1}^{n_q}\log\left(\frac{\mathrm{Prob}\{Z_{ql}(j)\}}{\mathrm{Prob}\{Z_{ql*}(j)\}}\right)=\lambda_{ql}<0$$

因此

$$\log\lim_{n_q\to\infty}\prod_{j=1}^{n_q}\frac{\mathrm{Prob}\{Z_{ql}(j)\}}{\mathrm{Prob}\{Z_{ql*}(j)\}}=\lim_{n_q\to\infty}\sum_{j=1}^{n_q}\log\left(\frac{\mathrm{Prob}\{Z_{ql}(j)\}}{\mathrm{Prob}\{Z_{ql*}(j)\}}\right)=-\infty$$

由此可知，如果$l\neq l^*$，那么，以概率1有

$$\lim_{n_q\to\infty}\prod_{j=1}^{n_q}\frac{\mathrm{Prob}\{Z_{ql}(j)\}}{\mathrm{Prob}\{Z_{ql*}(j)\}}=0$$

如果$n\to\infty$，由于$n_1+n_2=n$，那么或者$n_1\to\infty$，或者$n_2\to\infty$，或者两者都成立。这样就证明了

$$\lim_{n\to\infty}\mathrm{Prob}\{V=v_l\mid A_n,X_{n+1}\}=\begin{cases}l & \text{if } l=l^*\\0 & \text{if } l\neq l^*\end{cases}$$

上式意味着，如果$V=v_{l*}$，那么，对于所有的$\varepsilon>0$，有

$$\lim_{m\to\infty}\mathrm{Prob}\left\{\left|V_{n+1}(X_{n+1};A_n)-v_{l*}\right|\leqslant\varepsilon,\forall n\geqslant m\right\}=1$$

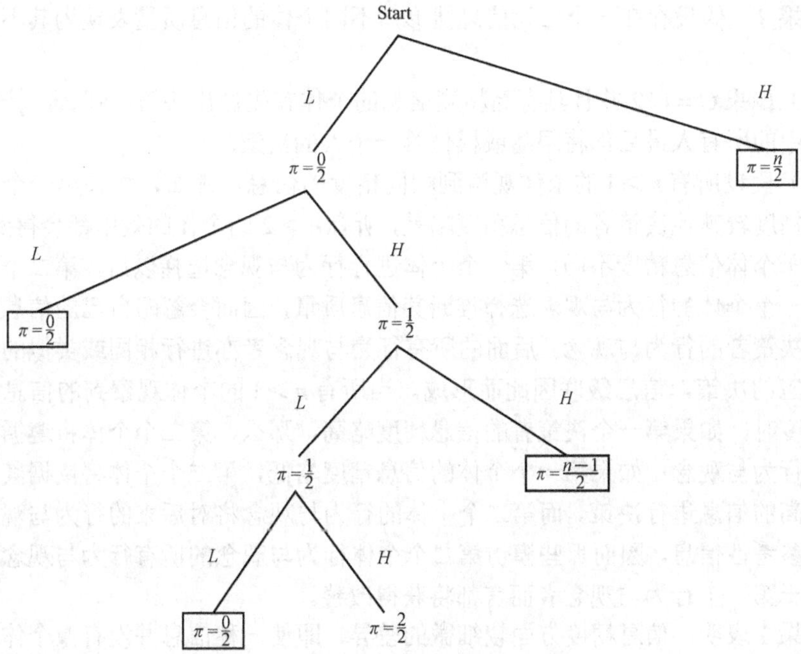

图 10-3　当时信息级联均衡结果树

因此，意味着，随着 $m \to \infty$，以概率 1 或者个体 m 及其后的所有个体都采取问题所涉及的行为与观念而不论其私人信息是什么实现，或者个体 m 及其后的所有个体都拒绝问题所涉及的行为与观念而不论其私人信息是什么实现，也就是说，自 m 开始形成了信息级联。这就证明了命题 1。

如果上述第二个假设不成立，对于某个 l，$v_l = C$，那么，如果 $V \neq v_l$，用证明命题类似的方式可以证明，信息级联仍然可以出现。如果 $V = v_l = C$，那么，基于那些个体 $i < n$ 的行动的 V 的期望，在 $n \to \infty$ 时，趋于 C。因此，基于那些个体 $i < n$ 的与基于 X_n 的 V 的期望，对于较低的 X_n 的实现，处于 C 的下方，而对于较高的 X_n 的实现，则处于 C 的上方，因而两种信息流向相互抵消，信息级联无法形成。

三、时尚引领者：上行下效

前面的模型无差别地对待所有不同个体所具有的信息质量，即不同个体所具有的信息质量均相同。在现实社会中，由于社会的差序格局以及不同的人具有不同类型的资源，因而不同个体所具有的信息质量存在重大差异。当个体所具有的信息质量不同时，信息级联的特殊是一个重要的理论问题与现实问题。本节考虑个体具有不同的信息精度（准确性）的情形。特别地，考虑一种二元选择情形，其中个体 i 的信息高精度对应更大的信念值 p_i。假设 $\Pr(V = 1) = \Pr(V = 0) = 1/2$。

结果 1 假设存在一个二元信息情形，不同个体的信息质量表现为其不同的信念 p_i。

（1）如果 $C = 1/2$ 并且具有高精度信息的个体首先做出决策，那么，特定群体或序列中的所有人最后都将跟随或模仿第一个人的决策。

（2）假设所有 $n > 1$ 的个体观察到相同精度的信息，那么，如果第一个决策者的信息精度较其他决策者的信息精度略差，所有 $n > 2$ 的个体的效用都会得到改善。

由于个体信息精度不同，第一个个体进行行为与观念选择以后，第二个个体将依据第一个个体的行为与观念选择推断其信息质量，因而会忽略自己的信息而跟随第一个决策者的行为与观念。后面的所有行为与观念者亦进行相同或类似的推断并做出相应的决策，信息级联因此而形成。当所有 $n > 1$ 的个体观察到的信息具有相同的精度时，如果第一个决策者的信息精度略高，那么，第二个个体将遵循第一个个体的行为与观念；如果第一个个体的信息精度略低，第二个个体将依据其自己的精度略高的信息进行决策。而第二个个体的行为与观念将对后来的行为与观念者提供更多参考性信息，因而那些模仿第二个个体行为与观念的所有行为与观念者的效用相对于第一个行为与观念者而言都将获得改善。

结果 1 表明，信息精度方面较细微的差异，即使一种信息并没有像个体具有完全相同信息质量情形下那样含有更为丰富的信息，也是非常重要而且必然生成或引发信息级联。虽然模型中关于个体决策顺序是外生给定的，但具有高精度信息的个体首先做出决策亦是现实生活中最为常见的情形。不仅如此，在所有个体都可以选择是立即行动还是延迟行动，但延迟行动具有一定成本的更为一般的情形下，所有个体都具有等待的激励以期搭第一个行动者的便车，即大多数人采取观望或静观其变的态度，以便依据不同的情形做出不同的决策。这种做法虽然在某些情形下具有一定的理性，但通常情形是，在其他条件相同的情形下，较早的决策成本，对于具有最高精度的信息者来说，是最低的；自然地，对于具有最高精度的信息者来说，越早的决策收益越高。

时尚引领者模型适用于经验丰富或资深人士创新性活动。如果一个经验丰富的个体首先做出某种行为与观念，其他人通常会进行模仿。信息质量较差者模仿信息质量较高者，得到了众多来自心理学实验证据的支持。这些心理学实验表明，先前在某种活动中失败的个体，在进一步探索中通常会模仿较好实现这些活动的那些人的行为与观念。1955 年 Deutsch 和 Gerard 的研究表明，一个个体对其活动结果或其判断正确的不确定性程度越高，其决策越容易受到相关信息的影响。这一结果在日常生活中经常出现，例如，由于获得了质量更高的信息，教师与家长通常是相关问题的意见的引导者。

1977 年 Bandura 等的研究表明，哥伦比亚农民社区的领导者们通常由接受了更为正规的教育、具有更高水平的阅读与理解能力、拥有较大的农场、具有较高的社会地位、与各种媒体有更为广泛的接触、具有更多政治知识等的人来担当，而其他人同样更愿意跟随这些人而不是在上述各方面不如自己的人。事实上，在任何一个社会中，模仿者一般基于具有较高社会地位或社会名望的人，通常是更为优秀的决策者的信念，认为那些具有较高社会地位或社会名望的人，具有更多而且质量更高的信息，具有更为全面的审视前景的能力，并经过慎重思考而决定自己的行为与观念，因而其行为与观念选择是更为理性或至少是更为明智的选择。当人们缺乏审视全部情景的能力，因而缺乏确定何为最佳行为与观念方案时，人们通常依赖明智决策者的选择，而社会形象、演说、生活样式、年龄、社会经济成功的一般标志以及经验性的启示，通常是过去成功决策者的产物，因而人们更愿意追随这些过去成功的决策者的行动选择。

结果 1 表明，信息集的一个非常微小的扰动将对信息级联是立即发生还是随后发生产生非常大的影响，即信息级联发生的时序对于信息集的一个非常微小的扰动极为敏感。因此，为了理解社会变迁的特定原因，特别关注先前领导者的行为与观念至关重要。这意味着，当（大规模）群体性行为与观念生成于某种特定的、偶然性的事件时，试图寻求宏观性因果动力或力量可能是徒劳的，因为此时生成群体性事件的动因可以是任何一个突发性事件，此时重要的不是事件本身，而是触发机制或点火机制。

第三节　信息级联的内在性质

一、信息的公共披露及其效应

信息级联形成强大的行为与观念决定或诱发效应，迫使个体甚至不得不放弃或忽略自己正确的私人信息转而屈从于流行行为与观念。由于信息级联生成于决定人们行为与观念的信息叠加效应，因此，至少从理论上说，信息级联敏感地依赖公共信息的披露或公共披露的信息。例如，公共信息（政府与研究机构披露的信息）披露吸烟的可能风险以及医治程序（如阑尾切除）、药物使用（如阿司匹林）、饮食（如燕麦麸）的可能效应，可能改变信息级联的作用进而改变人们已经形成的习惯的或天然性的行为与观念选择。然而，当信息级联处于不同深度状态时，公共信息对于信息级联的作用效应可能会存在重大差异。从理论上说，公共信息对于信息级联的作用，主要具有以下三个方面的效应。

（1）单一公共信息的披露是否能够改善所有行为与观念者的福利或效用？例如，如果为所有人提供关于心血管疾病的影响的信息，是否所有潜在的阿司匹林食用者都能够获得效用或福利的改善？

（2）信息级联是否可逆转或改变，或者说，改变或逆转信息级联可能吗？例如，政府是否应该披露相关信息，劝说那些潜在的烟草消费者避免模仿成千上万隐烟民的行为与观念？如果应该，那么是在什么意义上说的应该？如果关于这一点获得共识，那么这种劝说有效的条件与环境是什么？什么是较为有效与较为无效的方式。

（3）信息的多重披露最终能否改善个体的效用或福利水平？例如，如果科学研究逐渐发现有关食盐、脂肪、尼古丁等对于心脑血管疾病的不良影响，但并没有特别确定的一套指标或相关研究机构发布了仅供参考性的指标，那么，是否所有医生都应该劝说病人或相关人士避免食用这些呢？

二、模糊性公共信息初始披露的福利效应

第一个问题本质上是关于初始公共信息披露的效应问题，即是否对于所有的行为与观念者产生福利或效用方面的影响。具有不同文化传统的人可能对于这个问题具有完全不同的直观感觉。源自专制社会与习惯于奴役文化的人们，形成了特定的心智范式或认知结构，通常依据自己的主观想象，武断地给出某种结论。来自这类文化的结论，虽然通常可以奉行“己所不欲，勿施于人”的箴言所表达的行为与观念准则，但更可能走向其反面，将“己所欲”，强制地施于“所不欲”的那些人。这类文化通常犯的最大错误之一，是认为人的偏好、信念、认知结构及其形成的观点等是同质性的而不是异质性的，因而过于强调一致性、统一性、“齐性”的规则、

原则或准则，并以此剥夺异质性个体的权利，对异质性个体的偏好采取专制性的、独裁性的态度、原则及行为与观念准则，并从这种剥夺与专政过程中获得自己的快感与效用的满足。如果上述行为与观念仅仅以个体的形式表现出来，那么，由于社会异质性作用，或许未必能够形成信息级联，因而对于社会整个效用或福利影响可能是中性的，但是，如果这种行为与观念以公共信息或权威信息的方式出现，并因此而形成信息级联，那么必然使异质性个体的效用或福利受到损害。这正是本模型所揭示的具有某种性质的公共信息的社会福利效应。

信息级联源自模糊性公共信息的初始披露的例子可以说俯首可拾。例如，早期科学研究报告因声称燕麦麸具有降低人体中胆固醇水平的功效，而迅速激发了人们对燕麦麸的偏好，使燕麦麸产品变得极受人们的欢迎，消费燕麦麸产品迅速成为一种时尚。然而，进一步的科学研究发现，燕麦麸降低人体中胆固醇水平的功效并不存在，结果这一信息迅速结束了人们对燕麦麸产品的追逐，消费燕麦麸产品的时尚迅速瓦解。再后来的研究表明，燕麦麸产品对于降低人体中胆固醇水平，虽然不具有奇效，但的确具有一定的功效。因此，有关燕麦麸产品对于降低人体中胆固醇水平影响效应的向上与向下信息级联均存在虚假性。类似的例子不胜枚举，如关于绿豆、红酒、文凭、绩效评估、相关的考核指标（如 GDP）、官场与利益的圈子文化、庇护文化（扛过枪、下过乡、同过窗）、裙带关系以及“一票否决”而形成的社会行为与观念级联问题等。总体而言，模糊性公共信息的初始披露至少在相关问题的先验的意义上具有损害社会福利的效应，这正是本部分的基本结论。

结果 2　公共信息初始披露的社会福利效应。

如果在第一个行为与观念者决策之前披露公共信息，那么至少在先验感觉的意义上，将使某些个体的福利受到损害。

为了显示结果 2 的意义，令 V 以相等的概率等于 1 或 0，采取某种行为与观念的成本 C 为 0.55。假设存在三个不同的信号，$X_i \in \{x_1, x_2, x_3\}$，表 10–2 列出了其条件分布。可以证明，这一实例中的相关规定满足前面的两个假设。

表 10–2　信号的条件概率

	x_1	x_2	x_3
$\Pr(X_i \mid V=0)$	0.40	0.60	0.05
$\Pr(X_i \mid V=1)$	0.20	0.70	0.10

首先考虑不存在公共信息披露的情形。如表 10–3 与表 10–4 所示，给出第一个与第二个行为与观念者的信息集合，这些信息集合的无条件信息，即观察到一个特定信号的先验概率及个体的决策选择的情形下，$V=1$ 的概率。表 10–3 的第一列给出行为与观念个体 1 观察到给定信号的无条件概率；第二与第三列给出其采取行为

与观念的后验期望值（$V=1$的概率）与由此决定的行为与观念。

表 10-3　无公共信号披露情形下个体 1 的决定问题

X_1	Unconditional Probability (1)	Expected Value (2)	Action (3)
x_1	0.3000	0.3333	reject
x_2	0.6250	0.5600	adopt
x_3	0.0750	0.6667	adopt

由表 10-3 可以看出，如果$X_i \in \{x_2, x_3\}$，则个体 1 采取此行为与观念，如果$X_1 = x_1$，则个体 1 拒绝此行为与观念或不采取此行为与观念。表 10-4 给出了个体 2 观察到个体 1 的这一决策，$D_1 \in \{A, R\}$ (adopt/reject)与其自己的信号。没有公共信息的情形下，个体 2 的先验期望收益可以依据表 10-4 的数据计算，即$0.445 + 0.055 = 0.5$。

表 10-4　无公共信号披露情形下个体 2 的决定问题

D_1, X_2	Unconditional Probability (1)	Expected Value (2)	Action (3)
R, x_1	0.1000	0.2000	reject
R, x_2	0.1800	0.3839	reject
R, x_3	0.0200	0.5000	reject
A, x_1	0.2000	0.4000	reject
A, x_2	0.4450	0.6292	adopt
A, x_3	0.0550	0.7273	adopt

现在考虑存在公共信息披露的情形。两个行为与观念个体均观察到一个信号 S，但分别以概率 $\Pr(S = H \mid V = 1) = 0.51$ 与 $\Pr(S = H \mid V = 0) = 0.49$，观察到高信号（$H$）与低信号（$L$）。

表 10-5 与表 10-6，类似表 10-3 与表 10-4，分别描述了个体 1 与个体 2 的决策问题。表 10-5 表明，公共信息披露改变了个体 1 的决策，如果 $X_1 = x_2$ 与 $S = L$，个体 1 拒绝采取此行为与观念。个体 2 观察到个体 1 拒绝此行为与观念时，无法推断个体 1 的信号是 x_1，因而改变了个体 2 的决策问题。根据表 10-6，存在公共信息披露情形时，个体 2 的先验期望收益为

表 10–5　存在公共信息披露情形个体 1 的决定问题

S, X_1	Unconditional Probability (1)	Expected Value (2)	Action (3)
L, x_1	0.151	0.324 5	reject
L, x_2	0.311 75	0.550 12	reject
L, x_3	0.037 25	0.657 718	adopt
H, x_1	0.149	0.342 28	reject
H, x_2	0.313 25	0.569 8	adopt
H, x_3	0.077 5	0.675 5	adopt

表 10–6　存在公共信息披露情形个体 2 的决定问题

S, D_1, X_2	Unconditional Probability (1)	Expected Value (2)	Action (3)
L, A, x_1	0.01	0.49	reject
L, A, x_2	0.024 2	0.71	adopt
L, A, x_3	0.003 1	0.794	adopt
L, R, x_1	0.141 76	0.313	reject
L, R, x_2	0.284 7	0.537	reject
L, R, x_3	0.033 9	0.645 4	adopt
H, A, x_1	0.099 6	0.409 6	reject
H, A, x_2	0.223 65	0.638	adopt
H, A, x_3	0.027 75	0.735	adopt
H, R, x_1	0.049 4	0.206 5	reject
H, R, x_2	0.089 6	0.398 4	reject
H, R, x_3	0.01	0.510 0	reject

$$0.024\,2 + 0.003\,1 + 0.033\,9 + 0.223\,65 + 0.027\,75 = 0.312\,6$$

这一结果显然小于不存在公共信息披露情形时个体 2 的先验期望收益 0.5。

上述例子表明，公共信息披露对个体具有两个方面的影响：一是它直接提供更多信息；二是它改变了先前行为与观念者的行为与观念决定，因此改变了其决策所传递的信息。结果 2 基于以下实际情形：公共信息虽然非常模糊，但它对第一个行为与观念者的决策传递给第二个行为与观念者信息产生的影响效应如此之大，以至于其超过了直接的、正向影响效应，因而模糊了第二个行为与观念者所获得的有关第一个行为与观念者基于其进行决策的真实信息。

例如，在古代封建王朝，廉洁奉公、光明磊落、克己奉公、清正廉明、奉公守法、刚正不阿、惩恶扬善、任人唯贤等，通常是政府公布的有关为官、为政、执法、选人等方面的行为与观念准则的公共信息。然而，在等级森严与以秘密行事为特征的官僚体系中，结党营私、朋比为奸、欺上瞒下、城狐社鼠通常是官僚任命的内在本性。因此，当某一个个体被任命或获得晋升后，其他潜在的可能获得任命或晋升的个体，在关于此特定个体晋升于这种公共信息还是晋升于其他私人信息方面进行判断与甄别。然而，这些潜在的可能获得晋升或任命的个体，因获得信息来源的不同将会得出完全不同的结论，进而影响到其行为与观念选择和决定。这种选择与判断的模糊性使不同个体投资于不同的方面，或同时投资于不同的方面，拼命使自己成为其所不能成为的那种人，因为他可能观察到某一个体通过此方式成功地实现了这种转变，即成为一个其不可能成为的那种人（如无能、无德、无才但擅长阿谀奉承、低三下四、溜须拍马、曲意逢迎、卑躬屈膝、欺上瞒下、趋炎附势、夤缘攀附、虚伪狡诈、口是心非、蓄意歪曲、卑鄙无耻、心狠手辣、两面三刀、口蜜腹剑、阳奉阴违、奴颜婢膝、挑拨离间、为虎作伥、言而无信、见风使舵而在官场上不断获得升迁），进而影响到其自己以及其他行为与观念者福利水平的改善。

然而，如果公共披露的信息均为硬信息，即均以公共认可的事实并可以进行事实核查为基础的信息，那么就会使所有个体依据自己的特性做出判断与选择，进而有效改善每一个体的效用或福利水平。

三、信息级联的深度

公共信息的披露对于个体行为与观念的影响事实上依赖于信息级联的状态。当信息级联还没有形成时，公共信息对于是否以及形成什么样的信息级联产生决定性的影响；而信息级联一旦形成，那么公共信息对于个体行为与观念选择的影响则取决于信息级联所处的状态以及公共信息的影响力。信息级联的状态被称为信息级联的深度，信息级联对个体影响力越强大，则信息级联所处的状态越深，或者信息级联的深度越大。事实上，不论是否存在公共披露的信息，只要时序上处于在前的那些个体的选择对于时序上处于后来状态的选择者提供较为明确的信号，这种顺序性选择就会形成信息级联，而且信息级联一旦形成，公共披露的信息对于个体行为与观念选择的模糊性或不确定性的影响效应就已经不再存在。因而在此种情形下，公共披露的信息能够有效改善每个个体的效用或福利水平，这便是命题 2。

命题 2 如果所有个体的信号均源自相同的分布，那么，信息级联一旦形成，公共信息将改善所有个体的效用或福利水平。

信息级联形成以后，如果没有公共披露的信息，个体的行为与观念选择并不传递额外的信息，仅仅反映个体的选择所蕴含的信息；如果此时披露公共信息，但并没有改变信息级联的趋向，那么，此时披露的公共信息并没有降低个体决定所传递的信息的确定性，因而公共披露所传递的信息的性质，与信息级联之间具有内在一致性，因而成为信息级联强化的一种信号。

如果并非所有个体的信号来源于相同的分布，即不同个体的信号具有不同的分布，那么，公共信息的披露对个体的行为与观念选择将产生一种微妙的影响，或产生一种酝酿性或潜在发酵性的影响，但距离强大到实际地改变个体的行为与观念选择需要一个或长或短的时间。这便是本节关于公共信息披露的另外一个结果。

结果 3　微量公共信息的披露能够对持续的信息级联产生震动性影响或潜在变迁性的影响。所谓微量公共信息是指公共信息对个体行为与观念选择的影响能力，即公共信息的信息能量或影响个体行为与观念选择的影响力小于个体的私人信号对其行为与观念选择的影响力。

为显示这一结果，考虑具有二元信号的行为与观念选择问题。依据前面的讨论，只要个体观察到选择采取或拒绝某种行为与观念的个体数较拒绝或采取某种行为与观念的个体数多出两个以上，就会形成向上或向下的信息级联。此时，所有后来进行行为与观念选择的个体都知道，或者这两个以上的个体观察到信号 $H(L)$，或者只有第一个个体观察到信号 $H(L)$ 而第二个个体掷硬币决定其选择。现在假设出现一个信息含量略低于每人信号的一个公共信号。即使此时出现的信息级联源自两个连续的 H 信号，那么，当一个公共信号 L 出现时，也引发即将进行行为与观念选择的个体考虑其信号的质量，因为若再出现一个信号 L，他关于采取还是拒绝某种行为与观念的选择便是差异的。由于信息级联由单一的信号 $H(L)$ 引发的概率为正，具有公共信息的个体因此将依据其自己的信息决定行为与观念，若出现信号 H 此个体则采取某种行为与观念，若出现信号 L 此个体则拒绝此种行为与观念。因而对于原有的信息级联形成一种酝酿性的或发酵性的潜在影响。

直观地讲，信息级联叠加了少数几个先前个体行动的信息。公共信息因此仅仅需要抵消信息级联形成之前的最后的个体行动所传递的信息，虽然信息级联形成后，有成千上万的个体模仿信息级联形成之时的最后一个个体的行为与观念选择。换言之，信息级联导致的人们行为与观念的某种一致性或广泛的从众性，并不能说明这种行为与观念的合理性，至少从某种意义上说是如此。例如，某个社会中绝大多数个体均吸烟的事实并不能成为阻止人们研究吸烟效应的理由，也并不能说明这种从众性具有不可阻止或打破的可能性。特别地，基于虚假信息而形成的信息级联以及由此而形成的社会行为与观念的某种一致性，一旦这种虚假信息被公开披露出来，信息级联以及由此引发的社会行为与观念的某种一致性，既可能在一夜之间就化为乌有，也可能需要经过漫长的酝酿与发酵，最终完全破坏信息级联以及由此引发的广泛的、一致的社会行为与观念。

这类例子在人类历史上曾经反复出现过，并且存在于各种不同的领域及行为与观念方面。1928—1941 年美国艾奥瓦州农民在杂交玉米（hybrid corn）种子的采纳方面就是一个最为普通的例子。为了了解艾奥瓦州农民接受与采纳杂交玉米种子的过程，Ryan 和 Gross 对艾奥瓦州农民关于杂交玉米种子的采纳进行了大量采访。研究结果表明，一般而言，农民从听说杂交玉米到采纳种子进行种植，平均大约需要 9 年的时间。Ryan 和 Gross 对农民进行采访时发现，很多农民知道或听说过这类杂交玉米，但一直没有采纳这种种子进行种植（形成了向下的信息级联）。有关杂交玉米更为高产的相关信息，经过相当长时间或过程的酝酿，农民开始逐渐采纳并最终形成向上的信息级联，即所有农民都开始接受并采纳这种种子进行种植。

然而，由先前的向下的信息级联到向上的信息级联的转换，并不是政府或相关研究机构公布杂交玉米更为高产的公共信息而迅速引发的，而是经历了一个漫长的扩散过程。Ryan 和 Gross 的研究表明，这种扩散过程主要依据农民自己的观察而不是简单地相信政府或相关研究机构披露的公共信息。农民的这种亲身观察主要源自邻居间的相互影响，即某个邻居的采用成为其他相邻农民采用的更为主要的原因，并经过邻居间的相互影响逐渐成为一种行为与观念选择的级联形式。类似地，Deutschmann 和 Fals Borda 关于哥伦比亚农民社区的研究表明，行为与观念选择级联是创新采纳与扩散的重要机制，村民们几乎不会仅仅基于相关机构或媒体披露的信息而采纳创新性的生产方式，大约 80%的受访者是在观察到邻居采用了创新性的生产方式，并观察到相应的生产绩效后才采纳了创新性的生产方式。此类信息级联的形成主要基于个体对局部的其他行为与观念者的行为与观念进行观察而形成的，并不是基于全局性的信息与完整的个体行为与观念的历史观察。

这是一种较为特别的信息级联形成机制，与个体行为与观念改变的成本、确定性收益与不确定性的期望收益之间的关系有关。在某些特定情形下，即使个体仅仅具有有关最近先前行为与观念者行为与观念的不完善或不完全的历史记忆，模仿先前这些个体的行为与观念选择，个体的行为与观念选择亦能够形成信息级联与特定的社会性行为与观念样式。由此表明，某些情形下形成的信息级联具有较为脆弱的内在结构或稳定性。

四、公共信息多重披露的影响效应：理性回归

个体信息来源的分布性质决定公共信息，特别关键的是微量公共信息对于信息级联的形成以及信息级联趋向的影响效应。当个体信息源自相同的分布时，微量公共信息的披露对于信息级联的扰动效应相对较低，而且通常需要较长的酝酿与发酵时间或过程；而当个体的信息来源于不同的分布时，微量公共信息对于个体行为与观念选择产生差异性影响效应。这种差异性影响效应导致不同个体受到微量公共信息的行为与观念选择的激发力量不同，某些个体先行改变行为与观念，进而影响邻居的行为与观念选择，并形成以此点为中心不断向外扩张的趋势。不同时空中某个点开始的邻居影响效应随着时间的流逝不断扩散，最终将改变原有的信息级联，进

而形成新的社会行为与观念样式。

公共信息与私人信息在性质上的差异在于，公共信息通常具有更接近事物原本状态的性质，即更接近理性，而不在于信息为谁所有、所倡导与所传播，更不在于这种信息的认同者、信奉者的数量与社会地位。某种特定的公共信息，通常仅仅为少数甚至极少数个体所拥有并赋予此强大信念。例如，伽利略的日心说是一种公共信息，但在其提出这一主张时认同者可以说是人群中的极少数或寥寥几人。相较牛顿力学，爱因斯坦的相对论亦是一种公共信息。在公共治理领域，复杂性心智范式是一种公共信息，但真正理解、认同与运用这种心智范式想象公共治理本体性状态与性质者，即使在今天亦是极少数。

公共信息源自特定私人信息的交流与碰撞，特别是不同分布来源的信息的相互交流、比较与碰撞，因而通常源自不同文化的碰撞与更为深入、敏锐与极富洞见性的研究。尽管如此，并不意味着公共信息较私人信息更为流行或影响力更大。某种公共信息所揭示的，是相关信息级联在某种时空尺度范围内的最终演化与收敛状态，而且随着时空尺度的变化，这种所谓的最终演化与收敛状态可能会随之发生变化，即不断突破与向外延伸人们所认识到的疆界，直到不可预见的、具有无限可能性的未来。

即使是一种微量公共信息，由于人本质上是一种超智能性动物，具有形而上的智能装备、具有即使是有限的趋利避害的本能以及探索与理解未知的内在本性与冲动。经过个体的互动过程与时间的流逝，随着某些方面公共信息的渐近性披露以及这种披露的不断累积，在一定时空范围内，人类社会或社会性个体最终将收敛于某种公共信息所揭示与激发的信息级联状态。这正是本节关于人类理性回归的一个重要结论。

命题 3　如果在每一个体行为与观念选择之前，某种公共信息获得进一步披露的概率 $p \geqslant 0$，并且随着个体互动过程的持续进行以及时间的不断流逝，严格不等式成立的可能性日益增大，意即公共信息的多重披露的可能性不断出现；如果此类公共信息是条件独立且同分布的，而且满足本章的两个基本假设，那么在一定时空范围内的意义上，个体最终将趋于此类公共信息所激发的信息级联状态，即收敛于一定时空范围所决定的理性状态。

理解命题 3 的一个核心条件是所谓的“一定时空范围”。这种时空范围不仅界定了历史及其路径，界定了特定时空中行为与观念个体的心智范式，也界定了这种心智范式所决定的关于某种事物可能性状态的想象范围，更界定了收敛于某种状态的性质，即特定时空尺度中的稳定状态。如果时空尺度发生变化，那么，这种稳定的状态将变成时空演化中的一种中间或过渡状态。例如，源自中国五代十国时期南唐的女人缠足行为与观念，最终几乎成为直到美国志愿者团体来到中国宣讲其害的 1874 年之前的稳定的收敛状态。这一状态最终于 1911 年趋于瓦解，自然脚不再是社会加于家庭与个体的耻辱，中国女人的脚从此演化到新的稳定态，即自然脚的状态。这种转变正是基于自然脚健康、优美的相关信息的不断披露以及更为重要的，顶层社会最早开始放弃这种行为与观念并经过漫长的个体间参照性模仿的行为与观念选择的结果。

命题3严格依赖公共信息多重披露的可能性或累积性披露的结果，因而这一命题仅仅提供了人类行为与观念趋向于理性的一种适度的乐观主义态度。因为在不同的时空范围，信息、行为与观念级联的改变可能需要更多的相关公共信息的多重披露、叠加、累积以及更为重要的，个体间行为与观念的参照性模仿。例如，类似传统中国女人缠足行为与观念，非洲某些部落的女人阴蒂切除及锁阴行为与观念，直到今日仍然很流行。某些社会的根深蒂固的“裙带关系”或“庇护性文化”与“法理”文化之间的转换关系，更是一个没有明确演化方向的行为与观念样式间的冲突。

可以运用二元信号选择模型说明公共信息累积性披露对命题3结论的基础性问题。假设某类公共信息披露的概率为 p，并假设初始时其较小。这一信息作为每一个个体行动显示的信号，独立地相同的分布。表10–7中第1、2栏，4、5栏以及7、8栏列出了概率 p 的函数，其含义为，当轮到第1 000个个体进行选择时，个体选择处于向上与向下信息级联的概率，即给定收益的实际值为1时观察到信号 H 的概率。表中的数据表明，即使平均而言出现公共信息披露的情形很少，形成向上信息级联的概率也迅速增加。当 $p=0.75$ 时，形成向上信息级联的概率由不存在公共信息披露时的0.81上升到平均每1 000个个体仅出现1(10)个公共信息披露时的0.86(0.98)。

表10–7的第3、6、9栏计算了经过1 000个个体选择后个体推断信号 H 与 L 的数量间的期望差异。存在公共信息披露时，平均信息级联具有相当的深度而且不断向上级联。当 $p=0.65$（相当模糊的信号）时，每1 000个个体平均出现10个公共信息披露时，期望差异达到4.6。

表10–7　多次信息发布的影响

p	NO PUBLIC INFORMATION			PUBLIC INFORMATION (1)			PUBLIC INFORMATION (10)		
	Cascade		Expectation of Difference	Cascade		Expectation of Difference	Cascade		Expectation of Difference
	Up (1)	Down (2)	(3)	Up (4)	Down (5)	(6)	Up (7)	Down (8)	(9)
0.55	0.564 5	0.435 5	0.262	0.585 7	0.413 2	0.451	0.676 7	0.320 0	1.691
0.65	0.695 0	0.305 0	0.783	0.739 6	0.260 1	1.236	0.898 6	0.100 5	4.577
0.75	0.810 0	0.190 0	1.242	0.863 3	0.136 6	1.950	0.982 6	0.017 2	6.874
0.85	0.906 5	0.093 5	1.623	0.948 0	0.051 6	2.494	0.998 9	0.001 1	8.940
0.95	0.972 4	0.027 6	1.890	0.988 4	0.011 6	2.858	1.000 0	0.000 0	10.982

命题3表明，只要某种公共信息的多重披露出现的概率保持为正，即不断出现与现行信息级联以及由此导致的行为与观念级联矛盾或冲突的信息披露，则随着时间的流逝或推移，向上的或趋向理性的信息级联在某一个时期终究会出现。这一命题对于社会创新以及社会治理创新具有重大意义。其第一个意义是，社会个体在获得信息以及以某种信息为基础而形成的相关信念的同质性越强，某种公共信息披露的概率通常越低，社会越容易处于非理性的信息级联状态。信息级联的社会成本，就是多样性信息来源优势的丧失。因此，一种信息级联的样式所具有的揭示现象间真实联系的能力，可能劣于这类信息级联样式所具有的揭示现象间真实联系的能力，即仅仅在第$n+1$阶段观察第n个个体的行为与观念，而不是在第n阶段观察第n个个体的行为与观念。分散决策的市场机制便是后一种信息级联样式。

其第二个意义是，具有不同信息的文化性或社会性个体互动越频繁，即具有不同文化背景与历史传统的社会个体间互动性越强，异质性信息间相互影响越大，个体在互动过程中相互参照性的影响越大，出现公共信息的概率也就越大，因而形成趋向理性的信息级联的可能性越大，社会运转效率越高。在此种情形下，任何信息级联都因异质性个体的相互影响而变得较为脆弱，因此即使形成了某种远离理性的信息级联，也能够较为容易地获得纠正，因为公共信息的披露能够打破非理性信息级联，更及时地将人们的行为与观念特别是认知结构引向理性的路径。

其第三个意义是，人类知识是一个逐渐累积的无限过程，因而需要异质性间的对话与相互性的理论理解或逻辑上的批判，而不是主观的、武断的宣判。这种信息级联样式有助于获取信息多样性来源，而不是将人们的心智遮蔽起来，使其心智变成单一色调而不是万花筒。虽然人类是具有超智能的生物，但人类的认知结构与人类的互动过程相互作用，因而人类在一定的时空范围内无法认识社会与自然界，在任何一个横截面上，人类知识都是有限的。依据数学的极限定律，有限的知识无法认识无限的世界，在任何一个特定时空范围内人类的众多猜想都具有极大的盲目性与主观性，只有通过不同猜想间的碰撞、讨论、争鸣才能够趋向世界的本体，因而信息、认知结构以及信念异质性越高且越具有包容性的社会，越容易成为人类文明的创造者、引领者与塑造者。

从一定的时间长度上说，任何一个社会的文化都具有相对稳定性，即使再稳定的文化也不会平静如水、毫无涟漪。事实上，与平静如水的感觉或印象完全相反，在任何稳定的文化中，社会行为与观念如果不是波涛汹涌，至少也是碧波荡漾或波光粼粼、永不止息。1990年Karni和Schmeidler认为，这种动态性的涨落正是社会活力的表现，因而各种不同性质的社会行为与观念潮起潮落地运动，是任何活的社会的内在的、本质的特征。这种特征源自不同个体对不同事物的内在偏好与追求，源自人们对异质性甚至源自人们简单地对与众不同的偏爱。1976年Conlisk认为，人类对变迁本身具有一种内在的偏爱，对变迁与多样性的这种偏爱正是荷尔蒙在体内激荡而形成的生命力的表征。任何个体失去对变迁、新颖、奇特、多样性以及神秘的偏好与追求，也便几乎失去了生命力。

也正是荷尔蒙的激荡而形成的这种生命力使得流行性时尚与惯例常常没有任何明显理由地变动不居。前面的模型已经表明，信息级联能够导致个体的行为与观念选择收敛于错误的或非理性的，甚至是荒谬的行为与观念习性。初始信息级联仅仅加总了极少数信息而导致人类行为与观念发生明显古怪的迅速变迁，是任何一个人类群体都不乏见到的或经常发生的现象。

如果作为行为与观念基础的价值在某个阶段或时期存在发生变化的可能性，那么，信息级联就可能发生转换，并不仅仅因为恰当的行为与观念发生了变化，而是因为人们并不确定作为行为与观念基础的价值是否已经发生了变化。价值变化的可能性经常导致具有误导性或欺骗性随机信号出现，因而有时即使在价值没有任何变化的情况下行为与观念却发生了变化。

为了说明这种行为与观念变化的一般情形，可以运用一个包含具体数值的例子进行说明。这个例子可以应用于其他类似的情形。假设采纳某种行为与观念的初始值为$V=0$或1，而且取这两个值是等可能的，即以相同的概率取值。直到第$i=100$个个体，采纳某种行为与观念的这一效用值一直保持不变。到第$i=101$个个体采取行动时，其以概率0.1获取行动的真值（以相同的概率取0或1）。令W表示第$i=100$个体以后采纳某种行为与观念的真值，并假设以概率0.95，$W=V$；以概率0.05，$W=1-V$。采纳某种行为与观念的成本为$C=0.5$。

每一个个体i观察到信号$X_i=H$或L，这一信号以当前真值为条件独立分布，不同个体的概率相同，$p_i=p$。可以证明，即使真实值保持不变，仍然可以出现行为与观念变迁，并形成行为与观念级联，因而出现某种行为与观念时尚，而且，如果$p=0.9$，那么行为与观念变迁的概率大于采纳某种行为与观念的值的实际变化的概率。为了分析与描述这种变化，可以分为三种情况：完全信息，观察到先前行为与观念信号，观察到先前行为与观念者的行动。

信息完全时，所有个体都能观察到V，因而总是选择正确的行为与观念。因此当且仅当$V=1$时，1～100个个体均采纳某种行为与观念；当且仅当$W=1$时，第101个及其后面所有个体都采纳某种行为与观念。当第$i=101$个个体进行行为与观念选择时，以概率0.05改变其行为与观念。

先前行为与观念者行动信号可观察情形下，行为与观念选择的整体样式与信息完全情形基本相似。由于个体所获得的信息迅速变得很精确，如第10～100个个体以非常高的概率选择正确的行为与观念。在第101个个体进行选择之前，可能出现新的信息，由于第101个个体几乎总是可以做出正确的选择，因此，自此及以后的个体行为与观念选择变化的概率非常接近5%。这意味着，在先前行为与观念者行动信号可观察的情形下，序惯性的行为与观念选择几乎总是能够迅速形成信息级联与特定的行为与观念选择样式，而且这种样式与信息显示样式基本相同，因而可称为完全信息与信号可观察样式。

如果仅仅先前行为与观念者的行动可观测或观察，那么此时形成的行为与观念选择样式则完全由在第$i=101$个个体选择时其行为与观念变化的概率决定。在此种情形下，或者出现由$i=101$之前的向上的信息级联转向$i=101$之后的向下的信息级联，或者反过来。式（10–7）意味着，在选择时，信息级联以趋于 1 的概率形成，而且形成向上与向下的信息级联的概率几乎相等。因而得到结果 4。

结果 4　在本节所描述的数值性模型中，作为行为与观念时尚或潮流，信息级联反转的概率大于 0.093 5，而在个体正确选择情形下信息级联反转的概率仅仅为 0.05。因此，在仅仅能够观测到先前选择者行动的情形下，社会惯例变迁的概率远远高于完全信息情形下社会惯例变迁的概率。

由式（10–7）可知，在第$n=100$个个体进行选择时没有形成信息级联的概率小于$1/2^{100}\approx 0$。因此，依据对称性，有

$$\Pr(\text{UP cascade by } n=100)=\Pr(\text{DOWN cascade by } n=100)\approx 1/2 \tag{10–7}$$

式（10–8）意味着

$$\begin{aligned}&\Pr(V=1\,|\,\text{UP cascade started in period } 2n)\\&=\Pr(V=0\,|\,\text{DOWN cascade started in period } 2n)=\frac{p(p+1)}{2(p^2-p+1)}>\frac{1}{2}\end{aligned} \tag{10–8}$$

$$\begin{aligned}&\Pr(V=0\,|\,\text{UP cascade started in period } 2n)\\&=\Pr(V=1\,|\,\text{DOWN cascade started in period } 2n)=\frac{p(p+1)}{2(p^2-p+1)}<\frac{1}{2}\end{aligned} \tag{10–9}$$

依据前面的记号设定，W表示个体$i=100$之后的真实值。令 OD 表示新的W值由V的原来抽样决定（概率为 0.9）这一事件，令 ND 表示V的新抽样决定（概率为 0.1）这一事件。依据（10–10），对于所有的$p>1/2$，有

$$\begin{aligned}&\Pr(W=1\,|\,\text{UP cascade by } n=100)=\Pr(W=0\,|\,\text{DOWN cascade by } n=100)\\&=\Pr(\text{OD})\times\frac{p(p+1)}{2(p^2-p+1)}+\Pr(\text{ND})\times\frac{1}{2}\\&=0.9\times\frac{p(p+1)}{2(p^2-p+1)}+0.05>\frac{1}{2}\end{aligned} \tag{10–10}$$

为了考察第 101 个及以后个体的行为与观念决策，可以基于新信息（X_{101}，X_{102}）构建条件，并计算第 100 个个体开始的一个向上的信息级联反转的概率。令 $E[W|\text{UP},H]$ 表示 $E[W\mid \text{UP cascade by } n=100, X_{101}H]$，则有

$$E[W\mid \text{UP}, H] > E[W\mid \text{UP}] = \Pr(W=1\mid \text{UP}) > 1/2 \qquad (10\text{–}11)$$

其中最后一个不等式源自式（10–10）。式（10–11）说明，向上信息级联形成后，如果 $X_{101}=H$，那么个体 101 会采取某种行为与观念。令 $\Pr(v,w,L\mid \text{UP})$ 表示给定一个向上的信息级联在 $n=101$ 之前已经形成，$V=v$，$W=w$ 与 $X_{101}=L$ 的条件概率，那么

$$E[W\mid \text{UP},H]=E[W=1\mid \text{UP},L]=\frac{\Pr(W=1,L\mid \text{UP})}{\Pr(L\mid \text{UP})}$$

$$=\frac{\Pr(1,1,L\mid \text{UP})+\Pr(0,1,L\mid \text{UP})}{\Pr(1,1,L\mid \text{UP})+\Pr(0,1,L\mid \text{UP})+\Pr(1,0,L\mid \text{UP})+\Pr(0,0,L\mid \text{UP})}$$

为了进行具体计算，运用式（10–8）将 $\Pr(1,1,L\mid \text{UP})$ 表示为

$$\begin{aligned}\Pr(1,1,L\mid \text{UP})&=\Pr(V=1\mid \text{UP})\Pr(W=1\mid V=1,\text{UP})\Pr(L\mid V=1,W=1,\text{UP})\\&=\Pr(V=1\mid \text{UP})\Pr(W=1\mid V=1)\Pr(L\mid W=1)\\&=\frac{p(p+1)}{2(p^2-p+1)}\times 0.95\times(1-p)\end{aligned}$$

运用式（10–8）与式（10–9），对于 $p=0.9$，有

$$\begin{aligned}E[W\mid \text{UP},L]=&\left[\frac{p(p+1)}{2(p^2-p+1)}\times 0.95\times(1-p)+\frac{(2-p)(1-p)}{2(p^2-p+1)}\times 0.05\times(1-p)\right]/\\&\left[\frac{p(p+1)}{2(p^2-p+1)}\times 0.95\times(1-p)+\frac{(2-p)(1-p)}{2(p^2-p+1)}\times 0.05\times(1-p)+\right.\\&\left.\frac{p(p+1)}{2(p^2-p+1)}\times 0.05\times p+\frac{(2-p)(1-p)}{2(p^2-p+1)}\times 0.95\times p\right]\\=&\frac{(1-p)(2+16p+20p^2)}{2+52p-52p^2}\\=&0.488\end{aligned}\qquad (10\text{–}12)$$

由此可知，一个向上的信息级联形成后，如果个体 101 观察到信号 L，那么他就会拒绝某种行为与观念，而其后来的行为与观念者能够从个体 101 的行动中推断出信号 X_{101}。

容易证明，$E[W \mid \mathrm{UP}, L, H] = E[W \mid \mathrm{UP}]$，因此式（10–11）意味着 $E[W \mid \mathrm{UP}, L, H] > 1/2$。由此可推断，如果个体 101 拒绝某种行为与观念，即 $X_{101} = L$，如果 $X_{102} = H$，那么，个体 102 会采纳某种行为与观念。如果个体 102 在个体 101 拒绝某种行为与观念后观察到信号 L，那么，个体 102 会拒绝某种行为与观念，因为根据式（10–12）有

$$E[W \mid \mathrm{UP}, L, L] < E[W \mid \mathrm{UP}, L] < 1/2$$

因此，如果个体 101 拒绝某种行为与观念，那么信号可以从个体 102 的行动推断出来（如果采取某种行为与观念，则为 H；如果拒绝某种行为与观念，则为 L）。进一步讲，如果个体 101 与 102 都拒绝某种行为与观念，那么，一个向下的信息级联一定出现，因为

$$E[W \mid \mathrm{UP}, L, L, H] = E[W \mid \mathrm{UP}, L] < 1/2$$

上述这些结果的直观经验是，信息级联开始时通常含有极少量的信息，新信息可以较为容易地逆转反映在原有信息级联中的信息。因此，给定一个初始向上的信息级联，在第 100 个个体选择行为与观念以后，对于 $p = 0.9$，惯例发生向下转变的条件概率至少为

$$\begin{aligned}
&\Pr(\text{Down after } n = 100 \mid \text{UP before } n = 101)\\
&\geqslant \Pr(X_{101} = L, X_{102} = L \mid \mathrm{UP})\\
&= 0.9\left[\Pr(V=1 \mid \mathrm{UP})\Pr(L, L \mid V=1, \mathrm{UP}) + \Pr(V=0 \mid \mathrm{UP})\Pr(L, L \mid V=0, \mathrm{UP})\right] +\\
&\quad 0.1\Pr(L, L \mid \mathrm{ND})\\
&= 0.9\left[\frac{p(p+1)(1-p)^2 + (2-p)(1-p)p^2}{2(p^2-p+1)}\right] + 0.1\left[\frac{1}{2}\Pr(L, L \mid W=1) + \frac{1}{2}\Pr(L, L \mid W=0)\right]\\
&= 0.9\left[\frac{p(p+1)(1-p)^2 + (2-p)(1-p)p^2}{2(p^2-p+1)}\right] + 0.05[(1-p)^2 + p^2]\\
&= 0.093\,5
\end{aligned} \tag{10–13}$$

依据问题的对称性可以证明，如果 $X_{101} = X_{102} = H$，那么，在第 $n = 100$ 个个体之前的一个向下的信息级联发生逆转的概率为

$$\begin{aligned}
&\Pr(\text{UP after } n = 101 \mid \text{DOWN before } n = 101)\\
&\geqslant \Pr(X_{101} = H, X_{102} = H \mid \mathrm{UP}) = 0.093\,5
\end{aligned} \tag{10–14}$$

由此可知，对于 $p = 0.9$，信息级联自个体 101 起发生逆转的最小概率为

$$
\begin{aligned}
&\Pr\ (\text{cascade reveral after } 100) \\
&\geqslant \Pr(X_{101}=L, X_{102}=L \mid \text{UP before } n=101) \Pr\ (\text{UP before } 101)+ \\
&\quad \Pr(X_{101}=H, X_{102}=H \mid \text{DOWN before } 101) \Pr\ (\text{UP before } 101) \\
&=0.093\,5\times\frac{1}{2}+0.093\,5\times\frac{1}{2} \\
&=0.093\,5
\end{aligned}
$$

结果 4 表明，行动可观察情形下，行为与观念变迁的概率较完全信息与先行者信号可观察情形的行为与观念变迁概率要大得多。直观地讲，与信息完全情形相比，行动可观察情形下，个体在确定原有信息级联是否正确时并没有多大把握。由于价值是否为真不受参与者行为和观念选择的影响，因此，在此情形下，形成的信息级联和行为与观念选择样式，与其说是时尚不如说是一种激情性行为与观念，而其持续时间的长短取决于其他行为与观念者是否选择参与这种行为与观念样式。尽管如此，信息级联在预测其他行为与观念者，特别是某个特定行为与观念者行为与观念的框架中，仍然发挥着非常重要的作用。特别地，在某个特定行为与观念者的行动或其偏好不可完全观测情形下，任何具有某种噪声或冲击的信息都可能改变或逆转信息级联并引发行为与观念浪潮。

从众效应及羊群行为与观念常常在没有对均衡选择偏离者有任何明显的惩罚的情形下自发地生成。信息级联不仅解释了社会惯例与习俗的兴起、维持与变迁，而且说明了惯例、习俗或新的行为与观念样式迅速传递的原因、过程与机制。然而，由于信息级联可能生成于看上去并不怎么重要的少量信息，因而由信息级联生成的从众效应及羊群行为与观念具有内容的脆弱性与样式的独特性。不同参数类型与数值决定的羊群行为与观念具有不稳定的均衡，因而成为基于信息级联而形成的从众效应的内在特征，即只要参与者不同的行为与观念选择恰好处于某种刀口均衡，从众效应及羊群行为与观念就处于极为脆弱的不稳定状态。为了理解由此而导致的社会变迁，一种较为实际与科学的方式是对信息级联的形成与变迁进行实验性的检验研究。这正是西方社会近年来在社会问题特别是公共治理领域，实验研究方法兴起的主要原因，因为人类社会不具有实际的或真实的可实验性。

虽然上述信息级联模型没有设定任何混合信息效应，如惩罚行为与观念偏离者、支付的外生性以及从众性偏好等，但实际情形总是伴随这些混合效应而存在。然而，不同性质的问题，特别是某些与人的以及文化的某种性质不同的问题，形成由信息级联而生成的从众效应的相关参数，如惩罚的成本或激励性收益等的不同，某些类似的理论或模型因而具有多重均衡的性质。这种性质对于公共治理来说，具有特别重要的意义，因为公共治理的最为初级的或浅层的目的是创造行为与观念的协同或合作，以便实现治理的某种更为深层的目的。信息级联解释与描述了社会行为与观念从一种均衡转向另外一种均衡的实际过程。例如，为了从被动地消费或享受由先进技术生产出来的器物性文化或文明，转变成先进器物性文化的创造者的社会，需要社会个体具有强大的创新能力、动机与条件。具体的条件或条件组合是什么，只有通过对于决定个体行为与观念选择的不同参数的不同设定进行科学的检验，才能够找到或发现这些条件，并据此设定或创造这些条件从而能够形成创新能力与动机强大的社会。如果仅仅依靠口号性的宣讲，或仅仅从某个非决定性的方面进行浅层的改革，或认为创新性社会就是一个想要就能够马上出现的状态，那么创新性社会就只能并且永远停留在臆想与愿望之中，而不会变成现实。

第四节 偏好从众效应与突变阈值

一、偏好的同质性与异质性

如上所述，信息级联导致的社会行为与观念的羊群效应是人类理性选择的一种自然结果，也是一种极为抽象的、一般化的结果。正是由于这种现象的存在，人类才发展出在某些方面具有共性的文明。然而，共性的文明仅仅在某种特定的意义上存在，而不是在所有意义上存在。这种特定意义上的共性文明就是马克思所总结的，发达社会或族群的今天，正是不发达社会或族群的未来景象。当自由地决定其自己的行为与观念时，人们总是模仿那些获得更高幸福指数的人或群体的生活样式或行为与观念样式。正因为如此，在一个赋予个人无限自由的社会里，人们的行为与观念往往会形成令人难以想象的一致性。

既然人类具有更为高级的趋利避害的本性，那么，人类行为与观念必然具有选择性，因为“上有所好，下必甚焉”，只有在“上之所好”与“下之内在欲望与追求”相一致时才出现的行为与观念模仿现象。如果上之所好要求“下”者付出巨大的努力或相关代价，那么，“下”者行为与观念的选择性必然显现得淋漓尽致。其中最为经典的或许是以下情形：不发达社会中的人们对于技术发达的社会的高级器物性文化的追逐程度，往往远远超越或至少不次于发达社会中的人群对于这种器物性的追逐程度。而对于生成这种更高的器物性文明的基础与构成，由于要付出巨大的努力，要以牺牲某些方面的享受或价值为代价，因而往往采取鄙视的态度。这种机会主义选择行为与观念，正是人类的本性之所在，无可厚非。由此，人类在行为与观念选择方面的差异便导致了文明发展水平方面的差异。这便是不同族群的文化决定了不同族群的文明发展水平理论的基本观点。

人们偏好的异质性以及这种异质性强度决定了不同的行为与观念选择，进而发展出了不同的文化。古希腊人不仅没有丢弃由早期氏族结合成氏族联合时的民主与协商性的传统，而且在文化演化中不断强化具有这种民主性格的文化，因而古希腊文明得到了文艺复兴之后的弘扬，并演化出工业革命，进而演化出今日的数字化社会以及智能性日益提高的社会发展趋势。那些在早期氏族联合时或之后丢弃了民主与协商传统的族群，为了获得生存机会，将自己的命运交给了某个势力强大的组织者，因此演化为独裁、专制的社会。虽然这个势力强大的个体最终将被其他势力更强大的个体所取代，但社会中的大多数个体，经过漫长的演化，已经完全失去了自己独立的人格，自觉或不自觉地完全依赖势力强大的个体而生存，社会因而演化出奴性文化。

这种奴性文化一旦形成，生于、长于此社会的个体必然从内到外浸透着奴性的性质与特征，事事期望、企求势力强大者为其做主；不仅如此，一旦某个势力强大者“驾鹤西去”，奴性十足的行为与观念者内心便失去了支撑其存在的精神支柱，仿佛从此便失去了世界，便不知如何是好，不知如何去活，不知“怎么活？”。为了获得生存的精神之柱，必须重新找回一个势力强大的主子，时时为其做主，事事为其做主，才觉得生活得安享、安心、无忧。

问题是，如果这种令人安享、安心、无忧的社会能够持续地存在，那么，奴性或许没有什么不好，毕竟不用自己费心、费神、费力地去思考而又百思不得其解，但这种社会真的能够持久吗？虽然人类社会的历史已经表明，期望与企求这种社会持久的愿望总是不断地被无情地打断，但如果没有理论说明为什么必然被打断，人们或许还会抱有某种幻想。更为重要的是，如果所有个体真的都被这种文化所同化，或成为这种文化级联的结果，那么，由此导致的个体偏好的同质性就是内生性的，因而，这类社会一般不会毁灭于内部，至少不会直接毁灭于内部的矛盾与冲突。这类文化导致社会所有个体都具有完全相同的偏好与认知结构或心智范式，在认识几乎所有问题与现象方面均会犯相同的错误，处处充斥着集体无意识，因而若处于非生产性知识促进的某一个特定的分枝上，那么，这个社会完全被传统所束缚，必然发展缓慢甚至停滞不前，最终被某个偶然的但迟早必然出现的小的外部冲击所击垮，并因此土崩瓦解。

如果社会不同个体的偏好的同质性不是由上述文化级联而导致的内生性的，而是因外在压力而被迫表现出偏好的同质性，本质上却是异质性的，那么，这个社会中个体偏好的外在表现上的同质性，必然存在某个阈值，超过这个阈值，人们不再屈从于外在的压力而认同某种异于其内生的偏好。此时，本质上的异质性偏好将发生变化，特别地，这种变化通常与某种外在的冲击相耦合而发生共振，那么一直稳定的、偏好相同的社会结构，瞬间发生逆转的可能性非常大。如果这种共振现象发生，那么必然导致社会的不稳定甚至导致原有秩序的土崩瓦解。这正是任何公共治理应该理解与认识的问题。为了认识与理解这种瓦解的具体过程，与前面一样，我们仍然运用模型来说明。

二、个体特征

为了说明本质上异质性的偏好，个体为了获得某种利益而认同某种其他偏好，从而表现出社会偏好的一致性，但由于偏好的这种表现出来的同质性基于本质上偏好的异质性，因而必然存在不稳定性。

考虑某个社会中的一个代表性个体，需要从单位为 1 的区间中选择一项集体性政策 p。可以随便设想这种政策选择的实际社会背景，如设想一项集体政策选择，涉及某一群体的行为与观念或某种行为与观念的限制或约束，$p=0$ 表示主张进行严格行为与观念约束的政策偏好，或表示完全认同与支持某种政策主张，$p=1$ 表示主张不进行任何行为与观念约束的政策偏好，或表示完全不认同或支持某种政策主张，而处于中间的 $p\in(0,1)$ 则表示主张行为与观念约束严厉程度不同的政策偏好，或对某种政策主张的认同或支持的不同偏好。这里有一个重要假设，即所有个体对于问题的单向维度的性质完全认同。

在决定公开赞同什么政策主张时，个体受到三个不同因素的影响，并假设这种影响个体主张的因素构成了个体效用函数的加性可分要素或部分。

第一个因素是个体期望获得的公共赞同的政策主张的直接收益 $B^i(p)$。直接收益包括影响个体在私下选择或赞同的政策主张的所有方面，如个体的收益或损失，个体的内在动机如利他精神或嫉妒等转换的收益等。假设是单峰函数，即在单位区间内存在唯一的一个点使其达到最大值。满足这一条件的政策主张 x_i 代表其私下的政策偏好。

第二个因素是因赞同某一政策主张而形成的声誉对其激励与惩罚，即声誉效用 $R^i(y^i)$，其中 y^i 是个体的公开声称或宣布的偏好。不论在哪一个社会，人们对于自己的社会声誉都非常看重。所不同的是，在不同的社会中，人们可能更在意自己在什么群体中的声誉：在有些社会中，人们更看重自己在同事以及平民或社区中的声誉；而在另外一些社会中，某些人或大多数人根本不在意自己在同事、平民或社区中的声誉，只关注自己在那些有权有势群体心中与眼中的声誉。

第三个因素是诚实性效用，即从诚实地表达其偏好中所获得的效用。人是生命体，任何生命体都内在地受其固有的基因密码或基因参数所决定。虽然不同的生命体或个体的基因密码不同，但生命体的一个重要特征是基因参数的展开过程受各种荷尔蒙的调节，各种荷尔蒙间的动态平衡使生命的基因参数平衡地展开并受荷尔蒙间平衡关系的调整。荷尔蒙是生命力催化物，对生命体的代谢、成长、发育等起重要的调节作用。荷尔蒙是高度分化的内分泌细胞合成并直接分泌入血的化学信息物质，它通过调节各种组织细胞的代谢活动来影响人体的生理活动。荷尔蒙是由内分泌腺或内分泌细胞分泌的高效生物活性物质，是在体内作为信使传递信息，对机体生理过程起调节作用的物质。

幸福或幸福感是每个生命体追求的最终目的。决定幸福感的因素虽然众多，而且许多问题并没有被揭示出来，但至少现代科学已经证明，决定幸福感水平的重要物质包括羟色胺、苯基乙胺、多巴胺等。这些荷尔蒙将作用于大脑神经，从而不同水平的荷尔蒙刺激大脑神经水平不同而决定人们幸福感的不同。各种不同的荷尔蒙的平衡水平不仅决定一个人的肉体健康，更决定一个人的精神健康，而且每一个健康的人都有其自己的荷尔蒙平衡水平。这种平衡水平一旦被打破，出现对称性的破缺，人的心智或精神便出现扭曲，幸福感因而受到损害。

虽然导致荷尔蒙出现对称性破缺的因素众多，但所说与所想的矛盾是其中的一个重要途径。富有经验的成年人都知道，不论是其自己还是其孩子，第一次说谎时都会有心跳加速、面红耳赤或出现某种特定的行为与观念以便掩饰其说谎行为与观念。这种现象正是内心所想与嘴上所说不一致导致的神经分秘的荷尔蒙失衡所致。虽然习惯性说谎者一般不会有外在的表现，但习惯性说谎者已经导致其体内荷尔蒙分泌出现失衡，本质上已经陷入精神分裂但可能不自知。事实上，所有习惯性的、长期的、稳定的或不分场合与情景的抑郁、偏执狂、过度迷恋、过分精于算计、极端自私（以损害他人利益为代价）、“闻过则喜”或幸灾乐祸、过度贪婪、时时事事都想占尽所有的便宜等，都是荷尔蒙分泌出现对称性破缺因而导致精神分裂的一种表现。

正直性或诚实性效用就是公开表达的偏好，最大化了个体的直接效用，因而个体的内心所想与其表达的完全一致。个体公开表达的政策偏好与其私人偏好之间的差异，是个体正直性或诚实性的直接测量，这个差异越大，个体的诚实性或正直性效用损失越大。因此正直性或诚实性效用可以定义为 $N^i(x^i,y^i)\equiv N^i(z^i)$，其中 N^i 是 $z^i\equiv 1-\left|x^i-y^i\right|$ 的递增函数，显然，自变量 z^i 处于 0 与 1 之间。如果一个个体的私人偏好或私下政策主张为 $x^i=1/3$，而其公开表达或声称的主张为 0，那么 $z^i=2/3$。

为获得社会认可而伪装或谎称自己偏好而导致的机会性精神损失，已经成为现代精神现象学或认知科学研究的核心命题。1930 年弗洛伊德在其《文明及其精神失常》中集中论述了这种机会性精神损失的各种精神或心理与身体表现形式。1978 年 Moore 的研究扩展与填补了弗洛伊德的论述，并进一步得出结论，人们在保持诚实性或正直性的内在愿望或欲求方面存在巨大差异。在任何社会中，都存在一些人，一直坚定地坚持自己的独立判断与观点而不论其反对者多么强大：苏格拉底宁愿选择死而绝不放弃自己的主张；无数自由的捍卫者与独裁抵抗者即使经历严厉的酷刑也绝不放弃自己的事业。同样，在任何一个社会中，没有自己的原则、立场、观点，毫不在意自己的想法而一味地或不择手段地攀缘权势以便获得特殊利益者，完全以权势者或主子的原则、立场、观点作为自己的原则、立场与观点者，亦不在少数。此类人本质上不存在一致的偏好，或者说，利益就是其偏好。因而古代中国的著名格言，即“良禽择木而栖，良将择主而侍”“识时务者为俊杰”，成为那些没有自己原则的人为其飘忽不定的偏好进行辩护的合理性来源或依据。由此说明，个体偏好可能存在重大差异，说谎、精于算计、曲意逢迎、卑躬屈膝、欺上瞒下、趋炎附势等本身可能就是某些人的内生性偏好。因而这些人从上述行为与观念中获得最大的直接效用。

假设上述影响个体主张的三个方面，对于个体的效应影响是连续的而且进行了标准化处理，那么，个体的效应函数可以写成以下形式：

$$U^i(p,y^i)=B^i(p)+R^i(y^i)+N^i(x^i,y^i) \tag{10-15}$$

$$x^i\equiv \arg\max B^i(p) \tag{10-16}$$

$$N^i(x^i,y^i)\equiv N^i(1-\left|x^i-y^i\right|) \tag{10-17}$$

三、压力群体或有组织的利益集团

除了具有式（10-15）～式（10-17）所描述的效应函数的大量个体以外，社会中还存在另外两类行为与观念者：竞争性的压力群体或利益集团，其中一个压力群体的目的是实施政策主张 0，另外一个压力群体的目的是实施政策主张 1。便于说明，分别称这两个群体为群体 0 与群体 1，记为G_0与G_1。这两个群体具有一个共同的特征，即每个群体的成员都永远不会受到另外一个群体政策主张的影响从而坚定自己的主张。

如此设定的社会具有两类成员：坚定的、积极的政策活动者与没有自己政策主张的、被动的行为与观念者。前者具有非常明确的偏好，可以从其所隶属的压力群体或集团而显示其政策偏好或主张；后者则并不明确地表明自己的主张，虽然可能也具有某种偏好，但这种偏好可能其自己都不知道是什么，因而并没有一致的偏好，很容易受到鼓动与影响，有时受到相关压力集团的蛊惑而支持利益集团G_0，有时却支持G_1。换言之，可以在利益集团G_0与G_1之间摆动与迁移，因而可称这些个体为静观其变者，或待价而沽者，或骑墙者，或机会主义者，或见风使舵者，或胜方追随者，本章统称其为跟随者，因为这一名称的意义较为中性。

任何社会都出现不同利益集团与大量的缺乏自我政策主张的两类群体共存的状态，主要是因为以下三个相关的因素。一是在任何实际的政策领域，不同个体在获得相关政策的信息方面存在巨大的成本差异。正如 Sowell 所指出的，某些人知道不同政策选择将会出现什么样的社会后果，并且知道如何利用可供选择的其他政策获得其利益的改善，或至少不会使自己的效用出现损失而又能够避免某种不良的社会结果；但更大多数的人，通常根本不具备相关政策方面的知识，也不知道不同政策的社会后果，因而并没有自己独立的政策或立场主张。二是不同的社会行为与观念个体的时间偏好率不同。有此个体或群体更在意眼前的、短期利益，而其他个体或群体更关注长期的利益。三是虽然某些个体具有相关政策的信息与知识，但由于无法形成集体行动因而只能被动地接受现实或其他个体或群体的决定。存在众多情形，不同类型的个体通过集体行动能够有效促进其效用或利益的改进，但真正能够组织起来促进某种类型的人们的共同利益的情形却非常少见。由于广泛存在的“搭便车”问题，多数精于计算的个体总是希望自己不承担任何成本地获得其他个体集体行动的利益，因而大多数人要么等待，要么利用各种机会以损害其他人的利益为代价获得自己的私利。社会中的大多数人因此而经常处于无组织状态，因而个体易于受到有组织的利益集团或压力集团的影响与摆布。

为了形式化组织化水平与政策结果，令 s_0 与 s_1 分别代表支持政策主张 G_0 与 G_1 的非主动行为与观念者的比例，s_* 代表既不支持 G_0 也不支持 G_1 的比例，即中间派或弃权者的比例。

$$s_0 + s_1 + s_* = 1 \tag{10-18}$$

前两个变量对于政策选择的影响效应为

$$\partial p / \partial s_0 \leqslant 0 \tag{10-19}$$

$$\partial p / \partial s_1 \geqslant 1 \tag{10-20}$$

上述关系反映这样的社会现实，即尽管在多数规则下，随着支持一种政策主张的人数的增加，不一定增加其政策影响力，但利益集团的政策影响力不可能随着支持其政策主张人类的增加而下降。

上述关系为那些政策主张的被动群体作为一个整体，影响政策选择结果留下了可能性空间与途径，同时，也反映了政治体系的以下特征，即为联合的大型集团的政策偏好设定了非比例性的影响政策选择的权重，或者说，为联合的大型集团的政策偏好非比例性地设定了影响政策选择的权重。这种设定意味着，被动群体对政策选择的影响，当其选择支持主张 0 或 1 时，要大于其不偏不倚时的态度，或要大于其弃权时的态度。只要随便观察一下就可以知道，这种设定基本刻画了一般社会与大型组织运转的一般特征。事实上，在任何多元民主社会，甚至在专制社会中，政策制定者或决策者通常更愿意听取那些声称自己代表了更为广泛的社会群体利益的联合性组织的意见或政策主张，或通常总是声称自己的决策代表或反映了更为广泛的利益群体的利益。

为了获得更多数人的支持以便使自己的政策主张转换为合法性的、具有权威性的、政府的主张，利益集团通常以不同形式奖励那些其政策主张的支持者而惩罚那些其政策主张的反对者。在这种选择性激励的各种措施中，有些较为容易测量，如提供就业机会、许诺权力职位、进入特殊部门、特权性庇护以及人身攻击、监禁、人为制造事故、恐吓性惩罚以及生命威胁等；有些则并没有那么容易测量，如利用各种方式、手段与途径等损毁其在利益集团及其支持者中的声誉、以子虚乌有之说词与各种非法手段限制其获得各种社会资源（包括就业或就职、经营机会、出国等）的权利、以各种不同方式骚扰其正常的生活等。

不论这类选择性激励是否容易测量，这些都构成了利益集团经常配备与运用的重要措施，因为不论什么类型的人，总是赋予良好的名誉以相当的价值，并利用各种机会维持其名誉。因此，利益集团经常利用各种机会与手段为其政策偏好加上令人尊敬的符号或贴上令人尊敬的标签，例如公平、正义、为大数人的利益、公共利益、公共价值等，从而将支持其政策主张变为获得良好声誉的前提条件。在惩罚性方面，利益集团则总是努力通过给其政策主张的反对者贴上“不可思议”“粗暴粗鲁”“极端观点或行为与观念”“人民的公敌”“破坏秩序”“损毁成就”等类似的标签来损毁其声誉，进而损害其获得收益的社会、经济与政治机会。

利益集团经常运用的这些手段或活动构成了被动性个体效用函数的声誉部分的影响因素，因而可以设定为以下形式：

$$R^i(y^i)=\begin{cases} f_0^i(s_0) & y^i=0 \\ 0 & 0<y^i<1 \\ f_1^i(s_1) & y^i=1 \end{cases} \qquad (10\text{-}21)$$

其中

$$\mathrm{d}f_0^i/\mathrm{d}s_0>0 \text{ 并且 } \mathrm{d}f_1^i/\mathrm{d}s_1>0 \qquad (10\text{-}22)$$

式（10–21）与式（10–22）有两个特征需要简要说明。一个特征是，$f_0^i(s_0)$ 与 $f_1^s(s_1)$ 是递增函数。这一假设的基础是，见风驶舵者或跟随者从支持某个压力集团所获得的利益随着公开支持这一集团者的人数的增加而增加。

希望其支持特定利益集团的决定获得到人们关注的那些个体，通过公开称赞其他支持者而获得人们的注意力或关注。人们如此行为与观念，是因为在许多情形下，仅仅口头上宣称支持某个利益集团在显示其对这一集团的支持方面并没有多大的实际意义，也无法令社会中的其他人相信其所表达的真实性，或无法有效说服其他人与其一样支持某一特定利益集团，又是其为强化这种组织影响力所必须做的或承担的责任。当个体获得压力集团的成员与支持者称赞或赏识时，社会中的其他人终将相信，支持某个特定的压力集团的收益必然随着这种支持群体的扩大而不断增加。

另外，不论个体所宣称的政策偏好与某个压力集团的偏好多么地接近或多么地背道而驰，选择既不支持利益集团 G_0 也不支持利益集团 G_1 的个体都无法获得来自任何压力集团的声誉效用。

四、公开真实偏好的决定或偏好伪装的决定

上述关于跟随者的行为与观念描述表明，跟随者面临的问题是，给定其效用函数，选择其宣称的政策偏好从而最大化其效用。式（10-21）表明，跟随者效用函数的声誉部分，取决于 s_0 与 s_1，但其对支持不同利益集团的人数的规模（比例）并不具有完备的或精确的信息。为了便于分析，假设跟随者基于这种信息的点估计 $\hat{s}_0^i$ 与 $\hat{s}_1^i$ 进行最大化选择，约束条件当然是这两个点估计之和在任何时候都不能大于 1。

个体的控制变量 y^i，即公开宣布或声称的政策偏好，通过声誉与诚实性关系进入效用函数，可将个体的效用函数写成更便于分析与说明的以下形式

$$V^i(y^i) \equiv U^i(p, y^i) - B^i(p) = R^i(y^i) + N^i(x^i, y^i) \tag{10-23}$$

结合式（10-17）与式（10-21），式（10-23）表明，个体将依据其三种选择的期望结果进行决策，公开其声称的政策偏好：支持 $p=0$，支持 $p=1$，或表露其私人偏好。如果个体不进行选择，即不公开声称其政策偏好 y^i 是 0，1，或 x^i，那么其既要失去可能的声誉效用，也不可能最大化其正直性或诚实性效用。因此，从不表明或宣称自己的观点到在上述三者之中选择一个的策略的转变，能够改善个体的效用水平。可以将这些不同选择下个体的期望效用 V^i 写成以下形式

$$V_0^i \equiv V^i(0) = f_0^i(\hat{s}_0^i) + N^i(1-x^i) \tag{10-24}$$

$$V_1^i \equiv V^i(1) = f_1^i(\hat{s}_1^i) + N^i(x^i) \tag{10-25}$$

$$V_*^i \equiv V^i(x^i) = N^i(1) \tag{10-26}$$

出于解释的目的，定义以下关系式

$$\Delta_{01}^i \equiv V_0^i - V_1^i \tag{10-27}$$

$$\Delta_{0*}^i \equiv V_0^i - V_*^i \tag{10-28}$$

$$\Delta_{*1}^i \equiv V_*^i - V_1^i \tag{10-29}$$

如果个体是在 $y^i=0$ 之 $y^i=1$ 间进行选择，那么，Δ_{01}^i 的符号决定了个体 i 将选择支持哪一个利益集团或哪一种政策主张。在这一假设下，$\hat{s}_0^i+\hat{s}_1^i$ 必然为 1，因此方程 $\Delta_{01}^i=0$ 隐含地定义了函数 $\tilde{x}^i(\hat{s}_1^i)$，或等价地定义了 $\tilde{x}^i(1-\hat{s}_0^i)$。对 $\Delta_{01}^i=0$ 进行全微分，可以得到 $\partial\tilde{x}^i/\partial\hat{s}_1^i = -(\partial f_0^i + \partial f_1^i)/2\partial N^i = -\partial\tilde{x}^i/\partial\hat{s}_0^i$，因此 $\Delta_{01}^i=0$ 是一个关于 $\hat{s}_1^i$ 斜率向下或关于 $\hat{s}_0^i$ 斜率向上的函数。图 10-4 中的细线描述了这一函数，可以称其为个体的 01-阈值函数（在政策主张 0～1 进行选择的阈值函数或无差异函数）。图 10-4（a）描述了 $\hat{s}_0^i$ 与 x^i 之间的替代关系，图 10-4（b）描述了 $\hat{s}_1^i$ 与 x^i 之间的替代关系，即个体支持政策主张 0 与支持政策主张 1 之间替代关系或无差异关系。这一 01-阈值函数也可以称为转换函数或曲线，因为在 01-阈值函数下面个体选择支持政

策主张 0，而在其上则选择支持政策主张 1。

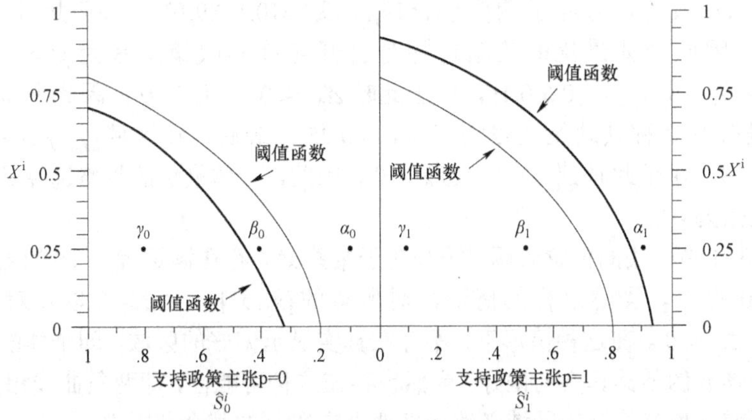

图 10–4　支持政策主张 0 或 1 的期望比例

上述 01–阈值函数或转换函数的形状表明，$\hat{s}_0^i$（$\hat{s}_1^i$）越大，个体越愿意支持政策主张 0（1）。图 10–4 中的一个特殊情形是，如果 $\hat{s}_1^i$ 充分地接近 1，那么，无论个体的私人偏好是什么，其都将支持政策主张 1；如果其偏好充分地接近 1，那么，不论其他人选择的期望收益是多大，其都选择支持政策主张 1。

$N^i(\cdot)$ 的向上移动，意味着个体偏好伪装的机会成本上升，将导致 01–阈值函数在 $x^i=0.5$ 处发生逆时针旋转，斜率变小即变得更为平缓。另外，随着某个压力集团给予的支持其政策主张者的利益的增加，增强了该利益集团的政策主张吸引力，因此，$f_0^i(\hat{s}_0^i)$ 的向上移动使 01–阈值函数向右移动；而 $f_1^i(\hat{s}_1^i)$ 的向上移动将使 01–阈值函数向左移动。

图 10–4（a）中的粗线是由方程 $\Delta_{0*}^i=0$ 定义的个体选择的 0*–阈值函数，而图 10–4（b）中的粗线是由方程 $\Delta_{1*}^i=0$ 定义的个体选择的 1*–阈值函数。图 10–4 显示，1*–阈值函数完全处于 01–阈值函数的上方，这意味着，对于某些 x^i，当只在 1 与 0 之间进行选择时，那些大到足以使个体更偏好 1 而不是 0 的 $\hat{s}_1^i$，当 $y^i=x^i$ 亦是一种可供选择的方案时，并不一定大到足以使其继续偏好 1，换言之，个体可能不偏好 1，因为此时 $\hat{s}_1^i$ 并不一定大到足以使个体继续偏好 1。

因此，图 10–4（b）中的两条曲线确定了真实表露或显示偏好的区域。这一区域包括 $\hat{s}_1^i$ 与 x^i 所确定的那些部分，在这部分中，给定 $V_1^i \geqslant V_0^i$，个体更愿意显露其真实偏好，或者个体更愿意不伪装其偏好。类似的推理可知，图 10–4（a）中的两条曲线所划定的区域，是包括 $\hat{s}_1^i$ 与 x^i 所确定的那些部分，在这部分中，给定 $V_0^i \geqslant V_1^i$，个体更愿意显露其真实偏好，或者个体更愿意不伪装其偏好。

由于既不支持政策主张 0 也不支持政策主张 1 的跟随者的数量（比例），$\hat{s}_*^i$，对于理性行为与观念者来说，等于 $1-\hat{s}_0^i-\hat{s}_1^i$，因此，给定个体的私人偏好与期望比例，图 10-4 确定了其将公开其偏好的区域。例如，取 $x^i=0.25$，那么，区域 $[\alpha_0,\alpha_1,1-\alpha_0-\alpha_1]$，对应于期望组合 $[\hat{s}_0^i,\hat{s}_1^i,\hat{s}_*^i]=[0.1,0.9,0]$，由于此时 $\Delta_{01}^i<0$ 与 $\Delta_{*1}^i<0$，因此个体最优的策略选择是公开宣称其政策主张为 $y^i=1$。在区域 $[\beta_0,\beta_1,1-\beta_0-\beta_1]=[0.4,0.5,0.1]$，由于此时 $\Delta_{0*}^i<0$ 与 $\Delta_{*1}^i>0$，因此个体最优的策略选择是公开宣称其政策主张为 $y^i=x^i=0.25$。最后，在区域 $[\gamma_0,\gamma_1,1-\gamma_0-\gamma_1]=[0.8,0.1,0.1]$，由于此时 $\Delta_{01}^i>0$ 与 $\Delta_{0*}^i>0$，因此，个体最优的策略选择是公开宣称其政策主张为 0。

图 10-4 中曲线的位置表明，至少对于某些 x^i，存在满足 $\Delta_{0*}^i<0$ 的 $\hat{s}_0^i$，存在满足 $\Delta_{*1}^i>0$ 的 $\hat{s}_1^i$。当然这样的情形，对所有的 $[\hat{s}_0^i,x^i]$，$\Delta_{0*}^i>0$ 以及对于所有的 $[\hat{s}_1^i,x^i]$，$\Delta_{*1}^i<0$。在这种情形下，不存在真实显示偏好的区域，即个体的最优策略选择是隐瞒或伪装其真实的偏好。当然也存在这种可能性，即两条曲线相交，此时，真实显露或宣称其偏好的区域必然严格地限定在 x^i 的某个范围内。

五、公开宣称自己真实偏好的均衡选择

上述是跟随者个体行为与观念选择的研究与描述，将这些个体行为与观念选择进行加总，可以得到跟随者集体行为与观念选择的整体样式。假设不同类型的个体具有完全相同的预期总数或比例，即对于所有的 i，有 $[\hat{s}_0^i,\hat{s}_1^i,\hat{s}_*^i]=[\hat{s}_0,\hat{s}_1,\hat{s}_*]$，并假设 $R^i(\cdot)=R(\cdot)$ 与 $N^i(\cdot)=N(\cdot)$。后两个假设意指所有个体都具有相同的阈值函数，但这并不意味着所有个体都公开宣称相同的偏好，因为他们的私人偏好可能不同。

图 10-5 显示了这些点的连线，基于在图 10-4 中描述的所有个体具有相同阈值函数的假设，图 10-5 中的粗线描述了跟随者集体阈值函数（collective threshold functions），$\overline{x}(\hat{s}_0)$ 与 $\underline{x}(\hat{s}_1)$。$\underline{x}(\hat{s}_1)$ 表明，对于任意的 $\hat{s}_1$，支持政策主张 1 为最优策略选择的那些 x 的范围，即满足 $\underline{x}(\hat{s}_1)\leqslant x\leqslant 1$ 的那些 x。此曲线斜率向下倾斜的部分对应图 10-4 中*1-阈值函数，当其达到 $\hat{s}_1$ 时，函数 $x(\hat{s}_1)$ 变成水平直线，此时意味着，如果 $\hat{s}_1$ 达到这一水平，跟随者将一致地支持政策主张 1。$x(\hat{s}_0)$ 具有完全相似的意义，即对于任意的 $\hat{s}_0$，支持政策主张 0 为最优策略选择的那些 x 的范围，即满足 $0\leqslant x\leqslant\overline{x}(\hat{s}_0)$ 的那些 x。

图 10-5（b）中的细曲线是跟随者私人政策偏好的累积密度函数 $\Phi(x)$。沿着上面的水平坐标轴，测度了私人偏好超过 x 的那些跟随者的数量（比例）。它呈现反 S 曲线的形状，表明处于中间状态的密度大于处于极端状态的密度。图 10-5（a）中也画出了类似的曲线，不过它不是 $\Phi(x)$，而是 $1-\Phi(x)$。

给定任意的数量期望组合 $[\hat{s}_0,\hat{s}_1,\hat{s}_*]$，每种类型的实际数量分别为

$$s_0=1-\Phi[\overline{x}(\hat{s}_0)] \tag{10-30}$$

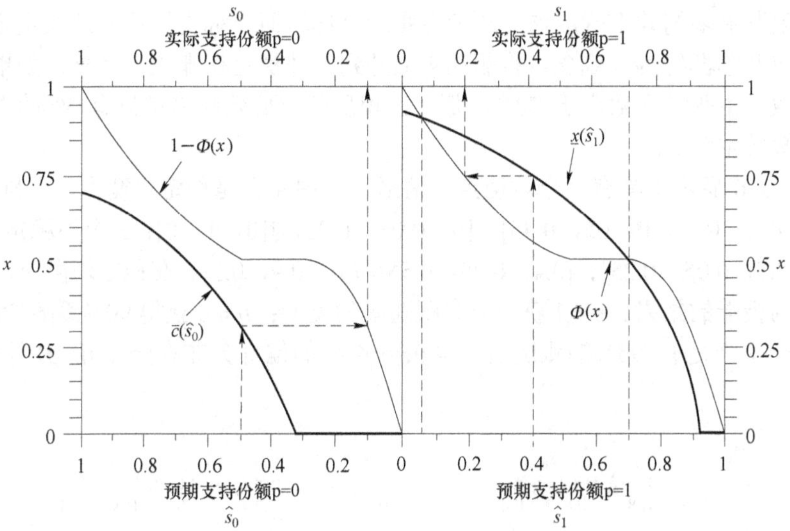

图 10-5 跟随者声称偏好的均衡选择

$$s_1=\Phi[\underline{x}(\hat{s}_1)] \tag{10-31}$$

$$s_*=1-s_0-s_1=[\overline{x}(\hat{s}_0)]-\Phi[x(\hat{s}_1)] \tag{10-32}$$

当每种类型的实际数量等于期望数量时，系统便达到了均衡状态。即

$$[s_0,s_1,s_*]=[\hat{s}_0,\hat{s}_1,\hat{s}_*] \tag{10-33}$$

图 10-5 表明，只有一个唯一的 $\hat{s}_0$ 点满足式（10-33），即 $\overline{x}(\hat{s}_0)$ 与 $1-\Phi(x)$ 的交点；同时，有三个 $\hat{s}_1$ 点满足式（10-33），每一个都对应于 $\underline{x}(\hat{s}_1)$ 与 $\Phi(x)$ 交点。因此，存在三个均衡点：$[0,0.05,0.95]$、$[0,0.7,0.3]$ 与 $[0,1,0]$，但只有第一个与第三个是稳定点，第二个均衡点是不稳定点，因为当 $\hat{s}_1=0.7$ 时，$\hat{s}_1=0.7s>$（$<$）$\hat{s}_1$，这意味着，任何意外的冲击都会在两个方向上远离 $\hat{s}_1=0.7$。

两个稳定的均衡呈现非常鲜明的对照。第一个均衡点上，个体间的偏好存在很大的差异，或者离散度很大。在 0～0.9 的任何政策主张，如同政策主张 1 一样，都获一定的公众支持，更令人震惊的是，其获得 5%私人偏好高于 0.9 的那些个人的支持；而第三个均衡点上，个体间的偏好度非常集中，只有一种偏好，跟随者们一致地支持政策主张 1，尽管几乎所有的个体都私下地偏好政策主张 0。换言之，在第三个均衡处，几乎每一个个体都伪装了其真实的偏好：在自己真实偏好这一问题上，人人在说谎。

在此背景下，人们的初始期望或信念决定性地影响最终的政策结果。如果人们相信超过 70%的个体支持政策主张 1，那么，实际上将有更大的人群规模支持这一政策主张。而这一实际结果又将进一步提高 $\hat{s}_1$，因而提高了支持政策主张 1 的声誉收益，激发更多的并不赞成这一政策主张的个体转而声称支持这一政策主张。通过从众效应及羊群行为与观念，将驱动 $\hat{s}_1$ 上升到 1 并稳定在那里。另外，如果人们相信支持政策主张的人数少于 70%，那么，相反的羊群效应将使只有 5%的人支持另外一种政策主张。

图 10–6 显示了具有七个均衡点的情形，其中 4 个是稳定均衡点，分别是[0.9，0.05，0.05]、[0.5，0，05，0.45]、[0，0.05，0.95]与[0，1，0]；3 个不稳定均衡点，分别是[0.7，0.05，0.25]、[0.4，0.05，0.55]与[0，0.9，0.1]。在稳定均衡中，有 3 个点是较为极端的结果。$p=1$ 获得所有跟随者的支持；$p=0$ 获得 90%跟随者的支持，而另外一个则是有 95%的跟随者，其公开声称的偏好分布在一个相当广泛的范围内。

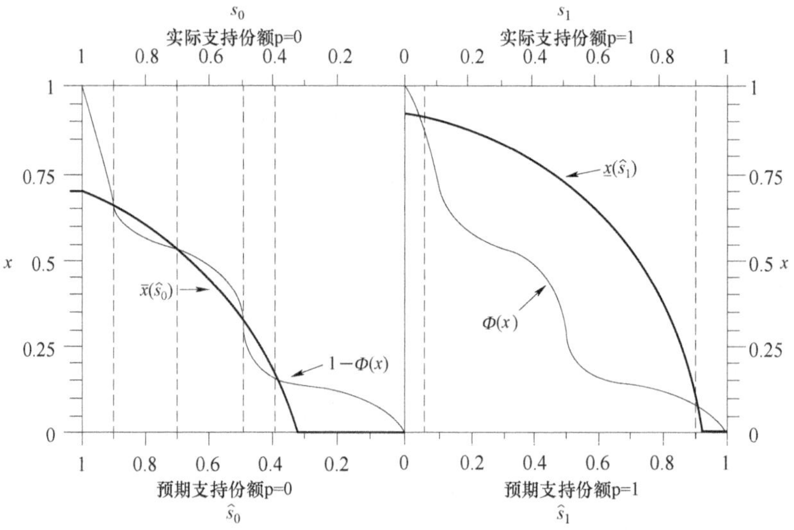

图 10–6 跟随者声称偏好的均衡选择

上述模型主要描述和解释集体决策的“路径依赖性”与大规模社会运动的突然爆发现象之间的关系。1989 年 Kuran 借用集体保守主义的概念，解释和说明了集体决策的路径依赖性。所谓集体保守主义，是指一种集体性的社会态度，这种集体性的社会态度将过去存在的与人们认为合法的选择始终作为今天的选择，今天的选择永远依附于过去的选择，而且认为今天之所以如此选择是因为它过去就存在。在变化相对缓慢的社会环境中，由上述行为与观念决定的相关政策在不同时期具有一致性和连续不断性，具有一定的优势。然而，一旦环境发生根本性变迁，或者过去的政策选择基准已经失去其社会基础，那么由此导致的政策连续性，就是由集体保守主义态度内在生成和驱动的，是集体保守主义态度的具体实施与外在显现，因而必然表现出政策与问题间的冲突与断裂。上述模型表明，由于不同原因导致的从众效应及羊群行为与观念，这种冲突与断裂并不能够迅速显现出来，因而当社会传统与社会演化趋势相背离时，通常无法通过无震荡方式进行修正。

上述模型也能够较好地解释表面上看似非常平静的社会，为什么会突然发生较大规模的社会运动，而运动发生过后，人们才后验地发现，出现大规模社会运动，具有内在的和潜在的必然因素。

人类关系和社会互动是一个错综复杂的体系，始终存在潜在的不稳定性与冲突。这一体系的组织维度，都是一组经验机制，激励与约束参与者的创新能力及行为与观念方式，构建起必要的协调关系，赋予这一体系以稳定性，同时，这种协调的建构方式因组织与环境的不同而不同。互动生成了人类关系的一切，生成了不同族群的生活准则与幸福水平，也正在消灭那些有悖于人类本性与理性的所有的人为性规定。因此，作为人类互动的结果，人类的互动关系，包括各不同族群内部的互动关系，必将沿着人类理性这一方向不断演进，不论中间出现多么严重与长久的扭曲或背离，最终必然回归理性。

随着复杂性科学的发展与完善，利用复杂性科学，特别是自组织理论和基于多个体互动的建模方法与思维路径，研究社会科学和管理科学领域问题，日益成为一种趋势。与本问题最密切的也是最近的一项研究成果，就是利用基于个体互动的建模方法，模拟和预测社会冲突可能发生的时间和地点。这类研究不仅带来全新的研究方法，也带来了全新的审视问题的视角，对于理解、模拟和预测社会结构进而理解公共治理或国家治理的状态、有效性及社会大众行为与观念之间的关系，具有重大意义。

一般地说，多个体复杂互动途径认为，任何社会中的任何一种协调机制（包括最宽泛意义上的行为与观念规则）都生成于多个体复杂互动，反过来，协调机制通过复杂互动获得维持、强化或变迁的动力，例如各种社会习俗、产权制度、行为与观念规范、尊严、诚信、互惠、礼仪、仪式等，既是多个体复杂互动的结果，亦因多个体复杂互动而变迁。人们将由多个体复杂互动生成的那些具有协调功能的宏观现象称为多个体复杂互动的宏观涌现，或涌现出的一种宏观样式，既包括正式的也包括非正式的制度与规则。

多个体互动途径必将成为国家治理体系与能力现代化研究的主导理论范式，因为多个体复杂互动途径的基本逻辑与特点是，多个体复杂互动与协调是一种共生关系，具有不可还原性，既不存在独立于互动的协调，也不存在协调之外的互动。用弗里德伯格的话说，协调既是一种容器，又是容器中的内容；既是结构，也是过程；既是互动的制约力量，也是互动的结果。

为了使羊群行为与观念及从众效应分析具有一定的结构，符合直观经验中的某类特定的从众类型，在此做出两个基本假设：一是假设做出正确选择的所有个体对于社会剩余所做出的贡献完全相同；二是个体无法通过改善搜寻信息的努力影响获得良好想法或判断的概率。

六、从众行为与观念生成的一般模型

假设一个个体总数为N的社群，每个行为与观念个体最大化其完全相同的风险中性的效用函数，这一效用函数定义在资产（或策略）收益空间上。方便起见，假设这一效用函数与个体获得的货币量等价或可转化为货币测量的效用。

存在一组分布于区间$[0,1]$上的资产（策略），第i项资产或策略表示为$s(i)$。第n个个体选择或投资于第i项资产的物质收益或支付为$u(i)\in \mathbf{R}$。假设存在唯一的一个选择或资产i^*使得对于任何$i\neq i^*$，$u(i)=0$，而$u(i^*)=u>0$。这是一个基础性的假设，表明对于任何一个个体而言，投资于此项资产所获得的额外收益或支付严格地大于投资于所有其他资产所获得的额外收益。

在这一模型中，人们并不一定获得其生成的物理性的收益或支付。人们实际获得的支付或收益是一个依赖以下各项的函数：由每一个体生成的总收益、他们所选择的特定的资产、他们各自的收益份额以及他们在投资于此项资产中的那些人中的地位等。假设所有个体获得的收益加总在一起时等于他们生成的总收益。

当然，每一个个体希望投资于资产$s(i^*)$，因为这一选择最大化了社会收益。问题是没有人事先知道哪一个资产（选择）能够获得最大收益。假设人们关于不同资产的先验信息是均匀分布的，因而人们根本不知道哪一个能够获得最大收益。不过可以假设某一个体可能拥有哪一个资产可能生成最大收益的一个想法，或者说是一种猜测。换言之，可以假设每一个个体认为真实的i^*是i'的信念或概率为α。当然，这种信念并不一定正确，假设其正确的概率为β，因而其错误的概率为$1-\beta$。

在此模型中，N个个体序惯性地做出选择或决策：从总体中随机地选择一个个体，他做出一个最初的可能是随机的选择，可以假设由于某种原因其不能延迟其决策或选择。第二个个体，同样从总体中随机地抽取，做出自己的选择，但他能够观测到先前那个人的选择，因而能够从先前的那个人的选择中获取可能有用的信息，但他并不知道这个先前做出选择的个体是否获得相关的信息或信号。

如此过程在其他个体中类似地进行，每一个个体基于其他行为与观念个体选择的历史及其自己所拥有的信息或信号进行决策或选择。每一个个体都做出选择之后，宣布其相应的收益，同时假设博弈结构与贝叶斯理性是博弈参与人的共同知识。

第一个行为与观念者的选择显然依赖于其是否拥有某种信号。如果他拥有一个信号，那么他将遵循其信号进行选择；而当其没有任何信号时他将随机地进行选择。

如果第二个行为与观念者没有任何信号，那么他将模仿第一个行为与观念者，并投资于和第一个行为与观念者选择的完全相同的资产；如果他拥有某种信号，那么下述命题表明他将遵循其信号进行决策而不论这一选择是否和第一个行为与观念者的选择相同。

命题 1　如果第二个行为与观念者拥有自己的私人信号，那么他将总是根据自己的私人信号进行决策或选择。

证明：如果第二个行为与观念者具有与第一个行为与观念者一样的信息，那么这一命题显然成立：只有当两者拥有正确信息的概率为正时，这种情况才能够发生。当第二个行为与观念者获得一个不同于第一个选择者的信号时，利用贝叶斯规则，第一个行为与观念者的选择为正确的后验概率为$(\alpha\beta-\alpha\beta^2)/(1-\alpha\beta^2)$。在此完全相同的情形下，同样依据贝叶斯规则，第二个行为与观念者自己的信号为正确的后验概率为$(\beta-\alpha\beta^2)/(1-\alpha\beta^2)$。由于$\alpha$为概率因而必然小于 1，因此在此情形下第二个行为与观念者遵循自己的信号进行选择是一种最优选择。

上述结果的直观性是显而易见的。第二个行为与观念者知道，第一个行为与观念者得到一个信号为真的概率，最多与其自己得到的信号为真的概率是完全相同的；或者第一个行为与观念者根本没有得到任何信号。因此，无论哪种情况，第二个行为与观念者总遵循自己的信号决策或选择是最优的。

第三个行为与观念者观测到两个历史性的选择：前两个行为与观念者的选择或者相同，或者不同。如果前两个行为与观念者的选择相同，在第三个行为与观念者或者没有任何信号，或者得到的信号与前两者相同的情形下，那么，此时第三个行为与观念者应该做出与前两个行为与观念者完全相同的选择。如果第三个行为与观念者拥有某个信号，那么他的决策就是实质性的，我们将看到，此时可能出现两种情况，即跟随前两者或自行其事。

当前两者选择不同时，如果第三个行为与观念者并没有任何信号，那么他应该遵循第二个行为与观念者的选择，因为此时他本质上与第二个行为与观念者具有完全相同的信息结构。

当第三个行为与观念者拥有私人信号而且与前两者的选择不同时，第三个行为与观念者的决策是特定的或特别的。此种情形下，第三个行为与观念者在遵循自己的信号或遵循第二个行为与观念者选择进行决策时是无差别的。由于前两者的选择不同，因而第二个选择者拥有自己的私人信号。由于第三个行为与观念者拥有和第二个行为与观念者质量完全相同的信号，因而遵循第二个行为与观念者的选择和依据自己的私人信号进行决策是无差别的。为了方便说明，以下对于无差别情形按遵循自己私人信号进行选择。

在上述假设下，我们可以完全描述选择过程的特征。为了便于叙述与说明，用$\text{Prob}[X\mid H_t]$表示给定直到t时期的历史选择事件X的条件概率。除非特别说明，特定的历史过程将以当前行为与观念者选择以前的所有其他人的选择为历史。

命题 2　存在一个整数k^*，从第二个行为与观念者开始，当且仅当k^*-1个行为与观念者没有任何私人信号时，整个群体都将模仿第一个行为与观念者的选择。

显然，如果$k-1$个行为与观念者，模仿第一个行为与观念者的选择，没有自己的私人信号，那么，人群中所有的人都将选择第一个行为与观念者所做出的选择，因为人们可能推测第一个行为与观念者的选择基于正确的信息。

给定这些行为与观念假设，可以证明，如果k个个体模仿了第一个行为与观念者的决策，第$k+1$个个体拥有不同信号，那么第一个个体的信号为真的后验概率为

$$\text{Prob}[\text{第一行为与观念者的选择基于正确信息}|H_{k+1}]=$$
$$\alpha\beta\alpha(1-\beta)\left(1-\alpha(1-\beta)\right)^{k-1}/\text{Prob}[H_{k+1}]$$

第$k+1$个个体的信号为真的后验概率为

$$\text{Prob}[\text{第}(k+1)\text{个行为与观念者的选择基于正确信息}|H_{k+1}]=$$
$$\alpha\beta(1-\alpha\beta)(1-\alpha)^{k-1}/\text{Prob}[H_{k+1}]$$

由于$1-\alpha(1-\beta)>1-\alpha$，因此，随着$k$的增加，只要初始假设为真，那么，第一个概率与第二个概率的比率就随之增加，而且不存在界限。换言之，对于一个足够大的k，行为与观念者忽略自己的私人信号而模仿选择是一个可以获得额外收益的选择。因而人们的选择将一直遵循第一个行为与观念者的选择。

令k^*为上述选择样式发生变迁的节点或时期。任何没有私人信号或其私人信号与第一个行为与观念者一致的那些个体，当然会在k^*期继续选择先前那些人的选择。现在即使那些拥有不同信号的行为与观念者也将选择先前行为与观念者的选择，因而在所有状态下人们仍然选择先前的样式。前面两个概率的比率在$k=k^*+1$时期一定与$k=k^*$时期的相等，因此个体将忽略其私人信号而选择先前的人所做出的选择。

由于其他类型的行为与观念者没有改变其选择的理由，因而一旦人们的选择进入某种样式，那么所有的行为与观念者都将做出相同的选择，选择样式从此一直保持现有状态。

参 考 文 献

[1] KOOIMAN J. Governing as governance[M]. London: Sage Publications Ltd, 2003.
[2] KOOIMAN J. Exploring the concept of Governability[J]. Journal of comparative policy analysis: research and practice, 2008,10(2): 171−190.
[3] KOOIMAN J, BAVINCK M, MAHON R, et al. Interactive governance and governability[J]. The journal of transdisciplinary environmental studies, 2008,7(1): 1−11.
[4] 柏拉图. 理想国[M]. 郭斌和，张竹明，译.北京：商务印书馆，1997.
[5] HOFSTADTER R. Anti−intellectualism in American life[M]. New York: Alfred A. Knopf Inc Publications Ltd, 1963.
[6] 叔本华. 作为意志与表象的世界[M]. 石冲白，译.北京：商务印书馆, 1995.
[7] 里克曼. 狄尔泰[M]. 殷晓蓉，吴晓明，译.北京：中国社会科学出版社，1989.
[8] NEWMAN J. Modernizing governance: new labor, policy and society[M]. London: Sage Publications Ltd, 2001.
[9] JANICKE M. Trend−setters in environmental policy: the character and role of pioneer countries[J]. European environment, 2005,15(2): 129−142.
[10] MEULEMAN L. Public management and the meta governance of hierarchies, networks and markets[M]. Heidelberg: Physica−Verlag Publications Ltd, 2008 a.
[11] MEULEMAN L. Public management and the meta governance of hierarchies, networks and markets[M]. Leipzig: Physica−Verlag Publications Ltd, 2008 b.
[12] MAYNTZ R. Modernization and the logic of interorganizational networks[J]. Knowledge & policy, 1993, 6(6): 3−16.
[13] JESSOP B. The rise of governance and the risks of failure: the case of economic development[J]. International social science journal, 1998(155): 29−46.
[14] AXELROD R. The evolution of cooperation[M]. New York: Basic Books Publications Ltd, 1984.
[15] FERER J. Multi−agent system: an introduction to distributed artificial Intelligence [M]. London: Addison−Wesley Publications Ltd, 1999.
[16] JESSOP B. State power: a strategic−relational approach[M]. Cambridge: Polity Publications Ltd, 2007.

[17] JESSOP B. State theory[M]. Handbook on Theories of Governance Publications Ltd, 2016.

[18] AMIN A, HAUSNER J. Beyond market and hierarchy: interactive governance and social complexity[M]. Lyme, USA: Edward Elgar Publications Ltd, 1997.

[19] BATES R H, GREIF A, LEVI M, et al. Analytic narratives[M]. Princeton, NJ: Princeton University Press, 1998.

[20] BEETHAM D. Bureaucracy [M]. 2nd ed. Buckingham: Open University Press, 1996

[21] TORFING J, PETERS B. G, PIERRE J et al. Interactive governance: advancing the paradigm[M]. New York: Oxford University Press, 2012.

[22] BANK W. Saving fish and fishers[M]. Report 29090–GLB Publications Ltd, 2004.

[23] WORLDBANK. A framework for capacity building in policy analysis and economic management in Sub–Saharan Africa[M]. Washington DC: World Bank Publications Ltd, 1989.

[24] SORENSEN E, TORFING J. Introduction governance network research: towards a second generation in theories of democratic network governance [M]. Basingstoke: Palgrave Macmillan Publications Ltd, 2007.

[25] OSBORNE S. The new public governance[M]. London: Routledge Publications Ltd, 2010.

[26] GAUDIN J. Modern governance, yesterday and today: some clarifications to be gained from French government policies[J]. International social science journal, 1998, 50(1): 47–56.

[27] GRANDE E, PRATORIUS R. Politische steuerung und neue staatlichkeit[M]. Baden–Baden: Nomos Publications Ltd, 2003.

[28] MAYNTZ R. New challenges to governance theory[J]. Governance as social and political communication, 2003(27): 40.

[29] MAYNTZ R. Governance im modernen staat governance—regieren in komplexen regelsystemen [M]. Springer, 2004.

[30] LEWIS D. Convention Cambridge: Mass[M]. Harvard UP, 1969.

[31] SCHELLING T C. Micromotives and macrobehavior[M]. New York: Norton Publications Ltd, 1978.

[32] ULLMANN–MARGALIT E. The emergence of norms[J]. Philosophical quarterly, 1977,3(1):37–45.

[33] YOUNG H P. Individual strategy and social structure[M]. Princeton: Princeton University Publications Ltd, 1998.

[34] BERGER P L, LUCKMANN T. The social construction of reality: a treatise in the sociology of knowledge[M]. Garden City, New York: Anchor Books Publications Ltd, 1966.
[35] EPSTEIN J M, AXTELL R. Growing artificial societies: social science from the bottom up[M]. Cambridge, Mass.: MIT Press, 1996.
[36] HODGSON G M. Economics and evolution[M]. Ann Arbor, MI: University of Michigan Press, 1993.
[37] HOMANS G. Contemporary theory in sociology. In R. E. L. Harris (Ed.), Handbook of Modern Sociology[M]. Chicago: Rand McNally Publications Ltd, 1964.
[38] HUBER J. Macro–micro linkages in sociology[M]. Newbury Park, Calif.: Sage Publications Ltd, 1991.
[39] COLEMAN J S. Micro foundations and macrosocial behavior. In J. C. Alexander, B. Giesen, R. Münch, & N. J. Smelser (Eds.), The Micro–Macro Link[M]. Berkeley and Los Angeles: University of California Press, 1987.
[40] COLEMAN J S. Foundations of social theory[M]. Cambridge, Mass.: Harvard University Press, 1990.
[41] RITZER G. Modern sociological theory[M]. Boston: McGraw Hill Publications Ltd, 2000.
[42] DOLFSMA W, VERBURG R. Structure, agency and the role of values in processes of institutional change[J]. Journal of economic issues, 2008,42(4): 1031–1054.
[43] HODGSON G M. What are institutions[J]. Journal of economic issues, 2006(40): 11–25.
[44] CURTIS B. Foucault on governmentality and population: The impossible discovery[J]. Canadian journal of sociology, 2002,27(4): 505–533.
[45] GIDDENS A. The constitution of society[M]. Cambridge: Policy Press, 1984.
[46] SCOTT W R. Institutions and organizations [M].2nd ed. Thousand Oaks: Sage Publications Ltd, 2001.
[47] TURNER J H. A theory of social interaction[M]. Standford, California: Stanford University Press, 1988.
[48] DAVIS J B. The theory of the individual in economics[M]. London and New York: Routledge Publications Ltd, 2003.
[49] GREIF A. Micro theory and recent developments in the study of economic institutions through economic history. In D. M. Kreps & K. F. Wallis (Eds.),

Advances in Economic Theory[M]. Cambridge: Cambridge University Press, 1996.
[50] SMITH A. An inquiry into the nature and causes of the wealth of nations[M]. Oxford: Oxford University Press, 1976.
[51] SMITH A. The theory of moral sentiments (R. P. Hanley Ed.)[M]. London: Penguin Publications Ltd, 2010.
[52] HUME D. A treatise of human nature[M]. Oxford: The Clarendon Press, 1978.
[53] 涂尔干. 社会分工论[M]. 渠东，译，北京：生活・读书・新知三联书店，2000.
[54] HALL P A, TAYLOR R C R. Political science and the three new institutionalisms[M]. Political Studies Publications Ltd, 44, 936–957, 1996.
[55] SCHELLING T C. The strategy of conflict [M].Harper & Row Publications Ltd, 1960.
[56] LEWIS D. Convention: a philosophical study[M]. Oxford: John Wiley & Sons Publications Ltd, 2008.
[57] BINMORE K G. Playing fair: game theory and the social contract[M]. Vol. I: Cambridge, Mass.: MIT Press, 1994.
[58] BINMORE K G. Just playing: game theory and the social contract II[M]. (Vol. 2): MIT Press, 1998.
[59] SKYRMS B. Evolution of the social contract:[M].Cambridge University Press, 2014.
[60] 中共中央马克思恩格斯列宁斯大林著作编译局. 马克思恩格斯全集[M]. 北京：人民出版社，1979.
[61] DIXIT A K, SKEATH S. Games of strategy: fourth international student edition[M]. New York: WW Norton & Company Publications Ltd, 2015.
[62] FUDENBERG D, TIROLE J. Game theory[M]. MA: MIT Press, 1991.
[63] MYERSON R B. Game theory[M]. Cambridge, MA: Harvard university Press, 2013.
[64] KOOIMANA J, BAVINCK M, JENTOFT S, et al. Fish for life[M]. Amsterdam: Amsterdam University Press, 2005.
[65] KURAN T. Preference falsification, policy continuity and collective conservatism[J]. The economic journal, 1987,97(387): 642–665.
[66] KURAN T. Private truths, public lies: The social consequences of preference falsification[M]. Cambridge, MA: Harvard University Press, 1995.
[67] HOFBAUER J, SIGMUND K. Evolutionary games and population dynamics[M]. Cambridge: Cambridge University Press, 1998.
[68] WEIBULL J W. Evolutionary game theory[M]. Cambridge, Massachustetts: The

MIT Press, 1997.
[69] AXELROD R. The complexity of cooperation[M]. New Jersey: Princeton University Press,1997.
[70] HURWICZ L. Institutions as families of game forms[J]. The Japanese economic review, 1996,47(2): 113–132.
[71] FRIEDBERG E. Local orders: dynamics of organized action[M]. London: JAI Press, 1997.
[72] BACHE I, FLINDER M. Multi–level governance[M]. UK: Oxford University Press, 2004.
[73] HAUSKEN K, CRESSMAN R. Formalization of multi–level games[J]. International game theory review, 2004,6(02): 195–221.
[74] JESSOP B. Multi–level governance and multi–level meta governance[J]. Multi–level governance, 2004: 49–74.
[75] BASAR T, OLSDER G J. Dynamic noncooperative game theory[M]. New York: Academic Press, 1996.
[76] GREIF A. Institutions and the path to modern economy[M]. Cambridge: Cambridge University Press, 2006.
[77] KREPS D M, WALLIS K F. Advances in economic theory[M]. Cambridge: Cambridge University Press, 1996.
[78] KESSLER A S. On monitoring and collusion in hierarchies[J]. Journal of economic theory, 2000(91):280–291.
[79] BENN S I, GAUS G F. Public and private in social Life[M]. New York: St. Martin's Press, 1983.
[80] BAK P. Complexity and criticality[M]. NY: Springer Publications Ltd, 1996.
[81] TOPKIS D M. Supermodularity and complementarity[M]. Princeton, NJ: Princeton University Press, 1998.
[82] TSEBELIS G. Nested games: rational choice in comparative politics[M]. Berkeley: University of California Press, 1990.
[83] TSEBELIS G. The power of the European parliament as a conditional agenda setter[J]. American political science review, 1994,88(1): 795–815.
[84] VIVES X. Association complementarities and games: new developments[J]. Journal of economic literature, 2005,43(2):437–479.
[85] KOOIMAN J, JENROFT S. Meta–governance: values, norms and principles, and the making of hard choices[J]. Public administration, 2009,87(4): 818–836.
[86] WEBERM. Economy and society: an outline of interpretive sociology[M].

Berkeley: University of California Press, 1978.

[87] EDELENBOS J, VAN MEERKERK I. Critical reflections on interactive governance: self-organization and participation in public governance[M]. Cheltenham, UK & Morthampton, MA, USA: Edward Elgar Publishing, 2016.

[88] FEDELE P, BRUSATI L, IANNIELLO M. Organizational underpinnings of interactive decision making: an empirical inquiry[M]. International Journal of Public Sector Management Publications Ltd, 2016 29(4), 310–326.

[89] JARVENPAA S, VALIKANGAS L. From governance void to interactive governing behaviors in new research networks [J]. Academy of management discoveries, 2016(2014): 1–3.

[90] JESSOP B. The governance of complexity and the complexity of governance: preliminary remarks on some problems and limits of economic guidance. In A. Amin & J. Hausner (Eds.), Beyond market and hierarchy: interactive governance and social complexity (pp. 95–128)[M]. Cheltenham, UK & Morthampton, MA, USA: Edward Elgar Publishing Limits, 1997a.

[91] JESSOP B. The governance of complexity and the complexity of governance. In A. H. Amin, J. (Ed.), Beyond market and hierarch: interactive governance and social complexity[M]. Cheltenham: Edward Elgar Publishing Limits, 1997b.

[92] OSBORNE D, GAEBLER T. Reinventing government: how the entrepreneurial spirit is transforming the public Sector[M]. Reading, MA: Addison-Wesley Publications Ltd, 1992.

[93] PIERRE J. (Ed). Debating governance: authority, steering, and democracy[M]. Oxford: Oxford University Press, 2000.

[94] ROSENAU J N, CZEMPIEI E O. Governance without government: order and change in world politics[M]. Cambridge: Cambridge University Press, 1992.

[95] TORFING J, SORENSEN E, ROISELAND A. Transforming the public sector into an arena for co-creation: barriers, drivers, benefits, and ways forward[M]. Administration & society Publications Ltd, 2017.

[96] 马克思，恩格斯. 马克思恩格斯全集：第 4 卷[M]. 中共中央马克思恩格斯列宁斯大林著作编译局，译. 北京：人民出版社，1956.

[97] 卢梭. 民约论[M]. 何兆武，译. 北京：法律出版社，1958.

[98] CROOKS P, PARSONS T H. (Eds.). Empires and Bureaucray in World History[M]. Cambridge: Cambrdge University press,2016.

[99] HODSON R, MARTIN A W, LOPEZ S H, et al. Rules don't apply: Kafka's insights on bureaucracy[J]. Organization, 2013,20(2): 256–278.

[100] 孟德斯鸠. 波斯人信札[M]. 罗国林，译. 南京：译林出版社，2000.
[101] RUSSELL B. Principles of social reconstruction[M]. London: George Allen & Unwin LTD, 1916.
[102] TOYNBEE A J. A study of history abridgement of volumes I–VI by D.C. Somervell (Vol. I)[M]. Oxford: Oxford University Press, 1946.
[103] 皮亚杰. 发生认识论原理[M]，王宪钿等，译. 北京：商务印书馆，1995.
[104] DONALD M. Origins of the modern mind: three stages in the evolution of culture and cognition[M]. Cambridge, Massachusetts: Harvard University Press, 1991.
[105] POPPER K. The open society and its enemies[M]. London: Routledge Publications Ltd, 1945.
[106] BRUNER J. Actual minds, possible worlds[M]. Cambridge, MA: Harvard University Press, 1986.
[107] BELLAH R. N. What is axial about the axial age[J]. European journal of sociology, 2005,46(1): 69–89.
[108] SACKS D. (Ed.). Encyclopedia of the ancient Greek world (revised by Lisa R. Brody[M]. New York: Facts On File, Inc Publications Ltd, 2005.
[109] MORRIS I. Homer and the iron sge. In I. Morris & B. Powell (Eds.), A New Companion to Homer [M]. Leiden: Leiden University Press, 1997.
[110] SNODGRASS A. The dark age of greece [M].2nd ed. Edinburgh: Edinburgh University Press, 2000.
[111] ELKANA Y. The emergence of second–order thinking in classical Greece. In S. N. Eisenstadt (Ed.), The Origins and Diversity of the Axial Age[M]. Albany, New York: State University of New York Press, 1986.
[112] ERSKINE A. (Ed.). A companion to ancient history[M]. West Sussex, United Kingdom: Blackwell Publishing Ltd, 2009.
[113] MOMIGLIANO A. Alien wisdom: the limits of hellenization[M]. Cambridge, UK: Cambridge University Press, 1975.
[114] SCOTT J. C. Weapons of the weak: everyday forms of peasant resistance[M]. New Havan: Yale Universtiy press,1985.
[115] 尼采. 超善恶：未来哲学序曲[M]. 张念东，凌素心，译. 北京：中央编译出版社，2000.
[116] 亚里士多德. 政治学[M]. 吴寿彭，译. 北京：商务印书馆，1983.
[117] 亚里士多德. 尼各马可伦理学. 廖申白，译. 北京：商务印书馆，2003.
[118] BAUMGARTNER T, HEINRICHS M, VONALANTHEN A, et al. Oxytocin

shapes the neural circuitry of trust and trust adaptation in humans[J]. Neuron, 2008(58):639–650.

[119] FEHR E, CAMERER C F. Social neuroeconomics: the neural circuity of social preferences[J]. Trands Cogn. Sci., 2007(11): 419–427.

[120] HEINRICHS M, DOMES G. Neuropeptides and social behavior: effects of oxytocin and vasopressin in humans. Prog[M]. Brain Res Publications Ltd, 2008.

[121] ACKOFF R K. On purposeful systems[M]. Chicago: Aldine Publications Ltd, 1972.

[122] HAYLES N K. Introduction: complex dynamics in science and literature. in N.K.Hayles (Ed.), chaos and order: complex dynamics in literation and science [M]. Chicago: University of Chicago Press, 1991.

[123] HAYSLES N K. Chaos and order: complex dynamics in literature and science [M]. Chicago: University of Chicago Press, 1991.

[124] BENNIS J. The temporary society[M]. NY: Harper & Row Publications Ltd, 1967.

[125] DRUCKER P. The age of discontinuity: guidelines to our changing society[M]. NY: Harper & Row Publications Ltd, 1969.

[126] HANDY C. Age of unreason[M]. NY: Harvard Business School Press, 1997.

[127] HANDY C. Beyond certainty: the changing worlds of organizations[M]. Cambridge, MA: Harvard School Press, 1998.

[128] HANDY C. The hungry spirit: beyond capitalism: the quest for purpose in the modern world[M]. New York: Broadway, 1999.

[129] KAUFMAN H. Time, chance, and organizations: natural selection in a perilous environment[M]. Chatham, NJ: Chatham House Publications Ltd, 1985.

[130] KAUFMAN S. The origins of order: self–organization and selection in evolution[M]. Oxford: Oxford University Press, 1993.

[131] ARGYRIS C. Reasoning, learning, and action[M]. San Francisco: Jossey–Bass Publications Ltd, 1982.

[132] ROSSER B. Jr. From catastrophe to chaos: a general theory of economic discontinuities [M]. 2nd ed.. Boston/Dordrecht: Kluwer Academic Publishers, 2000.

[133] OVERMAN E S. The new sciences of administration: chaos and quantum theory[J]. Public Administration Review, 1996, 56(5): 487–491.

[134] HAKEN H. Advanced synergetics: instability hierarchies of self–organizing systems and devices[M]. Berlin: Springer, 1983.

[135] THOMAS J C. Public involvement and governmental effectiveness: a decision-making model for public managers[J]. Administration and Society, 1993, 24(4), 444-469.

[136] 桑博德. 突变理论入门[M].凌复华，译. 上海：上海科学技术文献出版社，1983.

[137] 艾根. 超循环论[M]. 曾国屏，沈小峰，译. 上海：上海译文出版，1990.

[138] 拉兹洛. 进化：广义综合理论[M]. 闵家胤，译. 北京：社会科学文献出版社，1988.

[139] MANDELBROT B B. The fractal geometry of nature[M]. New York: W.H. Freemand and Company Publications Ltd, 1983.

[140] BUCKLEY W. Sociology and modern systems theory[M]. Englewood Cliffs, N. J: Prentice-Hall Publications Ltd, 1967.

[141] BUCKLEY W. Modern systems research for the behavior scientist[M]. Chicago, Il: Aldine Publishing Company, 1968.

[142] KAUFFMAN S A. The origins of order[M]. New York: Oxford University Press, 1993.

[143] KAUFFMAN S A. At home in the universe: The search for the laws of self-organization and complexity[M]. New York: Oxford University Press, 1995.

[144] HOLLAND J H. Hidden order: how adaptation builds complexity[M]. Reading, MA: Addison Wesley Publications Ltd, 1995.

[145] 马克思，恩格斯. 马克思恩格斯选集：第 4 卷[M]. 中共中央马克思恩格斯列宁斯大林著作编译局，译. 北京：人民出版社，1995.

[146] OVERMAN E, CAHILL A. Information, market government, and health policy: a study of health data organizations in the states[J]. Journal of policy analysis and management, 1994,13(3):435-453.

[147] GLEICK J. Chaos: making a new science[M]. New York: Knopf Publications Ltd, 1987.

[148] KIEL L D. Managing chaos and complexity in government: a new paradigm for managing change, innovation, and organizational renewal[M]. San Francisco: Jossey-Bass Publishers, 1994.

[149] KIEL L D, Elliott E. Chaos theory in the social sciences: foundations and applications[M]. Ann Arbor, MI: University of Michigan Press, 1996.

[150] KELLERT S H. In the wake of chaos[M]. Chicago: University of Chicago Press, 1993.

[151] REICH R B. Public management in a democratic society[M]. Englewood Cliffs,

N. J.: Prentice-Hall Publications Ltd, 1990.

[152] ZOHAR D, MARSHALL I. The quantum society: mind, physics, and a new social vision[M]. New York: William Morrow and Company, Inc, 1994.

[153] HEISENBERG W. Physics and philosophy[M]. New York: Harper & Brothers Publishers, 1958.

[154] KIEL. Quantum society: mind, physics, and a new social vision[M], 1994.

[155] FOLLETT M P. The new state: group organization the solution of popular government[M]. NY: Longmans, Green Publications Ltd, 1918.

[156] BEHN R D. Management and the neutrino: the search for meaningful metaphors [J]. Public Administration Review, 1992,52(2): 409-419.

[157] BRIGGS J, PEAT D. Turbulent mirror[M]. New York: Harper & Row Publishers, 1981.

[158] KIEL L D. Nonequilibrium theory and its implications for public Administration[J]. Public administration review(November/December), 1989: 544-551.

[159] SIMON H A. Near decomposability and complexity: how a mind resides in a brain[M]. Reading, MA: Addison Wesley Publications Ltd, 1995.

[160] HOLLAND J H. Complex adaptive systems[J]. Daedalus, 1992: 17-30.

[161] HOLLAND J H. Echoing emergence: objectives, rough definitions, and speculations for echo-class models[M]. Reading, MA: Addison Wesley Publications Ltd, 1994.

[162] KELLY K. Out of control: the rise of neo-biological civilization[M]. Reading, MA: Addison Wesley Publications Ltd, 1994.

[163] LANGTON C G. A dynamical pattern[M]. New York: Simon & Schuster Publications Ltd, 1995.

[164] TRYON W W. Synthesizing psychological schisms through connectionism. Westport [M], CT: Praeger Publications Ltd, 1995.

[165] BIJLSMA-FRANKEMA K.& KOOPMAN P. The oxymoron of control in an ear of globalization: vulnerabilities of a mega myth[J]. Journal of managerial psychology, 2004(19): 204-217.

[166] ZACCARO S, KLIMOSKI R. The nature of organizational leadership: an introduction[M]. San Francisco: Jossey-Bass Publications Ltd, 2001.

[167] BRYMAN A. Leadership in organizations[J]. Handbook of organization studies, 1996.

[168] SMIRCICH L, MORGAN G. Leadership: the management for meaning[J]. Journal of applied behavioral science,1982(18): 257-273.

[169] BROWN D W. When strangers cooperate: using social conventions to govern ourselves[M]. New York: Free Press, 1995.

[170] AXELROD R. An evolutionary approach to norms[J]. American political science review, 1986(80): 1095–1111.

[171] SIMON H A. Near decomposability and the speed of evolution[J]. Industrial and corporate change, 2002(11): 587–599.

[172] GLASSMAN R B. Persistence and loosely coupling in living systems[J]. Behavioral science, 1963(18): 83–98.

[173] WEICK K E. Educational organizations as loosely coupled systems[J]. Administrative science quarterly, 1976(21): 1–19.

[174] WEICK K E. Management of organizational change among loosely coupled elements[M]. San Francisco: Jossey–Bass Publications Ltd, 1982.

[175] THOMPSON J D. Organizations in action: social sciences bases of administrative theory[M]. New York: McGraw–Hill Publications Ltd,1967.

[176] KETTL D F. Managing boundaries in American administration: the collaboration imperative[J]. Public administration review, 2006(66): 10–19.

[177] GLANCE N S, HUBERMAN B A. The dynamics of social dilemmas[J]. Scientific American, 1994(270): 76–81.

[178] HUBERMAN B A, GLANCE N S. Diversity and collective action[M]. Berlin Heidelberg: Springer Publications Ltd, 1993.

[179] LANDAU M. Redundancy, rationality, and the problem of duplication and overlap[J]. Public administration review, 1969(29): 346–358.

[180] BENDOR J B. Parallel systems: redundancy in government[M]. Berkeley: University of California Press, 1985.

[181] NISKANEN W A. Bureaucracy and representative government[M]. Chicago: Aldine Atherton Publications Ltd, 1971.

[182] LANDAU M. On multiorganizational systems in public administration[J]. Journal of public administration research and theory, 1989(1): 5–18.

[183] BARTON S. Chaos, self–organization, and psychology[J]. American psychologist, 1994(49): 5–14.

[184] FARMER J D. The second law of organization[M]. New York: Simon & Schuster Publications Ltd, 1995.

[185] NICOLIS G, PRIGOGINE L. Self–organization in nonequilibrium systems[M]. New York: John Wiley Publications Ltd, 1977.

[186] PRIGOGINE L, STENGERS I. Order out of chaos: man's new dialogue with

nature[M]. NY: Bantam books Publications Ltd, 1984.

[187] HAKEN H. Information and self-organization: a macroscopic approach to complex systems[M]. Berlin: Springer Publications Ltd, 1988.

[188] HAKEN H. Synergetics: An Introduction (3rd ed.) [M]. Berlin: Springer Publications Ltd, 1983.

[189] STADLER M, KRUSE P. The function of meaning in cognitive order formation [M]. Berlin, Germany: Springer Publications Ltd, 1995.

[190] HAKEN H. Synergetics as a Strategy to cope with Complex Systems[M]. Berlin: Springer Publications Ltd, 1993.

[191] HAKEN H. Can synergetics serve as a bridge between the natural and social sciences? [M]. Berlin: Springer Publications Ltd, 1994.

[192] SMITH A. An inquiry into the nature and causes of the wealth of nations[M]. Chicago: University of Chicago Press, 1776.

[193] MAINZER K. Thinking in complexity: the computational dynamics of matter, mind, and mankind[M]. New York: Springer Publications Ltd, 2004.

[194] NOWAK A, LEWENSTEIN M. Dynamical systems: a tool for social psychology? [M]. San Diego, CA: Academic Press, 1994.

[195] LANTANE B, NOWAK A. Attitudes as catastrophes: from dimensions to categories with increasing involvement[M]. San Diego, CA: Academic Press, 1994.

[196] LANTANE B, NOWAK A, Liu J. Measuring emergent social phenomena: dynamism, polarization, and clustering as order parameters of social systems[J]. Behavioral science, 1994(39): 1–24.

[197] ALLEN P M. Self-organization in the urban system[M]. Austin, TX: University of Texas Press,1982.

[198] MARCH J G.A primer on decision making: how decisions happen[M]. New York: Free Press, 1994.

[199] ARTHUR W B. Self-reinforcing mechanisms in the economy[M]. Reading, MA: Addison Wesley Publications Ltd,1988.

[200] ARTHUR W B. Positive feedbacks in the economy[J]. Scientific American, 1990(262): 92–99.

[201] KELSO J A S. Dynamic patterns: the self-organization of brain and behavior[M]. Cambridge, MA: MIT Press, 1995.

[202] EIDELSON R J. Complex adaptive systems in the behavioral and social sciences[J]. Review of general psychology, 1997(1): 42.

[203] NICOLIS G, PRIGOGIN L. Exploring complexity[M]. New York: W. H. Freeman Publications Ltd, 1989.
[204] NOWAK A, SZAMREJ J, LATANE B. From private attitude to public opinion: a dynamic theory of social impact[J]. Psychological review, 1990(97): 367–376.
[205] ABRAHAM F D. Introduction to dynamics: a basic language; a basic meta-modeling strategy [M]. Westport, CT: Praeger Publications Ltd, 1995.
[206] MERRY U. Coping with uncertainty[M]. Westport, CT: Praeger Publications Ltd, 1995.
[207] SHERMER M. Exorcising laplace's demon: chaos and anti-chaos, history and meta-history[J]. History and theory, 1995(34): 59–83.
[208] WEIDLICH W, HAAG G. Concepts and models of a quantitative sociology: the dynamics of interacting populations[M]. Berlin: Springer-Verlag Publications Ltd, 1983.
[209] LUSTICK I S. Unsettled states, disputed lands[M]. Ithaca, NY: Cornell University Press, 1993.
[210] JACOBS J. Cities and the wealth of nations: principles of economic life[M]. New York: Vintage Books Publications Ltd, 1984.
[211] YOUNG I R. Chaos and social change: metaphysics of the post-modern[J]. Social science journal, 1991(28): 289–305.
[212] CASTI J L. Complexification: explaining a paradoxical world through the science of surprise[M]. New York: Harper Collins Publications Ltd, 1994.
[213] GUASTELLO S J. Chaos, catastrophe and human affairs: applications of nonlinear dynamics to work, organizations, and social evolution[M]. Mahwah, NJ: Erlbaum Publications Ltd, 1995.
[214] TESSER A, ACHEE J. Aggression, love, conformity, and other social psychological catastrophes[M]. San Diego, CA: Academic Press, 1994.
[215] BIGELOW J A. Catastrophe Model of Organizational Change[J]. Behavioral science, 1982(27): 26–42.
[216] GUASTELLO S J. Psychosocial variables related to transit accidents: a catastrophe model[J]. Work and stress, 1991(5): 17–28.
[217] BAK P. Self-organized criticality: a holistic view of nature[M]. Reading, MA: Addison Wesley Publications Ltd, 1994.
[218] BAK P, CHEN K. Self-organized criticality[J]. Scientific American, 1991(264): 46–53.
[219] BAK P, TANG C, WIESENFELD K. Self-criticality[J]. Physical review,

1988(38): 364–374.
[220] PACKARD N H. Adaptation toward the edge of chaos[M]. Singapore, Malaysia: World Scientific Publications Ltd, 1988.
[221] SCHEINKMAN J A, WOODFORD M. Self–organized criticality and economic fluctuations[J]. American economic review papers and proceedings, 1994(84): 417–421.
[222] KAUFFMAN S A, JOHNSEN S. Coevolution to the edge of chaos: coupled fitness landscapes, poised states, and coevolutionary avalanches[M]. Redwood City, CA: Addison Wesley Publications Ltd, 1992.
[223] HUBLER A, PINES D. Prediction and adaptation in an evolving chaotic environment. Reading, MA: Addison Wesley Publications Ltd, 1994.
[224] GELL–MANN M. The quark and the jaguar[M]. New York: W. H. Freeman Publications Ltd, 1994.
[225] WRIGHT S. Evolution:selected papers[M]. Chicago: University of Chicago Press, 1986.
[226] HEYLIGHEN F, CAMPBELL D. Selection of organization at the social level: obstacles and facilitators of meta–system transitions[J]. World futures,1995(45): 181–212.
[227] GOLDSTONE J A. Why Europe? [M]. Boston: McGraw–Hill Publications Ltd, 2009.
[228] KOLLMAN K, MILLER J H, PAGE S E. Adaptive parties in spatial elections[J]. American political science review, 1992(86): 929–937.
[229] KOLLMAN K, MILLER J H, PAGE S E. Political parties and electoral landscapes[J]. British journal of political science, 1998(28): 139–158.
[230] GOERTZEL B. Chaotic logic: language, thought, and reality from the perspective of complex systems science[M]. New York: Plenum Press, 1994.
[231] CHENG Y T, VAN DE VEN A H. Learning the innovation journey: order out chaos? [J]. Organizational sciences, 1996(7): 593–614.
[232] MARCH J G. Exploration and exploitation in organizational learning[J]. Organizational sciences, 1991(2): 71–87.
[233] GHENAWAT P, RICART I, COSTA J E. The organizational tension between static and dynamic efficiency[J]. Strategic management journal, 1993(14): 59–73.
[234] VAN DE BOSCH F A J, VOLBERDA H W, DE BOER M. Coevolution of firm absorptive capacity and knowledge environment: organizational forms and

combinative capabilities[J]. Organizational sciences, 1999(10): 551–568.

[235] WINTER S G, SZULANSKI G. Replication as strategy[J]. Organizational sciences, 2001(12): 730–743.

[236] ANCONA D G, GOODMAN P S, LAWRENCE B S, et al. Time: a new research lens[J]. Academic management review, 2001(26): 645–663.

[237] BROWN S L, Eisenhardt K M. Competing on the edge: strategy as structured chaos[M]. Boston, MA: Harvard Business School Press, 1998.

[238] LUCE R D, RAIFFA H. Games and decisions[M]. New York: Viking Publications Ltd, 1957.

[239] POUNDSTONE W. Prisoner's dilemma[M]. New York: Doubleday Publications Ltd, 1992.

[240] SIGMUND K. Games of life[M]. Oxford, England: Oxford University Press, 1993.

[241] LINDGREN K. Evolutionary phenomena in simple dynamics[M]. Redwood City, CA: Addison Wesley Publications Ltd, 1992.

[242] LEWIS D. Convention: a philosophical study[M]. Cambridge: Harvard University Press, 1969.

[243] HARSANYI J, SELTEN R. A General theory of equilibrium selection in games [M]. MIT Press, 1988.

[244] DENZAU A T, NORTH D C. Shared mental models: ideologies and institutions [J]. Kyklos, 1994(47): 3–31.

[245] BABBIE E. The practive of Social Research (10th ed.)[M]. Wadsworth Publishing Company, 2004.

[246] SIMMEL G. How is society possible[J]. American journal of sociology, 1910(16).

[247] BAR–YAM Y. Dynamics of complex systems[M]. New Jersey: Addison–Wesley Publications Ltd, 1997.

[248] BROCK W, DURLAUF S. Interactions–based models[M]. In J. Heckman & E. Leamer (Eds.), Handbook of Econmetrics (Vol. 5). Amsterdam: North–Holland Publications Ltd, 2000.

[249] DURLAUF S N, YOUNG H P. Social dynamics[M]. Washington, DC: Brookings Institution Press: 2001.

[250] LIM M, BAR–YAM Y. Global pattern formation and ethnic/cultural violence[J]. Science, 2007(317): 1540–1544.

[251] SAH R K. Corruption across countries and regions: some consequences of local osmosis[J]. Journal of economic dynamics & control, 2007(31): 2573–2598.

[252] WIEBE G D. Some implications of separating opinions from attitudes[J]. The public opinion quarterly,1953, 17(3): 328–352

[253] ALBIG W. Public opinion[M]. New York: McGraw–Hill Publications Ltd, 1939.

[254] ALLPORT F H. Toward a science of public opinion[J]. Public opinion quarterly, 1937, 1(1): 7–23.

[255] MILGROM P, ROBERTS D J. Rationalizability, learning, and equilibrium in games with strategic complementarities[J]. Econometrica, 1990(58): 1255–1277.

[256] SCHELLING T C. Foreward[J]. The quarterly journal of economics, 1973: 87(4).

[257] COOPER R, JOHN A. Coordinating coordination failures in keynesian models[J]. Quarterly journal of economics, 1988(103): 441–464.

[258] DURLAUF S. Nonergodic economic growth[J]. Review of economic studies, 1993(60): 349–366.

[259] MIYAO T. Dynamic instability of mixed city in the presence of neighborhood externalities[J]. American economic review, 1978(LXVIII): 454–463.

[260] BENABOU R. Workings of a city: location, education, and production[J]. Quarterly journal of economics, 1993(108): 619–652.

[261] ANDERSON S, DE PALMA A, THISSE J F. Discrete choice theory of product differentiation[M]. Cambridge: MIT Press, 1992.

[262] COLEMAN J S. Social capital in the creation of human capital[J]. American journal of sociology, 1988(94): Supplement, s95–s120.

[263] WOODROW Wilson. The study of administration[J]. Political science quarterly, 1887.

[264] MARY PARKER FOLLETT. The new state: group organization the solution of popular government[M]. NY: Longmans, Green Publications Ltd, 1918.

[265] BLUMER H G. D. L. Sills (Ed.), International encyclopedia of the social science. fashion. [M]. New York: MacMillan Publications Ltd, 1968.

[266] YOUNG A B. Recurring cycles of fashion[M]. New York: Harper & Brothers Publications Ltd, 1937.

[267] MACHIAVELLI N. The Prince (1514)[M]. Cambridge: Cambridge University Press, 1988.

[268] HOFFER E. The passionate state of mind, and other sphorisms[M]. New York: Harper Publications Ltd, 1955.

[269] MILGROM P. Good news and bad news: representation theorems and applications[J]. Bell journal of economics, 1981, 12(2): 380–391.

[270] CYERT R M, DEGROOT M H. Bayesian analysis and duopoly theory[J].

Journal of political economy, 1970, 78(5): 202–204.
[271] DEUTSCH M, GERARD H B. A study of normative and informational social influences upon individual judgment[J].Journal of abnormal & social psychology, 1955, 51(November): 629–636.
[272] BANDURA A. Social learning theory[M]. Englewood Cliffs, N. J.: Prentice–Hall Publications Ltd, 1977.
[273] ROGERS E M. Diffusion of innovations[M]. New York: Free Press, 1983.
[274] ROGERS E M, SHOEMAKER F F. Communication of innovations: a cross–cultural approach[M]. New York: Macmillan Publications Ltd, 1971.
[275] KARNI E, SCHMEIDLER D. Fixed preferences and changing tastes[J]. A.E.R. papers and proc., 1990, 80(May): 262–267.
[276] CONLISK J. Interactive markov chains[J]. Math. sociology, 1976, 4(2): 157–185.
[277] KURAN T. Sparks and prairies fires: a theory of unanticipated political revolution[J]. Public choice, 1989(61): 41–47.